U1017267

韩派名师工程系列丛书 肆

2019校级基础教育研究
重点课题：传统阅读教学方法研究（XEZ201901）

中小学教学案100例

苑青松　赵松元　编

编　委：郝　洁

世界图书出版公司
广州·上海·西安·北京

图书在版编目（CIP）数据

中小学教学案100例 / 苑青松，赵松元编 .—广州：世界图书出版广东有限公司，2019.12
ISBN 978-7-5192-7175-6

Ⅰ．①中… Ⅱ．①苑… ②赵… Ⅲ．①语文课–教案（教育）–中小学 Ⅳ．① G633.302

中国版本图书馆 CIP 数据核字 (2020) 第 005947 号

书　　名：中小学教学案 100 例
ZHONGXIAOXUE JIAOXUE AN 100 LI
编　　者：苑青松　赵松元
责任编辑：刘　旭
装帧设计：黄毅文
责任技编：刘上锦
出版发行：世界图书出版广东有限公司
地　　址：广州市海珠区新港西路大江冲 25 号　　邮　　编：510300
电　　话：（020）84459701
网　　址：http://www.gdst.com.cn/
邮　　箱：wpc_gdst@163.com
经　　销：新华书店
印　　刷：广州市迪桦彩印有限公司
开　　本：787 mm × 1 092 mm　1/16　　印　　张：28.5
字　　数：465 千字
版　　次：2019 年 12 月第 1 版　2019 年 12 月第 1 次印刷
国际书号：ISBN 978-7-5192-7175-6
定　　价：59.80 元

版权所有　翻印必究
（如有印装错误，请与出版社联系）

总　序

教育从要素上分为硬要素和软要素，硬要素主要指物的方面，软要素重在讲人的方面。但不管怎样，教师是所有教育要素中最核心的要素，这是在教育长河中经过无数经验和教训得出的宝贵共识。乌克兰的“帕夫雷什中学”就校舍来说十分普通，甚至还有些荒凉，但丝毫不影响其世界名校的名头，这主要归因于著名教育家苏霍姆林斯基曾在此担任校长。它强烈地标示着——教师水平的高低决定着他所在学校水平的高低，因此，人们对名校的追逐实质上是对优秀教师的追逐，归根到底，教育是人影响人的艺术，我们对教师的所谓正确认知，只不过是回归到对教育本质规律的遵循上罢了。

教师持续的、个性化的自我发展成为必须，“如何发展”是教师新时代下必须回答的问题。从哪里切入呢？我想，既然教育是人影响人的艺术，那么从人的特性的角度去考虑大体上应该是不会有问题的。

英国人类学家马林诺夫斯基说：“人生游戏”的意思是说人生是游戏性的，或者说人生是在游戏中实现的，在所有游戏的要素中，游戏动机应该是最神秘的，同时也是最关键的东西。我们由此迁移到教师专业成长上，要实现教师在职业中充满热情、好奇、永不停歇游戏的教育想象，那么，教师成长动机的找寻是最为关键的内容，这可以转换成“我们为何成为教师”的问题。教育工作是17万多个工种之中最具建设性的工种之一，它的“材料”“场所”“产品”等都是人。人是最具建设性的对象，每一个人只能成为他自己，“世界上没有相同的两个人”讲的就是这个道理。这需要教育工作者全身心地投入并进行创造性的工作，教育事业的魅力和神圣正来源于此，千百年来，它吸引着无数的教育工作者投身其中，通过自身与教育的互动，去体认和享受因教育带给他者幸福进而赢获自身幸福的感觉，这也是教育工作者教育动机产生的因由所在。

“人是社会性动物”（马克思·韦伯语）。他的意思是说人必须依靠群体性而存在，群性对于我们个体到底有何意义呢？“终有一死的人”成为海德格尔对人特质定位的专有表述，这意味着人从本质上讲是悲剧性的，有生必有死，人的悲剧性正是人来源于无法逃脱终极性的死而定位的，“终有一死的人”思考的更多的恰恰是人活的问题——如何活好人生短短的几十年。那么，我们会问：人活着的最大敌人是什么呢？疾病、痛苦、贫穷、敌视、饥饿……这些都是来自肉体的，人本质上是精神体，从精神上来说，孤独是人最大的敌人，军队里关禁闭是最厉害的处罚就是明证。人们为了摆脱孤独可谓想尽了办法，人为何要结婚？从本质上讲是个体摆脱孤独的方式，广场舞队、暴走队、驴友、钓友、牌友等均是群体摆脱孤独的方式，这种群体在人类学上叫做“假性部落”（马林诺夫斯基），所谓假性部落，指的是没有血缘关系而拥有共同爱好的群体。谈到这里，应该进入“韩派名师”的正题了，正是这样一个“假性部落”从专业发展上吸引着大家走在了一起，来摆脱大家更高层次上的孤独。从实际存在来看，教师群体发展和学校系统发展已经成为当下教育发展的主流。前面所谈似乎离题万里，但为了说清楚因由来源，似乎也是必须。

《道德经》说：“无名，天地之始；有名，万物之母。”名称是用来指称事物的，事物因为符号的指称才得以具体存在。在“名”和“被指称事物”之间是存在一定秩序的，“语言的边界等于世界的边界，语言使世界有了秩序”（维特根斯坦《逻辑哲学》）。因此，创设一个与活动内涵有着一定秩序的名称，是“韩派名师”存在的必须，正可谓“名不正，则言不顺；言不顺，则事不成”（《论语》）。“韩派名师”的命名有两个维度的预想：一是韩派名师的范围界定，它是韩师优秀校友和潮汕优秀教师的共同体。“命名即召唤”（海德格尔）。命名即是把事物从冥暗之中召唤出来，要把我们想象中的共同体召唤出来，不但要“个性十足”，而且更要“名副其实”，这不是一件容易的事，它曾经让才华横溢、器宇轩昂的赵松元教授都头疼不已，“韩派名师”一经提出，赵松元教授大加赞赏地说：“我们想做的事，终于有了一个符合我们心向的名字了，这个命名能很好地把这一群体聚集起来，它不但真切地反映着韩山师范学院师范教育的百年传承，而且还能引领我们奔向新时代师范教育的未来。”

内涵与命名同等重要，这涉及我们的第二个预想。命名在于召唤出来，内涵在于存在下去。在与潮汕籍老师的交流中，我多次听到“受韩愈感召”的话语，韩愈“百世师”的神性存在，使这一群体中的很多人都本于乡土、奋发图强、倔强挺立，最终得以增强力量、走向卓越。这给了我命名和内涵界定的启示，韩愈使潮州江山都姓了韩，生活在韩愈之下、韩山之上的当代师者，传承韩姓师出有名理所当然，韩派名师的每一个个体都是非常优秀的老师，在多次的互动中，“卓越而优雅”是我发自心底的评价。那么，卓越教师或者教育家有哪些特质呢？在对诸多教育家的考察中大致概括出四个层面的内涵，即：在灵魂层面上，对教育有神圣感，具有敬畏、热爱、担当等情怀；在政治哲学层面上，视人如己、人人平等；在知识层面上，对相关的教育学、心理学所传授具体学科等有深刻独到的理解；在实践层面上，能产生有影响力的教育效果。前两个层面指的是精神，后两个层面指的是技术，这给了我们难得的启示，我们韩派名师能否以韩愈的教育信仰和思想观念为灵魂、以语文赋形理论为根基、以大家卓有成效的教育实践为躯体，来尝试形成一种教派，我想完全是有可能的，教派有别于门派，门派具有排他性，教派就为了使个体在互相砥砺、互相学习、互相切磋中充分而有个性地发展，并以整体的形态对外交流，为个体进入更大的教育场域提供可能。这是我们的心向所在。

当然了，要想达成我们的心向还有无数的路要走，但只要上路一切都有可能，今天我们编著的《韩派名师工程系列丛书》基本涵盖了上面提到的教育观念、基本理论、名师生活、课堂个性等方面，该丛书是认识脚下这片土地的最重要一极，它甚至被潮州籍的一位先生郑重地称为潮州八景之外的“第九景”，而且是唯一一个活生生的、能够感召未来人的“第九景”。“韩派名师”创造无限、个性十足、值得期待！这里特别需要指出的是,《韩派名师工程系列丛书》的出版，绝不是“韩派名师”的终点，而是起点。

人生酷似行路，新生儿出生时，我们总说他或她来了，老人去世时，我们总说他或她走了，人在自己的有生之年总要走出自己的路，找不到路的时候，人总是痛苦的、焦躁的、孤独的,《彷徨》不正是真实地反映出鲁迅先生当时找不到路的精神状态吗？只要去寻找，路一定会有的，因为世上本没有路，路是人走出来的。可怕的是立在地上说没有路，或者根本没有去找，就抱怨面前没有路的人，一个人的上路和下路决定着他精神生命的存亡。在我们的教育里既有上路的也有下路的，既有生者也有死者，我们是做路上创造的生者？还是做原地抱怨的死者？这可能是每一名教育工作者所要作出的生命之问！

最近读了美国作家杰克·凯鲁亚克的一本书《在路上》，书中的主人公一直处在旅途中，我想他不单单是为了旅行而旅行吧！这更应是一种精神生命的旅途，是在苦苦寻找着可以皈依的信念的旅途！在生命的天地里，每一个人都有自己的朝觐之路和皈依之门，跟大家相处，我唯一的心向就是愿每个人找到自己的朝觐之路和皈依之门，找到朝觐之路，你的身心就会获得幸福和快乐；发现皈依之门，你的生命就会提升层次和境界。让我们聚集在“韩派名师”的平台上，携起手来，一起走在赢获幸福和快乐、提升层次和境界的路上吧！

苑青松

2019年9月10日于韩师寓所

目　　录

第一部分　教学案50例

《想北平》课堂设计

陈雅洁

一、导入

关于北京城、北京人和北京的文化，是一个极有魅力的话题。对于上年纪的北京人来说，老北京是一个年代久远的梦；对于漂泊海外的北京人来说，老北京是魂牵梦绕的家；对于我们来说，老北京也许只是一片空白。对老舍来说，老北京又是什么呢？

二、检查预习——有哪一个句子能够概括文章的内容并奠定情感基调——文眼

我真爱北平。

（投影）本文解决三个问题：

1.爱怎样的北平？

2.如何表达“我真爱北平”？

3.为什么爱到要落泪？

三、文本研究，以文眼切入

1.我真爱北平（怎样的北平？）

问：在课文的哪些段落？第4—7自然段，“我的北平”具体特点是什么？

（1）我真爱北平—动中有静（巴黎）—对比—突出对故乡的热爱，强调浓重的主观色彩

板书

布置匀调（巴黎）

物产可爱（美国）

接近自然（伦敦）

（2）朗读第6自然段，思考

北平是古都，那里有宏伟的故宫，巍峨的长城，美丽的颐和园，温馨的四合院……能写的东西实在是太多，可老舍为什么要选择日常生活中的事物和画面来写北平呢？这样写是不是显得小气了一点？

（投影）人们提起老舍，就不能不想起北京，这是老舍倾注了毕生心血和笔墨的古都老城。

问：从材料中看到什么？

有人曾问舒乙，如何用几句话来概括老舍的区别于中国现代其他作家的特点，舒乙用了五句话：第一句话就是“他是北京人”；二是“他是一个满族人”；三是“他是一个穷人”；四是“他差不多有十年生活在国外”；五是“他生于十九世纪的最后一年，在二十世纪六十年代去世”。

可以补充老舍的生与死，一生67年，42年在北平。

长期生活在北京，作为一个普通的北京平民，对北京有一种特别的熟悉和热爱。长时间在外漂泊，尤为想家。经过中国最艰难的战争与屈辱的岁月，对家乡有一种特殊的情感。

明确：大处着眼，小处落笔，正因为他对北平的熟悉与热爱，他才写出北平的与众不同。如果是北京的匆匆过客，恐怕除了感叹历史的悠久，建筑的恢宏也就没什么了。老舍把笔伸向了普通北京人的院子、墙根，就因为他是一个平民，是一个普通的老北京人，他的生活就在这些院落里，墙根边，他是一个平民艺术家。作者用这些舒缓而平淡的文字，表达了一个平民知识分子对北平娴雅而热烈的情怀（曾因创作《龙须沟》被授予“人民艺术家”称号）。

从另外一个角度讲，老舍以一个贫寒人的眼光看待北平，他关注的是和他一样的平民人的生活以及环境，看到的就是“温和自然”“布置匀调”“物产可爱”，归结到一点就是他的“平民意识”（而老舍本身也是一个恬淡平和的人，“文化大革命”初期就被迫害不堪忍辱而弃世）。

板书

小物件、小人物和小事情—平民意识—大处着眼，小处落笔

2.如何表达"我真爱北平"(让学生挑句子表达)(可小组研讨)?

第1自然段:交代写北平的独特视角——我的北平。

①写小说"以北平作背景不怕"——你知道他有哪些作品是以北平为背景的吗?长篇小说《四世同堂》《骆驼祥子》《正红旗下》《月牙儿》《老张的哲学》;话剧《龙须沟》《茶馆》。

②"捡"——信手拈来,唾手可得。

③"我的北平"——把北平据为己有,这样的主观论述更能体现出我对北平特有的情感。

第2—3自然段:我对北平特殊的爱。

(1)第2自然段:①"可是,我真爱北平"——从上文知道不多转折而来,直抒胸臆,可见爱的直白。这也是全文的感情基调,"文眼"所在,统摄全文。

②"这个爱几乎是想说而说不出的"——对北平的爱又很含蓄。

③"我爱我的母亲……"——人间最深沉的爱莫过于母子深情,以此比喻,可见我跟北平的爱是孩子对妈妈的爱,朴素而真诚。

板书

爱母亲比喻爱故乡——朴素、真诚,容易打动读者的心

④"我的爱不是……而是……都……"——我与北京已经融为一体,深沉而热烈。

(2)第3自然段:①"真愿成为诗人……"——诗人是最会表达感情的,而我内心对北平的难以割舍的情感,也许只有用诗的形式才能表达得更为淋漓尽致。"杜鹃啼血"刻骨铭心。

②"一种像由音乐与图画所引起的爱"——将对北平的爱形象化成像音乐一样动听悦耳,像图画一样色彩迷人,把爱的情感可感化。

③"它在我的血里,我的性格与脾气里有许多地方是这个古城所赐给的"——像孩子与母亲,血浓于水的情谊。

④"我不能爱上海与天津,因为我心中有个北平"——我的内心已没有空间可以容纳其他地方。

板书

真爱——深沉、可感、融为一体

作者明明说了很多,却反复说我对北平的爱"说不出"(连用四次),这是为什

么?(回顾三小节内容即可解决上述问题)

“我说不出”是因为爱到极致却往往难以表达出来，说不出来是为了强调对北平爱之深，诉说很多还是为了表达对北平的爱。

板书

说不出——爱到极致，言不尽意——爱北平之深

3.为什么爱到要落泪?

“好，不再说了吧，要落泪了。真想念北平呀!”

联系第2自然段“在我想到她的健康而不放心的时候，我欲落泪”。

(投影)

——1936年，作者当时在青岛，不在北平。作者作为一个热爱北平的爱国知识分子忧心如焚，思今家乡之情，较平日更为强烈，这一声呼唤，充满了民族忧患意识，震人心弦。

本文写于1936年，作者寄居青岛。当时日本帝国主义加紧了对中国的侵略，丧权辱国的“何梅协定”的签订,“冀察政务委员会”的成立，都说明华北危急、北平危急。

艾青说：为什么我的眼里满含泪水？因为我对这土地爱得深沉。

第8自然段：作为一个爱国知识分子的强烈的思乡之情。(主旨句)

板书

(1)要落泪，想念——(内容)点明客居、眷恋、忧患——(结构)呼应题目、第2自然段

(2)归纳层次

(3)让学生归纳主旨，练习“通过……突出……表达……”

4.小结(记得呼应导入)

板书

写作特色：比喻见深情、对比见偏爱、小处见情趣——思乡情，平民味

5.拓展：段落在不同位置的作用。

6.作业：随笔,“我的××”(“××”为城市名)。

动态生成性的课堂教学
——“潮汕功夫茶”双语教学案例

陈雅洁

一、主题

动态生成性的（双语教学）课堂教学是指在教学过程中，由于师生互动、生生互动而产生有价值的新信息，引起对原来设计的变动；促进新的双语学习状态不断生成，并使之对学生的发展产生积极的影响，从而使教学过程具有生成新因素的能力，具有创造性特征的活动。

我想探讨的是，在双语教学实践中，这种具有创造性特征的动态生成性课堂教学，如何把握，怎样引导，试以“潮汕功夫茶”这一课进行分析。

二、背景

新基础教育理念认为：教学过程是一个极具变化，发展的动态过程，具有不可预见性的特点。在我所开设的“对外汉语”双语教学中，我更加明显地感受到“不可预见性”这一点。

我校是一所民办公助性质学校，有接待来华AFS学生到校生活学习的任务。我所开设的“对外汉语”课，就是专门为2006—2007学年来华的AFS学生拉拉和雅克开设的。由于外国学生思维方式和行为习惯与本国学生不尽相同，再加上他们没有一点汉语基础，所以教学内容只能是设定在汉语起步阶段，主要为交际汉语，并且只能是根据课堂学生反应进行及时调整内容，适当增加或删减。这样的情况下，动态生成性的把握与运用就显得尤为重要，现以“潮汕功夫茶”一课进行描述。

三、案例描述与分析

“潮汕功夫茶”这一课的安排颇费心思。由于是AFS项目在广东的学生都过来听课，也包括他们的汉语老师和相关领导，所以课程的设置定位较为困难。总共七个学生，在不同的学校进行汉语学习，层次差别很大。定题“潮汕功夫茶”，是取其方便展示又有实际交际用途的优点，并且我本人对功夫茶非常热爱，较有把握。这是一节既涉及中国文化又涉及交际运用的双语教学课。

七个学生一个授课老师，在国际部的一间课室里。把六张桌子拼成3×2的实体长方形，刚好坐八个人。这样子可以讨论上课，设置活动也方便。听课老师可以在后面听，也可以走上来看。另外还准备了一套功夫茶茶具和一套小白板书写新词用，事先准备好的潮汕民乐也适时地轻轻飘起，营造了极佳的授课氛围。

以下是给学生的资料：

潮汕功夫茶

It is a Chinese custom to treat guests with tea.People in east Guangdong and south Fujian have a special way of preparing tea，called gongfu tea.

宁可十日无米，
不可一时无茶。

甘香功夫茶，
浓厚中国风。

chá diàn	chá gài
茶 垫	茶 盖

在我的教学设计里，这应该是一节通过展示功夫茶、品功夫茶、学功夫茶相关俗语、茶具新词以及活动练习的课，既考虑到学生的汉语交际需求，也充分展示情境教学的优势。授课进行得很顺利，但是，过程中却出现了不少值得一提的小插曲。

首先，拉拉拿着功夫茶的茶叶凑到鼻子下闻了一闻，说“老叔，我想吻你(老师，我想问你)”，我一听就笑了。

由于受知识积累、经验、思维能力的限制，学生在学习活动中，必然会遭到这样那样的困难和障碍，进而产生一些偏差甚至错误的信息，就像拉拉的这句“老叔，我想吻你”。我的教学过程强调要有动态生成，强调过程的生成和资源的生成。故此，将错就错，因势利导也是一种技巧。错误也是可以作为学习的一个切入点的，我笑了笑，讲了“吻”与“问”、“叔”与“师”的音调发音差异，在笑声中完成了一次小小的纠错，不费多少时间，学生印象却深刻，这个时机抓得好。

接着，又一件不可预料的事情发生了。我在设计巩固练习时，安排的是一个“模拟卖茶”的练习。其中，一罐功夫茶茶叶的定价是80元。但是“卖茶”的几个学生没有按照既定的价格“售出”，而是分别以30元和50元的价格“卖出”了两罐茶叶。按照我的设计，卖出茶叶就应该算是结束这个活动了，可以进入下一个环节了，但是，我总觉得根据动态生成性原理，这应该是一个可以进一步学习加深的契机，我果断地在这个地方做了停顿，着手准备用问问题的形式来让他们巩固相关汉字，并且强化他们的表达能力。我的一系列问题形成了一个发言的小高潮：你的茶叶凭借什么吸引顾客，店员为什么会以30和50元的价格卖出茶叶，顾客开这个价的理由是什么，店员卖出两罐才80元，与我要求的80元一罐不符，怎么办……这一系列的问题使得七个学生和一个老师团团陷入茶的世界里，用汉语和英语不断交流着彼此关于茶和卖茶的想法。

在师生互动、生生活动的课堂授课过程中，我特别注意倾听并及时捕捉课堂上产生的有探究价值的新信息、新问题，在这样的基础上重新调整教学结构，重组信息传递方式，把师生的互动和探索引向纵深，使课堂上产生新的思维碰撞，进一步启发学生的。善于倾听、启发是组织好动态生成的课堂教学的重要条件。只有善于倾听、启发，你才能准确掌握学生学习的进度和实况；只有善于倾听、启发，才能及时做出反应，调整教学内容，保证学习的有效性；也只有善于倾听和启发，才能抓住课堂中学生自主生成的学习资源，课堂的生成才容易实现。

这让我想起，在学习“动物名次”这一课上，拉拉说“鹅”太难写了，她很苦恼，雅克也表示确实如此，笔画太多，很难记住。我说“鹅”就是“我”是一只“鸟”。由于两个学生都学过“我”和“鸟”字，一下子就明白了。我又问，那“鸡”呢，怎么记住？这下拉拉就兴奋了，一下子喊了出来——“又”是一只“鸟”！师生齐笑，字也就记住了。

四、总结与思考

双语教学于我是一项新的尝试，动态生成性的课堂教学是我比较注重的具有创造性特征的教学活动。这其中，有几点是特别值得关注的。

（1）要善于设置教学情境，组织相关活动。

学习任何语言，最好的方式依然是在相应情境中练习。在情境中展开教学，组织活动，听说读写交错进行，强调实际运用。

（2）善于倾听、启发，促进创生。

这是动态生成性教学当中尤为关键的一点，表面上看是重新调整了教学结构，实际上是把师生的互动和探索引向纵深了。

（3）将错就错，因势利导。

双语教学过程中，学习“不可预见性”特点表现得比较明显，要善加利用。

总之，教无定法，最关键的是及时总结，不断创新，在动态生成性的双语课堂教学中尽量提高学生的学习水平。

多则材料作文的审题立意

陈雅洁

一、原题再现

阅读下面的文字，按要求作文。（60分）

小学时我能哼唱《西游记》中片尾曲的歌曲：敢问路在何方？路在脚下。

初中时我读到但丁说的话：走自己的路，让别人说去吧！

最近，我读到新东方创始人俞敏洪面对媒体说的话，他深有感触地说：很多人希望自己成功，想选择一条别人没有走过的路，其实只要是路，就已经被人走过了，我们要做的，是应该在别人走过的路上，比别人走得更久，比别人走得更远……

以上的材料引发了你怎样的思考？请结合自己的体验和感悟，写一篇文章。

要求：①自选角度，自拟，自定文体。②不少于800字。③不得套作，不得抄袭。

二、如何审题——寻找共同点和差异点

多则材料，审题时要紧紧抓住在各个材料中重复出现的字眼，是为关键词。这三则材料都多次出现“路”这一字眼，应紧扣“路”深入挖掘。“路”可以是个人的，也可以是国家的；可以是实的，也可以是虚的；可以是具有象征意义的，也可以是具有比喻义的。结合三则材料提到的“路在脚下”“走自己的路”“在别人走过的路上，比别人走得更久，比别人走得更远”等有效信息，可以基本明确，三则材料的共同点在于“如何走出成功的人生路”。

多则材料的审题，找出共同点是首要的，这确定了行文的大范畴。接着，就应该考虑每则材料的差异点了，明确了差异点，文章立意就基本可以定出。第一则材料关键语句是“路在脚下”，可以理解为“道路就在人的双脚之下”“道路要

靠人用双脚走出来”。也就是说，强调的是实践，踏实付诸行动；第二则材料的关键语句是“走自己的路，让别人说去吧”，意思是自己认为是正确的道路、信念、选择等就要坚持下去，不要在乎别人的看法，包括不为权威、传统等所左右。这则材料强调的是对自我的坚定和执着；第三则材料的关键语句是“在别人走过的路上，比别人走得更久，比别人走得更远……”“在别人走过的路上”，意味着可以谈借鉴、继承别人走过的路等话题，但写作时关键仍是怎样才能比别人走得更久、更远，这才是容易见出考生建设性思考的地方。

结合以上分析，首先可以将本次作文的共同点和差异点归纳如下：

共同点——路——如何走出成功的人生之路；

差异点——第一则强调自身付诸实践；

其次则强调坚定自己的道路、想法、选择、理念等；

再次则强调如何比别人走得更久、更远。

三、如何立意——巧用共同点和差异点

多则材料结合共同点和差异点进行立意思考，主要有两个大的角度：针对某个差异点写共同点（正向、逆向）；兼顾三则材料的差异点写共同点。就是说，可以从第一则材料强调实践的角度写如何走出成功的人生之路，从第二则材料强调坚定自身道路的角度写成功之路，从第三则材料强调走得更久、更远的角度写对如何走出成功之路的建设性思考。或者，结合三则材料写如何走出成功的人生路。可以考虑的立意如下：

针对第一则材料——踏实走好人生路；勇于付诸行动……

针对第二则材料——坚定走好自己的路；善于借鉴才能走得更好（逆向）；走自己的路，需要别人评说（逆向）……

针对第三则材料——在正确的路上正确地走，才能走得更远；路在别人的脚下；走得更远需要毅力（或智慧等）；走得更远需要懂得坚持和知道变通……

针对三则材料——人生路，我们是主角（可以从自己选择并实践、有争议时坚持自己、与别人雷同时不断创新三个方面写）；道路决定命运……

在这里要特别提醒，不管是北京高考还是全国其他地区的高考，作文都要求能见出学生自身的个性化的思考、体悟，所以，立意不在于大和小，关键在于考生自身能够驾驭，能够言之有物，有自身或独到或深刻的理解。有较广视野和较

深底蕴的考生可以从高度、深度的角度去确定立意，比如国家发展之路，深思改革等；在视野和积淀方面相对薄弱的考生可以从真情实感、真实体悟的角度入手，写对自身或身边的观察和思考。能引起自身积极思考的才有可能给别人以脑力激荡，能感动自己的才有可能感动阅卷老师，永远不要拘泥于形式上的高大全。

四、考场快速构思行文

立意已经确定，接着考虑的就是如何快速确定文章思路或说提纲的问题了。既可以按照“是什么”“为什么”“怎么办”的常规思考去定思路，也可以按照六字联珠的技巧性思路行文，即“点—正—反—深—联—结”，或者此类思路变体等。此类思路甚多，不一一详解。仅举此文两立意稍作说明：

立意一：在正确的路上正确地走，才能走得更远（针对第三则材料）。可以兵分三路，其一，错误的道路，错误的做法导致的路途终止，比如袁世凯帝王梦破灭；其二，正确的道路，错误的做法，比如“大跃进”运动；其三，正确的道路，适宜的做法，比如改革开放的壮举。最后总结提升。

立意二：走得更远需要懂得坚持和知道变通（针对第二则和第三则材料）。首段点出观点，第二段讲懂得坚持和知道变通的关系和重要性，第三段举例进行论证，比如俞敏洪坚持获得成功，乔布斯寻求变通占据市场，第四段可以结合材料引入思考，如何判断何时坚持何时变通，第五段从第三段的个人走出成功人生路更进一层写集体或国家，比如民族百年老品牌的生存和发展，深入挖掘观点内涵，第六段缓缓收尾，在内容和形式上与首段形成圆形逻辑和结构。

这里要做提醒的是，考场快速构思行文可详可简，但是具体成形的观点句、分论点句、结构、大的素材一定得非常明确，在此基础上，定出一个吸引人的文题，点亮文章。当然，最需要下功夫的是观点句的表达。

五、考场作文快速抢救

考场上总是会出现一些突然情况，出现一些危险作文，比如没写完，或者已经快写完了却发现写得很分散，不知所云等。课堂上老师常讲作文升格，但是，那是在可以再思考再润色甚至再创作的基础上，是一种写作训练，但是考场作文没有办法如此大幅度地修改。这里笔者以一实例说明考场作文如何快速抢救。基本原则是不改，只增加。括号内为增加的部分。

路盲（改为"一路行走"）

考　生

路可以是弯曲的，也可以是环状的。但它从来都不是从头到尾直的。我们穿越在人生这一错综复杂的迷宫之中，永远不知道自己所走的路将延伸到什么地方。

没有地图的我们，全部都是路盲（却一直在行走）。

回想一代女帝武则天，褪下女儿家的柔媚，灭亲子，夺政权，每一步走得精妙无比，却又危险重重。当她问鼎权力的顶端，再回看往事，那时，她会想到什么？我猜，她会想到那些早已被她放弃了的东西。可纵然思念再深，欲望再强，曾经抛弃掉的东西也只能用一片空白代替。而那块留下了千古谜团的无字碑，却也许只是一个可怜女人对自己最深的凭吊。

我曾经很为武后感到悲哀，但我却从来无法判定她的对错。（路在她的脚下，她需要的，并非我的评说。）

堂吉诃德，一个世界上最快乐的"笨蛋"。从来没有什么障碍能难倒他，他只需挥舞着那把名为"骑士精神"的大剑，一切就可迎刃而解。和武后不同，他可能从来都不知道自己想要些什么，可他却能坚信自己从头到尾贯彻了什么。也许他会把它叫做"骑士精神"，我却更想把它更名为"勇往直前的世界观"，有了他，堂吉诃德一定没空去想别人的观点和看法，他是"走自己的路，让别人说去吧"的最佳写照。

我同样没有立场去判定堂吉诃德走的路的对错，但我肯定他的快乐与执着。

我是一个喜欢故事的人，所以我成不了诗人。故事是依附于头脑的，被情感牵制在地面的东西，而诗则可以超然一切，他们之间有着重于轻的本质差别。海子是我最喜欢的诗人，我觉得，他完全可以漂浮在"人生路"这一沉重而严肃的命题之上。没错，他同前两人不同，他已经脱离了地心引力，一路直达到他想要的彼方。（有的人如同海子，他的灵魂已经挣脱身体，走向路的远方。）

（有的人，路在脚下，她只是不断行走，如武后则天；有的人，即使你嘲笑怒骂，他依然坚持信仰，走自己的路，如堂吉诃德；有的人，同一路途，无疑他走得更远，超脱身体的思想去碰触路的那一方，如诗人海子。我们可以评说，但评说却并不重要。重要的是，路在我们的脚下，我们还能坚持着一路前行。）

点评：此文作者其实很有文字功底，思考也很独到，但本文存在两个大的问题。其一，文章没有结束感，结构上有硬伤；其二，全文三个材料“武则天”“堂吉诃德”“海子”与材料重点如何走出成功的人生路扣得不紧。括号内增加的内容充分考虑了考试时间紧迫、考场作文无法删改的特点，以增加文段的方式将三则素材统一到“一路行走”的主题上来，强调三者均走在自己的路途上，路在他们的脚下，他们坚定而执着，留给我们，更多的是来自外界的评说和思考。此为抢救，最重要的技巧是点观点句、关键词。一定要注意将文章收到一个统一的点上。

六、考场好文例析

改革，让中国之路走得更长远

考　生

世上本没有路，走多了便出了路。

回首我国历史，望中犹记坎坷改革路。嬴政，这个身世离奇的太子结束了先秦时代的分裂局面。开辟了统一多民族国家的先河，大革命虽因他而起，却在汉朝及唐朝发展到顶峰，究其根本，是两朝统治者在嬴政开辟的道路上，将制度改革得更完善。汉唐盛世的背后是革命彻底的体现。

而清朝，无疑是将这条路延到了最长，雍正设立的军机处是这条路的尽头。

鸦片战争的炮弹粉碎了封建统治的道路，林则徐、魏源觉醒了，他们开辟了学习西方器物的时代。但甲午战争的失败让他们认识到改革的路不够深，光学器物是不够的，于是谭嗣同等人开始学习西方制度。只是没有经验的他们成了孙中山革命的探路者，孙中山在深度学习西方制度的基础上做了长远的打算：建立中华民国并颁布临时约法。

可以说，嬴政开辟了君主专制的道路，而孙中山则是推翻了他并建立了君主立宪制政体。但好景不长，国民党在1949年时结束了大陆统治，而这时上台执政的便是“一身文武双栖，将军利剑诗人笔”的毛泽东了。

毛泽东和他的同仁们开辟了我们今天这条具有中国特色的社会主义道路，他们的成功源于这个群体过人的勇气和胆识，敢于选择自己的路。事实证明，他们的路就是我们中华民族需要的路。

这条路上走得最艰难，也是最精彩的便是邓小平了，这个“打不倒的东方小个子”将马列主义在中国发展的道路掘得更深，当前我们需要的正是这样的深度。任何一条想走得漂亮、走得长久的路都必须方向正确又合乎事宜，而邓小平带领我们进入了改革开放的新时代。

中国这条改革路还没有走完，未来还有很远，这条路掌握在我们手中。

其实世上本无路，要认准一条路坚持走下去，就成了路，有了路，还需要不断革除旧的不好的，开辟新的路段，踏实走得更久，走向既定的远方。

勇气和胆识开启改革路。改革，让中国之路走得更长远。

点评： 此考生有很好的历史文化积淀，懂得在占有材料的基础上正确使用材料。本文立意准确，视野开阔，材料丰富，用词专业，风格干练，见解有独到之处，文章可见出明显的个人思考痕迹，将三则材料的侧重点巧妙融入行文，不着痕迹，自然表达出对国家进程、民族发展的理解和进一步思考，文章符合高考对学生素养、积淀、思维等各方面的要求，是一篇优秀的考场作文。

《写作文如何以笔传神》教学设计方案

陈雅洁

一、教学目标（学习目标与任务）

1.学习目标描述

学习“以笔传神”的四种方法，学会抓住“形”“神”进行“人、物、事”的刻画。本课先学人物刻画，并当堂用学会的方法完成写作练习。

2.学习任务

学会“以笔传神”的四种方法：点 + 面；正面 + 侧面 + 修辞；心理 + 对话；人物 + 事件，并当堂用学会的方法完成写作练习。

二、教学对象分析

高一学生刚进入高中学习半学期，初中的语文基础不够扎实。擅长写记叙文，但表达生硬；对议论文写作不能很好驾驭，主要原因是描述事件时表述不清。这个专题正是针对学生的这种情况，将“人、物、事”作为一体进行方法讲授和探究。

三、教学媒体阐述（学习环境选择与学习资源设计）

1.学习环境选择：多媒体课室。

2.学习资源类型：课件、影片。

四、教学过程设计与分析（学习情景创设）

（一）学习情景类型：真实情景、问题性情景

（二）学习情景设计

1.导入新课，激发兴趣。用学生生活琐记里关于人物的描写来引出专题“写作文如何以笔传神”。

2.“写作文如何以笔传神”的前四种方法教学。

3.学生观看影片《可可西里》中刘栋死亡的片段，当堂进行相关人物刻画练习。

4.学生老师共同点评练习。

五、学习评价设计：堂上提问、学生互评、书面练习

六、教学反思

在刚升上高一的学生中普遍存在一种现象，即在作文写作中，表达欠准确，刻画效果呆板生硬。《写作文如何以笔传神》就是针对学生的这种实际，提供“以笔传神”的各种方法，让学生在40分钟的课堂上慢慢达到“以笔传神”。本课是专门讲述如何进行人物刻画的四种方法的，与一般的人物描写不同，更注重对“神”的把握以及对人物立体性的塑造。同时课中运用了多种教学方法，采用了漫画、影片等多种资源，老师本身对多媒体教学能很好驾驭，运用自如，并且课中注重对学生主体性和自主性的挖掘，多采用学生自己的文段进行分析，贴近学生实际又生动有趣。影片片段的运用与实际写作的演练使得课堂学习效果更为明显。但是，课时容量安排稍多，学生活动时间还可再增加。这节课给我个人最大的收获是获得了一种深刻的教学认知：找准学生的兴趣点很重要，一定要从实际出发。

告别童年·扬帆起航

——城西中学115班主题班会

丁炜烨

【教学设想】

对于刚上初中两个月的学生来说，他们还未脱掉孩子的稚气，课余的言行举止折射出他们的思想还比较幼稚。不适应初中繁忙的学习生活，有畏难情绪，转而又怀念小学生活，依恋无忧无虑的生活。针对以上的现象，《告别童年·扬帆起航》这一节主题班会，主要引导学生如何面对成长过程中的困难，树立目标并不懈地追求，使自己的青春更加绚丽多彩，人生更加有意义、有价值。

【教育认知目标】

1.了解什么是理想？理想的人生意义在哪里？

2.怎样树立理想？怎么面对追求过程中的困难？

【教育行为目标】

1.把握好初中生活的新起点；

2.善于在生活中汲取智慧，积极乐观面对学习生活中的困难；

3.树立目标，不懈追求，让青春更加绚丽，让人生更加幸福；

4.共同创建一个有理想、有追求、健康向上的班集体。

【教育情感目标】

1.热爱生活，做一个有理想、有追求、健康向上的中学生；

2.求学即是求索，追求不只是为了结果，而是在追求过程中不断修身。

【课前准备】

1.筹备朗诵小组，朗诵流沙河的《理想》。

2.让学生学唱《明天会更好》。

3.调查“身边人的人生追求”并请他给你写下关于追求理想的警言，再搜集“名人的人生追求”；最后写你对“理想的思考”(可以是收获，也可以是疑惑)。

【过程】

[主持人]

尊敬的老师们，亲爱的同学：早上好！城西中学115班主题班会现在开始。今天我们班会的主题是告别童年，扬帆起航。(按课件)

一、告别童年

[主持人]凝望着美丽如故的岁月，回味着往日的天真无邪，猛然发觉，童年时代的纯真与梦想，随着时间的小船，正悄悄地航行，悄悄地漂流，随着紧张繁忙的初中生活，渐渐离我们而去……

[老师]童年是每个人心中的乐土，是一段美好的、难以磨灭的记忆。有一首歌就是描写这段生活，因唱出大家共同的心声而广为传唱。这首歌的名字是什么？

[学生齐声]《童年》。

[老师]大家会唱吗？

[学生齐声]会。

[老师]今天我准备了伴奏曲，让大家随着歌声共同回味那刚悄然而去的童年吧！(按课件)

[学生齐唱]《童年》。

[老师]美妙的旋律，加上你们还未变声的童声，真令人陶醉。佳华，歌声中我听出了你们对童年深深地怀念与不舍。

[主持人]老师，刚才唱这首歌时，我心里还感到酸溜溜的。

[老师]盼望长大的童年。真的长大了，告别了童年，步入属于自己的青春；为何还会“酸溜溜”的呢？

[主持人]无忧无虑地过了六年的小学生活，升中考时却很茫然。那时我去了很多重点中学考试，都落榜了；心情很失落。有时甚至总是呆在家不敢去见亲戚朋友，很怕被问起成绩，郁闷得很。

[老师]大家是否都有这种“升学的压力、落榜的失落感，感到不长大多好啊！”的感受呢？

[主持人]有。

[老师]请举手看看有多少人？当时你们内心是不是有着一股劲：我不能输给别人！

[主持人]有。

[老师]那么就要恭喜大家了：这说明你们在成长！开始尝到了成与败的滋味，开始有实现自我价值的冲动。这是一颗信念的种子，已悄然地散入你的心中，这是理想的萌发。

[主持人]是啊！蚕织茧化蝶，要经受得住勤织的寂寞，经受破茧而出的疼痛，才能蜕变成美丽的蝶！花季的我们要告别童年的幼稚、贪玩，迎着朝霞，扬帆起航。

[老师]对啊！大家不能再“等到睡觉时才知道功课只做了一点点”“考试后才知道该念的书还没有念”。应该有目标，有理想，有追求，让自己的青春更加绚丽多彩。

二、畅谈理想

[老师]子曰：“三军可夺帅也，匹夫不可无志。”可见“志”对一个人来说，是多么重要。在“调查采访”的活动中，大家有没有这种深深的体会？

[学生齐声]有。

[老师]谁结合“调查采访”来谈谈理想对人生的意义？

[生1]我调查的是我的妈妈，她那时生活的年代比较贫困，家中兄弟姐妹多，她又是老大。因此不得不早早地为父母分担家务，而放弃学业。后来为了这家庭，为了有一份收入好的工作，母亲吃了很多苦，还换了很多次工作。

[老师]谢谢你与大家分享你母亲追求的历程，那你能用一句话说出妈妈这样的努力是为了什么吗？为了这她付出了什么？

[生1]为了有一份好的工作，为此她很艰辛。

[老师]仅仅为了一份好工作而已吗？

[生1]还有为了家庭。

[老师]谢谢你！为了工作，为了家庭，很多的母亲都吃苦耐劳，克服了很多困难，这就是她们最朴素的追求，是她们的精神动力。还有谁来谈一谈？

[生2]我搜集的是爱迪生发明电灯的故事。从他的身上我看到了爱迪生为了发

明电灯这一理想，做了上千次实验，失败了重头来，不气馁的精神。

[老师]那你从中得到怎样的启示？

[生2]有了理想，就使你能坚持不懈地奋斗。

[老师]理想可以使你懂得坚持，在困难面前不轻易屈服。我在看大家的资料中看到一个同学调查的是一位陌生人。梓宇同学，你来和大家说说采访的过程吧！

[生3]我采访的是一位在广场散步的叔叔，他出身在家境贫寒的家庭，一家六口住在一个几平方米的屋子，所以从小就想能成为一个建筑师，建造一栋宽敞的屋子。后来刻苦读书，终于考上了大学，还读了建筑专业，现在已是一名建筑师，实现了梦想。他告诉我：一个人有理想、有追求就能改变命运！

[老师]中国古人说："志不立，天下无可成之事。"托尔斯泰也说："理想是指路明灯，没有理想，就没有坚定的方向，没有方向就没有生活。"这也是我要与大家今天要探讨理想的所在。听了大家的交流，我可以感到大家在采访与调查，受益匪浅，接下来我们来谈谈这过程中大家对理想的思考。谁先来谈一谈？

[生1]老师，我采访的是我的爷爷，我想问问理想的树立与时代与家庭有关系吗？

[生2]老师，理想值多少钱？

[生3]老师，理想是什么？

[生4]老师，为什么追求理想过程中总会遇过困难？

[生5]老师，追求中遇到困难怎么办？

[生6]怎么树立理想？

[生7]老师，理想与性格有关吗？

[老师]大家提的问题很有意思，看出我们大家都深入生活中体会与思考理想这个话题，给大家时间一起交流刚才同学提出的问题，谈谈你的想法。

[老师]佳华，你呢？听了大家的谈论后，你有什么启发？

[主持人]老师，从刚才的交流探讨，我明白了理想是人生的奋斗目标和追求向往的奋斗前景，是人们对未来的一种有可能实现的想象。理想还可以随着时间与环境的改变而改变，我们可结合时代的发展与自身的实际来树立理想，理想还可分为长远的与近期的理想来实现。追求理想过程中，面对困难与挫折，要学习名人追求理想过程坚定的意志和乐观的精神。

[老师小结]说得太好了！把我们刚才的内容都概括出来了。刚才有同学问理想值多少钱？我说：理想的价值决定于你的付出和努力。你能因你而不同，家因你而不同，集体因你而不同，社会因你而不同，世界因你而不同吗？你能做到哪一个层次，你的价值便体现出来。

三、生活启示录

[老师]言语中看出大家都懂得从身边的人、名人与生活中汲取智慧，我真为你们高兴。罗曼·罗兰也说过：理想失去了，青春之花也便凋零了，因为理想是青春的光和热。子曰："士不可以不弘毅，任重而道远。"什么是士？(学生：有理想或有报负的人。)"志"，士的心即志，也就是说有理想有报负的人就是有"志气"！

同学们，如果想让你的青春开出花蕾，绽放异彩，那就请你扬起理想之帆，以"弘毅"与智慧为舟，迎难而上，克服重重困难，驶向成功的彼岸吧！

[主持人]接下来请听陈文鎏等同学为我们朗诵《理想》。(点课件)

树立理想（9分钟）

[老师]理想开花，桃李要结甜果；理想抽芽，榆杨会有浓阴。请备好理想之马，准备挥鞭起程。通过对理想深刻体悟后，请大家郑重地写下你的理想吧！

[老师]你的理想是什么？你将以哪个名人为榜样不懈地追求？

[主持人]周总理年少时立下"为中华崛起而读书"的大志，为党和人民做出了巨大贡献。爱国主义诗人屈原放逐途中仍不失志，他的"路漫漫其修远兮，吾将上下而求索"更是激励了许多后人。同学们，你准备好了吗？准备告别那天真无邪的童年，扬帆起航了吗？(准备好了！）那么，就让我们携起手来，一同出发，让青春飞扬，让理想飞扬，共同描写青春绚丽的篇章！让我们一同歌唱《明天会更好》。

[老师赠言]青春因理想而绚丽，人生因追求而幸福！(点课件）求学即是求索，追求的过程是修身的过程。愿大家能拥有绚丽的青春，幸福的人生！

谢谢大家！

2009年9月

阳刚之美·生命之赞歌

丁炜烨

【教材分析】

本单元的文章通过体味作者对生活中艺术的体验和感悟以及由此而触发的对人生的思考和认识，使学生在学习中进一步认识生命的力量和人生的价值，提高学生的素养，为今后学生阅读、欣赏、审美鉴赏打下基础。《安塞腰鼓》是一篇具有诗意美的散文，铿锵磅礴的语言，张扬激荡的句式，瑰丽奇伟的想象，是一曲旺盛生命和磅礴力量的热情颂歌。作者通过一群朴实得像红高粱一样的茂腾腾陕北后生在黄土高原上展现的壮阔、雄浑、激越、豪放的腰鼓场面的描写，展现了我们中华民族生生不息、鼓荡澎湃的活力。连串的短语使文章的节奏相当紧凑，同时还大量运用排比，有句内部、句与句、段与段间的排比，使内容表达得更加热烈、更激荡，充分表现了生命和力量喷薄而出的神韵。咏叹出的高原生命的热烈颂歌，民族魂魄的诗性礼赞，激发学生对人生的想象与思考。

【教学设想】

1.这是一篇诗化的散文，有着雄浑伟奇的画面，对生命与力量的赞美倾泻而出欲止不能。所以教学分为四个活动板块：字词擂台赛；走进录音棚；我是评论家；文化小使者。整个过程以“朗读”一线贯穿读、说、析、品、评，让学生受到美的熏陶。

2.在语文学习活动中尊重学生的主体地位，采用小组合作，突出教师的点拨与小结。

【教学目标】

1.有感情地朗读课文，把握文章基调，感受安塞腰鼓的恢宏气势。

2.理解文中短句的运用及比喻、排比、反复修辞的作用。

3.通过学习感受生命与力量的美，深入体会作者所歌颂的生命力量。激发对民族文化的热爱，做优秀的文化传承者。

【学习重点】

1.品味文章优美的语言。

2.理解各种修辞的作用，熟读成诵重点句。

【学习难点】

引导学生深入领会作者所歌颂的生命力量。

【导入新课】

多么抒情豪放的诗篇。大家充满激情地朗诵，读出黄河那奔腾澎湃、不可阻挡的气势，也读出了我们中华民族的伟大和坚强，同时也读出我们106班积极向上的精神风貌。

黄河是我们中华民族五千年文化的发源地。“一方水土养一方人”，那里人的精神风貌又是如何呢？今天，我们将走进《安塞腰鼓》(板书）一起去了解。

【检查预习】

1.通过预习了解刘成章笔下的腰鼓是怎样的。(用“的腰鼓”的句式来表述)

2.对“安塞腰鼓”及作者你了解有多少？

【美读·感知】

1.大家是否看过“安塞腰鼓”的表演？(有或没有）没关系，老师今天准备了一个片断与大家一起分享。(看后问：百闻不如一见吧！够火烈、壮阔、豪放吧！)

2.朗读如此壮阔、激烈、充满力量的腰鼓表演的文章，你会怎么读出腰鼓的艺术魅力呢？(饱含激情：语速——快、语调——激昂)(1分钟)

3.快速浏览课文，思考：全文是否都要用又快又激昂的语气来朗诵？为什么？(4分钟)

(第1—4自然段）沉静的腰鼓（语气平缓而有力)

(第5—27自然段）动的腰鼓（饱含激情)

(第28—30自然段）寂静的腰鼓（语调低沉而缓慢)

(学生解说后范读)

4.小结：第一部分为下文蓄势，第三部分反衬腰鼓的动。(板书）而第二部分是文章的主体，是激烈、壮阔的表演，让我们一起听录音，思考：作者从几个方面写腰鼓表演？

(1)(第5—13自然段）宏伟的场面

（2）（第14—17自然段）雄壮的声响

（3）（第18—22自然段）击鼓的后生

（4）（第23—27自然段）奇丽的舞姿（板书）

【美读·品析】

分四小组，进行美点大搜索。（8分钟）

用“__________美，你听（看）__________________________”的句式来进行表述。（四小组看谁读得棒，说得多，评得好）

①学生任意寻找自己觉得写得精彩的地方朗读3遍，要求用“好，好在__________________________”这一句式进行评点。可以从词、句式、修辞、写法、结构等各方面进行评点，说得越多越好。

②分学习小组交流。

③学习小组汇报员向全班汇报。

④教师整理学生评点。

从用词方面说：

（1）“紧贴在他们身体一侧的腰鼓，呆呆地，似乎从来不曾响过”一句中“呆呆地”用得好，好在它用拟人手法形象地写出了安静时安塞腰鼓的状态。

（2）“茂腾腾的后生”“咝溜溜的南风”中的“茂腾腾”“咝溜溜”用得好，好在叠词的运用使语言亲切富有韵味。

（3）“这腰鼓，使冰冷的空气立即变得燥热了，使恬静的阳光立即变得飞溅了，使困倦的世界立即变得亢奋了”中反义词用得好，好在它们对比强烈，更能突出安塞腰鼓的特点。

从句式上说：

（4）“一捶起来就发狠了，忘情了，没命了”中“发狠”“忘情”“没命”用得好，好在它们语意层层递进，语势步步增强。

（5）“交织！旋转！凝聚！奔突！辐射！翻飞！升华！”这些短句用得好，好在它们使文章语句铿锵，气势强劲，突出了安塞腰鼓的豪放美。

（6）“但是”与“看”独立成段好，好在它们特别引人注目，自然完成画面由静到动的急转。

从修辞上说：

（1）“骤雨一样，是急促的鼓点；旋风一样，是飞扬的流苏；乱蛙一样，是蹦跳的脚步；火花一样，是闪射的瞳仁；斗虎一样，是强健的风姿”写得好，好在比喻使对象更加形象具体，从而铺排出一系列异彩纷呈的画面。

（2）文中的反复用得好，好在使语言节奏明快，形象深刻清晰。

（3）文章中排比用得好，好在形式多样的排比增强了语势，更突出了安塞腰鼓恢宏磅礴的气势。

本文大量运用排比，有句内部、句与句、段与段之间的排比。

句内部的排比：“一锤起来就发狠了，忘情了，没命了！”

句与句之间的排比：“狂舞在你的面前，骤雨一样，是急促的鼓点；旋风一样，是飞扬的流苏；乱蛙一样，是蹦跳的脚步；火花一样，是闪射的瞳仁；斗虎一样，是强健的风姿。”

段与段之间的排比：

“使人想起：落日照大旗，马鸣风萧萧！

使人想起：千里的雷声万里的闪！

使人想起：晦暗了又明晰、明晰了又晦暗、尔后最终永远明晰了的大彻大悟！”

这些排比句使文章气势恢宏，语气连贯，节奏明快，语句紧凑，能表达出强烈的思想感情。

从写法上说：

（1）“使人想起：落日照大旗，马鸣风萧萧！使人想起：千里的雷声万里的闪！使人想起：晦暗了又明晰、明晰了又晦暗、尔后最终永远明晰了的大彻大悟！”写得好，好在它使人产生了丰富的联想和想象，增加了文章的内涵。

（2）“耳畔是一声渺远的鸡啼”写得好，好在“以声写静”，更加突出了鼓声止后的寂静。

（3）文中开头的静态描写好，好在它为文章后面写动作铺垫，使文章静中蕴动，动静结合，充满画面美。

【小结】

（1）排比句：句子多，要读出抑扬顿挫、轻重缓急；要读出语言的层次和变化；要读得一气呵成，酣畅淋漓，读出节奏和气势。

（2）设身处地，如身临其境，真正把握作者的感情和脉搏，读出铺张扬厉之气和一唱三叹的韵律。

【美读·悟情】

至情的人，才能写出至情的文章，让我们至情地朗读全文，再一次感悟这充满生命力量的安塞腰鼓。

师生接龙朗读：老师（第1—4自然段）—第一组（第5—13自然段）—第二组（第14—17自然段）—第三组（第18—22自然段）—第四组（第23—27自然段）……

板书

安塞腰鼓

刘成章

（第1—4自然段）沉静的腰鼓（语气平缓而有力）

（第5—27自然段） 动的腰鼓（饱含激情）	（第5—13自然段）宏伟的场面 （第14—17自然段）雄壮的声响 （第18—22自然段）击鼓的后生 （第23—27自然段）奇丽的舞姿	阳刚之美 生命的力量

（第28—30自然段）寂静的腰鼓（语调低沉而缓慢）

《钢铁是怎样炼成的》名著阅读教学设计（读前）

范远填

【学习目标】

1.初步感知小说内容和主要人物形象，激发阅读兴趣。

2.掌握名著的阅读方法，感受作品的阅读价值与意义。

【学习重点、难点】

1.初步感知小说内容和主要人物形象，激发阅读兴趣。（重点）

2.掌握名著的阅读方法，感受作品的阅读价值与意义。（难点）

【课前预习要求】

1.名著版本：人民文学出版社出版的《钢铁是怎样炼成的》。

2.阅读名著“故事梗概”“深长引路”内容，初步了解作品。

【课堂活动过程】

课堂活动一：读书名，猜内容

这是一本曾经感动过中国的鸿篇巨作，这是一部曾经让无数人热泪盈眶的不朽之作。一代又一代的青年受到它的教育和鼓舞，被视为生活的教科书、人生的路标和精神的补品，引发了全人类关于生命意义的思考。

问题设计：

1.请同学们读一读书名，谈一谈书名的含义，猜一猜小说的内容。

我认为书名的含义应该是________________________________

由书名“钢铁是怎样炼成的”，我猜到这本书是写________________________

2.读文段，谈谈你的理解。

人最宝贵的是生命。生命给予人只有一次。应当这样度过人生：回首往事，不会因虚度年华而悔恨；也不会因碌碌无为而羞愧。临终的时候能够说：我的整个生命和全部精力，都已献给世界上最壮丽的事业——为人类的解放而斗争。

我的理解是____

____

课堂活动二：读“导读”，知概况

借助教材“导读”内容，初步了解作品。

活动具体要求：

1.请浏览部编版教材P133—134的“名著导读”，圈画《钢铁是怎样炼成的》作者、书名的含义、主要内容等。

2.请同学们分享你获取的信息。

屏幕显示：

由名著导读，我知道了《钢铁是怎样炼成的》这本书________________________

____

课堂活动三：品文段，析人物

借助阅读资料，学会批注阅读，并初步了解精彩片断，加深人物印象。

活动具体要求：

1.快速阅读材料，分小组先自主阅读批注，然后交流分享。

2.品读精彩文段，概括主要内容，分析人物性格形象。

屏幕显示：

由第____文段____________（角度），我看到了一个________________________

____的保尔。

课堂活动四：观影视，作对比

通过视频材料，直观了解情节，对比原著，加深阅读感受。

活动具体要求：

1.认真观看保尔举枪“自杀”视频片段，对比原著，说说所见、所想、所悟。

2.视频和原著哪个更能表现保尔内心的斗争？为什么？

屏幕显示：

我觉得电影更能体现________________，因为____________________

____

我觉得原著更能体现________________，因为___________________________

____

齐读：

人最宝贵的是生命。生命给予人只有一次。应当这样度过人生：回首往事，不会因虚度年华而悔恨；也不会因碌碌无为而羞愧。临终的时候能够说：我的整个生命和全部精力，都已献给世界上最壮丽的事业——为人类的解放而斗争。

【课后作业布置】

根据名著的“阅读计划”明确“阅读任务”，按计划读完整本名著，试着给每一个章节拟一个小标题。

《钢铁是怎样炼成的》名著阅读教学设计（读中）

范远填

【学习目标】

1.能根据保尔的人生历程，用简洁的语言理清小说的主要情节。

2.能根据作品情节内容，分析保尔这一人物性格形象。

3.学会用思维导图的形式梳理情节、分析人物形象。

【学习重点、难点】

运用思维导图梳理情节、分析保尔人物形象。

【课前预习要求】

尝试用思维导图来复述保尔的主要人生历程和性格形象。

【课堂活动过程】

课堂活动一：抓住人物，理清情节

《钢铁是怎样炼成的》这部小说成功塑造了以保尔·柯察金为代表的一代英雄形象。主人公保尔·柯察金经历了苦难的童年，年少的他很早就开始体验底层劳动人民的苦难生活。战场上，他浴血奋战，工作中，他不畏艰难，一次次死里逃生却铸就了一个更加坚强的保尔。

保尔的成长道路是艰难曲折的，根据阅读，你能用思维导图的形式概说保尔的人生历程吗？

活动具体要求：

1.请根据情节内容把保尔人生经历分成四个阶段。

2.根据每个人生阶段，用思维导图的形式概说主要情节。

自主完成：保尔成长历程四个阶段。

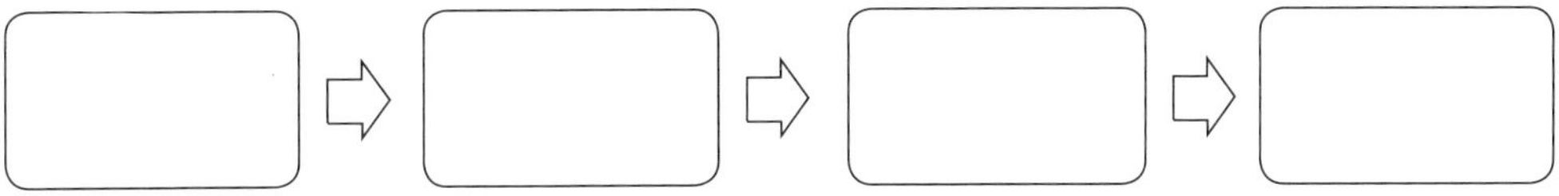

小组合作：选择保尔其中一个成长阶段，尝试用思维导图形式，梳理主要情节。

课堂活动二：细读情节，品析人物

现实与虚构相结合，强烈的自传性和文学性的典型兼具，是作品的艺术特色之一。所以，保尔的生活原型就是作者奥斯特洛夫斯基本人，作品所描写的故事也来源于作者的生活经历，只不过是作者把生活中真实的人物在小说中塑造得更加典型化而已。

活动具体要求：

1.根据小说中的情节或具体内容，参考示例用思维导图，分小组讨论并回答保尔是一个怎样的人。

参考示例：

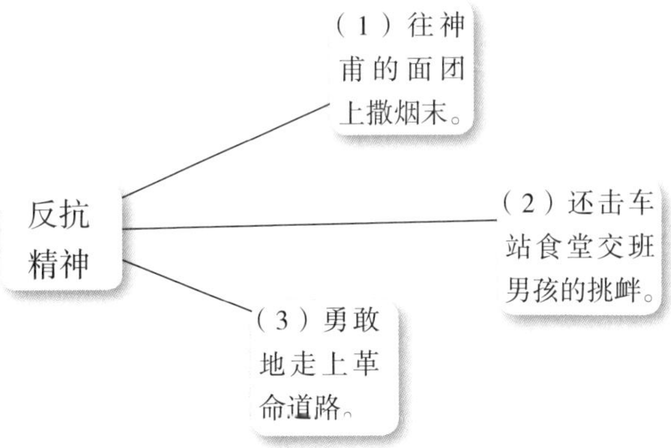

2.阅读下面文段，小组讨论：小说这一情节的设计是否会破坏近乎完美的保

尔形象？为什么？

他既然失去了最宝贵的东西——战斗的能力，为什么还要活着呢？在现在和在凄凉的将来，他将怎样才能证明自己生活得有价值呢？用什么来充实这生活呢？光是吃喝和呼吸吗？只做一个无用的旁观者，看着同志们在战斗中向前猛进吗？成为队伍的累赘吗？他应不应该毁掉这个背叛了他的肉体呢？朝心口打一枪——一切难题都解决了！以往既然能够生活得不坏，现在就应当在适当的时间结束这个生命。谁能责备一个不愿意做绝望呻吟的战士呢？

他的手在口袋里摸着勃朗宁的光滑枪身，指头习惯地握住了枪柄。他慢慢地抽出手枪来，大声对自己说：

“谁能想到你会有今天哪？”

枪口轻蔑地对着他的眼睛。他把手枪放在膝上，狠狠地骂着说：

“朋友，这是假英雄！任何一个笨蛋都会随时杀死自己！这是最怯懦也是最容易的出路。活着有了困难——就自杀。你有没有试试去战胜这种生活？你已经尽了一切力量来设法冲出这个铁环吗？难道你已经忘记了在诺沃格勒·沃伦斯基附近一天做过十七次的冲锋，而终于排除一切困难攻克了那个城市吗？把手枪藏起来，永远不要让别人知道你有过这种念头。即使生活到了实在是难以忍受的地步，也要活下去，使生命变得有益于人民！”

结论：____

理由：____

____

课堂活动三：团结合作，图说保尔

在《钢铁是怎样炼成的》中，作者通过对主人公保尔·柯察金独特的描述，结合了当时现实情况和人物理想，使人物形象更加丰满，个性鲜明且独具特性，能够带给读者不一样的感触。

活动具体要求：

小组合作：运用思维导图的形式，完成对保尔人物性格形象的分析。

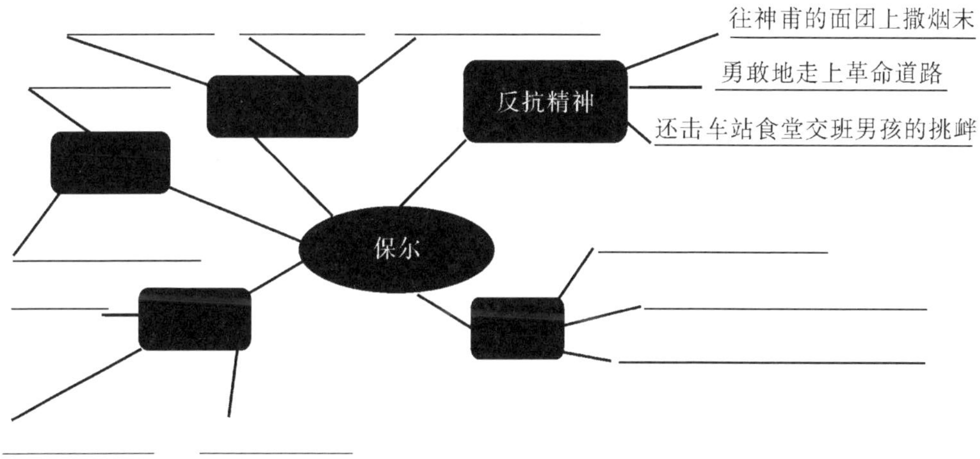

【课后作业布置】

要求：运用思维导图，尝试把整本名著的情节、人物及其性格、艺术特色等画在一张A3纸上，可以独立完成，也可以合作完成。

《钢铁是怎样炼成的》名著阅读教学设计（读后）

范远填

【学习目标】

1.能根据作品情节内容，理解保尔精神与其现实意义。

2.融会贯通，尝试小说鉴赏及简单的编剧表演。

【学习重点、难点】

能根据作品情节，理解保尔精神及其现实意义。

【课前预习要求】

1.联系阅读名著，完成“三段恋情”的思维导图。

2.小组合作完成“三段恋情”的戏剧编写，经过老师润色后进行排练。

【课堂活动过程】

课堂活动一：情节表演，钢铁有情

英雄，往往意味着完美、硬汉、高大的形象，然而，生活中的英雄也是有血有肉的，“金无赤足，人无完人”，过于完美，或许就会显得不真实了。阅读《钢铁是怎样炼成的》后，我们会欣喜地发现保尔·柯察金是行走在人间的英雄，有血有肉，还有感情上的烦恼！

活动具体要求：

1.根据课前的准备，由学生主持，分小组对保尔的“三段恋情”进行戏剧表演。

强调表演时的观看纪律，严肃认真，学会欣赏与思考。

2.比较同学的戏剧表演，发现“表演”与原著作品有什么区别？

我的发现：____

我的思考：____

____

课堂活动二：点评戏剧，分析人物

艺术来源于生活，但又往往高于生活。保尔的爱情故事是曲折的，但又是真实的、美好的。三段恋情，其实更多的是展现了保尔的成长历程。

活动具体要求：

1.小组推荐展示分享“三段恋情”的思维导图。

（尽量呈现人物相处过程中的主要情节）

我的思维导图：

2.小组讨论后，尝试点评戏剧表演的效果。

（老师适当引导和补充）

3.从保尔的三段恋情中分析保尔的性格形象。

保尔性格形象：

____

____

课堂活动三：解读主题，探讨意义

保尔由一名冲动、懵懂的少年蜕变成为无产阶级革命战士，在其经历的三段恋情中，我们会发现保尔在悄悄地改变着，但有一样东西，对于保尔来说却是始终不变的，那就是像他自己所说的“我整个的生命和全部精力，都已献给世界上最壮丽的事业——为人类的解放而斗争。”

【活动具体要求】

探讨保尔精神的现实意义。

【小组合作探究】

1.透过整部作品，你是如何看待保尔这一人物形象的？（要求分点回答）

____

2.小组讨论："保尔精神"指的是什么？在现实生活中有怎样的价值意义？

【课后作业布置】

与保尔穿越时空的对话，设计一份访问稿。（要求结合小说原著，设计采访问题，保尔的回答要忠实于作品人物的性格特点。）

附：戏剧剧本示例（略）

把握人物形象专题复习教学设计

范远填

【复习内容】

中考文学作品或名著阅读专题复习系列之把握人物形象。

【学情分析】

学生在文学作品或名著阅读答题过程中，特别是对人物形象的分析上，往往失分较多。其主要原因是答题不规范，或者答题欠条理、不全面。此题需要在了解文章内容的基础上，将阅读文本中的人物进行客观、全面的分析，既要有性格形象要点，更要结合内容进行分析评价。

【教学目标】

1.读懂阅读文段，把握人物性格形象。

2.引导学生结合内容，全面、客观地评价人物和规范答题。

【重点、难点】

整体把握文学作品的人物形象。

【教学思路】

第一步，呈现中考题型，直观呈现考题特征及答题规律。

第二步，整合历年相关人物形象考查资源，明确分析人物形象的方法和技巧。

第三步，迁移训练巩固提高学生的答题技巧。

第四步，布置作业，强化练习，巩固所学内容。

【教学课时】1课时

【教学准备】

1.教学课件。

2.课堂训练试题及作业。

2013年广东省中考卷阅读理解题《天使儿》。

【教学过程】

课堂导入

熟悉考题，明确考题特点及答题技巧。

教学环节一：读懂文章，规范答题

【任务与意图】

培养小组合作探究的学习能力，培养学生快速把握文章主要内容的能力。规范学生答题的习惯。

【过程与方法】

1.各学习小组组内交流答案。

2.各学习小组展示最佳答案，班级讨论交流。

3.出示答案，教师点拨解题思路及答题要求。

通过快速阅读文章，筛选与评价人物相关的主要内容情节，指导学生在文段中圈画关键词句，并概括人物主要性格形象。

指导学生分点回答，分析时要有事实依据，每一点分析概括均要做到简明扼要，避免缺少必要的分析，或者答题不全面。

教学环节二：了解题型，掌握技巧

【任务与意图】

让学生了解人物形象考查的常见题型，掌握答题技巧。

【过程与方法】了解考纲要求，认识试题的常见题型，总结归纳出答题技巧。

1.欣赏文学作品，有自己的情感体验，初步领悟作品的内涵，从中获得对自然、社会、人生的有益启示。对作品中感人的情境和形象，能说出自己的体验；品味作品中富于表现力的语言。（理解）

2.欣赏名著人物形象和艺术特色。（运用）

题型一：结合小说内容，简要分析人物形象

【方法指导】

1.答题思路和条理要清晰。可运用先分述情节，再总结归纳的格式答题；也可以用先概括性格，再描述情节佐证的格式答题。

2.仅需从故事情节的发展变化入手分析，不必从人物描写等方面去深入。主要通过分析人物在事件中的表现，来看人物的思想性格及其变化。

3.要用三到四个概括性词语概括描述人物性格。

【考题示例】2014年、2015年广东省中考卷名著选段习题。

题型二：如何看待小说中的人物形象

【方法指导】第一步，结合主要内容用三到四个概括性词语概述人物形象；第二步，运用辩证思维方法对人物形象给出公允客观的评判。

【考题示例】2011年广东省中考卷阅读理解题《餐桌上的美好时光》。

教学环节三：实战演练，巩固提高

【任务与意图】

通过比较交流，明确解题思路及答题规律。在实战演练中运用和巩固已掌握的技巧。

【过程与方法】

1.先自主完成实战演练习题。

2.各小组同学讨论：比较各自的评分，然后形成共识，说明评分理由。或是把小组内的争论提出来供全班讨论。

3.请几个小组代表发言。其他小组可以发表不同意见。

4.老师小结，并引导学生回顾前面总结的答题技巧。

实战演练

阅读理解题《我们是怎样过母亲节的》(斯蒂芬·巴特勒·李科克)。

【教学总结】

1.答题思路和技巧：

第一步，把握内容，筛选信息。（快速阅读，圈点勾画）

第二步，抓住要点，概括分析。（概括特征，依点分析）

2.温馨提示：

主要通过分析人物在事件中的表现，来看人物的思想性格及其变化。人物形象概括要结合主要内容用三到四个概括性词语概述；另外，还要运用辩证思维方法对人物形象给出公允客观的评判。

3.在学生自主完成与小组合作交流时，教师要关注不同层次的学生，加强指导与点拨。

【布置作业】

1.阅读理解题《界河》。

2.阅读理解题《父亲的雨》。

【板书设计】

把握人物形象

一、把握内容，筛选信息。(快速阅读，圈点勾画)

二、抓住要点，概括分析。(概括特征，依点分析)

(本文获广东省教育学会论文(教学设计)三等奖，有节选)

《〈礼记〉二则》第一课时教学设计

梁　彬

【教学目的】

1.了解《礼记》相关知识，理解重点文言词语，熟读并背诵课文。

2.在反复诵读中，读出韵味，读出文意，能当堂成诵。

3.了解类比说理的方法，认识“大同”社会的基本特征。

4.明白教与学互相促进的道理，认识到实践的重要性。

5.树立远大的理想，为人类造福，做一个真正的社会人。

【重点、难点】

【重点】

能对照注释翻译课文，引导学生把握“大同”社会的基本特征。

【难点】

1.了解类比说理的方法，明白教与学互相促进的道理。

2.联系《桃花源记》中所描绘的社会生活，与文中“大同”社会相比，看有无相似之处。

3.树立远大的理想，为人类造福，做一个真正的社会人。

【教学方法】

朗读法、讨论法与点拨法相结合。

【课前准备】

多媒体课件

【教学课时】

2课时

课型：讲读课

【教学过程】

一、新课导入

半部《论语》治天下，一帧《礼记》誉千秋。或许同学们对《礼记》不甚了解，但《礼记》中的名言却常常在我们的耳畔回响："玉不琢，不成器；人不学，不知义"告诉我们要勤于钻研；"凡事预则立，不预则废"启迪我们要做好规划，有的放矢；"苟利国家，不求富贵"教育我们要有为国为民的情怀……可见，《礼记》影响之深广。

今天，就让我们亲近《礼记》，领悟为学之道。

二、作者简介

《礼记》，又名《小戴礼记》，儒家经典著作之一，是秦汉以前各种礼仪著作的选集。相传为西汉戴圣编纂。它与《周礼》《礼仪》合称"三礼"。

《礼记》的内容主要是记载和论述先秦的汉民族礼制、礼仪，解释仪礼，记录孔子和弟子的问答，记述修身做人的准则。

三、文本链接

《虽有嘉肴》节选自《学记》。《学记》是我国教育史上第一篇系统性的教育学论文。据郭沫若考证，《学记》作者为孟子的弟子乐正克。《学记》对教育作用、教育目的、学校制度、教育内容、教学原则、教学方法以至师生关系、教师问题等方面，都做了比较系统而精辟的概括和理论的阐述。

四、整体感知

齐诵读

1.生读课文，给难字注音，划分朗读节奏。

2.出示课件，认读，把握节奏。

（1）读准字音

嘉肴（yáo）　弗食（fú）　自强（qiáng）

教学相长（zhǎng）　兑命（duì）　学学半（xiào）(xué)

（2）把握节奏

虽有/嘉肴，弗食，不知/其旨也；虽有/至道，弗学，不知/其善也。是故/学

/然后知不足，教/然后知困。知不足，然后/能自反也；知困，然后/能自强也。故曰：教学/相长也。《兑命》曰："学/学半。"其/此之谓乎！

3.以学习小组为单位，合作探究，解决字词句问题。

（1）解释下列加点字词的意思。

①虽有嘉肴（嘉：美好。肴：用鱼、肉做的菜。）

②弗食，不知其旨也（食：吃。）

③虽有至道，弗学，不知其善也（至道：最好的道理。善：好处。）

④是故学然后知不足（是故：因此，所以。）

⑤知不足，然后能自反也；知困，然后能自强也（反：反思。自强：自我勉励。）

⑥故曰：教学相长也（长：促进。）

⑦其此之谓乎（其：表示推测语气。此之谓乎：说的就是这个道理吧！"此……之谓乎"是一种固定句式，通常翻译为"大概说的就是……吧。"）

（2）古今异义词。

虽有嘉肴（古义：即使。今义：虽然。）

弗食，不知其旨也（古义：主旨。今义：味美。）

教然后知困（古义：困惑。今义：困难。）

学学半（古义：教。今义：学习。）

（3）翻译下列句子。

①虽有嘉肴，弗食，不知其旨也；虽有至道，弗学，不知其善也。

即使做好了一桌美味的菜肴，如果不亲自品尝，就永远不会知道它的味美；即使有最好的道理，如果不去学习，就永远不知道它的好处。

②是故学然后知不足，教然后知困。

因此只有学习以后才能知道自己的不足，教学以后才能知道有困惑的地方。

③知不足，然后能自反也；知困，然后能自强也。故曰：教学相长也。

知道自己不足，然后才能自己反省；知道自己有困惑的地方，然后才能自我勉励。

4.口头翻译全文，师生一起矫正。

五、课文精读

1.文章开头作者为什么要从“虽有嘉肴”写起？

从“嘉肴”写起，是为了由“嘉肴”“至道”引出下文对教与学关系的论述，有“嘉肴”“至道”作类比，教与学的关系就浅显易懂了，这种说理的方法叫做“类比推理”。

（类比推理是根据两个或两类对象有部分属性相同，从而推出它们的其他属性也相同的推理。）

2.从学习的角度，“教学相长”可以给我们怎样的启示？试结合学习经验，谈谈你的看法。

只有学习以后才能知道自己的不足，教学以后才能知道有理解不了的地方。教和学是相辅相成、互相促进的。教师和学生之间应该互相学习，互相促进，共同提高。

3.“教学相长”与“学学半”的相同点和不同点是什么？两者之间是什么关系？

相同点：两者都强调了“教”是学习、进步和提升的重要环节。

不同点：前者是从教和学两个方面来说明教和学的关系，二者是相辅相成、互相促进、共同提高的，说得直接全面，是作者要表达的主要观点；后者则只从教的角度来说明，将学的部分暗含其中，说得含蓄委婉，是对前者的补充论证。

二者关系：前者是全文的观点，后者是引用论据来补充强调观点的，二者并非并列关系，而是主从关系。

4.本文主要论述了什么道理？作者是怎么论述的？

本文主要论述了教学相长的道理。本文在论述时先以“虽有嘉肴，弗食，不知其旨也”作比，继而引入“虽有至道，弗学，不知其善”，进而又从教与学两个方面加以说明，最后归结到“教学相长”这个结论。

六、探究升华

学是第一位的，不学，则无法获得知识，也无法知道自己的不足，也就没有完善自己的机会。

“教学相长”还意味着学习中的互动和交流。有时候，可以采用教的方式学习。比如，尝试把自己的理解讲给同桌听，看看他的反应。如果他能明白，可能表明你确实理解透彻了；如果他仍有疑惑，可能表明你的理解中存在漏洞或缺陷，这时候就可以“知困”而“自强”。

七、文章主旨

本文论述了学习要重视实践的重要性，要求把明白了的道理付诸行动，通过行动来证明道理是否正确，即实践出真知。另一方面，论述了教学相长的道理。

八、写作特点

本文说理逻辑严密，条理分明。多使用对偶句，读来朗朗上口，节奏感强。

九、板书设计

虽有嘉肴
- 类比引入
  - 弗食佳肴，不知其旨
  - 弗学至道，不知其善
- 逐层认证
  - 学知不足，教后知困
  - 不足自反，知困自强
- 引用作者——学学半，此之谓

教学能相长
实践出真知

《〈礼记〉二则》第二课时教学设计

梁　彬

一、新课导入

同学们，2013年国家主席习近平提出了“中国梦”这一伟大构想。其实在两千多年前，我们的孔圣人就提出了一种社会模式，他称之为大同社会。那么大同社会到底是怎样一种社会呢？它具有什么特征呢？今天我们就走进选自《礼记》的《大道之行也》。

二、文本链接

《大道之行也》选自《礼记·礼运》。春秋战国时期，诸侯争霸，人民流离失所；周王室日渐衰微，礼崩乐坏。“士”私学兴起，形成了许多思想流派，出现了“百家争鸣”的现象，各个学派都提出自己的治国理念和主张，儒家提出了“上下有分，等级有序；尊贤礼士，君仁臣义；君民同乐，轻敛薄赋”的政治主张，以实现“大同”的理想社会。“大同”社会不仅仅是儒家治国理想，更是我国几千年来的梦想。

三、整体感知

1.自由朗读课文，积累文言词句。

（1）掌握以下文言实词。（多媒体投影）

①大道之行也（施行）

②选贤与能（同“举”）

③讲信修睦（培养）

④故人不独亲其亲（故，所以。独，单独。亲，以……为亲）

⑤矜（guān，同“鳏”，老而无妻的人）

⑥皆有所养（供养）

⑦男有分（fèn，职分，职守）

⑧货恶其弃于地也（憎恨）

⑨不必藏于己（私藏）

⑩谋闭而不兴（兴起）

⑪盗窃乱贼而不作（乱贼，指作乱害人的事。作，兴起）

⑫故外户而不闭（户：门。闭：关闭，插门）

（2）翻译句子。

①大道之行也。

在大道施行的时候。

②天下为公。

天下是公共的。

③人不独亲其亲，不独子其子，使老有所终，壮有所用，幼有所长。

人们不只是敬爱自己的父母，不只是疼爱自己的子女，要使老年人能终其天年，中年人能为社会效力，幼童能顺利地成长。

2.在读懂课文的基础上，读出课文节奏。

大道之行也，天下为公。选贤与能，讲信修睦。故/人/不独亲其亲，不独子其子，使老有所终，壮有所用，幼有所长，矜、寡、孤、独、废疾者/皆有所养，男/有分，女/有归。货/恶其弃于地也，不必藏于己；力/恶其不出于身也，不必为己。是故/谋/闭而不兴，盗窃乱贼而不作，故/外户而不闭，是/谓/大同。

3.感知文章整体内容。

第一层（“大道之行也……讲信修睦”）：对“大同”社会的纲领性说明。

第二层（“故人不独亲其亲……不必为己”）：阐述“大同”社会的基本特征。

第三层（“是故谋闭而不兴……是谓大同”）：总结全文，指出“大同”社会的美好。

四、课文精读

1.再读课文，注意文中停顿：

（1）第一层：首句“大道之行也”用提顿语气读，表明以下三句即“大道”的内涵；“天下”三句用分列语气读。

（2）第二层：本层全用排偶句式，共有四组，每组后当作一顿，要读出层次感。有些字有统领作用，如“故人不独……”中，“人”统领以下两句，“使老有所终……”中，“使”统领以下四句，其后均当作一顿。最后一组谈“货”“力”观念，此两字后亦当作一顿。

（3）第三层：“是故”用承上作结的语气读。“谋闭而不兴”中“闭”属下读。“而不闭”一语后停顿可稍长。末句是全文结论，要读得字字分明、语气肯定。

2.如何理解文中提出的概念：“大道”“大同”“大道之行也”？

（1）大道，指儒家推行的上古时代的政治制度。

（2）大同，指儒家的理想社会或人类社会的最高阶段。

（3）大道之行也，是指执政者施行大道，则老百姓便可以生活在安定和平的大同社会。

3.“大同”社会的根本特征是什么？

天下为公，选贤与能，讲信修睦。

4.本文是从哪几个方面来说明“大同”社会的基本特征的？

课文第二层有三句话，三句话可以归纳为三个方面：

（1）满足生存需要，人人都能得到全社会的关爱。“不独亲其亲，不独子其子”，把奉养父母、抚育儿女的心意扩大到其他人身上；“老有所终，壮有所用，幼有所长”，各个年龄段的人或者说人一生中的各个阶段都能受到应有的照顾，得到合适的安排；“矜、寡、孤、独、废疾者”这五种需要特别关爱的人都能得到应有的生活保障。

（2）满足发展的需要，人人都能安居乐业。“有分”就是有稳定的职业，能安心工作；“有归”就是男女婚配及时，有和乐的家庭。

（3）满足精神愉悦的需要，货尽其用，人尽其力。“货恶其弃于地也，不必藏于己”是说人们珍惜劳动产品，但毫无自私自利之心；“力恶其不出于身也，不必为己”是说人们在共同劳动中以不出力或少出力为耻，都能尽心竭力去工作，工作着并快乐着，把共同劳动看作是分享快乐。

5.任何想象都是植根于现实土壤的，文中有无当时现实社会的影子？

文章第三层选择了一种特殊的总括方式，拿现实社会跟理想的“大同”社会作对比，从而顺理成章地指出，现实社会中诸多现象如搞阴谋、盗窃财物、作乱等在“大同”社会中将不复存在，代之而兴的将是一个“外户而不闭”的和平、安定的局面。这其中已经折射出现实社会的真实情形：社会变乱纷呈，动荡不安；尔虞我诈，人人自危；盗贼横行，混乱不堪。

6.迁移探究

（开放性题目，分组讨论，在对比中思考，在思考中复习。）

（1）“大同”社会跟陶渊明所描绘的“世外桃源”有没有相似的地方？

“世外桃源”的境界显然是根据“大同”社会的体制构想出来的，是艺术地再现“大同”社会的生活风貌。启发学生透过“桃源”中的生活现象来认识这个社会，例如从“黄发垂髫，并怡然自乐”中可以看出“桃源”中的老人和孩子因为受到全社会的关爱，生活极其幸福，这就是“大同”社会中“老有所终”“幼有所长”了（由此推知矜、寡、孤、独、废疾者也同样受到社会的照顾）。

（2）孔子的“大同”社会的理想实现了吗？21世纪的中国社会，是“大同”社会吗？

学生联系历史知识和现实社会生活的各个方面深入探究，只要言之成理即可，教师不要随意评判，应以表扬鼓励为主。

（3）请说一段话描绘你心目中的理想社会。

重在激发学生进行大胆新奇的联想和想象，营造一种畅游理想未来的热烈气氛。

五、文章主旨

本文通过对理想中的社会特征的描述，阐明了儒家理想中的“大同”社会的基本特征，表达了作者对这个理想社会的向往，同时，也反映了我国古代劳动人民对美好生活的追求。

六、写作特点

1.结构严谨，说理透彻。

文章第一层首先对“大同”社会进行纲领性说明，然后从三个方面阐述了“大同”社会的基本特征，最后总括并定名为“大同”。全面具体地展现了古人关于人类美好社会的构想。

2.阐述道理，条理清晰。

文章在阐明“大同”社会政治纲领的内容时，按逻辑关系，由政权归属谈到政权所属的条件，最后谈到在德才兼备的领导者的管理下，所呈现出的诚信、和睦、平等、和谐的人际关系。在阐明之后，很自然地阐述了在这些纲领维护下的“大同”社会的基本特征，分三个方面展开，从物质生活谈到了理想观念，既全面又条理清晰地反映了作者的思路。

3.运用排比，突出气势。

本文语言气势强盛，一气贯注，具有无可辩驳的力量。文章通过运用排比手法来做到这一点。如“使老有所终……幼有所长”等语句，句式整齐，节奏分明，增强了语势。

七、板书设计

大道之行也

- 社会纲领
  - 天下为公，选贤与能
  - 讲信修睦
- 基本特征
  - 社会关爱，安居乐业
  - 货尽其用，人尽其力
- 理想社会
  - 谋闭不兴，盗乱不作
  - 外户不闭

→ 太平盛世 心驰神往

八、布置作业

1.背诵《虽有嘉肴》和《大道之行也》。

2.完成课本P118课后“积累拓展”第四题和第五题。

《〈庄子〉二则》第一课时教学设计

梁　彬

【教学目标】

1.积累常用的文言词语，丰富文言知识。

2.了解《庄子》及庄子的生平、思想。

3.通过多种形式的朗读，落实“读”在文言文教学中的重要作用。

4.在思考、讨论的基础上明确庄子的思想和主张。

拓宽阅读视野，增加对传统文化经典的了解，提高文化品位，能积极乐观地面对生活。

【重点、难点】

【重点】

1.文言词语积累，准确翻译课文。

2.了解《庄子》及庄子的生平、思想。

【难点】

1.体会庄子的语言特色，理解两则故事的寓意。

2.在思考、讨论的基础上明确庄子的思想和主张。

3.拓宽阅读视野，增加对传统文化经典的了解，提高文化品位，能积极乐观地面对生活。

【教学方法】

朗读法、讨论法。

【课前准备】

多媒体课件

【教学课时】

2课时

课型：讲读课

【教学过程】

一、新课导入

春秋战国时期，群雄割据，风起云涌；贤哲奔走，百家争鸣。聚徒讲义，著书立说，遂有蔚为大观的诸子散文。《论语》平实质朴，循循善诱；《孟子》笔力雄健，铿锵有力；《荀子》行文气魄雄浑；《老子》哲思清远深邃；《墨子》质朴；《庄子》恣肆……让我们一起走近庄子，感受先生的大智与幽默。

二、作者简介

庄子（约公元前369—公元前286），名周，战国时宋国蒙人，我国古代著名的思想家（哲学家）、文学家，道家学派的代表人物之一。庄子生活在一个社会矛盾极其尖锐的时代，做过漆园吏。他不满现实，不与统治阶级合作，据传楚王曾以千金相邀为相，被其拒绝。庄子对后人的影响主要是《庄子》一书。

三、文本链接

《庄子》具有很高的文学价值。其文汪洋恣肆，想象丰富，气势壮阔，具有浪漫主义的艺术风格。《庄子》共33篇，分内篇、外篇、杂篇。内篇7篇为庄子所作，外篇15篇和杂篇11篇一般认为是其门人和后学者的伪作。庄子的想象力极为丰富，语言运用自如，灵活多变，能把一些微妙难言的哲理说得引人入胜。鲁迅先生称赞："其文则汪洋捭阖，仪态万方，晚周诸子之作，莫能先也。"（《汉文学史纲》）《庄子》不仅是一本哲学名作，更是文学、审美学上的寓言杰作典范。对中国文学、审美的发展有着不可分割的深远影响。郭沫若也评价说："以思想家而兼文章家的人，在中国古代哲人中，实在是绝无仅有。"（《庄子与鲁迅》）因而他的作品被人称为"文学的哲学，哲学的文学"。

四、整体感知

1.读课文，基础积累。

学习古文应该反复诵读，以致成诵。请同学们挺直腰板，捧起课本，自由地、大声地朗读文章，注意读准字音和停顿。

（1）给加点字注音。

北冥（míng）　鲲鹏（kūn）　抟（tuán）

迁徙（xǐ）　　　齐谐（xié）　　正色邪（yé）

（2）借助课文和注释工具书，并结合上下文语境解释下列加点字词。

北冥有鱼，其名为鲲。（北海）

怒而飞，其翼若垂天之云。（振奋，文中指用力鼓动翅膀）

是鸟也，海运则将徙于南冥。（海水运动）

《齐谐》者，志怪者也。（记载怪异的事物）

抟扶摇而上者九万里。（旋风）

去以六月息者也。（离开；风）

野马也，尘埃也，生物之以息相吹也。（山野中的雾气，奔腾如野马）

天之苍苍，其正色邪？其远而无所至极邪？（湛蓝色；尽头）

其视下也，亦若是则已矣（这样；罢了）

（3）通假字

北冥有鱼（“冥”同“溟”，海）

其正色邪（“邪”同“耶”，语气词，呢、吗）

（4）词类活用

志怪者也。（怪：形容词作名词，怪异的事物）

南冥者，天池也。（天：名词作形容词，天然的）

2.翻译重点句子。

（1）怒而飞，其翼若垂天之云。

振翅飞翔起来，它的翅膀就像挂在天边的云彩。

（2）是鸟也，海运则将徙于南冥。

这只鸟，海水运动就将迁往南海。

（3）鹏之徙于南冥也，水击三千里，抟扶摇而上者九万里，去以六月息者也。

大鹏迁徙到南海的时候，用翅膀拍打水面，激起的波涛浪花有三千里，它乘着旋风盘旋至九万里的高空，它是凭借着六月的大风离开的。

（4）天之苍苍，其正色邪？其远而无所至极邪？

天色湛蓝，是它真正的颜色吗？还是因为天空高远而看不到尽头呢？

五、课文精读

1.文章标题为“北冥有鱼”，后来怎么又写鸟了？

鸟是由鱼变化而来的，鲲的体积有几千里，变成鸟后，鸟的背部不知有几千里。说明庄子想象力丰富。

2.大鹏的形象如何呢？作者又是怎样描写这一形象的呢？

鲲鹏形体硕大无比，变化神奇莫测，奋飞时气势壮美。

从体大、背大、翼大以及活动范围大（长度：从北海到南海。高度：九万里）四个方面极写鲲鹏形象磅礴壮观。用夸张的手法描述鲲鹏，“不知几千里也”言其形，“若垂天之云”言其翼，“北冥”“南冥”“九万里”言其活动天地，极言鲲鹏形体之大、变化之神奇，飞腾时气势之壮观，一开头就向我们展示了一幅雄奇壮丽的画卷。

3.赏析句子：“鹏之徙于南冥也，水击三千里，抟扶摇而上者九万里。”

此句运用丰富的想象，奇特的夸张，描写了鲲鹏振翼拍水，盘旋飞向九万里高空的形象，这一形象能激发人的豪情壮志，具有强烈的艺术感染力，“击”“抟”等字传神，生动，让人产生丰富的想象和联想。

4.在庄子的作品中，往往借用寓言故事说理，使文章生动活泼，寓意隽永，感染力强。《北冥有鱼》一文的寓意是什么？

文章借鲲鹏的寓言展开想象和联想。说明任何事物的存在都是依附于一定的条件，它们的活动都是有所凭借的。

5.任何事物的存在都是依附于一定的条件，那么人对事物的认识有没有局限呢？

“天之苍苍，其正色邪？其远而无所至极邪？”翻译：天色湛蓝，是它真正的颜色吗？还是因为天空高远而看不到尽头呢？说明人对事物的认识是有局限的。

推己及彼，庄子给出确定的结论，鹏鸟和人们一样，并不能弄清天的本色，鹏鸟认识也是有局限的啊。

《〈庄子〉二则》第二课时教学设计

梁　彬

一、新课导入

庄子和孔子一样，同是中国古代伟大的智者。但庄子与孔子的思想截然不同，今天让我们再一次走近庄子，感受他的机智、博学、善辩和艺术家的风貌。

二、文本链接

庄子与惠子的友情

庄子与惠子两人性格的差异导致了不同的基本立场，进而导致两种对立的思路——一个超然物外，但又返回事物本身来观赏其美；一个走向独我论，即每个人无论如何不会知道第三者的心灵状态。

庄子与惠子由于基本观点的差异，在讨论问题时，便经常互相抬杠，而挨棒子的，好像总是惠子。在《逍遥游》中，庄子笑惠子“拙于用大”；《德充符》上也说惠子：“你劳费精力……自鸣得意于坚白之论。”这些批评，庄子都是站在自己的哲学观点上，而他最大的用意，则在于借惠子来抒发己意。

他们两人，在现实生活上固然有距离，在学术观念上也相对立，但在情谊上，惠子却是庄子生平唯一的挚友。这从惠子死后，庄子的一节纪念词上可以看出。

庄子送葬，经过惠子的坟墓，回头对跟随他的人说：“楚国郢人捏白土，鼻尖上溅到一滴如蝇翼般大的污泥，他请匠石替他削掉。匠石挥动斧头，呼呼作响，随手劈下去，把那小滴的泥点完全削去，而鼻子没有受到丝毫损伤，郢人站着面不改色。宋元君听说这件事，把匠石找来说：‘替我试试看。’匠石说：‘我以前能削，但是我的对手早已经死了！’自从先生去世，我没有对手了，我没有谈论的对象了！”(《徐无鬼》)

惠子死后，庄子再也找不到可以对谈的人了。在这短短的寓言中，流露出淳厚真挚之情。能设出这个妙趣的寓言，来譬喻他和死者的友谊，如此神来之笔，非庄子莫能为之。

三、整体感知

1.读课文，基础积累。

（1）借助课文注释和工具书解释下列加点字词。

子非鱼，安知鱼之乐（疑问代词，怎么）

是鱼之乐也（这）

子之不知鱼之乐全矣（完全，肯定是）

请循其本（追溯话题本原）

（2）多媒体显示课文参考译文。要求学生与自己的译文对照，找出错误的地方，并思考译错的原因。

庄子与惠子游于濠梁之上

庄子与惠施在濠水的桥上游玩。庄子说："白鱼在河水中游得多么悠闲自得，这是鱼的快乐啊。"惠施说："你不是鱼，怎么知道鱼的快乐呢？"庄子说："你不是我，怎么知道我不知道鱼的快乐呢？"惠施说："我不是你，固然不知道你；你本来就不是鱼，你不知道鱼的快乐，是可以完全肯定的！"庄子说："请从我们最初的话题说起。你说'你哪儿知道鱼快乐'的话，说明你已经知道我知道鱼快乐而在问我。我是在濠水的桥上知道的。"

2.在疏通文意的基础上再读课文，注意停顿，读出人物对话的语气和表现性格。

"鯈鱼出游从容，是鱼之乐也"（从容，悠闲，语速要慢）

"子非鱼，安知鱼之乐？"（稍快，读出急于反驳的样子）

"子非我，安知我不知鱼之乐？"（巧辩，机智，从容）

"我非子，固不知子矣；子固非鱼也，子之不知鱼之乐，全矣！"（肯定，毫无争辩）

"既已知吾知之而问我，我知之濠上也"（充满智慧，善辩）

四、课文精读

1.庄子与惠子二人辩论的问题是什么？

庄子是否知道鱼的快乐。

2.惠子凭什么可以确定庄子不知道鱼是快乐的呢？他的依据是什么？

理由一：惠子说庄子不是鱼，所以不知道鱼的快乐。

理由二：惠子不了解庄子，不知道庄子的想法。

3.惠子的思想有什么特点呢？

像数学证明题一样，层层推理，讲究逻辑。对于事物有一种寻根究底的认知态度，重在知识的探讨。

4.庄子坚持认为“出游从容”的鱼儿很快乐，表现了他怎样的心境？

庄子认为鱼“乐”，其实是他愉悦心境的投射与外化。

5.你认为在庄子和惠子的辩论中，谁是胜者？

（1）从形式上来看，庄子占了上风。因为庄子说了后惠子就没有话来反驳了。结尾处，在惠子巧妙地援引庄子的反驳建立起符合逻辑的推理后，庄子似乎应该无言以对而就此认输了，可是他却又返回争论的起始，借偷换概念而避重就轻地将惠子的发难化解了。（所谓偷换概念，指他把惠子说的“安知”，解释成“哪里知道”或“怎样知道”，而惠子的本意却是“怎么（能）知道”。）

（2）从逻辑上看，惠子是胜者。前面说过，庄子是靠故意曲解惠子的意思，才在争论中得以维持自己最初的判断，而这种做法显然是有悖于逻辑判断规则的，属于强词夺理。所以说，惠子才是胜者。

6.从二人辩论的语言来看惠子和庄子最大的区别是什么？

惠子注重逻辑分析，从科学角度看世界；庄子注重观赏和移情同感，从美的角度、诗意的角度看世界。

如果说惠子带有逻辑家的个性，那么庄子则具有艺术家的风貌。

五、探究升华

庄子心境旷达，视荣华富贵如敝履，他有着高雅的生活情趣。《逍遥游》想象神奇，表达了庄子追求自由的思想境界；《秋水》一文所宣扬的是庄子一贯的思想：一切顺其自然。庄子鄙视功名富贵，追求快乐自由，他的思想虽有消极虚无的一面，但其根本目标却在于要使人的生活和精神达到一种不为外物所束缚、所统治的绝对自由独立的境界。多少年来，庄子思想曾给乱世中饱经沧桑的心灵以莫大的安慰，即使在物质文明高度发达的今天读来，也犹如扑面而来的清风一般，清爽怡人。

六、文章主旨

《北冥有鱼》借助鲲鹏的寓言故事，说明任何事物的存在都依附于一定的条件，他们的活动都是有所凭借的，也表达了庄子对美好事物的追求。

《庄子与惠子游于濠梁之上》这篇寓言，通过庄子、惠子的辩论告诉我们要追求快乐自由和诗意的生活。

七、写作特点

《北冥有鱼》运用比喻和夸张的手法，想象神奇，意象雄奇，文风恣肆。

《庄子与惠子游于濠梁之上》轻松闲适，诗意盎然。一力辩，一巧辩；一求真，一尚美；一拘泥，一超然；让人读后会心一笑而沉思良久。

八、板书设计

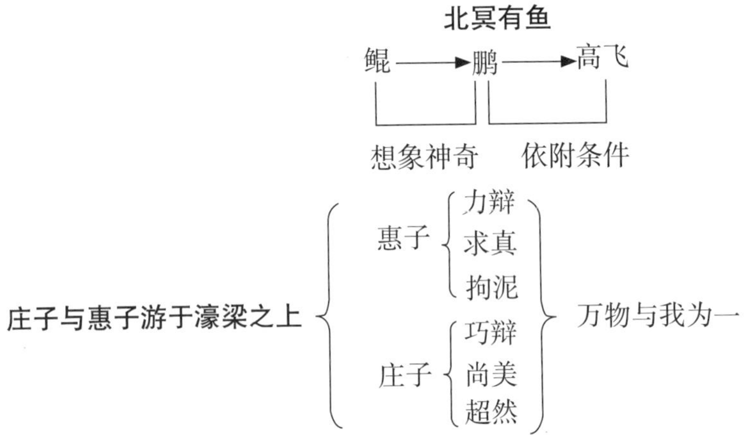

九、布置作业

1.背诵《北冥有鱼》和《庄子与惠子游于濠梁之上》。

2.完成课文后的题目。

《登勃朗峰》教学设计

梁　彬

【教学目标】

1.了解勃朗峰景色的奇异特点，知道作者游踪的顺序。

2.了解旅途中的所见所遇之事。

3.朗读课文，体会作者运用优美和幽默的语言描写眼前景物、记叙所遇人物的写作方法。

4.热爱大自然，以积极美好的心态面对生活。

【重点、难点】

【重点】

体会作者以游踪和观察点的变化描写眼前景物。

【难点】

1.体会作者优美和风趣的语言风格、记叙所遇人物的写作方法。

2.热爱大自然，以积极美好的心态面对生活。

【教学方法】

朗读法、讨论法。

【课前准备】

有关多媒体课件

【教学课时】

1课时

课型：自读课

一、新课导入

要问西欧最雄伟的山脉是什么山脉，那就是阿尔卑斯山脉；要问阿尔卑斯山脉上最高峻的山峰是哪座山峰，那就是勃朗峰。今天，我们将穿越到一个世纪以前，跟随美国著名作家马克·吐温去登游勃朗峰，这必定会是一次轻松愉快的旅行。

二、作者简介

马克·吐温（1835—1910），美国幽默大师、小说家，19世纪后期美国现实主义文学的杰出代表之一。作品风格以幽默和讽刺为主，既富于独特的个人机智与妙语，又不乏深刻的社会洞察与剖析。主要的代表作品有《百万英镑》(短篇）等。此外，马克·吐温还有自己的四大名著:《哈克贝利·费恩历险记》《汤姆·索亚历险记》《败坏了哈德莱堡的人》《苦行记》等。

三、文本链接

勃朗峰是阿尔卑斯山脉最高峰，也是西欧第一高峰，海拔4 807米，法语意为“银白色山峰”，位于法国和意大利边境。勃朗峰地势高耸，常年受西风影响，降水丰富。冬季积雪，夏不融化，白雪皑皑，山体约有200平方千米为冰川覆盖。勃朗峰设有空中缆车和冬季体育设施，为登山运动胜地；山峰雄伟，风光旖旎，为阿尔卑斯山最大旅游中心。勃朗峰下筑有公路隧道，起自法国的沙漠尼山谷到意大利的库马约尔，长11.6千米，1965年建成通车，使巴黎到罗马的里程缩短了约220千米。

四、整体感知

1.速读课文，整体感知课文内容。

段落	方式	所见所遇	感慨
上山（第1—6自然段）美好联想	徒步登山	勃朗峰美丽景色	惊叹
下山（第7—11自然段）轻松愉快	雇车旅行	幽默风趣的“车夫之王”	幸运

2.找一找地名，看一看作者的行踪怎样，体会本文行文顺序。

马蒂尼→阿冉提村→勃朗峰→沙蒙尼旅馆

可见，本文以作者的游踪展现作者旅行的所见所遇。

五、课文精读

1.作者登山时是徒步进行，为什么认为乘车骑骡的游客“可怜可悯”呢？

见课文第1自然段，采用了对比的写法。

因为路都是山坡，陡峭难行；天气又灼热难当，焦炙于火辣辣的艳阳下，乘车骑骡反而极不方便，所以显得“可怜可悯”。

2.作者是怎样描绘勃朗峰的？

（1）远望勃朗峰：穹山顶呈V字形，耸入蓝天，巍峨壮观。

（2）登山勃朗峰：望周围的峰奇形怪状，侧面衬托了勃朗峰的雄伟。

（3）逗留高地：仰面遥望美景独特，满目华彩，变幻无穷，如同肥皂泡（仙境）。

3.作者由勃朗峰奇幻的景象联想到什么？抒发了怎样的感慨？

作者由勃朗峰美丽景色，尤其是神奇变幻无穷的云彩联想到肥皂泡。

肥皂泡的色彩也是变幻无穷的，且转瞬即逝，这和作者在勃朗峰上见到的奇美景象相似。作者这种特别联想，一方面表达了对大自然创造如勃朗峰神奇美丽一般景观的赞叹；另一方面也感慨如此的美景转瞬即逝，快乐的时光总是短暂，人们应好好珍惜吉时美景，人们也应积极投身大自然，纵享大自然的馈赠。

4.下山作者写的是遇“车夫之王”一事，怎样理解作者的安排？这一内容和题目“登勃朗峰”有联系吗？

作者下山写雇车去旅馆，塑造了一位车技娴熟、幽默风趣的车夫之王，给人留下深刻的印象。这一内容和前文登勃朗峰紧密相连，展现了旅行的另一面。写美景，令人陶醉留恋；写人，风趣幽默，让人倍感轻松愉快。这样的旅游行程真是一个完美的身心之旅。

5.细读课文，体会课文的语言特点。

（1）“有些顶端尖峭，并微微倾向一旁，宛如美女的纤指；有一怪峰，形如塔糖。”

运用了比喻的修辞手法，将山峰或比作“美女的纤指”，或比作“塔糖”，形象地写出了山峰的形状，突出了勃朗峰周围山峰奇形怪状、千姿百态的特点。

（2）“我们曾仰面遥望附近的一座峰巅，但见色彩斑斓，彩霞满天，白云缭绕，轻歌曼舞，那朵朵白云精美柔细，宛如游丝蛛网一般。”

描写峰巅的奇幻色彩和白云姿态，从侧面反映了勃朗峰景色的美丽壮观，如梦似幻。

（3）“自然界中最美丽最精致的造物，莫过于肥皂泡泡了：刚才空中的华丽色彩，天衣云锦，恰如那在阳光下破裂并蔓延开去的肥皂泡。”

把眼前勃朗峰的美景——这个大自然精美的杰作比作色彩华丽、奇幻无比的肥皂泡泡，联想丰富、独特，也赞美了勃朗峰的景观真是如梦似幻，可望不可久留。

（4）“他说的是法语，还不时地打嗝，像是在加标点符号。”

生动地描写出车夫之王说话的特点。语言幽默风趣，气氛轻松愉快。

六、文章主旨

本文记叙了与友人游览勃朗峰的一次经历，描绘了山中奇景、嶙峋怪石、变换光影，叙述了奇人奇事、惊险旅程、怪异车夫，表现了旅途的无限趣味，表达了对世事人生的无限感慨，抒发了对奇山异景的赞美之情。

七、写作特点

1.全文以作者的游踪和观察点的移动为线索，描述了作者游勃朗峰的所见和所遇之事。

2.作者笔法多变。写上山，用散文笔法，描绘山中奇景，嶙峋的怪石，变幻的光影，引出无限感慨；写下山，以小说笔法，叙述奇人奇事，惊险的旅途，怪异的车夫，富有传奇色彩。

3.文中语言优美又不乏幽默风趣。马克·吐温是语言大师。即使本篇文章是篇游记散文，也体现了他语言精美又不失幽默的语言风格。如“有些顶端尖峭……只能在分野处才得以偶见几堆”一组句子，就运用了排比、比喻的修辞方法，生动形象地描写出勃朗峰周围山峰多样的形状；而所选的喻体都来自生活，以小喻大，不失幽默，能使读者阅读后产生轻松愉悦之感。

八、板书设计

登勃朗峰

- 上山观峰
  - 远望：V字形　壮观
  - 周围山峰形状多样
  - 美景独特：华彩变幻，如肥皂泡（联想）
- 下山遇车夫之王
  - 车技娴熟
  - 说话风趣
  - 轻松愉快

九、拓展延伸

你一定也登临过很多山，也一定遇到过人生中的一座座“山”，也曾生发出无数的感慨吧！请打开记忆的匣子，选择你所遇到的“山”，把你登山的感悟写出来与大家一起分享。

十、布置作业

1.抄写课后“读读写写”三次。

2.完成《名校课堂》本课内容。

《马说》第一课时教学设计

梁　彬

【教学目标】

1.了解作者及文体特征。

2.理解短文所阐明的深刻道理，充分领悟作者的情怀，认识这种情怀产生的社会背景。

3.加强朗读训练，培养文言文的语感，疏通词句，翻译课文，提高文言文阅读能力。

4.体会本文托物寓意的写法，理解作者的思想情感。

5.认识封建社会统治阶级不识人才、埋没人才的昏庸愚妄。

6.引导学生认识当今时代的优越环境，努力学习，使自己成为社会的有用之才。

【重点、难点】

【重点】

1.朗读课文，背诵课文。

2.体会本文托物寓意的写法，理解伯乐和千里马的寓意以及二者之间的关系。

3.理解短文所阐明的深刻道理，充分领悟作者的情怀，认识这种情怀产生的社会背景。

【难点】

1.体会本文简练、含蓄的语言特点；引导学生理解文章表达的情感。

2.认识封建社会统治阶级不识人才、埋没人才的昏庸愚妄。

3.引导学生认识当今时代的优越环境，努力学习，使自己成为社会的有用之才。

【教学方法】

1.朗读教学法。

2.讨论点拨法。

3.拓展延伸法。

【课前准备】

课文朗读磁带、多媒体课件。

【教学课时】

1课时

课型：自读课

【教学课时】

一、新课导入

战国时，楚国有一个叫汗明的人到春申君那里毛遂自荐。他对春申君说："您听说过千里马吗？有一匹千里马，年龄已经很大了。有一天，它拉着盐车上太行山，蹄子蹬直，膝盖弯曲，尾巴下垂，皮肤溃烂，汗水四溅，因为它实在拉不动了。这时伯乐遇上了它，爱怜地抚摸它，为它哭泣，脱下衣服盖在它身上。于是，千里马俯身喷气，仰头嘶鸣，声音直冲云霄。这是为什么呢？就因为它看到伯乐了解自己啊！如今我被困在地方上已经很久了，难道您就不想举荐我，让我像千里马一样，为您仰天嘶鸣吗？"

故事中受困的千里马因遇到伯乐而焕发了青春。现在，我们一块来学习韩愈的《马说》，它将告诉我们，伯乐对于千里马是多么重要！

二、作者简介

韩愈（768—824），字退之，河南河阳（现在河南孟州）人，祖籍昌黎，世称韩昌黎。谥号文，又称韩文公。唐朝文学家。他反对六朝以来的骈偶文风，提倡散体，与柳宗元同为古文运动的倡导者，并称"韩柳"。其散文在继承先秦、两汉古文的基础上，加以创新和发展，他被列为"唐宋八大家"之首。有《昌黎先生集》《马说》《师说》《祭十二郎文》《与孟东野书》《送董邵南游河北序》等，都是很有名的文章。

三、文本链接

题解“说”是古代的一种议论体裁，用以陈述作者对社会上某些问题的观点，写法十分灵活，但讲究文采，具有“炜晔而谲诳”的特点，跟现在的杂文大致相近。本文以“马”为说的对象，是指借写马的遭遇来抒发自己对社会的看法。

四、整体感知

1.听课文朗读音频，初步感知文章的内容。

2.学生自由朗读课文，把握文章的内容和作者抒发的情感。

朗读时要注意语句的停顿。

世有/伯乐，然后有/千里马。千里马/常有，而伯乐/不常有。故/虽有名马，祇辱于/奴隶人之手，骈死于/槽枥之间，不以/千里称也。

马之千里者，一食/或/尽粟一石。食马者/不知其能千里/而食也。是马也，虽有/千里之能，食不饱，力不足，才美/不外见，且欲与常马等/不可得，安求/其能/千里也?

策之/不以其道，食之/不能尽其材，鸣之而/不能通其意，执策而/临之，曰：“天下/无马!”呜呼！其/真无马邪？其真/不知马也。

五、课文精读

1.重点词语的理解。

（1）祇：只，仅。

（2）辱：受到屈辱。

（3）骈：并列。

（4）是：这。

（5）能：才能。

（6）见：同“现”，表现。

（7）且：尚且。

（8）等：相等。

（9）安：怎么能。

（10）临：面对。

2.一词多义。

（1）故虽有名马（即使）

虽有千里之能（虽然）

（2）不以千里称也（用）

策之不以其道（按照）

（3）食之不能尽其材（同“饲”，喂）

食不饱（吃）

（4）其真无马邪（表示加强诘问语气）

其真不知马也（指代他们）

食之不能尽其材（指代千里马）

（5）策之不以其道（鞭打）

执策而临之（马鞭）

（6）安求其能千里也（能够）

虽有千里之能（才能）

3.通假字的解释。

（1）食马者不知其能千里而食也。（同“饲”，喂养）

（2）食之不能尽其材（同“才”，才能）

（3）才美不外见（同“现”，表现）

（4）其真无马邪（同“耶”，吗）

4.难句翻译。

（1）一食或尽粟一石。

一顿有时能吃尽十斗粮食。

（2）鸣之而不能通其意。

它（千里马）鸣叫却不能通晓它的意思。

（3）骈死于槽枥之间。

（和普通的马）成批地死在马槽里。

（4）且欲与常马等不可得。

想要和平常的马一样尚且办不到。

（5）其真无马邪？其真不知马也。

难道真的没有千里马吗？恐怕是他们真的不识千里马啊！

5.学生结合注释和老师讲解的内容，翻译全文。（略）

6.第1自然段文字说明了什么？

伯乐对千里马命运的决定作用。

7.课文中作者写“世有伯乐，然后有千里马”是为了强调什么？

强调了伯乐的重要——伯乐能识马，如果不被伯乐识别，千里马就会被埋没。

8.第2自然段说明了什么？

分析千里马被埋没的原因，进一步说明，千里马没有遇到伯乐，无法施展才华。

9.文中哪些句子可以体现千里马不能日行千里的原因？

“食不饱，力不足，才美不外见，且欲与常马等不可得”。

10.第3自然段的主要内容是什么？

不是天下无千里马，而是人不识千里马。

11.本段中通过哪些语言来体现饲马者的浅薄愚妄？

“策之不以其道，食之不能尽其材，鸣之而不能通其意，执策而临之，曰：‘天下无马！’”

12.本段中哪句话点明了全文的中心？

“其真不知马也”这个结句，点明了中心。

《马说》第二课时教学设计

梁　彬

一、复习提示

上节课中，我们一起梳理了文章的主要内容，让我们看到了千里马因为没有伯乐而只能辱于奴隶人之手、骈死于槽枥之间。作者为什么要写没有被伯乐发现的千里马呢？让我们一起继续走进课文，深入探究。

二、巩固理解

1.课文开篇就说“世有伯乐，然后有千里马”，你们认为到底是先有千里马，还是先有伯乐呢？为什么？

先有马，再有对马的认识，就一般马而言应该是这样的。然而对千里马来说，就应该先有伯乐。因为如果人无法将千里马与普通的马区别开来，那千里马就等于是普通的马。

2.“世有伯乐，然后有千里马”在文中有何作用？

“世有伯乐，然后有千里马”在《马说》中起论点的作用，下文都是从反面论述千里马被埋没的原因。

3.“策之”“食之”“鸣之”是什么句式？有何作用？

排比句式。总括不识马者不按照千里马的特性来对待它。

4.当“千里马”被埋没时，它的遭遇是怎样的呢？请从文中找出相关的句子回答。

“祇辱于奴隶人之手，骈死于槽枥之间”“食不饱，力不足，才美不外见”“策之不以其道，食之不能尽其材，鸣之而不能通其意”。

5.俗话说，不平则鸣。韩愈为何要替一匹马的不公遭遇鸣不平呢？这岂不是小题大做？你们怎么理解呢？

韩愈是以此讽喻当时的统治者。“千里马”在这里也指人才，而“伯乐”则是赏识人才的人,“食马者”比喻不能识别人才、重用人才的统治者。

这里作者用托物言志的手法抒发了自己的怀才不遇，并非小题大做。

6.关于“托物寓意”写法的理解。

本文采用了托物寓意的写法，这种写法赋所托之物以某种象征意义，含蓄地表达作者的思想感情。本文以千里马喻贤才，以千里马不遇伯乐喻贤才难遇明主。这种写法的显著特点是寓深刻的道理于具体的形象之中，曲折、深沉、含蓄，能充分激发人们的想象。

7.本文通过描写千里马的遭遇，表达韩愈怎样的感情？

表达作者怀才不遇、壮志难酬的愤懑之情。

8.你知道他为什么会有这样的心态吗？

仕途坎坷，多次被贬，怀才不遇，生不逢时。

9.细读全文，体会每段最后一句话所表达的感情。

第1自然段末句“不以千里称也”，表达出作者对名马受屈、埋没的不幸遭遇无限惋惜、慨叹，语气极为低沉。

第2自然段最后说“安求其能千里也”，运用了反诘的句式，表达了满腔的愤激不平。

第3自然段写道：“呜呼！其真无马邪？其真不知马也。”“呜呼”后面用了感叹号，是对那些一无见识却又妄自论断者发出的悲叹。“其真无马邪?”是对上述错误结论的反诘，有咄咄逼人之势。“其真不知马也。”正面提出与对方截然相反的结论，字字铿锵，凝聚着对妄言无马者的抨击与鄙视，直抒郁结已久的不满情绪。

10.体会本文严谨的论证结构。

在结构方面，本文脉络清晰，丝丝入扣，全文围绕“其真不知马也”这一中心层层推论。

第1自然段，首先表明作者的基本观点：“世有伯乐，然后有千里马。”可以视为总纲，旨在强调伯乐对于千里马的决定性作用，恳切希望统治者能识别人才，重用人才。然后宕开一笔，指出“千里马常有，而伯乐不常有”。既从反面说明了基本观点，又深刻地揭露了现实问题，这是本文的中心议题，继而水到渠成地叙写千里马被屈辱、埋没的不幸遭遇，作者怀才不遇的苦衷隐含其中。

第2自然段写千里马受到不公正的待遇而不能展其才华，揭露问题的实质——“伯乐不常有”。“安求其能千里也?”之反诘，吐尽心中的愤懑与不平。

第3自然段尽数统治者的种种愚妄浅薄，令人切齿；进而引发感慨，揭示中心。“其真无马邪?”一问，如箭在弦上，蓄势待发；“其真不知马也。”一答，如泰山压顶，直捣黄龙。全文一气呵成，酣畅淋漓。

11.引导学生体会本文语言简练、含蓄的特点。

托物寓意的写法有一个显著的特点，就是寓深刻的道理于具体形象之中，言在此而意在彼，有咫尺论万里之势。

文章语言简练，三个“也”字举足轻重。七个“不”字别有韵味。“食不饱，力不足，才美不外见，且欲与常马等不可得……”“策之不以其道，食之不能尽其材，鸣之而不能通其意”，七个“不”字如江河直下，将“食马者”的平庸浅薄写得淋漓尽致。

12.作者在本文中所提的看法，哪些是可取的?哪些是不可取的?面对韩愈你想说什么?

就一般而论，提出要有伯乐来识别名马、培养千里马，即要有知贤识才的人来举荐、选拔人才，这个观点是正确的。然而，本文所流露出强烈的个人情绪，感叹自己怀才不遇，期待像伯乐那样的贤君来赏识、提拔自己，把希望寄托在封建统治者身上，这是不可取的。

13.读了本文后，你受到了什么教育?

阅读本文的现实教育意义：读了本文能认识到旧社会封建统治者埋没、扼杀人才的可恶，深感生在今天新社会的幸福。我们应当珍惜今天的幸福，要努力磨炼自己，使自己成为建设社会主义祖国的有用之才。

14.假如你就是一匹千里马，却暂时不被重用，你会怎么做呢?

韩愈认为“伯乐”决定了“千里马”的命运，这固然有一定的道理，但未免绝对。我们要主动去争取，像毛遂一样自荐，方可把握住自己的命运。

三、文章脉络

第一部分（第1自然段）：提出论点，说明伯乐对千里马命运的决定作用。

第二部分（第2自然段）：揭示千里马“被埋没”的真正原因。

第三部分（第3自然段）：点明中心，对食马者的无知进行痛斥。

四、写作特点

本文属于“说”这种体裁，与现在的杂文相似。本文总体上可归纳为以下几个特点：

1.托物寓意，结构精巧。

文章以托物寓意的写法，将能发现、赏识、重用人才的人比作“伯乐”，将愚妄浅薄的统治者比作“食马者”，将人才比作“千里马”，集中阐述了封建社会中人才被埋没的原因，对统治者摧残和埋没人才的现象进行了猛烈的抨击。表达了自己怀才不遇，壮志难酬的愤懑之情。

2.条理清晰，中心突出。

全文围绕着“不知马”这一中心逐层展开论述。开始指出唯伯乐知马，而“伯乐不常有”，所以千里马之“不以千里称”是具有必然性的；中间从“食马者不知其能千里而食”，说到千里马的“食不饱，力不足，才美不外见，且欲与常马等不可得”。全文连用十一个“不”字，说明“不知”所造成的恶果，揭示了问题的实质；然后痛斥食马者的浅薄愚妄，由此导出全文的结句“其真不知马也”，点明了中心。

五、板书设计

马　说

韩　愈

伯乐不常有，不以千里称也（无限痛惜）

食马者无知，安求其能千里也（愤怒谴责）

天下无马，其真不知马也（深刻嘲讽）

六、布置作业

1.熟读并背诵课文。

2.完成课后思考题一至三题。

《一滴水经过丽江》教学设计

梁 彬

【教学目标】

1.了解丽江的自然景观和人文风情。

2.体会作者以一滴水的视角去游览丽江的新颖构思。

3.朗读课文，发挥想象，跟随作者以一滴水的身份去游览丽江，领略丽江古城的魅力。

4.培养热爱祖国风光，热爱祖国灿烂文化，为把祖国建设得更美好而努力学习的情怀。

【重点、难点】

【重点】

抓住作者重点介绍丽江四方街的景物特征，感受她的魅力所在。

【难点】

1.体会作者化身为一滴水经过丽江，介绍丽江的新颖构思和独特视角。

2.培养热爱祖国风光，热爱祖国灿烂文化，为把祖国建设得更美好而努力学习的情怀。

【教学方法】

朗读法、讨论法、活动探究。

【课前准备】

挂图，多媒体课件

【教学课时】

1课时

课型：自读课

一、新课导入

在我国的西南边陲，有一座美丽的城市，她的名字叫丽江，因其独特的人文和自然景观，自古以来就是人们喜聚的地方。作家阿来以一滴水的独特视角，带领我们去游览这座古城，更增添了一份新奇的美感。今天我们就来赏读这篇佳文——《一滴水经过丽江》吧！

二、作者简介

阿来，男，藏族，1959年生于四川省马尔康县，当代著名作家，茅盾文学奖史上最年轻获奖者，主编过《科幻世界》。代表作有小说《尘埃落定》《空山》《格萨尔王》，2016年，作品《蘑菇圈》获得第四届郁达夫小说奖中篇小说奖。

三、文本链接

丽江即丽江市，位于云南省西北部云贵高原与青藏高原的连接部位，曾经是丝绸之路和茶马古道的中转站。历史非常悠久，因为独特的人文和自然景观，成为国内人气非常高的旅行胜地。

丽江古城又叫大研古镇，是中国为数不多的少数民族古城，被评为“世界文化遗产”：这里有浓郁的民族风情，小桥流水式的布局，错落有致的民居建筑，还有散漫的生活节奏，丰富的夜生活。

不少旅行者以为丽江古城就是丽江，其实不然。除了古城，丽江地区面积远大于丽江古城，这里有很多值得游览的地方——比如神秘的“东方女儿国”泸沽湖，安静闲适的束河古镇，巍峨雄伟的玉龙雪山，山清水秀的拉市海和波澜壮阔的虎跳峡等地。

四、整体感知

朗读课文，初步理解文章的内容。

1.文章标题有什么含义?

“一滴水”实际上指作者自己。题目的含义是作者以“一滴水”的身份游览丽江，向人们介绍丽江这座古城。

2.文章标题“一滴水经过丽江”中“经过丽江”在文中是怎样体现的?

具体体现是“顺着玉河，我来到了四方街前”“我乘水车转轮缓缓升高，看到了古城……”“从水车上哗然一声跌落下来，回到了玉河”“我穿过了一道又一道小桥”“我经过……经过……经过……经过……进了纳西人三坊一照壁的院子”“黄昏时，三人再去打水浇花时，我又回到了穿城而过的水流之中”“很快，我就和更多的水一起出了古城，来到了城外的果园和田地里”“黎明时分，作为一滴水，我来到了喧腾奔流的金沙江边，跃入江流，奔向大海”。

这些语句实际上交代了作者的行踪，可见文章的主要内容是按作者的游踪顺序来安排的。

3.再读课文，画出文中的重点词句，搞清作者在文中着重介绍了丽江的什么景观。

作者主要介绍了丽江的四方街。

五、课文精读

1.文中的这一滴水在形体上有哪些变化？

开始是玉龙雪山上的一片雪，又化成冰成为冰川的一部分，然后融化成一滴水。

作者开始交代一滴水的身份来源，实际上是介绍丽江河流源头以及地理位置——玉龙雪山。

2.这一滴水到丽江经历了怎样的曲折？

先是玉龙雪山顶上形体的演变，再是奔向丽江却跌落到落水洞中，经历漫长黑暗与等待才冒出来，后又经历了水车上的眺望和玉河中的徘徊，最终来到丽江，穿行于最美丽的四方街。

3.作者以一滴水的身份是怎样介绍四方街的？

四方街应是丽江最核心最美丽的景观，作者以一滴水的身份在文中对它作了三处介绍。

一是在文中第3自然段，简要介绍了四方街的历史沿革，因徐霞客而扬名天下。

二是在文中第10自然段，作者化成水滴乘水车升高遥望：苍劲的老柏树，重重房屋，蜿蜒老街，自然美丽。

三是在文中第13、14自然段具体而详细地介绍：有银器小店，玉器店，字画店，纳西人家，以及黄昏时茶楼酒吧，喧哗的夜景，等等。

4.文章的第8自然段有什么作用？

过渡段。领起下文，同时与上文第4自然段相呼应，突出四方街的重要，是一滴水旅行的重要地方。

5.第13自然段中，作者为什么着重介绍了东巴文“水”这个字？

（1）作者是化身为一滴水游丽江的，这里介绍“水”这个字，自然合拍。

（2）从“水”这个字说明了当地有着历史悠久的文化和文明，反映了当地人民的勤劳和智慧。

6.作者在文中是怎样安排时间这一条线索的？

既有大的时间概念，古代到现在；又有具体的时间观，从白天到黄昏，再到第二天黎明时分。

7.作者为什么要让自己化作一滴水去经过（游览）丽江？

因为丽江既是当地城市名称，也是穿城而过的一条河流。作者化身为一滴水在丽江中流淌，可穿越历史，纵贯疆域，从不同角度、不同层面介绍丽江的地理位置，历史沿革，城市建筑，人物风情，等等。且构思新奇、视角独特，既能让人易于接受，有身临其境之感，又能给人耳目一新的感觉。

8.在文中，作者是以一滴水的身份，介绍了自己游览丽江的全过程，我们是不是可以仿照这种写法，以其他的身份介绍自己曾游览的某个地方呢？

生甲：我到过北方的大草原，我想化作一匹骏马奔驰在辽阔的草原上。

生乙：我曾到过祖国的南海，我想化为一条鱼，畅游在碧波之中。

生丙：我曾到过深圳，我想变成一辆现代汽车，行驶在宽阔的高速公路上。

六、文章脉络

第一部分（第1—2自然段）：写自己是玉龙雪山的雪化成的一滴水。

第二部分（第3—15自然段）：具体介绍自己以一滴水的身份游览丽江的经过，重点是游览四方街。

第三部分（第16自然段）：写“我”奔向金沙江，作为一滴水，完成了游历丽江的行程。

七、文章主旨

作者以第一人称写一滴水的旅行，从古代到现代，从雪山到平原，全方位多角度地展现了丽江的自然景物、人文风情，给读者以清新优美的艺术感受，表达了作者对美丽丽江的热爱和赞美之情。

八、写作特点

1.以时间和行踪交叉为序，安排全文的内容，这符合游记散文的行文特色。

2.语言优美，融情于景。作者在文中写景不乏优美语句，又饱含情感。如第10自然段写景句“我乘水车转轮缓缓升高，看到了……看到了……看到了……看见了……”，运用排比修辞，多方面介绍四方街的远景，表达了心中的向往之情。再如第14自然段“在这里，尽情欢歌处，夜凉如水，他们的心像一滴水一样晶莹”运用了比喻，对远方来客进行真诚的赞颂。

3.构思新颖，视角独特。

作者以第一人称写一滴水的旅行，从古代到现代，从雪山到平原，全方位多角度地展现了丽江的自然景物、人文风情，令人耳目一新。

九、板书设计

一滴水经过丽江

- 一滴水身世来源
- 丽江地貌，历史
- 耐心等待终如愿
- 游四方街
  - 水车上眺望
  - 宿迁街道：人文风情
  - 黄昏夜景
  - 走进丽江，跃入金沙江

城市美丽
视角独特
情感炽热

古代—现代　　　　白天—黄昏—黎明

十、拓展延伸

欣赏歌曲《一瞬间》和丽江景色。

十一、布置作业

完成《名校课堂》本课练习题。

《湖心亭看雪》教学设计

孔维波

【教学设想】

本文是一篇文字简练、景色优美、意境淡远的小品文。作者借助回忆看西湖夜雪景色的经历，委婉地表达自己的幽独情怀。本单元的单元说明中要求反复朗读，体味作者如何通过景物描写来书写胸臆的。因本课是自读课文，在设计时考虑是以学生自学为主，通过合作、体验、探究的学习，教师的引导点拨和朗读（包括个性化朗读和重点句子的诵读）带动学生对文中优美景色的欣赏，进而感受作者的情怀，体验文本的意境。

【教学过程】

一、引入

二、朗读与交流

1.学生阅读课文，自由大声读，读完同组内用现代文交流：本文写了一个什么故事？具体写了什么？要求学生结合文章标题进行分析（时间、地点、活动）。

明确：大雪后夜里看雪和奇遇。具体写了时间、地点、人物、雪景、奇遇、舟子语。

2.学生齐读，教师纠正字音。

3.教师读，听听老师的读对大家有没有帮助？有哪些帮助？

4.再读，读出层次（节奏、语调）。请学生推荐他们最喜欢听的同学朗读。

5.细读课文，疏通文意。学生利用工具书和课文注释小组合作，疏通文意，难词难句提出来讨论，教师参与学生讨论。

6.挑战过关

（1）我能读准

崇祯（chóng zhēn）　　更定（gēng dìng）　　毳衣（cuì）

雾凇（sōng）　　沆砀（hàng dàng）　　喃喃（nán nán）

一芥（jiè）

（2）知道意思

余：我　　俱绝：全停止　　是日：这天

沆砀：寒气弥漫的样子　　一白：全白　　惟：只有

痕：痕迹　　芥：细微的事物　　已：罢了

焉得：哪能　　更：还　　强：勉强

及：等到　　似：像

（3）听我翻译

雾凇沆砀，天与云、与山、与水、上下一白、湖上影子、惟长堤一痕、湖心亭一点、与余舟一芥、舟中人两三粒而已。

湖中焉得更有此人，莫说相公痴，更有痴似相公者。

三、讨论与探究

（一）痴人之痴

1.作者是一个怎样的人？从文中找一个字回答？为什么找这个字？

明确：痴。舟子对相公的评价。

2.“痴”是什么意思？

明确：傻、笨，极度迷恋某人某种事物。

3.文中哪些地方体现了作者的痴？

明确：“大雪三日，湖中人鸟声俱绝”“更定”“独往湖心亭看雪”。

引导：（1）“大雪三日，湖中人鸟声俱绝”这是一个怎样的世界？你会想到谁的诗句？文中哪些地方还体现出天气奇寒？

明确：冰天雪地、万籁无声、寒意森然的世界。落实“绝”字的理解。“千山鸟飞绝，万径人踪灭”。“拥毳衣炉火”也体现出天气的奇寒。

（2）“独往湖心亭看雪”，他是一个人去的吗？为什么？

明确：不是，因为还有舟子。

（3）既然不是一个人去，为什么说“独”？

明确：因为舟子是俗人，不能理解他的性情志趣。这里的“独”是指作者迥绝流俗的孤怀雅兴、独抱冰雪之操守和孤高自赏的情调。

（4）哪些地方体现舟子的不理解？仅仅是不理解作者吗？该如何读？

明确：喃喃。不是，也不理解其他的看雪人。落实“喃喃”和“更有”的意思。“喃喃”是低声语，舟子不自觉说出内心的感想，既不是有意说给自己听，也不是有意说给作者听。学生进行体会性朗读。

（二）痴人之景

夜色中的雪景如何？

明确：雾凇沆砀，天与云、与山、与水，上下一白。湖上影子，唯长堤一痕，湖心亭一点，与余舟一芥，舟中人两三粒而已。

引导：（1）学生自由朗读这两句，感受景物。

（2）教师将第一句读成“雾凇沆砀，天云山水，上下一白”。请学生比较哪句好，通过诵读进行感受。

明确：“天与云与山与水”连用三个“与”，使四种景物一下子全都活动了起来，有了一种动态的融合美，描绘了一幅水墨模糊的雪夜山水图。

（3）你能分辨第二句中这些景物的大小吗？凭什么进行分辨？

明确：通过“一白”“一痕”“一点”“一芥”“两三粒”分辨。“上下一白”之“一”字，是状其混茫难辨，使人感觉苍茫一大片，而“一痕”“一点”“一芥”“两三粒”的“一”和“两三粒”又极言其小。痕→点→芥→粒，体现出从小到更小，直至微乎其微忽略不计。

（4）换词感受。

将“痕、点、芥、粒”换成“座，座，只，个”，为什么不好？

明确：落实对“上下一白”“湖上影子”的理解。“痕、点、芥、粒”四字的运用切合情境，体现作者量词的锤炼功夫，令人叹服。

（5）请在头脑中想象这幅画面。

（6）假如你处在这样的环境中，你有什么感受？注重学生自己的感受。

明确：面对此情此景我想到陈子昂的诗句“念天地之悠悠，独怆然而泣下”。作者巧妙地将一个微观而丰富的世界置于宏观而简洁的背景之中，共同构成一幅绝美的画面。从中我们感受到的那种天长水远的阔大境界，万籁无声的寂静气氛，人和自然融为一体的和谐境界，又让人生出茫茫大自然中人的渺小的深沉感慨。

（7）你有过对自然美景的类似体会吗？说出来与大家分享。

（三）痴人之饮

（1）他能喝酒吗？从文中哪些地方可以看出来？为什么会和陌生人喝酒？

明确：不能，从“强”字可以看出来，强是勉强的意思。此时此地此景，能够见游人，不能不说是奇迹，那两人也都“大喜”，感叹“湖中焉得更有此人”！（焉得，哪能）酒逢知己千杯少，因高兴见到与自己志趣相同的性情中人而痛饮，更为西湖雪景的美丽而饮。

（2）请仔细体会，读出那种欣喜。

（四）如何看待痴人之痴

资料：张岱出身于官宦之家，明亡以前未曾出仕，一直过着布衣优游的生活。明亡以后，他曾参加过抗清斗争，后来消极避居浙江剡溪山中，专心从事著述。《陶庵梦忆》和《西湖梦寻》即写于他明亡入山以后。书中缅怀往昔风月繁华，追忆前尘影事，字里行间流露出深沉的故国之思和沧桑之感。他在《陶庵梦忆·序》中说：“陶庵国破家亡，无所归止，披发入山……因想余生平，繁华靡丽，过眼皆空，五十年来，总成一梦。……偶拈一则，如游旧径，如见故人。遥思往事，忆即书之，持向佛前，一一忏悔。”我们读《陶庵梦忆》和《西湖梦寻》，在欣赏其雅洁优美的散文形象的同时，常常感到有一层梦幻般的轻纱笼罩其上，使意境显得深杳而朦胧。

明确：“痴”在一般世俗上的意义，并非一个褒义词，但古往今来的文人墨客常会把“痴”理解成一种执着专注的追求达到了浑然忘我的那种最高境界。他痴迷于山水，痴迷于西湖绝美的雪景，他痴迷于世俗之外的闲情雅兴，他痴迷于率真性灵。他痴迷于人生渺茫的深沉感慨和挥之不去的故国之思。真是“都云作者痴，谁解其中味”，这境界又怎一“痴”字了得。

四、积累、背诵

1.指导方法：

（1）首先要理解内容。

（2）其次把握思路——时、地、绝、舟、景、饮、语。

2.背诵。

五、作业

假如你就是文中的金陵人之一，那夜赏雪之后，请你向别人说说赏雪的奇遇。

《水调歌头·明月几时有》教学设计

孔维波

【教学目标】

1.理解《水调歌头·明月几时有》的内容。

2.领悟词中所蕴含的情感以及人生哲理。

【教学过程】

一、朗读

1.学生朗读。

先自由朗读，再点名读。读后，请同学说说自己的理解和疑惑：我觉得这首词写的是____________；我的问题是______________。

2.教师范读，学生听，注意节奏特点，注意问句的读法和转折。

请学生说出本词句式和节奏的特点。

明确：《水调歌头》这一词，以五字句、六字句为主，五字“二三”、六字“二四”停顿。

3.学生诵读。

要求：

（1）读好问句。

（2）读好转折。

（3）变换声调，读好尾句。

二、理解

1.读懂词意。结合注释，疏通意思。

丙辰年的中秋节，高兴地喝酒（直）到（第二天）早晨，（喝到）大醉，写了这首（词），同时怀念（弟弟）子由。

明月从何时才有？手持酒杯来询问青天。不知道天上宫殿，今夕是哪一年？我想要乘着清风归返天宫，又恐怕那美玉做成的楼宇，受不住九天的风寒。翩翩起舞，赏玩着月下清影，归返月宫怎比得上在人间。

明月转过朱红色的楼阁，低低地挂在雕花的窗户上，照着没有睡意的人。明月不该对人们有什么怨恨吧，却为何总在亲人离别时候才圆？人有悲欢离合的变迁，月有阴晴圆缺的转换，这种事自古以来难以周全。但愿离人能平安健康，虽然相隔千里，也能共享这月色的明媚皎然。

2.了解背景。

（1）这首词和我们以前学过的词相比，多了什么？

明确：小序。

（2）小序告诉我们哪些信息？

明确：时间、写作的原因、经过和目的，也就是当时的背景。

（3）从小序中哪一个字表明作者并不完全是写思念自己弟弟的？

明确："兼"，同时的意思。中秋词一般借月亮表达思念，这首当中有思念，但又不止于思念。胡仔："中秋词自东坡《水调歌头》一出，余词尽废。"余词尽废的意思就是其他词都失去了光彩。可见前人对这首词的评价之高。

这首词是1076年中秋作者在密州时所作，1071年，苏轼因与当权的变法者王安石等人政见不合，处处遭受排挤和打击，政治上很不得志，于是自求外放，辗转在各地为官。1074年，刚刚在杭州任通判期满的苏轼，为了能与从小与自己一同读书、一同长大、一同成名的弟弟苏辙（时任职于山东济南）近一点，主动要求调往青岛附近的密州。直到1076年，这对离别情深的兄弟仍未能见上一面。

3.体会情感。

学生讨论：词中除了表达对弟弟的思念，还蕴含着怎样的情感呢？请找出词中明确或间接表达情感的词语。

明确：

矛盾（欲、恐）

恨，深深地遗憾，恨月亮总是在人们分别的时候圆。

难，自我安慰。人有悲欢离合，同月的阴晴圆缺一样，都是自然的，无须伤感。

但愿，只希望。充满期待和祝愿。希望人人平安，相隔千里，共享月光。

作者在词中真实展示了自己曲折的心路历程。词的上阕，先是“我欲乘风归去”的遐想，后是“何似在人间”的自我慰藉；词的下阕，先是“何事长向别时圆”的郁愤，后是“但愿人长久，千里共婵娟”的乐观。所以，这首词写作的过程，既是作者的心态自我调整、自我教育的过程，也是读者的心情受到感染、获得感化的过程。

三、赏读

自选一层，发挥想象，描述意境，深情诵读。（可分小组完成）

选择一个画面，发挥想象，描述画面，可添加词人的神态、动作、心理以及相关环境的一些细节。

试着用这样的句式表达：我透过“明月几时有？把酒问青天”这两句词，仿佛看到了词人东坡＿＿＿＿＿＿＿＿＿＿。示例：我透过“明月几时有？把酒问青天”这两句词，仿佛看到词人东坡一袭素衣，独立庭院中，在静谧的月光下，在习习的秋风中，他面泛醉意，紧握酒杯，高举过顶，仰面苍穹。

四、背诵

人间有离别的痛苦、团聚的欢欣，月亮也会阴藏晴出。这些事自古以来难以周全。但愿我们岁岁平安，远隔千里，共对这明月互相祝福。人月无常，自古如此。这是人生无法克服的遗憾。既然这样，唯望各自珍重，希望从共赏美好的明月中得到人生慰藉，释却离怨。

板书设计：

水调歌头·明月几时有

苏　轼

问月，抒发奇想

怀人，感念人生

《我爱这土地》教学设计

孔维波

【教学过程】

一、导入

著名美学家朱光潜说过："要养成纯正的文学趣味，最好是从读诗入手，能欣赏诗，自然能欣赏小说、戏剧及其他种类文学。"英国思想家培根也说过："读诗使人聪慧。"今天我们学习艾青的《我爱这土地》。请大家思考：新诗和古诗有什么区别？（屏示）

明确：抒情、句式、押韵均不是本质区别。

本质区别是分行（分节）。诗歌的排列是最讲究的。怎样分行，怎样分节，怎样空行，间距多大，句首是否空格，都要严格按照诗人的要求来排，一旦变动了，很可能就影响到意思的表达。通过学习《我爱这土地》将进一步体会分行分节这种形式对诗歌的重要作用。

二、读诗

1. 自由朗读诗歌。

2. 请同学读，读出沉郁悲壮的调子。

3. 读出节与节之间的停顿，同时也要注意节奏、重音。

4. 教师范读，学生模仿。

我爱这土地

艾　青

假如／我是一只鸟，
我也应该／用嘶哑的喉咙／歌唱：

这被暴风雨／所打击着的／土地，
这永远汹涌着／我们的悲愤的／河流，
这无止息地／吹刮着的／激怒的／风，
和那来自林间的／无比温柔的／黎明……
——然后／我死了，
连羽毛／也腐烂在土地里面。
为什么／我的眼里／常含泪水？
因为／我对这土地／爱得深沉……

5.新诗的分行的作用如果仅仅体现在朗读需要注意停顿那就不是新诗了，分行更体现在内容和写法上。

三、赏诗

1.为什么不能在这里分？（屏示分行）

我爱这土地

艾　青

假如／我是一只鸟，
我也应该／用嘶哑的喉咙／歌唱：
这被暴风雨／所打击着的／土地，
这永远汹涌着／我们的悲愤的／河流，
这无止息地／吹刮着的／激怒的／风，
和那来自林间的／无比温柔的／黎明……
——然后／我死了，
连羽毛／也腐烂在土地里面。
为什么／我的眼里／常含泪水？
因为／我对这土地／爱得深沉……

明确：标点符号冒号表示以下都是鸟歌唱的内容，不能在这里分节。

（1）作者把自己比作一只鸟，借助鸟的歌唱来抒发自己的感情。那么这只鸟怎么歌唱？歌唱的内容有哪些呢？

明确：土地、河流、风、黎明

（2）土地、河流、风、黎明这几种典型的形象，极其简洁、鲜明，却又能让我们产生丰富的想象和联想，引起深刻的沉思。为什么呢？诗人在“土地、河流、风、黎明”前都特意加上了带有感情色彩的形容词或修饰语，使它们一个个都转化成了富有象征意味和暗示力的画面。这种通过某一特定的具体形象来暗示另一事物或某种较为普遍的意义的表现手法叫象征。理解象征有时要结合作者经历和创作背景。

（屏示）背景介绍

艾青出生于1910年，浙江金华人。他生长在农村，自幼为贫苦农妇哺养，对农民有着儿子般的深情。长大后的曲折经历、坎坷遭遇，使他很快成长为一个革命者。他的早期诗作多诅咒黑暗，调子沉重忧郁，但对生活充满希望与憧憬。

《我爱这土地》写于抗日战争开始后的1938年，当时日本侵略军连续攻占了华北、华东、华南的广大地区，所到之处疯狂肆虐，妄图摧毁中国人民的抵抗意志。中国人民奋起抵抗，进行了不屈不挠的斗争。诗人在国土沦丧、民族危亡的关头，满怀对祖国的挚爱和对侵略者的仇恨，写下了这首慷慨激昂的诗。

（3）请同学们试着用这种格式说说这几个词的象征意义。

我从“______________”这个意象中感受到诗人表面虽是写，实际上是在写。

例：我从“被暴风雨所打击着的土地”这个意象中感受到诗人表面上虽是写土地，实际上是在写正受着日本侵略军无耻欺凌和折磨的祖国。（提醒：注意修饰语）

（屏示）

土地——象征国家对祖国的热爱

河流——象征人民对人民的赞扬

风——象征斗争对侵略军的痛恨

黎明——象征前景对未来的憧憬

从句式上看，这几句诗用的是排比句。既暗示了祖国多灾多难的命运，也暗示着人民的不屈与抗争，以及大地上仍然在生长着的希望。

2.为什么不能在这里分节？（屏示诗歌）

——然后／我死了，

连羽毛／也腐烂在土地里面。

明确：不能。这两句使用了破折号，是转折。鸟死了，掉在地上，羽毛腐烂在泥土里是自然现象，但在这里，暗示着诗人要竭尽全力，与其共命运，为他们而歌唱；即使死了，也要埋进这片土地，用自己的身躯去肥沃这片土地。

这两句诗虽然不是歌唱的内容，也不能在这里分节。从构思的角度看，诗人仍然紧扣“鸟儿”这个虚拟的形象（“连羽毛也腐烂在土地里面”），让其生前与死后形成强烈的对比，并且在对比中表现出鸟儿对土地的执著、赤诚之爱，从而塑造出了一个土地忠诚的歌者形象。

小结：诗歌第一节的抒情主人公是“鸟儿”，诗人从虚处落笔，通过想象把自己虚拟为“一只鸟”，借鸟儿与土地的关系来展开全诗。诗以“假如”开头，显得新奇，富有独创性。需要注意的是，诗中的“鸟”，仅仅是泛指，具有象征性。“用嘶哑的喉咙歌唱”，是一句引人注目、令人心动、是全诗中深化诗人对土地感情的一个关键点。“嘶哑”一词，把爱国者杜鹃啼血般的奉献者形象写出来了，它充满着因沉重的苦难和忧郁而生发的焦灼与浩叹，让人体会到歌者经历的坎坷、悲酸和对祖国、对土地、对人民执着的爱。“也”字表达出鸟犹如此，人何以堪！

3.作者为什么在这里分节，有什么好处？（屏示）

集体朗读诗歌的第二节。

（1）“我也应该”和“为什么我”中“我”相同吗？

明确：不相同，前指“鸟”，后指作者自己。

第一，从内容看，抒情视角作了转换。诗的第一节是从虚拟的视角，从鸟儿的视角去想象，表现出鸟儿对土地的忠诚与挚爱，显得形象含蓄；第二节变成实写的视角，从诗人自我的视角去实写自己“常含泪水的眼睛”，倾诉自己对土地的“深沉”之爱。这样，虚境和实境的结合与对应，构筑了全诗内在完整的艺术空间；结果与原因的关联与对照，又构成了支撑全诗的内在逻辑结构。

第二，从情感表达上看，第一节是间接抒情，是情感的蓄积；第二节是直接抒情，让第一节蓄积的情感喷薄而出。

第三，从写作手法上看，作了转换。第一节用的是比，是想象的境界，运用的是象征的写法。第二节用的是赋，是直抒胸臆的抒情。第一节诗歌作者借助意象，展示意蕴深刻的画面进行暗示到第二节诗人直接抒发自己喷薄的感情，以一个强有力的情感抒发结束了全篇，把读者带进一个浓郁的情感氛围，强烈地感受到诗人对土地的忠贞与挚爱。

本首诗歌分节的处理看起来头重脚轻，极其不平衡，缺乏美感。但是这恰恰是本诗处理分节的独特的艺术魅力之所在。按理，第一节诗情到达高潮之后，再接下来抒写难度就很大。但诗人却巧妙地宕开一笔，隔开一行，作了必要的间歇和停顿后，开始了巧妙转换，写下了两行形象突出、感情进一步升华的结尾。令人读后怦然心动，过目难忘，吟诵不已。爱得愈深，痛苦也愈深。一问一答，早成经典。

（2）齐读全诗（朗读目标：读出深沉、激昂、悲壮之情）。

（3）总结：今天我们学习艾青的《我爱这土地》，学习分节对于诗歌的重要作用。我们看到，分节不仅仅是表达节奏的需要，更和诗歌的内容、抒情方式、创作手法有关。有人说爱国是一种与生俱来的情感。穿越时空，只有一种感情能将民族的心联系起来，那就是对祖国深深的爱恋。《我爱这土地》就是诗人艾青眼含热泪写了一首对祖国母亲的深情赞歌。

《背影》教学设计

李敬民

【学习目标】

1.学习细节描写。

2.品味父子情深。

3.培养中华民族传统美德，懂得感恩。

【教学重点】品词析句，品味父子情深。

【教学难点】学习掌握细节描写。

【教学过程】

一、品优雅旋律，悟父爱如山

播放音乐《父亲》，请同学欣赏歌词：那是我小时候，常坐在父亲肩头，父亲是儿那登天的梯，父亲是那拉车的牛，忘不了粗茶淡饭将我养大，忘不了一声长叹半壶老酒，等我长大后，山里孩子往外走，想儿时一封家书千里写叮嘱，盼儿归一袋闷烟满天数星斗，都说养儿能防老，可儿山高水远他乡留，都说养儿为防老，可你再苦再累不张口，儿只有清歌一曲和泪唱，愿天下父母平安度春秋。

深情的歌曲饱含着我们对父亲的爱戴之情，同时也是父亲最真实的写照。今天，我们就来学习一篇散文，就是朱自清先生的《背影》。

（设计意图：以歌曲《父亲》为引子，创设情境，让学生初步感受到父爱的伟大，激发学生阅读的欲望。）

二、初读《背影》，识朴实父亲

自由诵读文章。（要求：一句话谈自己的读后感受。）

学生自由发言。

教师总结：是啊，《背影》是爱的背影，我不禁感动万分，仿佛跟随着朱自清的眼泪，也忍不住地掉下泪来。

三、再读《背影》，析父爱之事

默读课文。（要求：在文中圈点勾画，找出哪些地方可以看出父亲对我的细致入微的关爱。）

学生结合课文内容小组内先进行讨论，然后派代表在堂上发言，教师点拨归纳：

父亲劝我，嘱咐茶房，亲自送我，忙讲价钱，拣定座位，嘱托茶房，为子买橘，远行回头，惦记儿孙。

（设计意图：体现学生为学习的主体，在自主合作探究的过程，将文章内容用“爱”串联起来。）

四、三读《背影》，品深沉父爱

跳读课文。（要求：在这些细致入微的一言一行中，最令你感动的一处是什么？为什么？）

学生交流最感动的一处。

教师小结：父爱如山，处处可见，其中“为子买橘”是我们最为深刻一处，我们一起来听读“为子买橘”片段。

你认为文中哪一个细节特别打动你，为什么？然后请你有感情地朗读，让我们和你一起感受。

（1）小组相互交流，说一说最打动你的细节，并在小组示范朗读。

（2）选取小组进行展示

师小结：父亲，蹒跚地走，吃力地爬，为儿子买橘子的形象，定格在我们的心中。这归功于作者传神的描写。这个“背影”，打动了同学们，也打动了我，我总是在这里止不住地要留下眼泪。

（设计意图：关键的一词一句，是我们了解文章主旨的密码。本设计通过细节阅读，引导学生理解作者渗透出的真挚的感情。）

五、四读《背影》，找背影后面的儿子

（要求：请你找出作者自己感受的句子，圈点勾画。）

出示感受的句子，齐读，思考：儿子对父爱的理解有什么变化？

（学生读句子，自由发言。教师总结：儿子对父亲由先前的不理解，到理解

再到最后深深地自责，真切的感受，细微的变化让我们感悟到作者对父亲真挚的爱。）

六、探生活本质，聊父子情深

先让同学自己说一说与父亲难忘的经历，然后进行作业布置：请同学们写一写自己的经历，谈一谈对父爱的理解。

（设计意图：在写作过程中，达到学以致用的目的，提高写作水平。）

师小结：从现在起，我们应该以自己的实际行动，用感恩自己的父母，刷刷碗，扫扫地，帮父母捶捶背，洗洗脚，认真读书，报恩父母。

附：我自己写的一篇与父亲有关的文章，读给学生们听。

那一次，我真后悔

李敬民

我生长在一个小县城。

从小，我的耳朵里听多了父母的唠叨，书上说耳朵听多了唠叨，会起层层的老茧，所以，我会经常坐在那条穿过县城的小河边，掏着耳朵的老茧发呆，以躲过有关惜时、梦想以及邻家小孩多么多么优秀的话题。都说少年不知愁滋味，但我确切地记得当时我经常忧伤地幻想自己能成为一只小鸟，自由地翱翔蓝天，就算这只鸟不能是一只傲世天空的老鹰。

上到高三，已经不再幻想成为什么飞翔的小鸟了。我拼命地学习，告诫自己一定要考上大学，不过我非常悲哀地发现，我内心那不可告人的阴暗——考大学的动力竟然是可以远离家乡，远离父母的唠叨！

时光如白驹过隙，当大学录取通知书拿到手的那一刹，我内心就像几只小兔子猛地在乱撞，可怜当时不懂事的我，激动得竟然只想知道我的大学离家究竟远不远！查过地图，当我知道大学所在的城市离家乡有600多千米时，我竟然兴奋得连续几天都失眠了，朱自清的“风轻悄悄的，草软绵绵的”文字时刻在我内心激荡，因为我真切地知道，我的春天来了，而这春天，究竟有多美！父母看到我如此开心，我估计他们一定会担心我会如范进中举般疯掉！我当然不会疯，我只会怨恨时间太慢，因为我迫不及待地要奔向我的大学，奔向我的自由，奔向我一直渴望的蔚蓝的天空了！

那天，临我出发前一天，爸爸走到我跟前，说：“儿子，明天去学校，我跟你妈一起送你到学校去，你长这么大，也没出过远门，我和你妈都不太放心。”

“不要！”我大惊，早就想飞的心让我忍不住惊呼起来。

因为反应过于强烈，我看到爸爸吓得立在那一句话说不出来，我赶紧掩饰着说：“爸爸，您看您也真是的，我都大学生了，成年了，还要你们照顾，这不是天大的笑话吗？行了行了，你们的好意我心领了，明天我自己去就行了，我到了会写信给你们报平安的，先睡觉了，明天还要坐长途车呢！”边说，我边把爸爸推出房间。

第二天，上了车，我打起精神假装跟父母说些依依不舍的话，当车子一震，发动机轰鸣的那一刹，我长吁一口气，赶紧叫父母下车，说车子就要开了，你们回去吧。

当车门关上那一刹，我转头望向窗外，有只小鸟一窜冲向蓝天，我突然有点莫名的不安！

车子开出才十几米又停下了，我正纳闷怎么了，就看见爸爸手上抓着一个老式的帆布袋蹒跚地跑过来，跟司机说：“师傅，车子还有空位吧？我想补张票，送我儿子上大学。”看到爸爸跟司机说话时的小心翼翼，好像生怕会被司机拒绝的样子，我可多么担心司机答应啊，腾地站起来，大声说：“爸，这么远，你年纪大了，身体也不好，这一路不知道你照顾我还是我照顾你呢，下去吧，下去吧！”爸爸嘴巴一颤，眼睛似有些忧伤，手上的帆布袋微微发抖，他一只脚踏在车上，一只脚还在车外，上也不是，下也不是。我突然有些不忍，但还是轻声加上一句：“爸爸，下去吧，我能照顾好自己的。”

爸爸缓缓地将车上那只脚收回去了，车门“哐当”一声关上了，我的内心也“哐当”一声震了一下，长途汽车嗖一下从爸爸身边驶过，我似乎听到车外爸爸的一声叹息，我扭过头从车后面的玻璃望去，车尾带起来的漫天黄沙渐渐将身体佝偻的爸爸包围，霎时，满眼都是黄沙，多年以后我回想那一幕，似乎真的看到了爸爸那满头被风吹起的凌乱的白发！

我呆呆地坐在车里，心里竟然没有一丝的喜悦了，满脑子都是爸爸刚才那尴尬而又迟疑的神情，还有那淹没在黄沙里佝偻的身影！我蓦然发现，这些年以来，我竟然都没有真正地凝视过爸爸，我竟然没有发现，爸爸已经苍老！我眼中不知道什么时候开始噙满了泪水，我很后悔我的毅然决然，后悔我没有理解父母那颗对儿行千里不舍的心，我想叫司机再次停下车来，回去搭上我的老父亲，可是，望着远去的故乡，我嘴巴最终没有张开。

只是，那一刻，心儿还未飞翔，我真的已然后悔。

《独坐敬亭山》教学设计

李敬民

一、教材分析

本课是人教版小学语文教材四年级下册第四课的一首古诗。诗中表现诗人孤独的时候以山为伴，寻求安慰的思想感情，选编的意图是让学生增加传统文化的积累，激发对古诗的喜爱，理解诗人寄情山水的孤独情感。

二、学情分析

根据四年级学生的知识结构及课程标准对古诗教学的要求，应鼓励学生多读，通过读去感悟，用自己喜欢的方法识字，理解词的意思。根据诗的描述进行想象，在脑海里浮现画面，想象画面，体会意境，了解古诗的意思体会诗人苦闷的心情。

三、学习目标

1.知识与能力目标：学会生字“亭”，理解诗中词语意思，能正确、流利、有感情地诵读并背诵古诗。

2.过程与方法目标：在理解感悟诗的过程中，能通过想象和朗读，了解古诗意思。

3.情感态度与价值观目标：能感悟古诗内容、意境，体会诗人感情。

四、课前准备

1.布置学生自读诗歌，并学写“亭”字。

2.课件。

五、教学过程

（一）导入课题，揭题

1.开门见山，告知本课学习的题目：《独坐敬亭山》。

2.解题：“独坐”是什么意思？题目是什么意思？

齐读课题

设计的意图：激发学生思考，创设学习氛围。

（二）初读诗歌，读准字音

1.学习生字。播放课件：（字理识字）“亭”字的读音注意什么？亭是什么样的？（顶尖，角飞翘下面有柱子。）怎样记“亭”字？（简笔画画亭的样子）“亭”字的一点像亭尖，口字像亭尖下面的部分，飞起的角像秃宝盖，所以写宽些，丁字像亭檐及柱子。请同学们在生字表下照着写一遍。

2.用自己喜欢的方式朗读古诗。

个人读，小组读，齐读，同桌读。

设计意图：语文教学应该扎实地抓好字、词。所以设计了比较形象的字来识字，并让学生写好字。多种形式的朗读，把字音读准。

（三）再读诗歌，读准节奏

1.请同学听朗诵录音，并按录音划分节奏。

2.请学生上黑板将节奏标出。

3.请学生按节奏自读、齐读、小组读、同桌读。

设计意图：读准节奏，感受诗歌的音律美，并在多种朗读形式下，再一次熟悉诗歌。

（四）三读诗歌，读出情感

1.同学们再读诗，看有哪些词不理解的，可以通过看注释或者查字典解决，也可以和同桌交流讨论，理解。

2.集体交流词的意思。（“众鸟”，许多鸟；“高飞尽”，都高高的飞走了；“孤云”，孤单的云；“独”，独自；“闲”，悠闲；“相看”，互相看；“不厌”，不满足。）

3.小组讨论交流诗句的理解。

4.全班交流对诗句的理解。

5.这首诗描写了那些景物？（鸟飞尽，云飘走了，孤山。）给人什么样的感觉？（凄凉）诗人的心情怎样？（孤单寂寞）

结合板书：

鸟飞尽

云独闲　　　　孤单寂寞

山相对

课件介绍背景：李白少年时就博览群书，以才闻名天下，很有文采。他写这首诗时正被权贵迫害，长期流落他乡，饱尝了人间辛酸、世态的炎凉。

6.如果你是李白，遇到这样的处境，你会怎么想？

7.根据讨论，请同学有感情地朗读诗歌。

设计意图：设计让学生自读自悟，不理解的与同学交流、讨论，目的是要把学习的主动权交给学生，重视学生的合作参与，让每一位学生有效参与。适时补充李白不得志的材料，设计假如你是李白、你会怎么想？寻找学生与文本的撞击点，引起学生共鸣。因为李白距离学生久远，他们无法理解诗人当时的心情，引导他们进行说话，也加强了语言的训练，使语言的人文性和工具性得到了升华。

（五）四读诗歌，配乐朗诵，当堂背诵

1.诗人如此心情读的时候该怎样去读？请你把自己当作李白来诵读古诗。（课件出示图，看图朗读）

2.配乐朗读。

3.指名读。

4.学生齐读。

5.背诵。

（六）作业

根据诗歌，想象画面，并把它画出来。

设计意图：作业是为了培养学生的想象能力，给诗配画体现了“尊重个性，面向全体”的设计理念，让学生把自己想象的情景通过画表现出来，使学生的想象能力得到提升，还促进了他们的动手能力的发展。

《桂林山水》教学设计

李敬民

【教材分析】

《桂林山水》是人教版四年级下册第一篇课文。文章抓住桂林山和水的特点进行具体描写，脉络清晰，语言优美，让人感受感受祖国的大好河山之美。

【教学目标】

1.能正确、流利、有感情地朗读课文。

2.学习作者细致观察和具体形象地描写景物的方法，感受大自然的美。

【教学过程】

一、导入新课、创设美

（大屏幕出示：____________甲天下）

要求同学填空，然后引出桂林山水这篇课文。

设计意图：引起学生思考，激发学生学习的欲望。

二、初读课文，感知桂林山水的美

要求：读准字音，从文字中感受桂林山水的美！

设计意图：学生边读边感知课文，让学生在自主学习中解决生字词的读音，并初步感知桂林山水的美。

三、再读课文，寻找桂林山水的美

要求：小组合作，理清课文脉络，掌握课文是从山、水两方面来表现桂林山水的美。

设计意图：激发学生合作学习，丰富情感体验，为深入理解课文做好铺垫。

四、三读课文，品味桂林山水的美

1.要求：从文中的字里行间去感受，边读边做好批注。概括出漓江的水的特点。

设计意图：让学生采用多种形式的读，对课文进行整体感知，奠定情感基调，受到情感的熏陶，在组织表达情感的语言过程中探究文本之美。

2.要求：围绕漓江的“静”“清”“绿”谈感受，并指导朗诵。

设计意图：让学生在读中品味语言，在读中和作者的心灵对话，不仅能感受和再现作品的情思美感，还能体验到语言的节奏美、音韵美、意境美，在读中探究和品味文字之美。

3.仿写一下段落。大屏幕出示：

大海真____啊，________得________；大海真______啊，______得______；大海真______啊，______得__________。

我的妈妈真______________________啊，________________________；我的妈妈真________啊，________________；我的妈妈真________啊，________________。

（生动笔，师指导）

（生展示）

设计意图：“得法于课内，得益于课外”，语文学习得以延伸扩展。

4.要求：根据漓江水特点的学习，小组围绕山的“奇”“秀”“险”谈感受，并自行朗诵。

（小组内自主组织学习，师巡视指导）

设计意图：采用先扶后放，扶放结合的方法，第二段的教学由教师“扶”，第三段“放”手让学生自学，教师进行点拨引导。让学生在掌握学习方法后，给学生思维以导向，使他们积极探究，发现问题，解决问题，学生的自主探索精神得以充分体现。在发挥教师主导作用的同时，充分发挥学生的主体作用。

五、深化主题，升华情感

要求：饱含情感，朗诵全文。

设计意图：归纳总结，拓展延伸。通过有感情的朗诵，提升学生的审美和归纳总结能力，让学生的情感进一步升华。

《桃花源记》第二课时教学设计

李敬民

【教学目标】

一、知识与能力

1.了解本文所描绘的理想社会。

2.熟读并背诵全文。

二、过程与方法

用记者采访方式，合作探究文本细节，逐步提高对作品的鉴赏能力。

三、情感态度与价值

对理想社会的向往，激发学生理想。

【教学重点】

引导学生感受桃花源优美的环境，淳朴的人情，和平安定、丰衣足食的生活，民主平等、其乐融融的人际关系。

【教学难点】

理解陶渊明虚构这桃源胜境的目的。

【教学过程】

一、学生齐读课文

二、设计一个记者采访环节

由学生分别担任记者、渔人、桃源人、陶渊明分别进行记者采访实录。

1.指导担任记者的学生小组，该采访些什么问题。

明确：问题设置的目的，需要向外界发布怎样的信息。

2.渔人小组、桃源人小组、陶渊明小组分别进行讨论，进行问题预设的回答内容。

3.采访问题设计：

①桃花林的景色？桃花源的景色？（意图：了解桃源景色的“美”。）

桃花林“中无杂树，芳草鲜美，落英缤纷……”

桃花源“土地肥沃、屋舍俨然、良田美池桑竹之属……”

……

小结：桃源是美丽的，它美在环境幽雅，美在风景秀丽，美在资源丰富，美在静谧祥和。

②桃源人生活的场景？怎么来到这个地方的？天天在做什么？（意图：了解桃源人的“乐”。）

“黄发垂髫，并怡然自乐”

“阡陌交通，鸡犬相闻”

“余人各复延至其家，皆出酒食”

……

小结：乐在和平没有战乱的生活，乐在没有剥削没有压迫的安定生活，乐在老有所养、幼有所长的大同社会。

③“男女衣着，悉如外人。”“不复得路”是什么原因？（意图：感受桃源的“奇”。）

“夹岸数百步，中无杂树，芳草鲜美，落英缤纷”

“仿佛若有光”“初极狭，才通人。复行数十步，豁然开朗”

“其中往来种作，男女衣着，悉如外人”

“见渔人，乃大惊”

“乃不知有汉，无论魏晋”

“既出，得其船，便扶向路，处处志之”

“寻向所志，不复得路”“未果，寻病终”

“后遂无问津者”

……

小结：景奇、人奇、踪奇。

三、全班再次齐读课文，神游这个美丽欢乐而又扑朔迷离的桃源胜境

四、深入研讨课文，了解写作目的

这样的理想社会在当时存在吗？那作者为什么要写呢？我们又该如何评价桃花源这样的理想社会呢？

五、课堂小结

为了追求光明和理想，我们的祖先不屈不挠，前赴后继，桃花源不是陶渊明消极的逃避，而恰恰是他闪光理想的依托。同学们也应有自己的坚定理想，并向着理想勇往直前。

六、布置作业

背诵全文，并收集一些陶渊明的诗歌进行赏析。

《最后一课》教学设计

李敬民

【学习目标】

1.略读课文，概括小说基本内容。

2.品味语言，分析人物形象。

【学习重点、难点】

品味语言，分析人物形象。

【教学过程】

一、开门见山，导入新课

同学们，今天我们一起学习的这篇小说叫《最后一课》，为什么叫最后一课？到底发生了什么事呢？让我们一起走进法国作家都德的小说《最后一课》。（板书课题）

二、速读课文，初探故事梗概

（要求：小说记述了一件什么事？ 你能从那些文字中看出这是一堂不平常的课？时间四分钟。）

生速读完后自由发言

（意图：训练学生速读能力和概括小说内容能力。）

师小结：什么人、因为什么、做了什么、结果怎样，是我们概括小说的一个基本方法，所以综合同学们的发言，我们可以概括为韩麦尔先生和小弗郎士等人，因为国家被侵占，而被逼上最后一堂法语课，通过课堂的表现，展现了他们崇高的爱国主义情操。

三、品文章语言，析人物形象

1.在文中找到交代背景的语句

"普鲁士兵正在操练。""我走过镇公所的时候，看见许多人站在布告牌前边。最近两年来，我们的一切坏消息都是从那里传出来的：败仗啦，征发啦，司令部的各种命令啦——我也不停步，只在心里思量：'又出了什么事啦?'"……

（课件展示时代背景）：1870—1871年，法国同普鲁士王国爆发战争，法国战败，被迫割让阿尔萨斯和洛林。于是老师也被赶走。这篇课文写的就是亡了国当了奴隶的小镇民众齐聚教室聆听老师最后的教诲的情景。

2.在文中找到描写韩麦尔先生的语句

指导同学寻找描写人物语言、外貌、神态、动作等句子。

小组进行分享，并通过这些句子讨论分析人物性格。

小组派代表全班展示讨论总结的结果。

3.在文中找到描写小弗郎士的语句

指导同学寻找描写人物语言、外貌、神态、动作、心理等句子。

小组进行分享，并通过这些句子讨论分析人物性格。

小组派代表全班展示讨论总结的结果。

意图：通过自主合作探究的方式，在教师的引导下，掌握通过人物描写手法分析人物形象的方法。

师小结：我国著名诗人艾青说："为什么我的眼里常含泪水，因为我对这土地爱得深沉。"痛苦、依恋、悔恨、自责这种种情感的背后是韩麦尔先生和小弗郎士等人一颗颗滚烫的爱国心。

四、怀爱国深情，读精彩片段

请同学们有感情地朗读课文最后一部分。

师小结：爱国不分国界，小弗郎士让我们明白：认真学习，就是爱国。请同学们珍惜大好时光，努力学习，用我们青春的光芒去照亮祖国繁荣富强的道路！

《一水一世界》教学设计

李卓彬

【教学设想】

当前，部分作文教学呈现出严重的八股化、模式化，导致学生的写作思维水波不兴，死水一潭，这也催生了作文的“假大空”现象。“问渠那得清如许？为有源头活水来。”立足生活，取材生活，以我笔写我心，这是写作的基石。《义务教育语文课程标准》也要求写作时要“多角度地观察生活，发现生活的丰富多彩，捕捉事物的特征，力求有创意地表达”。生活中，水是生命的源泉，文化的摇篮。水更是古今中外文学家讴歌顶礼的对象。以水为写作对象，拿我们身边熟悉的事物“大作文章”，可消弭学生写作的遥远感及陌生感，激起创作热情。水之“大观”，“前人之述备矣”，在众多文学作品中以不同形式出现，无论是主角，抑或是配角，乃至仅为道具，作者都予以悉心表述，其地位及作用均无可取代。故此，我从小处入手，设计了这节以水为写作对象的作文课。同时，这节课也是我承担广东省教研院教育研究课题“‘山水语文’的实践与研究”之后，在课堂作文教学方面进行科研创新的一次尝试。

课堂主要处理为循序渐进的三个版块，第一个版块引导学生掌握写水的方法，第二个版块重在激发学生对水立意的思维火花，第三个版块让学生明确水描写的作用。

【教学目标】

1.会运用多种方法来写水，会从不同角度对水进行立意，能根据文章需要以水充实文章。

2.赏析名家关于水的经典语句，向经典借鉴写作方法。

3.感受水之美，以此熏陶学生的情感，培养学生热爱自然，热爱家乡，热爱祖国的情怀；享受水的创作乐趣，激发写作兴趣。

【**重点、难点**】因应文章的需要，恰到好处地写出关于水的语句、段落或文章。

【**教学对象**】九年级

【**课时安排**】一节课

【**教学过程**】

一、导入

水能载舟，亦能覆舟。同理，水能载文，亦能覆文。

著名作家汪曾祺曾用“湘西的一条辰河，流过沈从文的全部作品”一语道出了沈从文作品“水印”之深！在沈从文的《边城》《长河》《三三》《湘西》等作品中，故事大多发生在湘西水边，水被写得极深透、极富有感情。而汪曾祺自己又何尝不是“水迹斑斑”呢？诚如他所讲“为什么我的小说里总有水？……水影响了我的性格，也影响了我的作品的风格”。

优秀的文学作品，但凡写水，大至浩瀚海洋，小至孑然水滴，皆能独具匠心加以表现，从而折射出璀璨耀眼的光芒，为文章增色无限。今天，我们跟着众多名家的足迹，走进水的写作世界。

二、初窥门径——看水是水

1.师：我们生活在水的世界里，却缺乏一双发现美的慧眼。水所散发出来的无穷魅力，就这样被我们直接无视。老舍先生是一个有心人，慧眼识“水”，妙笔生“水”啊。

2.投影老舍《济南的冬天》选段：

那水呢，不但不结冰，倒反在绿萍上冒着点热气，水藻真绿，把终年贮蓄的绿色全拿出来了。天儿越晴，水藻越绿，就凭这些绿的精神，水也不忍得冻上，况且那些长枝的垂柳还要在水里照个影儿呢！看吧，由澄清的河水慢慢往上看吧，空中，半空中，天上，自上而下全是那么清亮，那么蓝汪汪的，整个的是块空灵的蓝水晶。这块水晶里，包着红屋顶，黄草山，像地毯上的小团花的灰色树影。

3.看看老舍先生是怎样写出济南冬天的水的特点？

4.学生讨论回答，教师归纳：

从形态上表现：不结冰、澄清、清亮的、空灵。

从色彩上表现：绿水、蓝天、红屋顶、黄草山、小灰色树影。

从感官上表现：冒着点热气。

来点修辞：拟人——全拿出来、绿的精神、不忍得冻上、照个影儿呢；比喻——蓝水晶、地毯。

来点联想：终年贮蓄的绿色。

5.讨论：得此启发，我们还可以怎么样写水？

6.学生回答，教师整理补充：

从味觉上来表现，如江水的甘甜，海水的苦咸……

从触觉上来表现，如井水的冬温，溪水的夏凉……

从声音上来表现，如“黄河流水鸣溅溅”，泉水叮咚，“滴答滴答下雨啦”……

从动态上来表现，如“水何澹澹”“洪波涌起”“惊涛澎湃，掀起万丈狂澜”……

从侧面来表现，如“游鱼细石，直视无碍”“有时朝发白帝，暮到江陵”……

来点抒情，如“啊！黄河！你是中华民族的摇篮！”“啊，我思念那洞庭湖，我思念那长江，我思念那东海，那浩浩荡荡的无边无际的波澜呀！”……

来点对比，如“虽乘奔御风，不以疾也”“这里的水却是镜子一样平，蓝天一样清，拉长的水草在水底轻轻地浮动”……

7.教师归纳：对水的描写，要想办法触动读者的视觉、听觉、触觉、嗅觉、味觉等感官，从它的大小、形状、颜色、重量、声音、气味、味道等多个方面加以描绘，还可以借助修辞、联想、对比、抒情等手法来表现水的特点。

8.明确水的载体：海、江、河、湖、池、井、泉、涧、波、潮、浪、川、沟、洼、沼泽、瀑布……

9.明确水的样态：水、雨、冰、雾、雪、霜、水蒸气、云、露、汤、汁、汗、泪……

10.初显身手：任选某种水，运用一或多种方法写一段话（30—100字）。

学生写作—个别展示—教师点评。

三、登堂入室——看水不是水

1.师：同学们，有一位古人“见大水必观焉”。是谁？孔子。但他又说，他看的不是水。看的是什么？且听他慢慢道来：“夫水大，遍与诸生而无为也，似德；其流也埤下，裾拘必循其理，似义；其洸洸乎不淈尽，似道；若有决行之，其应佚若声响，其赴百仞之谷不惧，似勇；主量必平，似法；盈不求概，似正；淖约微达，似察；以出以入，以就鲜絜，似善化；其万折也必东，似志。是故君子见大水必观焉。”你看，透过水流的各种状态，孔子看到的是德、义、道、勇、法、正、察、志等道德修养。

于是，我们发现，水已不仅仅是水了，它可以赋予以深远厚重的内涵。

2.学生讨论发言，教师整理补充：

（1）它可以是感情。

a.亲情

那天，母亲就特别高兴，亲自为他端了一大木盆水。盆水冒着热气，父亲就坐在台阶上很耐心地洗。——《台阶》

我为他倒水，倒出的是一盆泥浆，木盆底上还积了一层沙。——《台阶》

田里的冬水也咕咕地起着水泡，这一切都使人想着一样东西——生命。——《散步》

b.友情

桃花潭水深千尺，不及汪伦送我情！——《赠汪伦》

无情汴水自东流，只载一船离恨，向西洲。——《虞美人》

请君试问东流水，别意与之谁短长。——《金陵酒肆留别》

c.爱情

我同海岸是一对情人。——《浪之歌》

我住长江头，君住长江尾；日日思君不见君，共饮长江水。——《卜算子》

所谓伊人，在水一方……宛在水中央。——《诗经·蒹葭》

盈盈一水间，脉脉不得语。——《迢迢牵牛星》

（2）它可以是志向。

山舞银蛇，原驰蜡象，欲与天公试比高。——《沁园春·雪》

日月之行，若出其中。星汉灿烂，若出其里。——《观沧海》

黄河以它英雄的气魄，出现在亚洲的原野；它表现出我们民族的精神：伟大而又坚强！——《 黄河颂》

（3）它可以是哲理。

上善若水。水善利万物而不争，居众人之所恶，故几于道也。——《老子》

生命像向东流的一江春水，他从生命最高处发源 ，冰雪是他的前身。——

《谈生命》

但理想有时又是海天相吻的弧线，可望不可即，折磨着你那进取的心。——《理想》

（4）它可以是情怀。

从未见过开得这样盛的藤萝，只见一片辉煌的淡紫色，像一条瀑布，从空中垂下，不见其发端，也不见其终极。——《紫藤萝瀑布》

抽刀断水水更流，举杯销愁愁更愁。——《宣州谢朓楼饯别校书叔云》

问君能有几多愁？恰似一江春水向东流。——《虞美人》

还要走多远？前方是什么样子？……他盘腿坐在船头上，望着一片茫茫的水。——《孤独之旅》

3.思维碰撞：以“雨”为话题，说说写作时如何立意。

4.学生发言，教师点拨。

例：从雨晶莹剔透的颜色来赞美雨的纯洁无暇；从雨灌溉大地、滋润万物的作用来赞美雨的奉献精神；从雨水来者不拒、同流合污的行为来批判雨不分是非黑白、自甘堕落的作风；从“春街小雨润如酥”的意境则可以感受雨所带来的浪漫情怀；从暴风雨形成洪涝灾害，给人类带来巨大的损失，可以鞭挞暴雨的冷酷无情、残暴肆虐……

四、渐入佳境——看水仍然是水

1.师：无水不文章。在文章中，它时而是惊涛澎湃的黄河，唱出一首民族英雄颂歌；时而成为怒吼的大海，陪伴海燕并肩作战；时而化为朱自清盈眶的热泪，悄然凝视着父亲的背景；时而栖为床前的白霜，取代月光慰抚李白的思乡之情……水就如同一个小精灵般多变，活跃在文章的各个角落，扮演着不同的角色。写作中，如何让它在其位，彰其采？我给大家准备了一份《用“水”兵法》，看谁先把这些招数学到手。

2.自主探究：分发资料，学生研习。

用“水”兵法

第一招，以水渲染气氛。

示例：a.夜晚，敌人从炮楼的小窗子里，呆望着这阴森黑暗的大苇塘，天空的星星也像浸在水里，而且要滴落下来的样子。（《芦花荡》）——交代时代背景，渲染紧张神秘的气氛。

b.凄风。苦雨。天昏。地暗。……雨哗哗地下。历史，现实，在雨中融合了——融成一幅悲哀而美丽、真实而荒谬的画面。……雨下得更大了。……回音在倾泻的雨中缭绕不绝。(《亲爱的爸爸妈妈》)——描写了当时的天气，渲染了悲凉的气氛。

应用：①____。我的烦恼如它一样绵绵无尽头。

②____。我三步并作两步，时不时催促着爸爸妈妈快点走，只恨不得一步就迈进机场。

第二招，以水突出主体。

示例：a.在苍茫的大海上，狂风卷集着乌云。在乌云和大海之间，海燕像黑色的闪电，在高傲地飞翔。(《海燕》)——以暴风雨来临的场景，突出海燕勇敢无畏的高大形象。

b.无论是木桥还是石桥，其身段的纵横与桥下的水波协同谱出形与色的乐曲。(《桥之美》)——水流的存在，打破了桥的孤独感，衬托出桥之美。

应用：①____。雨伞下，小姑娘为陌生老婆婆撑起的小小空间涌动着一股暖流。

②____。杯中的茶叶或摇曳生姿，或灿若烟火，或含苞欲放，或漫天飞舞。

第三招，以水传情达意。

示例：a.日月之行，若出其中。星汉灿烂，若出其里。(《观沧海》)——借大海的气势和威力抒发了曹操建功立业的雄心壮志。

b."不禁簌簌地流下眼泪……我的泪很快地流下来了……我的眼泪又来了……在晶莹的泪光中"(《背影》)——四次眼泪传达的就是父子间浓浓的深情。

应用：①汗珠____，但他却顾不上擦一擦，转身抡起锄头走向田里。

②我放下笔，转过身刚要起来，发现旁边已悄悄地放着一杯水：____。

第四招，以水承上启下。

示例：a.水不在深，有龙则灵。(《陋室铭》)——以"水"起兴作比，引出陋室。

b.这里的水却是镜子一样平，蓝天一样清，拉长的水草在水底轻轻地浮动。(《芦花荡》)——这里以水的平静、清澈为下文做了铺垫。

应用：……父亲的爱憨默厚重。

________________________________。

母亲的爱是那么温柔细腻。……

第五招，以水照应点题。

示例：a.在山的那边，是海！是用信念凝成的海。(《在山的那边》)——这个海是对“在山的那边，依然是山”的回应，对主题的点拨。

b.莎利文老师把我的一只手放在喷水口下，一股清凉的水在我手上流过。她在我的另一只手上拼写“water”——“水”字，起先写得很慢，第二遍就写得快一些。(《再塑生命》)——水“唤醒了我的灵魂，并给予我光明、希望、快乐和自由”，辅助莎利文老师帮“我”再塑生命。

应用：小溪一路欢唱，走幽径，过僻野，身旁的野花向它抛着媚眼，高处的树木送来放肆的倩影，甚至连天上的云彩也不时投入它的怀抱。但它永远不会留恋，永远不会驻足，因为它明白：____。

3.展示学生研习成果，教师点评。

五、课堂小结

一水一世界。写水时，采用适当的方法，立出新颖的文意，服务于主旨的需求，即可创作出文章中的水立方传奇。

六、布置作业

一滴水，用显微镜看，也是一个大世界。——鲁迅

阅读上面材料，结合自身生活经历，写一篇不少于500字的文章。

《游山玩水赏〈醉翁亭记〉》课例

李卓彬

一、教学设计

【教学目标】

1.能读懂全文的文言语句。

2.理解欧阳修寓乐山水、醉情山水的情感。

3.赏析“……者……也”的句式特点。

4.了解贬官文化与山水游记的关系。

【教学重点】

1.读懂本篇古文词句。

2.理解欧阳修的山水之乐。

【教学难点】

读懂欧阳修的“乐”“醉”“醒”三种状态层次的内涵。

【课前预习】

1.读熟并争取背诵整篇课文。

2.结合注释初步理解课文内容。

【课堂环节】

(一)检查预习:了解学情

1.朗读。

2.关键字词。

3.文章大意。

(二)全班齐读:课题切入

在文中找出句子来对题目“醉”“翁”“亭”“记”进行诠释或描述。

醉：饮少辄醉。

翁：而年又最高。

亭：有亭翼然临于泉上者/作亭者谁？山之僧智仙也/名之者谁？太守自谓也。

记：醒能述以文者。

（三）自由朗读：意在山水

1.探究：在课文中找出一个句子，作为文章的“代言句”。

预设：醉翁之意不在酒，在乎山水之间也。

2.体验：仔细阅读课文，找出写山或写水的语句，用“醉翁之意不在酒，在乎____________”这一句式表述出来。要求先摘抄文中词句表述，再用自己的语言表达。如：

醉翁之意不在酒，在乎__环滁皆山也__。

醉翁之意不在酒，在乎__环绕着滁州城的群山__。

（四）细细品读：山水之乐

1.在文中找到表达情感的关键字眼。（乐）

2.找出文中的写“乐”的句子，仔细品味。

（1）山水之乐，得之心而寓之酒也。

（2）朝而往，暮而归，四时之景不同，而乐亦无穷也。

（3）宴酣之乐。（滁人游、太守宴、众宾欢、太守醉）

（4）游人去而禽鸟乐也。然而禽鸟知山林之乐，而不知人之乐；人知从太守游而乐，而不知太守之乐其乐也。

（5）醉能同其乐，醒能述以文者，太守也。

（五）深入研读：醉入山水

1.作者是在什么状态下感受山水之乐的？（醉）

2.了解欧阳修。

3.了解写作背景。

4.“醉”与“醒”。

醉，有两重意思：第一重，是醉醺醺，不计较现实与想象的分别；第二重，是陶醉，摆脱现实的政治压力，进入理想化的境界，享受精神的高度自由。

5.山水游记中的乐与醉。

陶渊明《桃花源记》：黄发垂髫，并怡然自乐。

柳宗元《小石潭记》：心乐之……以其境过清，不可久居。

范仲淹《岳阳楼记》：先天下之忧而忧，后天下之乐而乐。

欧阳修《醉翁亭记》：醉能同其乐，醒能述以文者，太守也。

（六）结构解读：山水游记

1.了解古代文体“记”。

2.欧阳修的《醉翁亭记》在句式上有何特色？（“……者……也”的句式研究）

3.推敲文句，如宋代著名学者朱熹：欧阳公初说‘滁州四周山’，凡数十字；末后改定，只曰‘环滁皆山也’五字而已。

（七）课堂小结（略）

二、教学镜头

……

师：如果让你在文中找一个句子为《醉翁亭记》“代言”，你会选哪个句子？

生1：醉翁之意不在酒，在乎山水之间也。

师：为什么要选这个？

生1：这个句子对很多人来说，比较熟悉吧。

师：一个广为流传，知名度很高的经典名句。是这个意思吧？

生1：是的。

生2：我也选这个句子。

师：哦？

生2：我觉得这个句子中的“醉翁”紧扣题目，而“山水”则在文中占了比较多的篇幅。

师：是一个统领全文内容、点题寓意的句子。

生2：是的。

师：好！我也是选这个句子。这是《醉翁亭记》所特有的句子，在文学作品中独一无二，辨识度特别高，一听到这个句子，人们就会自然而然地联想到《醉翁亭记》。看来，“代言”《醉翁亭记》非它莫属了。

师：刚才这位同学提到文中很多地方在写山水，那我们就进入书中跟着醉翁游山玩水。第一个景区是“意在山水”。请大家仔细阅读课文，找出写山或写水的语句，用“醉翁之意不在酒，在乎________”这一句式表述出来。可摘抄文中词句表述，也可以用自己的语言表达。如：醉翁之意不在酒，在乎环滁皆山也。或：醉翁之意不在酒，在乎环绕着滁州城的群山。

生：醉翁之意不在酒，在乎西南诸峰。

生：醉翁之意不在酒，在乎林壑尤美的琅琊山。

生：醉翁之意不在酒，在乎蔚然而深秀的琅琊山。

生：醉翁之意不在酒，在乎琅琊山早晚明暗变幻的天色。

生：醉翁之意不在酒，在乎太阳出来了，树林里云雾渐渐消散，山谷间拨开迷雾见天日的那一刻。

生：醉翁之意不在酒，在乎山间云归而岩穴暝。

生：醉翁之意不在酒，在乎山里一年四季的景色各有怡人之情。

生：醉翁之意不在酒，在乎野芳发而幽香。

生：醉翁之意不在酒，在乎夏天一到，山上的树木枝繁叶茂、葱葱郁郁，荫蔽凉快。

生：醉翁之意不在酒，在乎寒冬的水落而石出。

生：醉翁之意不在酒，在乎水声潺潺而泻出于两峰之间的酿泉。

生：醉翁之意不在酒，在乎临溪而渔，溪深而鱼肥。

生：醉翁之意不在酒，在乎酿泉为酒，泉香而酒洌。

生：醉翁之意不在酒，在乎山肴野蔌。

……

师：游山玩水有不同的层次，第一层次看山是山，看水是水。就如同我们刚才所看到的环滁之山、瑯琊山、朝暮之山、四时之山、泻于两峰之泉、酿酒之泉、捕鱼之溪。接下来我们深入一层：看山不是山，看水不是水。看到的是什么？看到的是隐藏在山水背后的感情。大家认为文中表达情感的关键字眼是——

生（齐答）：乐。

师：是一种什么样的乐？

生：山水之乐。

师：嗯。“山水之乐”就是第二个景区，大家找出文中写“乐”的句子，品读感受。

生：朝而往，暮而归，四时之景不同，而乐亦无穷也。早晚有变化，四季各不同，这里美好的山水总是给人带来新鲜感，总是有着无穷无尽的乐趣。

师：自然景观之乐。

生：“宴酣之乐”是一个热闹的派对，参与者众多，有老人，有小孩，有背着东西的人，有休息的人，有渔者，有射者，有弈者……他们或歌唱，或休息，或呼应，或酿酒，或行酒令，各得其乐。

师：人文景观之乐。

生：游人去而禽鸟乐也。然而禽鸟知山林之乐，而不知人之乐；人知从太守游而乐，而不知太守之乐其乐也。我发现这里写了三种乐：禽鸟之乐、游人之乐、太守之乐。

师：你读得很细致。有没有发现三种乐各是建立在什么基础之上？

生：禽鸟因得以自由自在生活于山林而乐，游人因能跟随着太守游玩而乐，太守因众人乐而乐。

生：我来补充，游人即滁人，滁人“从太守”可能还有另一层含意，太守是滁州百姓的父母官，滁州百姓觉得被太守领导是一件令人快乐的事情。

师：滁州百姓过得怎么样？

生：生活安康，其乐融融。

师：这要归功于谁？

生：归功于太守的政绩好，让百姓过上好日子。

师：滁州这个地名曾在我们学过的古诗中出现过，记得吗？

生：《滁州西涧》——独怜幽草涧边生，上有黄鹂深树鸣。春潮带雨晚来急，野渡无人舟自横。

师：在唐朝山水诗人韦应物的眼中，滁州是一个偏僻、荒凉的地方。欧阳修到滁州后勤政为民，励精图治，把滁州变得生机勃勃，民众富乐。

生：“乐其乐”可以看出太守心有百姓，以百姓的欢乐为自己的快乐，也可以看出他对自己的成就颇感自豪。

师：是的，层次不同，对乐的观感也就不同了。禽鸟山林乐是动物对生活状态的感受，是一种本能追求的满足；游人乐是人对娱乐生活的感受，是一种精神追求的满足；太守乐是对个人成就的感受，是一种价值追求的满足。只是，太守对乐的感受是在什么状态下产生的？

生：醉——醉能同其乐。

师：没错。这下子我们来到了第三个景点“醉入山水”。太守醉了，与禽鸟、滁人一同感受山水之乐。你是怎么理解这种“醉”?

生:《醉翁亭记》是欧阳修参与了范仲淹领导的新政失败后被贬到滁州的第二年写的,“醉”表示他经受贬谪打击,借酒消愁,暗示他内心隐藏着深深的苦闷。

师:是的,这已经是欧阳修第二次被贬了。他在赴滁州上任途中写了一首《自河北贬滁州初入汴河闻雁》:“阳城淀里新来雁,趁伴南飞逐越船。野岸柳黄霜正白,五更惊破客愁眠。”其中的一个“愁”字已直表欧阳修的心态。

生:我觉得这刚好与屈原的“众人皆醉我独醒”相反,欧阳修是“众人皆醒我独醉”……

生(插话):我不同意。屈原说的醉是昏庸污秽、醉生梦死,欧阳修并不是这样的人。

师:他还没讲完,我们先听听他的意思。

生:屈原和欧阳修都是因奸佞当道而被朝廷冷落、遗弃的贬官,越是清醒越发感到痛苦。面对痛苦,有的人会深陷其中不能自拔,如屈原整天长吁短叹,愁苦难展。有的人则会接受它,消化它,驾驶它,最终走出痛苦的折磨。欧阳修的醉就是对痛苦的一种处理方式。

师:欧阳修在《题滁州醉翁亭》诗中写道:“醉中遗万物,岂复记吾年。”他表达了在醉中忘却一切的意思。如果说醒是杜甫的现实主义情怀,那么醉就是李白的浪漫主义色彩;如果说醒让屈原入乎忧郁其内,那么醉就让欧阳修出乎忧郁其外。只有醉入山水,才可以让欧阳修暂时忘却现实的苦恼,忽略理想与现实的差距,进入精神世界里悦享个人的自由自在。可以说,山水使人乐,山水亦使人醉,使人摆脱苦闷,获得心灵的解放。在愁苦中保持乐观,在逆境中主动寻求向上,这就是欧阳修的过人之处。

生:醉能同其乐,醒能述以文者,太守也。两个“能”字,可以看出太守对自己能自如出入于醉、醒之间的自得语气。

师:是的,人生难免有起落。当我们处于人生低潮时,可以学习欧阳修山水怡情,管理好自己情绪,不做情绪的奴隶,要做情绪的主人。

……

三、教学反思

教学之前,必须先解决教什么的问题。解决这个问题的关键在于《醉翁亭记》

教材选文类型的定位。王荣生教授《语文科课程论基础》主张："定篇"是一篇完整的，没有经过任何删改的经典作品。倪岗老师曾在《关于"定篇"类选文的教学》中指出：我们认为目前影响较大、使用范围较广的初中语文教材人教版、苏教版、语文版的交叉篇目就应该是"定篇"。《醉翁亭记》曾经是三套教材文言文部分交叉篇目，是中华民族文化的经典。王荣生还提出"熟知经典""了解和欣赏"作品，本身就是目的。因此,《醉翁亭记》的教学任务就是陪伴学生了解、欣赏、熟知《醉翁亭记》。我把课时安排为三个板块，第一重在疏通文意，读懂文章语句，了解作者寓乐山水的情感；第二从文学的角度来欣赏诸如"……者……也"句式等写作特色；第三从文化的角度来解读欧阳修醉情山水的情怀，进而了解贬官文化与山水游记的关系。

这是一个引导学生读懂并体验欧阳修情感的教学片段。我围绕着中心句"醉翁之意不在酒，在乎山水之间也"，设计了"意在山水""山水之乐""醉入山水"三个环节。"意在山水"旨在引领学生读懂古文的大概内容，用"醉翁之意不在酒，在乎______"这一句式表述出来，从而巧妙地让学生会翻译写山水景物的语句。"山水之乐"则让学生关注文中透露了情感倾向的词句，初步从浅层面感知欧阳修"乐"的情感。"醉入山水"借助"醉"与"醒"、《自河北贬滁州初入汴河闻雁》中的"愁"与本文的"乐"、屈原与欧阳修、《题滁州醉翁亭》中的"遗"与"记"四组对比，引领学生走进欧阳修的内心世界，深入体验欧阳修的"醉"意。学生经历了这三个环节的深入对话，由滁州山水走向欧阳修心中的山水，由外而内，由浅到深，与经典进行了一场深度对话。

《我爱这土地》教学设计

李卓彬

【教学目标】

1.赏析鸟、土地等意象，了解新诗的语言表达自由，提高学生诗朗读的能力。

2.品味并掌握主观感情与客观事物相融合的诗化表现手法。

3.感受诗人热爱祖国、热爱土地的情怀，激发学生的情感共鸣。

【教学重点】

1.诗人情感的理解及体验。

2.学生诗化表达的训练。

【教学难点】

探究本诗情感“爱”的深度及广度。

【学情分析】

这首诗放在九年级下学期第一课，学生此前已学了何其芳、郭沫若等诗人的作品，唯独没学过艾青的作品。艾青的自由新诗，词句比较直白化，学生读懂内容并非难事。然则，艾青诗作的字行底下，却蕴含着极为复杂的情感。那么问题就来了，学生与艾青中间横着一条难以逾越的鸿沟：一则年代背景不同；二则人生阅历不同；三则生活年龄不同；兼之本班学生诗歌阅读能力普遍偏弱。所有这些客观因素，将导致我所执教的学生有可能浮光掠影式粗浅地理解艾青倾注在这首诗中“含泪的爱，深沉的爱”。为了突破这一瓶颈，我先以讲故事的形式展示艾青的资料，为学生知人论世提供充足的准备；再以延伸阅读的方式引进艾青同一时期的诗作《雪落在中国的土地上》《北方》《黎明》《黎明的通知》节选，来拓展“爱”的深度和广度。同时，读和写是这些学生亟待提高的语文基本技能，我特地设置了朗读板块，又安排学生跟艾青合作写组诗，从而提高学生的读写能力。

一、导入

同学们，清朝乾隆年间，有一位叫秦大士的状元，到了抗金忠将岳飞坟前时，写下了一副对联“人自宋后羞名桧，我到坟前愧姓秦”。他表达出自己不屑与逼害忠良的秦桧同为姓秦的无奈。无独有偶，民国时期，有一位诗人，也对自己的姓很纠结，并由此而诞生了一个响亮的笔名——艾青。想知道个中缘由吗？谜底将在今天这节课中揭晓。

二、读诗入情

1.学生齐读，初知大意。

2.教师点评，引导认识本诗感情基调。

明确：“为什么我的眼里常含泪水？因为我对这土地爱得深沉……”是全诗主旨，这首诗写的是“含泪的爱，深沉的爱”。

3.教师范读。

4.学生自由读。

5.个别学生分享朗读。

6.全班饱含感情朗读。

三、赏诗品情

1.为诗配画。

①教师提供四幅鸟图，学生选图为诗配画。

注：此乃发散思维，非客观唯一选择，学生选择时只需从某一角度切入，言之有理即可。

②学生选图，并陈述原因。

2.读懂这只鸟。

①教师出示：这是一只______________的鸟。

②学生表达见解。

③教师归纳：综合同学们的感受，我们发现这只鸟有故事/有爱/有理想/有战斗力。

3.这是一只有故事的鸟。

鸟的故事即诗人的故事。

教师讲述诗人的故事：幼年寄养贫穷保姆家、弃画从文的经历、笔名的来历、

《我爱这土地》的时代背景。

4.这是一只有爱的鸟。

（1）爱的承载意象：土地、河流、风。

（2）土地

①如何理解土地的修饰语“被暴风雨所打击着”？

明确：既指日寇对神州大地的蹂躏，又指国民党反动派的军阀割据。

②延伸阅读：

A.艾青诗《雪落在中国的土地上》节选

透过雪夜的草原，
那些被烽火所啮啃着的地域，
无数的，土地的垦植者，
失去了他们所饲养的家畜，
失去了他们肥沃的田地，
拥挤在，
生活的绝望的污巷里；
饥馑的大地，
朝向阴暗的天，
伸出乞援的，
颤抖着的两臂。

B.艾青诗《北方》节选

我爱这悲哀的国土，
古老的国土
——这国土
养育了为我所爱的
世界上最艰苦
与最古老的种族。

（3）河流

①河流，激荡着悲愤之爱。悲从哪来？愤因何而生？

明确：河流是一个载体，承载着艾青百感交集的复杂情怀。

②延伸阅读：

A.艾青诗《北方》节选

那些小河早已枯干了
河底已画满了车辙，
北方的土地和人民
在渴求着
那滋润生命的流泉啊！

B.艾青诗《雪落在中国的土地上》节选

沿着雪夜的河流，
一盏小油灯在徐缓地移行，
那破烂的乌篷船里
映着灯光，垂着头
坐着的是谁呀？
——啊，你
蓬发垢面的小妇

5.这是一只有理想的鸟。

①理想在诗中通过哪些语句表达出来？

明确：“那来自林间的无比温柔的黎明……”

②延伸阅读：

A.艾青诗《黎明》节选

我永远以坚苦的耐心，
希望在铁黑的天与地之间
会裂出一丝白线——
纵使你像故意磨折我似的延迟着，
我永不会绝望，
却只以燃烧着痛苦的嘴
问向东方：
“黎明怎不到来？”

B.艾青诗《黎明的通知》节选

我从东方来
从汹涌着波涛的海上来
我将带光明给世界
又将带温暖给人类
借你正直人的嘴
请带去我的消息
通知眼睛被渴望所灼痛的人类
和远方的沉浸在苦难里的城市和村庄
请他们来欢迎我
白日的先驱，光明的使者

6.这是一只有战斗力的鸟。

（1）黎明的到来需要一股力量去撕破黑暗的垄断。这股力量就隐藏在诗里面，你能不能找到？

（2）学生讨论发言，教师点拨引导。

解读：①“鸟”：化身为鸟就是一种战斗方式。当时文艺抗争受到严重打压，文学革命不能采取直接明显的方式，只能采取间接、隐匿的艺术处理方式。“鸟”化可以让反动派抓不到把柄，避免重蹈当初春地画会入狱之覆辙。“鸟”不受现实拘限，成了艾青寄情寓志的极佳选择，既可以是梁山伯化蝶的殉情，也可以是精卫填海的执着，乃至海燕迎战暴风雨的宣言，诗人得以在情感世界飞天入地，上山过河，直抒胸臆。

②“歌唱”：从本质上来说就是一种姿态，是用生命在歌唱，是一种宣告，一种唤醒，是一种呼吁，一种动员。

③“嘶哑”：那是艾青历经沧桑的声音，竭尽全力的呼唤，撕心裂肺的吼叫。

④“应该”：那是怎样一种天下兴亡，匹夫有责的大义凛然。

⑤“也”：现实生活中的艾青要歌唱，要呐喊，要向敌人开炮；即使化身为鸟，也阻止不了艾青战斗的声音。同时，艾青还告诉已在冲锋陷阵的勇士，你们并非孤军奋战，我也来与你们并肩作战了。而读者们，你们总不能还置身事外吧，你们也要加入到战斗行列中来吧。

⑥“——然后我死了，连羽毛也腐烂在土地里面”：那是艾青伟大的牺牲精

神，即使献出生命也在所不辞。那也是在告诫人们革命总是要流血的，鼓动有识之士投入到火热而危险的革命斗争中来。

四、写诗抒情

1.艾青笔下的土地，亦是我们脚下的土地；艾青爱这土地，我们亦爱这土地。来，让我们与艾青合作，从不同角度、不同层面来完成《我爱这土地（组诗）》吧！

2.教师示例：

我爱这土地（组诗）

其　一

艾　青

假如我是一只鸟，
我也应该用嘶哑的喉咙歌唱：
这被暴风雨所打击着的土地，
这永远汹涌着我们的悲愤的河流，
这无止息地吹刮着的激怒的风，
和那来自林间的无比温柔的黎明……
——然后我死了，
连羽毛也腐烂在土地里面。
为什么我的眼里常含泪水？
因为我对这土地爱得深沉……

其　二

假如我是一首诗，
我也应该用脉脉的珠玑来弄情：
这千里冰封的北国风光，
这鱼戏莲叶间的江南美景，
这化作春泥的落红，
和那多愁善感的文人骚客……
——然后我留下来了，

连灵魂也贴紧在土地里面。

为什么我的眼里常含泪水？

因为我对这土地爱得深沉……

其 三

假如我是______，

……

3.学生创作。

4.分享个别学生诗作。

五、结束语

同学们，我们所处的这片土地，来之不易！装扮这片土地，让她更加美丽，是我们肩负的重任啊！

教学反思

“爱”是古今中外文学作品中一个永恒的主题，《我爱这土地》在这“爱”如潮水，浩瀚无垠的教学文本中，可谓是沧海一粟。久居兰室，不闻其香，如何消除学生对“爱”的审美疲劳，这是我在课堂上颇费思量的一个重任；久居兰室，则易致走马观花，如何挽留学生在“这土地”驻足深思细品，也成为我在上课过程中必须直面的难题。此外，学情分析中提到的“学生与艾青中间横着一条难以逾越的鸿沟：一则年代背景不同；二则人生阅历不同；三则生理年龄不同；兼之农村学生诗歌阅读能力普遍偏弱”等各种因素的制约，导致我在课堂上虽不至于举步维艰，但也只能是走一步，再走一步。

好在我并不打无准备的仗，课前进行了精心的备课：备教材，备作者，备学生，备过程……因此，课堂上虽没行云流水的高端大气上档次，却是贴地而行的家常经济有内涵。自我感觉整节课有四大亮点可自我鼓励：其一，课堂三大板块“读诗、赏诗、写诗”一环紧扣一环，层层推进，且兼顾语文技能“听说读写”的训练；其二，“爱”作为诗情主线历经“入情→品情→抒情”贯穿教学全程，让学生的思想情感入乎其内，经积淀酝酿，再出乎其外，重视阅读情感的体验。其三，借助选图配诗吸引学生关注诗歌，并将学生关注点迅速聚焦在鸟意象上，激发学生透过有限的文字感受无限的情怀；其四，通过纵横拓展来引导学生读懂诗人的“爱”。其中，讲述诗人艾青幼年寄养贫穷保姆家、弃画从文的经历、笔名的来历、时代背景等多个故事，是对“爱”的纵向追溯，知人论事见真情；延伸阅读艾青同时期相关诗作《雪落在中国的土地上》《北方》《黎明》《黎明的通知》节选，是对“爱”的横向拓展，借助显性的作品来探研隐性的言语。这样一来，诗人的“爱”得以丰满，进而立体化，跃然纸上。

再读《济南的冬天》

李卓彬

【教学内容】

部编版教材七年级上册第2课《济南的冬天》

【授课对象】

八年级学生

【教学目标】

1.树立重读意识，培养重读习惯。

2.运用生活经验感受散文客体，初步区分出生活客体与散文客体。

【重点】

树立重读意识，培养重读习惯。

【难点】

理解散文与生活的联系，区分生活客体与散文客体。

【设计简说】

一篇经典美文，常读常新。但本地学生对教材选文的阅读进程，基本呈单向箭头式。在学过某一篇文章之后，大多学生将其束之高阁，甚少再对其进行深入思考。本节课主要针对此现象，借助《济南的冬天》一文，组织学生在时隔一年之后，再次对旧文进行一次完整、深入的阅读，以提炼选文知识的精华，产生更为深刻的崭新的阅读生成。

本节课主要紧扣于两个关键点：一个是促进学生在对《济南的冬天》原有认知的基础上，产生新的阅读认知；还有一个是在检视学生原有阅读经验的基础上，对散文文体特征加深认识，培养学生掌握阅读散文的策略。

【教学过程】

一、回顾旧知，导入新课

1.七年级已经阅读过本文，你在本文学到了哪些知识？

2.常读常新，细心再读一遍，说说有什么新收获。

二、运用生活经验辨析文本

1.文中有哪些景物是你日常生活中见过的，觉得熟悉的？在生活中是什么样的？

例：第6自然段的“绿萍”：在我们村里的池塘中经常见到，生长速度非常快，三两天就可以把整个池塘水面铺满，一大片绿油油的，如同一片茂盛的草地，真好看。

预设：长枝的垂柳、澄清的河水、蓝水晶、温晴的天气、小摇篮、矮松、带水纹花衣、微黄的阳光、山坡、小村庄……

文中	生活中	主观感受
老城	残旧、破落	暖和、安适、睡
春风	湿、冷	唤醒
水藻	淡绿	终年贮蓄的绿色
小村庄	分布、位于	山坡上卧着
小山	矮、小、一座	特别可爱、一圈、小摇篮
蓝水晶	蓝色、光滑	空灵、包着、像
绿	颜色	精神
垂柳	柔软	照个影儿
山	群山	山们、穿花衣
河水	冰冷、清澈	冒热气、不忍得、澄清
矮松	坚挺	青黑、顶

2.这些熟悉的景物到了文中之后，给你带来哪些陌生的感觉？

预设：

水藻真绿，把终年贮蓄的绿色全拿出来了——水藻、绿色都比较常见，但到了课文，“终年贮蓄的绿色”就比较少见了。

山坡上卧着些小村庄——山坡、小村庄都是我们熟悉的景物，但用一个“卧”字连起来，就比较罕见了。

这些绿的精神——绿和精神我们都了解，但“绿的精神”实在很新鲜。

整个的是块空灵的蓝水晶——蓝水晶，我们曾见过蓝水晶工艺品，用上一个“空灵”来形容，还跟水、天空融合在一起，就不知道是什么样子了。

慈善的冬天——冬天都经历过，但“慈善的冬天”就是未曾有过深切的感受。

3.为什么会有这种变化？

明确：加入特殊的成分——感情。

三、在文本中体验作者的情感

1.从文中找出体现作者感情的词句，仔细体验。

例：宝地、理想的境界、这一圈小山在冬天特别可爱、最妙的是……

2.了解老舍与济南的渊源，感受老舍对济南的感情。

助读资料（1）老舍简介：

满族，原名舒庆春，另有笔名絜青、鸿来、非我等，字舍予。中国现代小说家、著名作家，杰出的语言大师、人民艺术家，代表作有《骆驼祥子》《四世同堂》、剧本《茶馆》。

· 1899—1923年，在北京出生、读书、工作。

· 1924—1929年夏，赴英国伦敦，任伦敦大学亚非学院讲师。

· 1930—1937年，回山东济南，先后任齐鲁大学、山东大学教授，边写作边教学。

·《济南的冬天》选自《一些印象》，发表于1931年4月。

助读资料（2）老舍《吊济南》第1自然段：

从民国十九年七月到二十三年秋初，我整整地在济南住过四载。在那里，我有了第一个小孩，即起名为“济”。在那里，我交下不少的朋友：无论什么时候我从那里过，总有人笑脸地招呼我；无论我到何处去，那里总有人惦念着我。在那里，我写成了《大明湖》《猫城记》《离婚》《牛天赐传》，和收在《赶集》里的那十几个短篇。在那里，我努力地创作，快活地休息……四年虽短，但是一气住下来，于是事与事的联系，人与人的交往，快乐与悲苦的代换，便显明地在这一生里自成一段落，深深地印划在心中；时短情长，济南就成了我的第二故乡。

3.辨析：情与景如何相融？

（1）靠的就是语言表达，其中比喻、拟人等修辞手法是这篇散文语言表达的一大特色，我们来欣赏几个句子。

例："终年贮蓄的绿色"：运用了丰富的联想。绿萍、水藻的"绿色"比较常见，"终年贮蓄"绿色本是一种颜色，"终年"可以看出这种绿色是一年之中最旺盛的时期，使绿色有了一个时间过程；"贮蓄"一点一滴地累积，是经过长时间蓄势而成的，使绿色有了立体厚度。

山坡上卧着些小村庄（小村庄与小山坡共处的惬意、舒适，画面的高度和谐感）、绿的精神（生机盎然，蓬勃发展，不向严寒低头）、空灵的蓝水晶（透明澄澈，无边立体的空间，剔透玲珑的美）、慈善的冬天（如同奶奶一般祥和，让人倍感亲切、温馨）

（2）除了刚才讲的这些，你还在课文中找出哪些语言表达手法？

拟人：全拿出来、绿的精神、不忍得冻上、照个影儿呢

比喻：蓝水晶、地毯上的小团花的小灰色树影、小摇篮

对比：那水呢，不但不结冰，反倒……冒着点热气

4.讨论：就这篇文章而言，是先有景，触景生情？还是先有情，融情入景？

情感先行，因老舍对济南有着特别的情感，为了表达这种情感而写景，景是情的副产品，即融情入景。写景，旨在表情。

明确：散文的关键点不在所记叙、描述的客体。散文第一要素，是"表现自我的真情实感"。我们要通过人、景、事等散文客体，来把握创作主体的情思，来了解创作主体对人生、对生活、对自然、对社会的感悟，来倾听创作主体所发出的心声。

四、认识生活与散文的关系

生活客体+作者主观感受=散文客体

五、课外阅读作业

阅读《一些印象》，再与同学分享阅读心得。

掌声响起来
——特定语境下的写作训练

李卓彬

【教学目标】

1.掌握描写掌声的方法。

2.树立特定语境中写作的目的意识和读者意识。

3.会运用写作进行语言交际。

【教学重点】

运用写作进行语言交际。

【教学难点】

树立特定语境中写作的目的意识和读者意识。

【教学对象】

八年级学生

【教学时间】

2课时（90分钟）

【教学过程】

一、掌声情景导入，推动写作语境的生成

1.师：今天这节课，将由我与大家共同度过。同学们对我的到来有什么表示呢？

2.全班学生鼓掌欢迎。（提前安排一位老师对上述环节进行视频拍摄）

3.师：谢谢同学们！让我享受到了明星般的待遇。这段精彩的瞬间，将成为我人生中一个重要的组成部分。我已请一位老师帮忙，把刚才这个场景录制下来。接下来，我们一起来欣赏这个作品。

4.播放静音模式的视频。

5.学生评论视频效果。

6.师生共得结论：没有声音的作品是不完整的作品。

二、写掌声的样态，在写作实践中生成方法

1.用文字为视频配上掌声：学生回顾情景，用一段话把刚才场景的掌声再现出来。

2.小组分享写作成果，交流写作心得，提炼描写掌声的方法。

3.每个小组派出一名学生代表发言，结合本组作品介绍描写掌声的方法。

4.教师根据学生的发言及时作出分析与判断，并给予点拨、评导，以促进学生生成描写掌声的方法：

①用象声词模拟掌声

类型	A型	AA型	AB型	AAA型	AAB型	ABB型	AAAA型	AABB型	ABAB型	ABCD型
象声词	啪	啪啪	噼啪	啪啪啪	噼噼啪	哗啦啦	啪啪啪啪	噼噼啪啪	噼啪噼啪、哗啦哗啦	噼里啪拉、稀里哗啦

②用形容词修饰掌声

如整齐的、响亮的、热烈的、稀疏的、持久的、惊天动地、铺天盖地、经久不息的……

③将掌声由无形化为有形

备用范例1：李老师的话音刚落，教室里马上响起雷鸣般的掌声，排山倒海，简直要把教室的屋顶掀开了。

备用范例2：几十双蕴藏青春力量的手纷纷发出了强劲的掌声，从不同的角落以迅雷不及掩耳之势出发，奔跑，横冲直撞。碰撞在课桌上，黑板上，玻璃窗上，墙面上，反弹回来，又向四处飞窜着，教室到处充斥着响亮的掌声。

④借助他物来衬托掌声

备用范例1：同学们的胳臂不停地大起大落开合着，手掌狠命地击打着，连身体都跟着有节奏地左右颤动着，这简直是用生命在鼓掌！那掌声，炽热，震撼，入心。

备用范例2：听到这掌声，李老师只觉得一缕清香穿透时空的阻遏，钻入耳朵，直达中枢，在体内慢慢散漫开来，沁人心脾。顿时气神清爽，面朝大海，春暖花开，随之唤起一种振奋和激情。

5.学生根据上列方法，查找描写掌声的片段中存在的问题，对其修正，提高水平。

三、写掌声的内涵，凭借思维经验生成意蕴

1.展示一份比较有代表性的生动描写掌声的学生佳作，了解学生的阅读感受，并趁机引发学生思考：掌声已然写得很生动形象，但读起来为什么还是觉得不过瘾？

提醒学生关注问题症结：如果仅仅再现出掌声的样态，作品仍会显得扁平化、浅层化。

2.解决途径：①写出掌声背后的故事，如师生首次见面，以掌声表示欢迎。

②写出掌声蕴含的情感，如上新课的兴奋、上公开课的激动、对老师的好感等。

3.拓展训练：在一张纸正中央画一个圆，圆里写上“掌声”。由“掌声”你想到了什么？以这个“掌声”圆为核心，自由联想，在周围记下你所想到的词。选取你想用的关键词，用线把相关的词连接起来。

参考样式：

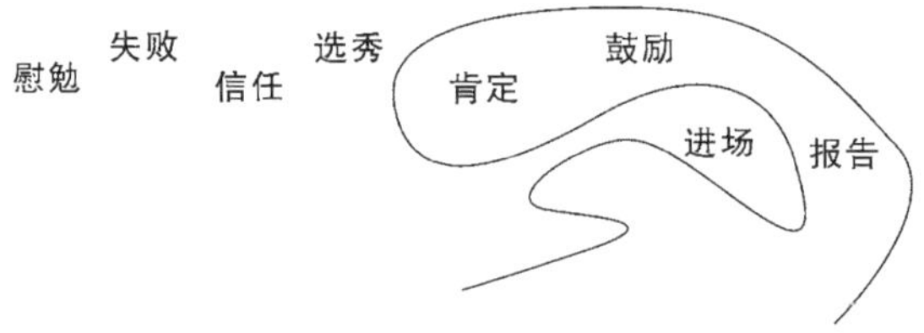

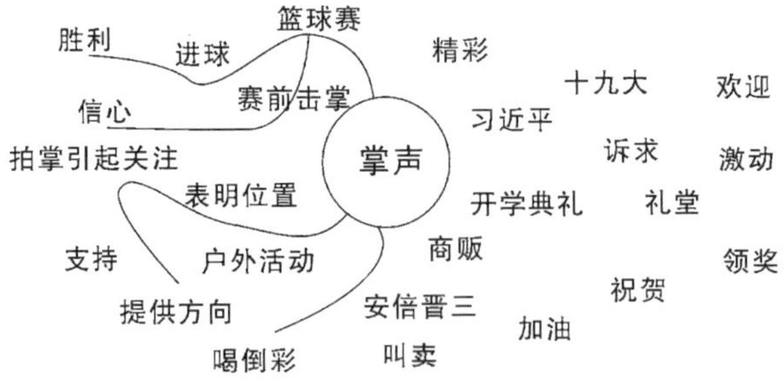

4.生成写作内容：根据选材拟出一个能体现出你的思路的标题和写作提纲。

标题：＿＿＿＿＿＿
时间：
地点：
主要人物：
掌声特征：
事件起因：＿＿＿＿＿＿＿＿＿＿＿＿＿＿＿＿
事件经过：
事件结果：
主题：＿＿＿＿＿＿＿＿＿＿＿＿＿＿＿＿＿＿

5.小组分享展示，教师巡视点拨。

四、写掌声的文体，以读者意识生成交际价值

1.在下列菜单中选择一项作为写作任务。

①写一个关于掌声的故事给幼儿园的孩子欣赏；

②写一篇关于掌声的文学作品向文学社投稿；

③写一篇关于掌声的新闻稿供广播站报道；

④写一篇关于掌声的调查报告供研究者参考。

2.写作时可尝试通过下列问题及时进行自我诊断：

①我要写给谁看？

②这一个“谁”有什么阅读特点？

③我的写法这一个“谁”能看明白吗？

④我的文章能引起这一个“谁”的兴趣吗？

3.小组内交换作品，相互鉴赏点评。

五、课堂小结，巩固知识（略）

比喻类议论文的审题立意

林雪芹

【学习目标】

1.通过阅读，感悟比喻类议论文审题、立意的方法，写作比喻类的议论文。

2.举一仿三，再面对比喻类议论文题型，学会通过阅读寻找相似点，透过本义感悟比喻义，写作出准确的审题立意的议论文。

【教学过程】

一、阅读历年来全国各地高考比喻类作文简表

2006年广东	话题作文	雕琢心中的天使
2006年北京	命题作文	北京符号
2007年安徽	命题作文	提篮春光看妈妈
2007年上海	命题作文	必须跨过这道坎
2009年北京	命题作文	我有一双隐形的翅膀

哪些词语体现它的比喻色彩?

二、感悟比喻类作文的三大特征

1.隐喻性：主要体现在所给的题目往往比较具体、直观，而其外观之内却有着极其丰富的意义。

如2006年“雕琢心中的天使”,“天使”常比喻天真可爱的人，也比喻传播福音的人，即“真、善、美”的化身。

2.象征性：有的题目是从作文材料中提取、概括、抽象出来的，因此它往往是某一思想或观点的浓缩，具有了象征性。

如2006年“北京符号”是指“能体现文化特征并具有文化传承价值的东西”，即能够象征北京这座城市的建筑、民风民俗、杰出的文艺作品，如北京胡同、天

坛、长城、京剧等。

3.立体性：比喻类作文往往由浅入深、由此及彼地不断延伸，因此就比一般的作文多了可挖掘的层面，往往能给考生提供多元的思考角度和立体的创作空间。

如2005年辽宁命题作文“今年花胜去年红”，“花 ”的比喻义相当丰富，可指一种气象、一种生活状况、一种发展趋势。如可以把这种“花”喻指姚明的成长经历，一年比一年成熟。

题目：12年前，一位教授曾要求他的学生毫无顺序地进入一个宽敞的大礼堂，并独自找个座位坐下。反复几次后，教授发现有的学生总爱坐在前排，有的学生则盲目随意，四处都坐，还有一些学生似乎特别钟情于后面的位置。教授分别记下了他们的名字。12年后，教授公布他的调查结果：爱坐在前排的学生中，成功的比例高于其他两类学生很多。教授语重心长地说：“凡事不是说一定要做得最好、站在最前、永远第一，而是说这种积极向上的心态十分重要。在漫长的人生旅途中，一定要有勇气，永争第一，积极坐在前排呀！”要求：自定立意，自选文体，自拟题目，写一篇不少于800字的文章。

三、阅读思路导航

“坐在生活的前排”，是一种积极进取的生活态度，是一种积极向上、不甘落后的心态。它是“敢为天下先”，它要求我们竭尽所能，去争取尽可能好的成绩，去争取成功。在生活中经常会遇到各种困难，面对困难时你有没有勇敢地面对？坐在生活的前排，这是一种勇气，更是取得成功所必须的一种积极态度。作文中“坐在生活的前排”，实际上就是对敢于争先的积极上进的人生态度的形象的阐释。“前排”可以理解为“第一”“最先”“最好”。

坐在生活的前排，需要的是勇气，是胆识，是毅力；人生难得几回搏，人生就是要有这种敢于“坐前排”精神。立意时一定要抓住这一点，从多角度、多方面来阐述话题所蕴含的意义。一定要结合一些具体典型的事例来阐述，避免内容上的空洞。

四、感悟写作思路

“坐在生活的前排”是什么；

为什么要“坐在生活的前排”（积极意义）；

怎么做才能“坐在生活的前排”。

作文优点评析：

1.结构上——严谨

开门见山巧点题（材料要引入，论点鲜明）

回眸一笑百媚生（首尾呼应）

一水护田将绿绕（例前引入+概括事例+例后小结）

2.内容上——丰富

为有源头活水来（积累素材）

3.文体上——规范

已识庐山真面目（议论文）

五、本次作文写作存在的误区

1.停于本义，立意肤浅。

2.撇开题目，泛泛而谈。

3.选材陈旧，抄袭材料。

【阅读】切合、符合题意的角度

1.积极坐在生活的前排，成就人生。

2.坐在生活的前排，成就自己一片蓝天。

3.坐在生活前排是步往巅峰的催化剂。

4.坐在生活的前排，通往成功之道。

5.积极进取、勇争第一，坐在生活的前排。

6.做生活的勇者，坐在生活的前排。

7.只有不断努力，才能坐在生活的前排。

8.坐在生活的前排是由自己掌控的。

【阅读】偏离题意的角度

1.坐在生活的前排，我们不一定是第一名，但我们一定是最坚持不懈的人。

2.凡事都得站在最前面，而且心态一定要积极向上。

3.成功的背后，往往有着乐观、自信的心态。

4.人只有热爱生活，才能取得成就。

六、感悟比喻类作文审题、立意的基本方法

第一步：审清题意，确定比喻的本体。

1.化虚为实：辩证分析，由此及彼，从找相似点入手，透过比喻义寻找本义。

2.化大为小：本体如是多元的，选取熟悉的角度切入。

第二步：确定论点。

1.从“为什么”或“怎样做”的角度确定论点。

2.开门见山，凸显本体句（论点），点题扣题。

第三步：选择材料证明。

七、命题作文写作练习

命题作文：请以“四季都可以鲜花开放”为题，自选角度，自主立意，写一个作文提纲。

第一步：确定比喻的本体

鲜花——成功　　四季——顺境和逆境

第二步：确定论点

1.人生当中，无论是顺境还是逆境，都可以创造人生的辉煌，让鲜花在四季都可以开放。

2.不管是在优越还是在恶劣的环境中，人都可以做出大成就，让鲜花在四季都可以开放。

3.只要保持一颗平常心，不管在什么时候，鲜花在四季也可以开放。

第三步：选择材料证明

立意举例：

无数人在遭遇人生的寒冬，依然选择顽强地站立。如史铁生、刘伟等。

无论面临何种境遇，都要保持一颗平常心，以平常心面对坎坷、挫折，抑或重大的灾难。如杨光、刘赛。

八、材料作文写作练习

材料作文：

与但丁、莎士比亚齐名，被称为世界诗坛三大巨匠之一的歌德，享年83岁，就在他逝世前的7个月，才完成了大型歌剧《浮士德》下卷的创作———补写完了难度较大的第四幕，使他的创作生涯达到了自己的巅峰。他的好友爱克曼在问

及歌德的创作经验时，歌德只说了一句话："我的创作好比推一块石头上山，石头不停地滚下来，我又推上去。"歌德的回答非常简单，却给人很多启迪。

请根据上则材料，结合自己的感受和体会，写一个作文提纲。

第一步：提取关键句，找出比喻本体

关键句："我的创作好比推一块石头上山，石头不停地滚下来，我又推上去。"

本体：石头——目标，推石头；百折不挠、坚忍不拔的精神和毅力。

第二步：确定论点

歌德成功的秘诀实际上印证了一个普遍的道理：无论做什么事情，想成就一番大事业，没有上山推石头的那股韧劲和毅力，都是不可能成功的。这样推理，论点就可以提炼出来了。

"百折不挠方为英雄本色"

"坚忍不拔才能走向成功"

"人生就是要向自我挑战"

"人生的目标永远在巅峰"

第三步：选择材料证明

立意举例：

1.百折不挠方为英雄本色（孟非）

2.坚忍不拔才能走向成功（山德士）

3.人生的目标永远在巅峰（王皓）

4.人生就是要向自我挑战（刘赛）

通过"阅读—感悟—写作"后的方法再归纳：

比喻类议论文审题的方法：

1.若是命题作文，则先找出题目中有比喻性的关键词语；若是材料作文，则先找出材料中有比喻性的关键句子。

2.推敲关键词句，由此及彼，辩证分析，多角度展开联想，联系人生、社会等，挖掘出关键词句隐含的寓意，确定论点。

3.如果关键词句的寓意是多样的，则选择自己最熟悉的、了解得最透彻、占有素材最多的一点进行作文。

九、作业

2009年北京卷高考作文题

有一首歌唱道：

我有一双隐形的翅膀，带我飞，给我希望。

我有一双隐形的翅膀，带我飞，飞向远方。

请以“我有一双隐形的翅膀”作为题目，写一篇不少于800字的文章。除诗歌外，体裁不限。

审题指导：

阅读题目中关键词是“隐形的翅膀”，感悟它比喻的是人生的希望、志向、信念、毅力，等等。

写作时，可首先确定这“隐形的翅膀”是什么，然后写出这“隐形的翅膀”对我的影响等。写作时特别不能忘了“我”，文章只能写“我”有怎样的“隐形的翅膀”，而不能泛泛而谈。具体构思时，可写作以下内容：

一、“我”有怎样的“隐形的翅膀”；（是什么）

二、这“隐形的翅膀”对“我”的作用；（为什么）

三、“我”怎样对待这“隐形的翅膀”。（怎样做）

（本教学设计于2008年举行校性公开课）

巧用新闻素材

林雪芹

一、教学设想

1.指导思想:《新课程标准》关于作文教学部分的要求是学生学会多角度观察生活，能够围绕中心选取材料，并且多角度分析积累的素材；对自然、社会和人生有自己的感受和思考。

2.学情分析：最初，本班学生写作的议论文空洞，大部分学生习作中只有道理论据而缺少事实论据，可谓巧妇难为无米之炊，经过采用观看《拍案惊奇》《说事拉理》等节目和每天一位学生课前报道新闻等方式积累素材，学生已掌握了一些论据。但是，仍然有一部分学生在规定时间内无法写出一篇论据充分的文章，有的习作中只有一个论据，有的论据不切合观点。究其原因是对已有积累的新闻素材不会运用，不能够迅速准确地围绕中心进行选材，不知道将一个素材多角度使用以丰富自己的素材库。

3.采取对策：本教案设计尝试采用“阅读—感悟—写作”的作文教学模式，旨在引导学生阅读国内外新闻，搜集整理使之成为作文素材的同时，注重指导学生能够对积累的新闻素材进行多角度的分析评价，寻找材料与话题的“契合点”，感悟素材的内涵，进行写作，把新闻素材巧妙地运用到作文中，以实现作文“高效课堂教学”的目的。

二、教学目标

1.知识与技能目标：阅读国内外新闻，多角度地分析评价，巧妙运用到作文中。

2.过程与方法目标：能通过总结出的方法进行实践，把一则新闻材料多角度、恰当地应用于多个话题之中，提高学生写作水平。

3.情感态度与价值观：认识到一则材料多角度地、恰当地应用于多个作文话题中的重要性。

三、教学重点

对新闻素材进行多角度的分析评价并巧妙地运用到多个作文话题中。

四、教学方法：讨论分析法

五、课时安排：1课时

六、教学过程

1.针对高考作文存在的问题进行简单分析，引导学生关注生活，阅读国内外新闻。

2.全班分成三个小组，搜集国内外新闻，小组长负责收集，进行比较和挑选，选出最有代表性的三则。

3.教师引导：教师引导学生阅读第一则新闻并进行评价分析，以达到感悟的目的，再进行片段写作。

李刚门

记者25日从河北省保定市公安局获悉，河北大学“校园车祸”一案，已由保定市公安局指定望都县公安局管辖。10月24日，犯罪嫌疑人李启铭因涉嫌交通肇事犯罪被望都县人民检察院依法批准逮捕。

警方调查确认：肇事者李启铭，男，22岁，系保定某单位实习生。10月16日晚9时40分许，李启铭酒后驾驶黑色迈腾轿车在河北大学新校区生活区，将两名女生陈某、张某撞伤。事故发生后，李启铭仍驾车继续行驶，在男生宿舍附近调头原路返回至学校门口时，被保安和学生扣留。撞人的李启铭说：“看把我的车剐的”“我爸是李刚，有本事你去告去啊”。

接到报警，保定市公安交警支队二大队民警迅即赶赴现场调查处置，在依法扣留肇事车辆、行驶证及李启铭驾驶执照的同时，迅速组织抢救伤者。经对李启铭采血检测，鉴定为醉酒驾驶。警方称，目前，伤者陈某因抢救无效死亡，张某病情稳定，无生命危险。

教师分析：

第一步：阅读新闻。这则新闻素材提供给我们很多信息，请同学们把新闻里的主要信息用笔圈画并大声朗读出来。

第二步：感悟评价。我们可以从多个角度进行感悟评价，提炼有代表性的观点。例如：

角度一：李启铭酒后驾驶黑色迈腾轿车在河北大学新校区生活区，将两名女生陈某、张某撞伤。事故发生后，李启铭仍驾车继续行驶——特权阶级对人生命的漠视。

角度二：撞人的李启铭说："看把我的车剐的""我爸是李刚，有本事你去告去啊"。——权力产生的巨大力量令人可怕；"炫爹拼爸"折射出价值观和人生观的贬值。

角度三：10月24日，犯罪嫌疑人李启铭因涉嫌交通肇事犯罪被望都县人民检察院依法批准逮捕——"执法必严，违法必究"。

角度四："李刚门"的深层原因——教育的缺失导致道德的缺失。

第三步：进行写作。如何巧用材料来证明观点，让观点和材料统一起来？

解答：引入观点+概括事例+分析总结。

教师示例：引入观点（自恃权势，凸现道德的缺失。）概括事例（2010年10月16日，河北大学发生一起车祸，导致两位女学生一死一伤。肇事者李启铭事发后对倒地的女生视若无睹，面对众人的谴责更是说出"我爸是李刚"的言语来恐吓在场的群众。原来李刚是当地某一公安局的副局长。）分析总结（这个"官二代"，自恃天之骄子，以为普天之下，他老子就是代表王法。闯祸了就由老子顶着，着实令人愤怒；权力产生的巨大力量，着实令人可怕。其实，不管你是谁，你并没有高人一等；不管你有多大的权势，也不能凌驾于法律之上。自恃权势，漠视生命，凸现的是道德的缺失。一个人，不管你出身有多高贵，如果没有道德底线，你就是一个可悲的人，必将受到社会的唾弃。）

4.小组讨论：教师引导学生采用以上方法，分组讨论分析第二则新闻：

16岁盲女捡垃圾攒钱　为环保捐出一半积蓄

16岁的李梦轶老家在四川安岳县，7岁多时，视网膜色素变性，眼睛渐渐看不清东西，只剩下微弱的光感。很小的时候，爸爸就去世了，不幸的小梦轶和妹妹只好跟妈妈相依为命。"虽然不幸，但不能不上学。"听说重庆有所专门的盲校，2002年，妈妈带着小梦轶从老家来到重庆求学。因没有文化和技能，只能靠捡垃圾维持生活。

生活虽然有好心人资助，但李梦轶很想要一台学英语的学习机，以后想当英语老师。为了买到学习机，小梦轶决定自己努力，暑假跟妈妈一起捡垃圾攒钱。一个暑假下来，她攒了21元，她准备把这钱存起来，存够400元后，就去买个学习机。但今年9月27日，学校举行“绿化长江　重庆行动”的捐款仪式，李梦轶犹豫了好久，从自己的存款里郑重地取出10元交给了老师。老师非常感动，问她：“小梦轶，你为什么捐这么多？”她说：“我虽然看不到长江，但我经常能听见长江的声音，我喜欢长江。在我心中，长江是绿色的，希望她变得更绿。”

小组分析：

第一步：阅读新闻。圈画出重要信息，仔细朗读。

第二步：感悟分析。请各个小组成员进行讨论，分享各自的心得感悟，并派代表发言。注意从多个角度分析，分别针对新闻的不同角度形成观点，并说明理由，由浅入深把握问题的实质。小组发言如下：

角度一：“虽然不幸，但不能不上学。”听说重庆有所专门的盲校，2002年，妈妈带着小梦轶从老家来到重庆求学。因没有文化和技能，只能靠捡垃圾维持生活——身残志坚，自强不息。

角度二：但今年9月27日，学校举行“绿化长江　重庆行动”的捐款仪式，李梦轶犹豫了好久，从自己的存款里郑重地取出10元交给了老师。——绿色环保，人人有责；奉献爱心，收获尊重。

角度三：“我虽然看不到长江，但我经常能听见长江的声音，我喜欢长江。在我心中，长江是绿色的，希望她变得更绿。”——黑暗中，永不放弃理想的憧憬和追求。

第三步：进行写作。巧用材料证明观点。教师展示学生事先写好的习作并进行评价：

学生习作：（人生旅途总是充满坎坷。）（16岁的盲女李梦轶老家在四川安岳县，7岁多时，视网膜色素变性，眼睛渐渐看不清东西，只剩下微弱的光感。很小的时候，爸爸就去世了，不幸的小梦轶和妹妹只好跟妈妈相依为命。李梦轶虽然家中贫困，但是她热爱学习，她喜欢英语，梦想是买一台英语学习机，将来当一名英语老师。为了买到学习机，小梦轶决定自己努力，暑假跟妈妈一起捡垃圾攒钱。一个暑假下来，她攒了21元，她准备把这钱存起来，存够400元后，就去买个学习机。她整个暑假都和妈妈一起捡垃圾攒钱。她并没有埋怨社会对她的不公，在今年9月27日，学校举行“绿化长江 重庆行动”的捐款仪式，李梦轶犹豫了好久，从自己的存款里郑重地取出10元交给了老师。)(李梦轶是我们学习的榜样。有的人，受到一点小挫折就想要放弃生命。而小梦轶呢？她热爱生命、热爱生活，即使生活给她带来了不幸，她也要笑对生活。)

教师评价：这篇习作有例前的观点，也能举例并进行论证。但是，引入的观点太大太笼统，可以修改为“身残志坚，自强不息”这样比较有针对性。中间的举例太长，可以进行概括。结尾的总结没有照应开头，表述的观点模糊。

教师修改：(身残志坚，自强不息。)(16岁的盲女李梦轶虽然家中贫困，但是她热爱学习，她喜欢英语，梦想是买一台英语学习机，将来当一名英语老师。为了实现梦想，她整个暑假都和妈妈一起捡垃圾攒钱。她并没有埋怨社会对她的不公，相反，为了环保事业，她把她捡垃圾攒的一半钱捐了出来。)(身残志坚，自强不息的李梦轶是我们学习的榜样。有的人，受到一点小挫折就想要放弃生命。而小梦轶呢？她热爱生命、热爱生活，即使生活给她带来了不幸，她依然自强不息，创造了生命的奇迹。)

5.个人评价：教师引导学生阅读分析第三则新闻。

罗塞夫当选巴西首位女总统

新华网巴西利亚10月31日电 巴西最高选举法院31日晚宣布，根据已统计完毕的93.25%的选票，来自执政党劳工党的候选人迪尔玛·罗塞夫获得55.43%的选票，已成功当选巴西总统。

罗塞夫于1947年出生在巴西米纳斯吉拉斯州首府贝洛奥里藏特一个中产阶级家庭，父亲佩德罗·罗塞夫是保加利亚移民，母亲迪尔玛·哈内·席尔瓦是土生土长的巴西人。罗塞夫是一名经济学家，她从来没有正式竞选公职的经验。不过，罗塞夫对政治并不陌生。19岁时，向往社会主义制度的罗塞夫就参加了地下党和游击队，和卢拉等劳工党高级政治家一起，反对当时巴西的军事独裁统治。罗塞夫有过3年的牢狱生涯。媒体还曾广泛报道在监狱中罗塞夫受到酷刑，但始终没有向独裁统治投降。2009年罗塞夫做了一次癌症手术，切除了左臂上的一个肉瘤。当时已经传出她可能会被任命为总统候选人的消息，反对党还曾质疑她的身体是否足以胜任总统竞选。不过罗塞夫每次出现在公众面前的时候都是面带微笑，显得颇为自信。

个人评价：

第一步：阅读新闻。圈画出你认为重要的信息并朗读出来。

第二步：感悟分析。请独立思考，运用以上所学的方法从多个角度对新闻进行分析，形成各个不同的观点。学生自由发言：

角度一：19岁时，向往社会主义制度的罗塞夫就参加了地下党和游击队，和卢拉等劳工党高级政治家一起，反对当时巴西的军事独裁统治。——坚持正义，反对独裁。

角度二：罗塞夫有过3年的牢狱生涯。媒体还曾广泛报道在监狱中罗塞夫受到酷刑，但始终没有向独裁统治投降。——顽强不屈，宁死不降。

角度三：2009年罗塞夫做了一次癌症手术，反对党还曾质疑她的身体是否足以胜任总统竞选。不过罗塞夫每次出现在公众面前的时候都是面带微笑，显得颇为自信。——乐观自信是战胜一切的法宝；坚强不屈铸就神话。

第三步：进行写作。请当堂完成一段小作文，根据“引入观点＋概括事例＋分析总结”的格式，结合上述观点材料写作。教师巡视，选择优秀的作品进行表扬点评。

优秀习作：（乐观自信是战胜一切的法宝。）（迪尔玛·罗塞夫历尽磨难，终于成功当选巴西总统。为了反对当时巴西的军事独裁统治，罗塞夫曾有过3年的牢狱生涯，在监狱中饱受酷刑，但她始终没有向独裁统治投降。2009年罗塞夫又做了一次癌症手术，不过罗塞夫没有沮丧沉沦。相反，她每次出现在公众面前的时候都是面带微笑。）（可见，乐观自信是战胜一切的法宝。每个人的一生，总难免遭受困难和挫折，只要我们能像罗塞夫一样始终保持乐观自信，那就没有跨不过的坎。请相信：长风破浪会有时，直挂云帆济沧海！）

教师评价：这篇习作比较优秀，能够巧妙地选取一个角度对新闻素材进行分析论证，观点鲜明，举例恰当，首尾呼应，结构完整，能起到较好的示范作用。

6.真题体验：近三年广东高考作文题目回顾。

请学生思考：如何在考场上随机应变，巧妙地运用积累的新闻素材举例论证？（学生讨论，自由发言，教师整理。）

例如：2008年《不要轻易说不》适合事例：

盲女李梦铁、巴西女总统罗塞夫。（逆境中不轻易说不，自强不息。）

2009年《常识》适合事例：

李刚门（醉酒不能驾车是常识、撞死人要负责任是常识。）

盲女李梦轶、巴西女总统罗塞夫。（身体缺陷好像就“自卑颓废”是常识，但偏偏却有人活得更精彩。）

2010年《与你为邻》适合事例：

李刚门（与狂妄的“官二代”为邻，是百姓的不幸。）

盲女李梦轶、巴西女总统罗塞夫。（与自强不息的盲女、总统为邻，我们引以为傲并汲取精神力量。）

教师总结：只要懂得巧妙运用，一则新闻素材可以适用于多个作文话题中，只要切入的角度正确，论证恰当。

7.教师总结，提出建议。

①阅读新闻素材，从不同角度进行多感悟、深发掘、巧调整、再创造。尽量往不同的话题上“拉一拉、靠一靠，甚至扭一扭”。

②针对不同论题，准确选取新闻素材和作文立意的“契合点”进行写作。有目的地、重点地突出已知材料中的某个方面。

③多角度，多侧面，多变通；善概括，善提炼，善精选。

七、布置作业

请以2012年广东高考作文题目，选择上述两则新闻写成一篇议论文，字数不少于800字。

（本教学设计于2011年举行区性公开课并获澄海区作文专题比赛一等奖）

如何鉴赏分析小说

林雪芹

【教学目标】

1.以“文学沙龙”的形式开展讨论，自主鉴赏分析小说。

2.用“读—悟—写—读”三步法鉴赏分析小说，即在阅读中感悟，在感悟中写作，在写作中阅读。

3.结合文体特征，自主归纳鉴赏分析小说的方法。

【教学重点】

用“读—悟—写—读”三步法鉴赏分析小说，即在阅读中感悟，在感悟中写作，在写作中阅读。

【教学过程】

一、文学沙龙

“沙龙”是法语Salon一字的译音，原指法国上层人物住宅中的豪华会客厅。从17世纪开始，巴黎的名人（多半是名媛贵妇）常把客厅变成著名的社交场所。进出者，均为戏剧家、小说家、诗人、音乐家、画家、评论家、哲学家和政治家等。他们志趣相投，聚会一堂，一边呷着饮料，欣赏典雅的音乐，一边就共同感兴趣的各种问题抱膝长谈，无拘无束。后来，人们便把这种形式的聚会叫做“沙龙”，并风靡于欧美各国文化界，19世纪是它的鼎盛时期。

二、考点解读（略）

三、鉴赏名著

请选择自己最喜欢的一部名著进行阅读，并以“我最喜欢的一部名著”为题写一篇800字的读后感。

1.读《追风筝的人》有感　妙聪

2.我最喜欢的一部名著　林欢

3.片段赏析：读《小王子》有感　梓妍

4.追逐的背影——读《情人》有感　张志杰

5.《麦田里的守望者》读后感　林佳

6.人生百态，各得其所——读余华的《活着》有感　刘雪华

四、牛刀再试

鉴赏分析小说《喂自己影子吃饭的人》，全班分成五个小组，分别从人物、情节、环境、主题、语言五个方面赏析小说。

要求：写成大约250字的短文。

五、自主设计问题

1.文中的细节描写起到什么作用?（思练）

2.文中结尾为何以马里诺想着明天去哪里表演“幻术”为结尾，揭示了当时什么样的社会环境?（朱治）

3.文章中贵族们明知道主人公是骗子，为何还要给他食物?主人公是骗子吗?（文广）

4.小说描绘了一个怎样的主人公形象?（广才）

5.文章写“马里诺面朝窗子坐下来，茫然失神地凝望着沉睡中城市的屋脊，琢磨着明天该去哪里表演他的奇迹……”有何作用？为什么说城市是沉睡的呢?（文曼）

6“影子”有什么作用?（冰瑶）

六、链接高考——2013全国卷

1.下列对小说有关内容的分析和概括，最恰当的两项是（　　）

A.马里诺说影子是有独立生命的实际存在，是让观众相信他对影子的研究成果，也表明他的表演技艺的高超。

B.马里诺离开饭店前，请客人上前搜身，以证明他没有带走任何物品，这表明他品行端正，爱惜自己的名声。

C.马里诺谢幕时，有人发出“幻术玩够了，来点音乐”的呼声，这呼声暗示客人们看穿了幻术，需要更多的娱乐节目刺激。

D.马里诺穿过花园时，遭到了警察的威胁和警告，表明马里诺的影子表演缺乏新意，已经让警察感到厌烦了。

E.小说对马里诺在家中茫然失神状态的描写，真实地反映了一个江湖艺人的现实生活，表达了作者对这类人物的同情。

答案：AE

2.“影子”对小说的艺术表现有什么作用？请简要分析。

答案：①通过奇特形象的塑造，营造作品的神秘氛围，激发读者的阅读兴趣。②通过影子逼真神妙的表演，表现主人公幻术技艺的高超。③通过制造故事悬念，为后文揭示事实真相埋下伏笔。

3.小说主人公马里诺这一形象有哪些特点？请简要分析。

答案：①演艺精湛：能说会道，善于捕捉观众心理，赋予无声的影子以独立的生命。②地位卑微：人前强颜欢笑，依靠表演取悦观众，却遭观众厌弃和警察驱逐。③忍辱负重：为养家糊口而奔走卖艺，却只能独自忍受精神的孤独和痛苦。

4.小说前半部分侧重写马里诺的影子表演，后半部分侧重写马里诺的现实生活。作者这样安排有什么用意？请结合全文，谈谈你的看法。

答案：①小说以马里诺影子表演的玄妙神秘与他在现实生活的平淡无奇相对比，赋予故事情节以戏剧性，有助于吸引读者阅读。②小说以前半部分影子表演的热闹有趣，与后半部分马里诺现实生活的凄凉孤独相对比，有助于增强小说的悲剧感。③小说以马里诺在观众面前谈笑风生与在家里的茫然失神相对比，有助于深入刻画他性格的复杂性。④小说以影子的虚幻与现实生活的真实相对比，有助于增强作品反映现实的力度，表达了作者对底层人民的同情和对社会的批判。

七、我们的方法

1.鉴赏故事情节

（1）找出线索，理清情节的来龙去脉；

（2）由事见人，看情节发展如何为人物塑造服务；

（3）见微知著，从细节描写分析情节对表现主题的意义；

（4）赏析技巧，注意发现作者组织情节的艺术匠心。

2.鉴赏人物形象

（1）从人物的语言、行动和心理描写来分析人物；

（2）从作者对人物的介绍和评价来把握人物；

（3）从人物活动的社会历史背景来理解人物；

（4）从多种不同的角度对人物作面面观。

3.鉴赏环境描写

（1）分析环境对小说氛围的创造；

（2）分析环境对人物形象的烘托；

（3）分析环境对小说情节的推动；

（4）分析环境对主题思想的暗示。

4.主题的鉴赏

（1）从作者背景看主题；

（2）从人物塑造看主题；

（3）从情节发展看主题；

（4）从语言的情感色彩看主题。

5.鉴赏语言

（1）注意鉴赏人物语言的个性特色；

（2）注意鉴赏作品中的表达技巧；

（3）注意鉴赏作者运用语言的风格。

八、布置作业：阅读《乌米》，从情节、人物、环境、主题、语言五个方面写一篇读后感，字数不少于800字。

（本教学设计于2014年举行校性公开课）

《考前指导——实用类阅读第9题技巧点拨》教学设计

林雪芹

【考点分析】

2018年高考语文考试大纲中关于实用类考点的表述：阅读实用类文本，应注重真实性和实用性，准确解读文本，筛选整合信息，分析思想内容、构成要素和语言特色，评价文本的社会功用，探讨文本反映的人生价值和时代精神。

【学情分析】

从汕头二模考试实用类阅读第9题的答题情况看，学生总体出现的问题是1.审题不准确，答题意识差；2.读文解题不准，筛选整合不当；3.脱离文本，过度延伸；4.答非所问，不得要领。基于此，本节课旨在答题方法上加以有效指导，力争在第9题概括准确、要点齐全上有所突破。

【教学目标】

1.加强实用类阅读的方法指导；

2.学会筛选整合有效信息；

3.提升思维品质。

【教学重点】

1.学会判断实用类阅读第9题常考四种类型；

2.掌握四种类型的句式及运用。

【教学手段】多媒体平台

【课时安排】1课时

【教学过程】

一、实用类阅读第9题考我们什么？

二、方法指导

（一）读文三种意识（整体意识、比较意识、问题意识）

具体方法：

1.整体把握文本话题。

方法：抓住第9题题干关键词。

2.比较各则材料的侧重点。

方法：抓住各则材料的标题或出处的关键词。

3.带着问题阅读圈画文本。

方法：抓住标题和第9题题干的关键词。

（二）解题四个步骤

①抓题干关键词；

②判断类型；

③确定答案区间；

④筛选、整合：按照一定句式，确定每个要点的动词或关联词，表达为一句完整的话。

三、几种常考题型归类及技巧点拨

1.原因型

【2018年广东省第一次高考语文模拟考试】

9.根据上述材料，你认为中国青年人睡眠质量不高主要有哪些原因？（4分）

对策：原因（主观、客观）

选用的句式：关联词“因为”或“由于”

2.比较型

【2018年广州市第一次高考语文模拟考试】

9.中国食品安全的现状如何？中国的食品安全管理模式与德国、法国有什么不同？（6分）

对策：同中求异（在某个共通点上的差异）

选用句式：动词（在某个点上），甲是怎么做，乙是怎么做。

3. 现状型（特点型）

【2018年金太阳冲刺卷（二）10周考试】

9.从近况看，我国非物质文化遗产保护采取了哪些有效措施？还有哪些方面亟待改进？请结合材料二简要概括。（6分）

对策：各个范围、领域。

选用句式：动词，存在或出现。

4.建议型

【2018年仿真试卷（五）】

9. 根据材料，概括说明人脸识别技术存在哪些问题，该如何解决。（6分）

对策：寻找问题根源。

选用句式：动词，依靠、建立、实行、提升、选择。

【学生答案示例及提升】（略）

四、课堂小结（略）

五、实战演练（2017·高考全国卷Ⅱ）

9.怎样才能有效推进我国的生活垃圾分类？请结合材料简要概括。（4分）

六、大胆猜想——我来提问题

1.学生提问题。

2.教师提问题。

七、布置作业

【板书设计】

解题四个步骤

①抓题干关键词；

②判断类型；

③确定答案区间；

④筛选、整合：按照一定句式，确定每个要点的动词或关联词。

附：（2017·高考全国卷Ⅱ）（略）

（本教学设计系2018年参评“特级教师”公开课，有节选）

《茅屋为秋风所破歌》教学设计

刘美芳

一、教学目标设计

1.知人论世。(通过学案练习了解)

2.进行朗读、吟诵训练，动情动心。

3.课本剧表演，身临其境。

二、教学内容及重点、难点分析

《茅屋为秋风所破歌》是一首叙事兼抒情的诗歌，最能体现出杜甫诗歌“沉郁顿挫”的风格。在制定的三个学习目标中，应该以“朗读、吟诵训练”为重点，同时也是难点。无论是为深入理解体味本诗，还是对学生进行美育熏陶，都要求教师不能忽视对学生进行诗歌朗读、吟诵的指导训练。课程标准中也要求诵读古典诗歌和浅易文言文，理解词句的含义和作品的思想内容。我想让学生用自己喜欢的方式朗读，方言读，谱曲读，多种方式朗读以求读出真情。

三、教学策略及教法设计

本诗内容较长，我想先让学生在预习的时候完成一份学案。内容包括了杜甫的有关资料及写作背景，以及本课涉及的生字、重点词的解释、重点理解的问题以及自编课本剧等。课堂主要时间是指导朗诵和吟诵，最后以课本剧来加深对杜甫艰苦生活及忧国忧民情怀的理解。

四、教学用具设计、实验教材设计或多媒体展示资料

用PowerPoint制作教学课件，与白板交互使用。

五、教学过程设计与分析

（一）讲课之前的“开场白”设计

同学们，我们都知道诗歌是中国文学一颗璀璨的明珠，说到诗歌，我们不能不提到唐诗，而提到唐诗，我们不得不想起两位泰斗。他们就是“诗仙”李白、“诗圣”杜甫。今天我们来学习杜甫另一首脍炙人口的诗篇《茅屋为秋风所破歌》。（利用白板遮屏功能，亮出题目）

（二）解题“茅屋”的来历，歌行体的特点（利用白板的聚光灯功能）

（三）攻克字音、停顿关

指导朗诵之前，先让一个学生在白板上写出重点词的读音，然后放映出正确的读音，其他同学在学案上自己用红笔订正。（利用白板的批注功能）

接着叫一个同学试着朗诵第一段，同学们指出不足。与学生探讨停顿的要领。

本诗诗句以七言为主，结合诗意一般可按四三言节拍朗读；其余诗句根据字数和诗意可做如下安排：“南村群童欺我老无力”可读为四二三言节拍，“大庇天下寒士俱欢颜”和“何时眼前突兀见此屋”均可读为二四三言节拍，“吾庐独破受冻死亦足”可读为四二三言节拍（注：“死亦足”三字决不可同前直连）。每小节之间有停顿，前三节与后一节之间停顿稍长。凡韵脚需读得响亮，这样读诗歌，层次清晰，富有节奏感和音乐美，朗朗上口，情趣盎然。

（四）选一些重点句指导学生读出语调升降、语速快慢和语音轻重

前三节基本用降调，但降中有逐层递升，语速宜缓慢，诗中“怒”“三”“洒”“挂”“飘”“老”“忍”“抱”等字须重读，读出风之大、茅草翻飞的意境；“呼——不得——”“自——叹——息——”等字须拖长读音，读出杜甫面对群童抱茅无可奈何的情状来。后一节用升调，语速适中，“安得”“千万”“大庇”“寒士”“呜呼”“何时”“受冻”等字须重读，“死——亦足”中“死”字须拖长读音。这样处理，能读出杜甫忧国忧民的思想感情来，较好地表达出诗歌的情意。指导完之后学生个人朗读，分组朗读，点评不足之处。接着播放丁建华老师饱含深情、震撼人心的朗诵，给学生起到一个很好的示范作用。听完后全体朗读一遍。

（五）指导学生吟诵，用自己喜欢的方式读出感情

吟诵是我们传统的古诗文诵读方式，是我国优秀的非物质文化遗产代表作，是公认的中国文化独特魅力之一，在国际上享有很高的声誉。它才能深刻体会其精神内涵和审美韵味。

吟诵初级的要求是平长仄短。除了部分古音中的去声词外，大部分一、二声（阴平、阳平）为平音，三、四声（上声、去声）为仄音。这部分知识在其他格律诗的授课过程中已经涉及过。七言诗歌以四行为一组，若为平起诗，则第1、4行2、6字拖长，第2、3行第四个字拖长。若为仄起诗，则相反。吟诵的中级要求之一是“运气发声 ”，即使用腹式呼吸，以丹田气发声，因而气度平和，意蕴深广，有彬彬君子之风。中级要求之二是“ 腔音唱法”。在原则上是中国式的腔音，即音高、音强、音长不固定，始终以情而定，随时在飘动。中级要求之三是“ 摇头摆身”。吟诵者不可僵立不动，感情到处，自然有体态。摇摆不是匀速的，而是体现着吟诵者对声音的高低、强弱、疾徐、曲直的控制，如声音大时向后，声音小时向前。因为是腔音唱法，所以体态的变化多是柔和的，因而以摇为主。

讲了吟诵方法后，网络链接一段本诗的吟诵音频，给学生一个示范。以上先要求学生掌握要领，要求形似后求神似。（利用白板媒体导入功能）

接下来进入本课关键环节，学生用多种方言或者谱曲来吟诵本诗。领略语言的魅力及本诗表达的情感。（利用白板录音功能录一段学生的精彩诵读）

（六）课本剧表演。这是由学生在学案中所写的剧本改编而成，几个学生自编自演

使诗歌以另一种形式深入人心，让杜甫穷困潦倒、忧国忧民的形象得到升华，使课堂气氛达到高潮。（表演过程利用白板媒体导入功能播放背景音乐，风声、雨声让气氛更逼真。）

（七）时间允许的话进行背诵比赛（用白板的时钟功能，3—5分钟内背出全篇）（略）

《丑小鸭》教学设计

刘美芳

【教学目标】

1.能复述丑小鸭变成白天鹅的艰苦历程。

2.认识丑小鸭的现实意义，能找出深受启发的句子。

3.从《丑小鸭》见面会，从《阳光总在风雨后》中得到激励。

【教学重点】把丑小鸭的经历与现实生活联系起来，从互动环节中更深刻感觉到丑小鸭并不可怕，可怕的是永远只是丑小鸭。

【教学课时】1课时

【教学过程】

一、导入

同学们，如果要你在“美”与“丑”之间二选一，你会选“美”还是“丑”呢？（学生很可能都选“美”）正因为大多数人都会选美，正所谓爱美之心人皆有之，所以与“丑”有关的东西往往遭到人们的摒弃和排斥。但是世界上的任何事物都没有绝对，“美”与“丑”在一定的条件下是可以互相转化的。我们都知道遭人摒弃的丑小鸭变成美丽的白天鹅了，今天我们就去探个究竟，看它是怎样变成白天鹅的。

二、学生跳跃性阅读三分钟后复述丑小鸭的故事（略）

三、思考与探究

1.丑小鸭的经历是丰富曲折的，你对它的哪一段经历感受最深？为什么？

2.找出让你深受启发的句子，并分析原因。（教师应对文章重点语句进行讲解，并要学生大声朗读。）

教学内容	《登上地球之巅》郭超人		
教学目标	1.自由朗读课文，把握内容，能复述登山故事。 2.在独立思考、合作探究中充分把握刘连满等登山英雄的英雄气概。 3.英雄访谈再现登山英雄无私的奉献精神、团队精神。 4.培养为祖国进步事业而团结奋进的奉献精神。		
教学方法	活动融入课堂（自主学习、合作探究、人物访谈、音乐感染法等）		
教学步骤	教师活动	学生活动	备注
一	导入：以抢答题引入，放映问题；同学们，50年来，有许多人登上了雄伟的珠穆朗玛峰，也有许多人失败了，甚至永远长眠在了那里。但人类永远不会停止对自我的挑战。1960年5月，英勇的中国登山健儿发扬一不怕苦、二不怕死的革命精神，从珠穆朗玛峰北坡成功登顶，书写了世界登山史上的新记录。今天，让我们一起重走那条艰苦卓绝的登山之路，一起领略中国登山健儿的无比英雄气概吧。	抢答问题： 1.珠穆朗玛峰位于哪两国交界处？ 2.珠穆朗玛峰的高度是多少？在世界排名第几？有何美誉？ 3.人类第一次攀登珠穆朗玛峰是在什么时候？他是哪国人？	约2分钟
二	要求学生自由朗读并思考问题。	学生自由朗读，并思考问题。	约4分钟
三	整体感知，与学生一起探讨问题。	复述故事；思考并回答问题：1.中国登山队队员在突击主峰时遇到哪些困难？2.中国登山队员靠什么克服困难的？（回答正确的学生在黑板上写自己的答案。）	约6分钟
四	放映登珠穆朗玛峰实况录像。	学生观看录像。	约1分钟
五	要求学生合作探究。	学生讨论：本文最让你感动的是哪个情节？	约6分钟

续上表

六	英雄访谈	一学生主持；两个学生放映四位英雄资料；主持人采访王富洲、刘连满；英雄与学生互动（学生提问或表达感受；英雄寄语）；学生同唱《真心英雄》。	约20分钟
七	1.小结：同学们，不经历风雨怎能见彩虹，让我们把握生命中的每一分钟，发扬一不怕苦、二不怕累的精神全身心投入到我们丰富多彩的学习生活中去吧！ 2.发有关珠穆朗玛峰及拓展阅读资料。	学生课内或课外阅读此资料。	约2分钟

《登上地球之巅》学案　宝安中学　刘美芳

四、讨论

有人说，丑小鸭变成白天鹅是它自己追求和努力的结果；也有人说，丑小鸭如果不被鸭妈妈赶走，也就是在养鸭场，它也会变成白天鹅。你赞同哪种看法呢？

五、丑小鸭见面会

课前准备：由一同学扮演丑小鸭，准备好讲稿，以激励性的语言为主；一同学为主持人，准备好台词；安排几个同学给丑小鸭送礼物和准备跟丑小鸭说的话，制造气氛，带动其他同学抒发自己的苦恼，请教丑小鸭，说出自己的感受。最后主持人总结，送给同学们一句话：不断地奋斗，就是成功。——孙中山

试拟主持人出场台词：大家好，我是今天见面会的主持人×××，非常荣幸能主持这档特别的节目。今天我给大家带来一个神秘人物，他是谁呢？有请丑小鸭！（丑小鸭出场）丑小鸭工作非常繁忙，为了把它请到现场，我们可是煞费苦心呐！现在请丑小鸭给我们发言。

六、教师小结

同学们，人的一生并不是一帆风顺的，每个人都会有像丑小鸭一样的经历。

那当你遇到困难，遇到挫折，当你被别人嘲笑的时候，你会怎么去面对呢？你们还小，现在遇到的最大挫折可能就是考试的失败。试想想，人这一辈子有考不完的试，如果你现在就向考试屈服，以后你怎么面对更多、更重要的考试呢？而考试只是人生的很小的一部分，以后在工作中，在生活上还会有更多的风风雨雨，所以同学们，希望你们不要为考试失败而气馁，而悲伤，相信自己，只要你努力了，就会有收获，相信阳光总在风雨后。

七、放《阳光总在风雨后》的歌曲。学生全体起立，一起唱这首振奋人心的歌曲。

八、作业：以“丑小鸭与我”为题写一篇不少于500字的作文，要写出丑小鸭的现实意义。

《音乐巨人贝多芬》教学设计

刘美芳

【**教学目标**】

1.体验中感受到耳聋的痛苦，从而发起对音乐巨人贝多芬的崇敬之情。

2.从课本剧中深受贝多芬精神的感染，并能结合文本了解他的性格特征。从而学会通过外貌、语言、神态等刻画人物。

3.在《命运交响曲》中立下生命的誓言，并指导自己往后的人生。

【**教学重点**】

用多种教学方式使学生更好地了解贝多芬的性格品质。学会用肖像、语言等写作手法刻画人物。

【**教学方法**】体验、提问、表演、讨论、品评、领悟等。

【**教学过程**】

一、导入

同学们，现在老师有一个小小的要求，待会请一至三组的同学捂住自己的耳朵，直至听不到任何声响。体会一下失去听力是一种什么样的感受；第四、第五组的同学请你们欣赏音乐《献给艾丽丝》。待会谈谈你们欣赏音乐又是一种什么感觉呢？好，现在开始！（老师放音乐，大约一分钟后叫学生谈感受，先提问欣赏音乐的同学，再提问捂住耳朵失去听力的同学。）

二、走进贝多芬

你知道哪些关于贝多芬的故事？（课前交代学生去找关于贝多芬的相关资料，几个学生讲完，老师放映补充资料。）

三、课本剧

由三个学生分别扮演女佣、客人、贝多芬，课前已排练好。目的是增进同学们对文本的理解，对贝多芬人格有更好的把握。

四、讨论

1.请你把小品与文中词句结合起来，说说女佣眼中的贝多芬是怎样的。

2.找出文中描写客人看到的贝多芬形象的语句，说说客人看到了一个怎样的贝多芬。（结合小品）

3.从贝多芬的话中来看看他如何看待自己。

（学生分三组分别讨论以上问题，讨论完要提问课本剧扮演者对所扮演的角色眼中的贝多芬是怎样的人。）

4.我看贝多芬（学生自己眼中的贝多芬是怎样的人。）

五、欣赏《命运交响曲》

请立下你生命的誓言！（边欣赏乐曲边在课本上写自己生命的誓言，欣赏完乐曲就把自己的誓言念出来。）

如：我要扼住命运的喉咙，它决不能让我屈服。

——贝多芬

六、教师推荐

1.推荐阅读罗曼·罗兰的《约翰·克利斯朵夫》。

2.推荐欣赏曲目《英雄》《田园》《欢乐颂》等。

七、作业

选择同班同学写一段肖像描写，从而突出他的性格特点。

教学内容	《真正的英雄》里根
教学目标	1.自由朗读课文，把握内容，体会作者对英雄的赞颂之情。 2.在独立思考、合作探究中充分把握文章内容、表达的精神。 3.小小追悼会触动学生心灵，寄托对逝者的哀思，对活者的祝福。 4.培养为人类进步事业而积极探索的人文精神。
教学方法	活动融入课堂（自主学习、合作探究、人物访谈、音乐感染法等）

续上表

教学步骤	教师活动	学生活动	备注
一	导入：同学们，你们知道世界上宇航事业最发达的是哪个国家吗？2004年1月3日，经过半年多星际旅行，美国“勇气”号火星车在火星表面成功着陆，并给地球发回第一个信息。美国宇航局宣布这一登陆计划取得成功。迄今为止，美国宇航事业已经攀登了一个又一个高峰，但这成功的背后，也经历了不少惨痛的失败。1986年发射的“挑战者”号就不幸在发射76秒后爆炸，七名宇航员全部罹难。那当时的总统里根是怎样抚慰他的民众的呢？今天我们就来学习他的这篇电视讲话。	回答问题	约2分钟
二	放映“挑战者”号升空爆炸录像。	观看录像	约1分钟
三	要求学生自由朗读并思考问题。	学生自由朗读，并思考问题。	约4分钟
四	整体感知，与学生一起探讨问题。	思考并回答问题： 1.课文表达了作者怎样炽热的情感？ 2.里根总统所宣扬的美国精神的具体内涵是什么？（回答时学生把观点写在黑板上。）	约10分钟
五	要求学生合作探究。	学生讨论：假设你是美国总统，面对这场灾难，你会对你的国家说些什么？以小组为单位讨论后，把结果写在纸上。	约8分钟

续上表

六	小小追悼会	一学生主持；几个学生放映七位宇航员资料；回答“此刻，你最想对英雄说什么呢?”；学生双手祈祷姿势，闭眼，倾听《祈祷》歌曲，为逝去的、活着的宇航员祈祷，为全世界为人类进步事业作出贡献的人祈祷。	约15分钟
七	1.小结：同学们，让我们放飞理想的翅膀，祝愿全世界宇航事业更上一层楼，祝愿所有为人类进步事业作出贡献的人幸福安康！ 2.发有关“人类为太空作出的牺牲”及“挑战者”号背景资料。	学生课内或课外阅读此资料。	约20分钟

科举制度下的读书人

——《孔乙己》教案设计

石明珠

【教学目标】

1.学习用人物的肖像、语言、动作等描写来展示人物思想性格的写法。

2.理解文章的主题思想。

【教学重点】

学习小说生动的刻画人物的写法。

【教学难点】

结合时代背景，深层领悟小说的思想意义。

【教学课时】

1课时

【课前准备】

熟读课文，扫除文中的文字障碍，对有疑问之处作圈点勾画和批注，并联系上学期学过的吴敬梓《范进中举》一文，比较两文中的两个主人公的异同。

一、导入新课

同学们，记得我们在上学期学过的《范进中举》中看到了一个醉心功名，坚奉“书中自有黄金屋，书中自有颜如玉”的范进，这个死读书，读死书，利欲熏心的家伙一度成为大家的笑话，可是大笑之余，我们也颇为感慨。封建社会造就的不止是范进一个人，而是一类人。今天，我们再来看看鲁迅笔下的孔乙己又是一个怎样的读书人？

二、检查预习情况

1.请一名学生标出自认为难以认读的字词。

如：阔绰　　　　附和　　　　不屑置辩

2.指名学生用最简洁的语言概括全文内容。

如：通过“我”(咸亨酒店小伙计）的角度，记叙了清末下层知识分子孔乙己一生的不幸遭遇和悲惨结局。

3.巡检学生在课本上作的批注情况。(对认真预习的学生给予肯定）

三、联系《范进中举》，分析孔乙己形象

提示：我们在学习《范进中举》时，文中是怎样对范进这个人物进行刻画的？可从语言、动作、神态等方面举例说明刻画出的范进是什么样的形象。

(学生可能做的回答）

1.语言：(范进)“噫！好了！我中了！”先是怀疑，接着才信，然后疯了，寥寥数语就把范进那种惊喜过度的神情跃然纸上；先前对胡屠户的称呼由“岳父”变成了“老爹”，随着自己身份地位的改变，对胡屠户也变得不再害怕不再尊敬，这脸变得太快了。(孔乙己)“你怎么这样凭空污人清白……”“窃书不能算偷……”在事实面前还要狡辩，的确死要面子，自欺到了极点。

2.动作：(范进)“……两手拍了一下……爬将起来……往门外飞跑……”这一连串的动作写出了范进喜极而疯的丑态。(孔乙己)“便排出……”“排”字写出了孔乙己未断腿前，显示自己有钱不会拖欠，但又穷酸的样子。“……摸出四文大钱……”“摸”字把被打断腿后的孔乙己动作笨拙又迟钝，极度穷困潦倒的凄惨处境透露出来。

3.神态：……

4.肖像：……

教师小结：通过对比，孔乙己的形象更加突出，更加鲜明。请再用几个恰当的词语形容一下孔乙己的形象，并说说范进与孔乙己的异同。

(学生回答：热衷功名、好喝懒做、死要面子、迂腐可笑……。同点：都是封建社会里受科举制度毒害极深的读书人。异点：范进终于高中了，生活即可得到改善，也许后来还飞黄腾达，春风得意。孔乙己最终连半个秀才都没捞到，还因偷窃被打断了腿，生活穷困潦倒到了极点，也许后来冻死或饿死了。)

教师点拨：小说人物的思想性格的突现，要通过对人物的肖像、语言、动作、神态、心理等方面进行描写，描写时一定要抓住人物特有的、典型的一方面，而不需要面面俱到。在刻画人物时尤其要注意这一点。

四、精读课文，理解文章的主题思想

1.学生细读课文，再分组讨论质疑。

2.思考：为什么文中那些人对一个不幸者没有同情心，没有帮助，相反只知道哄笑取乐？如小伙计、掌柜、短衣帮、小孩的笑。这些人的笑都包含着什么意味？对于范进和孔乙已，你能用一个字来形容他们各自留给你的印象吗？

（学生讨论后回答：因为孔乙已本身令人“发笑”，语言可笑，动作可笑。他受封建教育毒害，不会营生，假斯文。写孔乙已的可笑，其实是对封建社会教育和科举制度的嘲笑。掌柜是有钱人，属于剥削阶级，他取笑孔乙已是对他的玩弄和欺凌；短衣帮与孔乙已是同一阶级的人物，他们取笑孔乙已是因为在那样的社会里，很多民众早已丧失了同情心，变得麻木不仁，自私冷酷，小伙计和小孩的笑只是无聊和天真无邪的笑吧。印象：范进——丑；孔乙已——悲。）

3.学生归纳小说主题（联系时代背景的资料）：

这篇小说，通过孔乙已后半生的几个悲惨生活片断的描述，塑造了封建社会受科举制度所毒害的下层知识分子的形象，控诉封建制度的罪恶，揭示了国民的麻木、冷漠的状态。

五、谈读后感受（学生自由发挥或畅所欲言）

如：从孔乙已身上，我们应该懂得学习应灵活，做人也要灵活，不要一本通书读到老，读死书；当今社会，行行出状元，只要你有本领有技术，去到哪里都不会饿死。

六、结束语

今天，是一个开放型的社会，“万般皆下品，唯有读书高”的陈腐思想早已过去，只要你有一技之才，就能成就一番事业。千万别让自己成为孔乙已或范进那样的人哦。通过对本课的学习，相信同学们都学有所得吧。

七、布置作业

1.写作训练：续写“孔乙已离开酒店以后……”会发生什么事情。设想要合情合理，字数在400左右。

2.阅读鲁迅的作品《阿Q正传》《祝福》，并作批注，写读后感受。

板书设计：

范进：（终于功成名就）——丑（语言、动作、神态）

乙己：（终于饿死街头）——悲

都是封建社会里受科举制度毒害极深的读书人

热衷功名、好喝懒做、死要面子、迂腐可笑

以善良体察善良

——《邹忌讽齐王纳谏》第一课时教学设计

何志雄

【教学思路】

通过学习文言文的四个步骤——读、释、译、品，引导学生以小组的形式学习课文。通读全文，理解文中的重点文言词，翻译课文，品评课文的思想内涵。

【教学目标】

1. 了解《战国策》有关内容，学习劝喻的手法。

2. 通过变式朗读了解课文内容，把握文中重点文言词的意思，明确几个典型的文言句式的特点，巩固翻译文言文的方法。

3. 品读作品（人物形象、人物思想情感、作品艺术手法等）。

【教学重点、难点】

学习劝喻的手法，变式朗读训练，品读作品。

1. 结合课文下注释与工具书，解决生字词，初读课文，了解大意。

2. 借助个人资料，网络资源等，了解《战国策》。

【课前准备】

教师印发同步练习。

【教学课时】

2课时

【教学过程】

一、故事导入，引发兴趣

琴师与齐王

有这么一个国君：他只管吃、喝、玩、乐，不理朝政，不管朝中臣们如何劝说，他依然我行我素，国家也就一天天地衰落下去了。

有一天，来了一位琴师，听说国君很爱听音乐，特赶来奏兴。国君一听可高兴了，马上召见了这位琴师。这位琴师调试好琴弦，两手抚在琴上，就是不开始弹，而是向国君讲了一大堆关于弹琴的道理。国君听到他懂得如此之多，更想听弹奏一曲了。这时琴师慢吞吞地说："我一时半会没弹，你就急成这个样子了。大王！您是治理国家的，国家在您手中，就好像琴在我手中一样，您许久以来抚着国家这张大琴，一直没有弹奏一曲，难道人民就不着急了吗？"

国君一听，恍然大悟！于是拜琴师为相，勤于治国，国家终于一天天地强盛起来。

同学们，故事先讲到这里。你们知道这个故事的主人翁是谁吗？（战国时期齐国的国君齐威王和朝中大臣邹忌。）同学们，你们一定很想了解邹忌这位历史名人吧？那么今天就让我们一起穿越时空的遂道，上溯到两千多年前的战国，去了解邹忌与齐王的另一个精彩故事——《邹忌讽齐王纳谏》……

二、检查预习，初读课文，整体感知

1. 了解《战国策》，再度激起学生学习兴趣。

《战国策》是一部先秦历史文献。原著名字不可考，后经汉代刘向整理，定名为"战国策"，沿用至今。它主要记录了战国时代以纵横家为代表人物的思想言论、外交辞令和政治主张等，同时也记载了一些史学。其中历史记载部分有些是民间传说，并不完全是信史。在不少纵横家的游说之辞中还保存了一大批寓言，如《狐假虎威》《画蛇添足》《鹬蚌相争》之类，属于我国文化遗产宝库中的珍贵财富。《邹忌讽齐王纳谏》载于《战国策・齐策一》，是古典散文中的名篇。

2. 检查学生初读课文情况。

（1）学生以小组合作的形式，选用自己小组最喜欢的方式试读课文，读后完成同步练习（一）（见附页）。（变式朗读）

（2）齐读课文，质疑读音，点评同步练习（一），正音。

三、再读课文，理解重点文言词

1. 分组竞读，使学生读准、读畅课文，活跃气氛。（变式朗读）

（分组竞读：根据时间分配情况，把全班分成二组、四组或六组。第一组先派一个代表读课文，其余的同学都认真听，如发现其读错字、漏字、重读现象，大家就提出来，读错的同学马上停止读，并由同一组的下一位同学接下去读。第一组的同学轮流一次或读完课文后，到第二组读……第三组读……一个循环后，所用的人最少，读得最流畅的一组胜出。）

2.小组研习，理解文中重点文言词，完成同步练习（二）(见附页）教师巡视，提点释词方法。

3.师生点评，共同探讨，积累文言词汇。

四、研习第一段

1.有感情地朗读第一段。(教师指导学生读出语气、情感）例如：

（1）读妻子的回答“君美甚，徐公何能及君也?”时，要读出反问、非常肯定的语气，读出她发自内心的一种赞美。

（2）读妾的回答：“徐公何能收君也?”时，也要读出反问语气，但也要读出她畏怯、顺从的心理。

（3）读客的回答时，要用一种平淡的语气，读出他应酬、逢迎的态度。

2.指导学生翻译第一段。

（1）复习翻译口决，举例指导翻译。

（翻译口诀：“读通全文，领会大意；字字落实，符合原义；掌握虚实，保持语气；补充省略，调整语序；专用名词，不同翻译；语句通顺，检查仔细。”）

例如：“邹忌修八尺有余，而形貌映丽。”“邹忌”，“专用名词，不用翻译”，照抄；“修”，身高；“八尺”也是“专用名词，不用翻译”；“有余”，有多；“而”虚词，表递进，可译作“而且”；“形貌”，容貌；“映丽”，美丽。那么整句话就应译为“邹忌身高八尺多，而且容貌美丽”。

（2）明确文中的特殊句式。

例如：

判断句：①“城北徐公，齐国之美丽者也。”②“吾之妻美我者，私我也。”(应译成：“……，是……。”）

倒装句：“我孰与城北徐公美?”(应调整语序为：“我与城北徐公孰美?”）

省略句：“与坐谈。”[应补充为“(忌）与（客）坐谈。”]

（3）学生小组合作，借助注释、工具书及老师的提示翻译第一段。

（4）检查翻译情况。完成同步练习（三）中的第1、2题。(见附件）

五、课堂小结（略）

六、作业布置

1.熟读背诵第1自然段。

2.预习第2、3自然段，试分角色朗读全文，下节课在课堂展示。

3.收集有关劝谏的名句。

以善良体察善良

——《邹忌讽齐王纳谏》第二课时教学设计

何志雄

一、检查作业导入

1.抽查背诵情况。

2.课堂展示上节课作业（分角色朗读课文）。

二、研习第2、3自然段

1.学生以小组合作形式，用学习第1自然段方法学习第2、3自然段。

2.教师巡视指导。

3.检查翻译情况，完成同步练习（三）。

三、品读课文，体会文章思想内涵

1.有感情齐读课文，再听录音范读，比较品味。

2.小组合作，品评文章思想内涵。

（1）参考同步练习（四），各小组自选角度探讨，体会文章思想内涵。

（2）展示探讨结果，比一比，看哪个小组体会更深刻，表达得更富有创造性。

（3）质疑，师生共同探讨，教师引导学生突破难点。

四、拓展延伸

1.展示劝谏名句。

2.根据时间，灵活设计话题，让学生即兴表演“劝谏”艺术。

（1）劝同学不要迷恋网吧。

（2）劝长辈不要吸烟。

五、课堂小结（略）

六、布置作业

1.完成同步练习。

2.朗读课文，背诵课文。

3.对现实生活中的不良现象进行劝谏，体验劝谏艺术。

板书设计：

邹忌讽齐王纳谏

《战国策》

妻私：偏爱赞扬——宫妇左右

三问　三答　妾畏：卑微畏怯——朝廷之臣　三赏　三变

客求：逢迎敷衍——四境之内

|　|

类比　以“家事”　比“国事”

|　|

“小”　见　“大”

《背影》第一课时教学设计

钟爱娣

【教学目标】

1.掌握“交卸、奔丧、狼藉、妥帖、颓唐、琐屑、触目伤怀、不能自已”等词语。

2.学习本文抓住人物在特定环境下的特征进行细致描写的特点。

3.理解关键语句所表达的特殊感情，体会文中浓浓的父子情深。

【教学重点】

理解关键语句所表达的特殊感情，体会文中浓浓的父子情深。

【教学难点】

学习本文抓住人物在特定环境下的特征进行细致描写的特点。

【教学过程】

一、检查预习情况

1.学生自主掌握“交卸、奔丧、狼藉、妥帖、颓唐、琐屑、触目伤怀、不能自已”等字词（包括读音、字形、解词等）。

2.了解作者和写作背景。

3.有感情地朗读课文，体会作品的思想感情。（抽查个人读、小组读）

二、小组合作探究

（全班分成若干个4人小组，小组讨论，每组推荐中心发言人。）

预设问题1：文章共四次写背影，请找出来。哪次写得最具体细腻？在这次描写中，哪些词语用得好？请说明理由。

预设问题2：作者选取“背影”这个角度来写，好在哪里？

预设问题3：文章第2、3自然段在全文有什么作用？

三、成果展示（中心发言人发言，师生互动点评）（略）

四、当堂达标

按要求完成下列问题。（10分）

1.根据拼音写出相应的词语。（4分）

（1）到徐州见着父亲，看见满院láng jí的东西，又想起祖母，不禁簌簌地流下眼泪。（　　　　）

（2）这些日子，家中光景很是惨淡，一半为了丧事，一半为了父亲fù xián。（　　　　）

（3）他chóu chú了一会，终于决定还是自己送我去。（　　　　）

（4）他chù mù shāng huái，自然情不能自已。（　　　　）

2.下列句子中没有语病的一句是（　　　　）（3分）

A．孩子能否树立正确的财富观，是他们形成良好人生观的关键。

B．通过这次文学活动，使很多同学找到了写作的诀窍。

C．各国政府采取紧急措施，防止超级病菌不再蔓延。

D．各级各类学校正在深入开展“自我养成、自我成长”的主题活动。

3.下列句子中加点成语运用不恰当的一项是（　　　　）（3分）

A．那些满带真情实感，十分质朴浅显的篇章，往往使我心动神移，不能自已。

B．面对突出的办学成绩，学校没有停止前进的步伐，反而继往开来地再次扬帆起程。

C．不法厂家制造假药造成的恶果实在是骇人听闻。

D．李娜沉着应战、顽强拼搏，终于登上了法网公开冠军宝座，实现了她梦寐以求的愿望。

五、布置预习作业

反复朗读课文，思考并解决下列问题：

1.文中父亲共说了五句话，试品味这五句话的深刻含义。

2.课文写了“我”几次流泪？其原因分别是什么？

3.阅读《背影》这类文章，怎样理解题目和赏析句子？

附：板书设计

一	难忘背影	开头
二	刻画背影	第六自然段
三	惜别背影	第六自然段
四	再现背影	结尾

线索：背影

《背影》第二课时教学设计

钟爱娣

一、检查预习作业（略）

二、小组合作探究

预设问题1：文中父亲共说了五句话，试品味这五句话的深刻含义。

预设问题2：课文写了“我”几次流泪？其原因分别是什么？

三、成果展示（中心发言人发言，师生互动点评）（略）

四、精讲点拨

结合考点，补充散文阅读方法和技巧。

1.理解文题，可从四个方面入手：

（1）品析修辞生动性。（《心灵是一颗会开花的树》）

（2）点明主题，揭示文章中心。（《父亲的秘密》）

（3）设置悬念，引出下文，激发读者阅读兴趣。（《“痞子”老师》）

（4）起线索作用。（《背影》）

2.赏析语句的方法

（1）从分析修辞作用入手，品析语言表达效果。

（2）从品味动词、形容词入手，分析语言表达效果。

（3）从赏析描写语句入手，分析语言表达效果。

五、当堂达标

阅读短文，回答问题。（15分）

田野上的白发

①母亲50岁后，头发日渐白了。先是两鬓，后才是额前，再后来满头芦花，

让我们感到心痛。

②父母都不愿离开家，家里有猪鸡水牛，有房子和责任田，上高中的小弟还要人照顾，患不治之症的父亲不能劳动，里里外外都是母亲一人操持，她头发还有不白的么？

③四月的一个晚上，我搭同事的便车回老家，想看看父母和小弟。到家时已是晚上11点多了，家里没人，门上挂了锁。奇怪，这么晚了，父母到哪去了呢？天气乍暖还寒，夜风吹过，身上有阵阵凉意。朝远处田野望去，怎么回事呀？空旷的田野上有灯火闪烁，不时有阵阵敲盆的声音传来，我信步朝田野走去。

④到了田边，我像被人使了定身法一般，呆立在夜色里。只见母亲一手提着脸盆，一手握根棒子，敲击着，发出当当的声响。母亲在田埂上蹒跚地转悠，田埂角上放着盏马灯，灯火如豆。田里是平整的秧圃，依稀可见撒下的稻种已经抽出嫩芽。母亲身上披了件破棉袄，手里不停地敲击着。我叫了声母亲，母亲见是我，停了下来，脸上溢着慈祥的微笑。在母亲停下的当儿，有一群黑乎乎的东西冲向秧圃。母亲一见，立刻又敲起来，那黑乎乎的便遣散而去。母亲说，今年是少有的奇怪，撒下的稻种一个晚上便被老鼠吃得精光。没有办法，大家只好日夜在田边守着。母亲告诉我，父亲被姐姐接去了，小弟住校，星期天才回，她已经在田边守了三个昼夜了。

⑤母亲和我说话，手里还在敲盆，沿着田埂蹒跚而行。我跟在她后面，心里沉沉的。母亲，您该休息了，把田退了吧！您劳作了一辈子，难道不该享享福么？我知道，我是劝不动母亲的，她离不开她的田野。平时我们劝她，她都说：你们不要管了，这田是不能退的，我做一天算一天，也好照料你爹和你弟。

⑥那个夜晚，我陪着母亲在田野上敲盆赶鼠。母亲的身影在田埂上晃动着，夜色里，只有母亲的白发看得清楚。夜风吹着，母亲的白发在田野上飘拂，飘拂，飘拂出我一脸泪花，飘拂出我又一段回忆。

⑦父亲病倒时，正是乡下大忙季节。母亲忍着悲痛，半夜里起来拔好秧，运到水田里。一早回家服侍父亲吃药，再赶到田里插秧。一大块白晃晃的水田里，只有母亲孤单的身影在移动。随着母亲身影的移动，水田里嫩绿的秧苗一行行地立起来，整齐匀称，像块绿色的地毯。母亲是高明的织工，织着绿色；母亲是勤劳的春蚕，吐着绿丝。

⑧我赶回家帮母亲插秧，到田边时，一块大田，母亲已插完一大半。她太累

了，体力不支，已不是弯腰在田里移动，而是双膝跪在泥水里，艰难地爬行。母亲的衣裤没一处干的地方，浑身是汗渍泥水。母亲跪在田里插完一行，又插一行。我含着泪水冲到田里，喊着：妈，您不该这样拼命！

⑨母亲见是我，想站起来，努力了两次却未站起。我一把抱起母亲，感到母亲已瘦得皮包骨头。母亲脸上仍是慈祥的微笑，白发被汗水湿透了，沾在额上脸上脖子上。我为母亲拂了拂头发，一阵风吹来，白发在田野里飘拂起来。母亲说：抢季节要紧啦，这秧早插一天，就能多收一成。我没说话，把母亲送回家，就跑到田里，没命地插起秧来。我累得腰酸背痛，但一想到母亲的白发在眼前飘拂，想到母亲跪在田里的身影，便觉得不累了，腰也不酸了。我一口气插完大田的秧，哭了……

⑩母亲离开我们三年了，但我忘不了母亲的白发。她的青丝变白发，是岁月的辛劳所染。母亲的白发，装点着故乡的田野，温暖了我的心灵。

⑪啊，母亲的白发哟，还在田野上飘拂么！

1.下列对文中语句的理解和分析不正确的一项是（　　）（3分）

A.①段中“后来满头芦花”一句用乡村常见的芦花来形容母亲的白发，突出母亲头发斑白的特征，切合母亲农妇的身份。

B.③段中“空旷的田，野上有灯火闪烁，不时有阵阵敲盆的声音传来”一句看似闲笔，实则为后文的情节发展做了铺垫。

C.④段中“在母亲停下的当儿，有一群黑乎乎的东西冲向秧圃”一句，既写出了老鼠的猖獗，又侧面表现出母亲的辛劳。

D.⑪段中以“母亲的白发哟，还在田野上飘拂么！”一句结束全文，言有尽而意无穷，含蓄地抒发了作者浓浓的思乡之情。

2.母亲的白发，让“我”“感到心痛”。文中叙述了哪两件让“我”心痛的事？（4分）

3.本文着力描写母亲的白发，请简要分析“白发”在文中有哪些作用。（4分）

4.结合语境，对下列句子作简要赏析。（4分）

（1）随着母亲身影的移动，水田里嫩绿的秧苗一行行地立起来，整齐匀称，，像块绿色的地毯。

（2）她太累了，体力不支，已不是弯腰在田里移动，而是双膝跪在泥水里，艰难地爬行。

六、交流学习收获

（提示：《背影》一文在结构或内容上对你今后作文有何启发？）

附：板书设计

睹家境、想父母———悲哀

望父买橘———感激　　　　泪（体贴父亲）

父子离别———不舍

再现背影———伤心

《再塑生命》教学设计

冯海笑

【教学目标】

1.理解、积累“读一读，写一写”中的词语，做到会读、会写并理解其含义。

2.理清文章思路，整体把握全文结构。

3.赏析、品味重点语句。

4.体会作者热爱生活，对待生命的积极态度；学习莎莉文老师的敬业精神和博大爱心。

【教学重点、难点】

1.赏析、品味重点语句。

2.体会作者热爱生活，对待生命的积极态度；学习莎莉文老师的敬业精神和博大爱心。

【课前准备】课件制作

【教学课时】1课时

【教学过程】

一、感同身受——导入

（一）课前展示两组形成鲜明对比的图片。一组是灿烂的阳光照耀下百花争艳的春日图及可爱的小鸟栖息在枝头，发出清脆的啼叫声；另一组是一张黑暗一片，什么也没有的图片。

学生任务：闭上眼睛，感受黑暗。请一位同学用红领巾绑着眼睛，缓缓走上讲台，转两个圈再走回到座位上。

（二）请学生谈感受。

（三）教师述：同学们，世界是美好的，我们可以感觉到阳光的色彩斑斓，花儿的婀娜多姿，鸟鸣的婉转动人。可是有一种人，他们生活在没有色彩，没有声音的世界里。对于他们来说，能生存下来已需要足够的勇气，而要出类拔萃，有所成就，那简直是一个奇迹。今天我们要学习的课文《再塑生命》讲述的就是这样的一个奇迹。

二、作者及作品简介（略）

三、基础知识积累

1.读准下列字音。

搓（cuō）捻（niǎn）　企（qǐ）盼　繁衍（yǎn）　迁徙（xǐ）

花团锦（jǐn）簇（cù）　冥（míng）思　遐（xiá）想

不可名状　觅食　美不胜收　繁花似锦　风云突变　油然而生

落英缤纷　期期艾艾

2.说说下列词语的意思。

油然而生：自然地产生（某种思想感情）。

花团锦簇：形容五彩缤纷、十分华丽的形象。

美不胜收：美好的东西太多，一时看不过来。

繁花似锦：形容美好的景色和美好的事物。

不可名状：不能够用语言形容。

冥思遐想：深沉、悠远地思索或想象。

四、整体感悟

（一）默读课文

（二）归纳各段大意

第一部分（第1—13自然段）：认识具体事物。

第二部分（第14—21自然段）：亲近大自然。

第三部分（第22—39自然段）：认识“爱”。

（三）练习：再塑了的生命

五、合作探究

（一）讨论交流（以小组学习的形式，可以用齐读、分角色读的方法来理解课文内容，然后思考、讨论）

1.莎莉文老师是怎样教海伦认识具体事物的？

2.莎莉文老师是如何让海伦认识、了解大自然的?

3.莎莉文老师是怎样逐步引导海伦认识“爱”的?

(二)小组讨论后,得出结论(教师在学生的回答中简洁地归纳一下)

1.触觉。

2.触觉、嗅觉。

3.情感体验。

(三)品位语句

让学生像海伦一样体悟情感。

体悟情感(一)

“水唤醒了我的灵魂,并给予我光明、希望、快乐和自由。”

“井房的经历使我求知的欲望油然而生。……我开始以充满新奇的眼光看待每一样东西……”

“这些字使整个世界在我面前变得花团锦簇,美不胜收。……我心中充满了喜悦,企盼着新的一天快些来到。啊!世界上还有比我更幸福的孩子吗?”

(说一说:你有过这样的经历吗?)

体悟情感(二)

海伦:“爱就是花的香味吗?”

(在海伦看来,爱是给人带来愉快而美好感受的东西。)

“爱是不是太阳?”

(在海伦看来,“世界上没有比太阳更好的东西了,它的热力使万物茁壮生长。”)

莎莉文:“爱有点儿像太阳没出来以前天空中的云彩。你摸不到云彩,但你能感觉到雨水。你也知道,在经过一天酷热日晒之后,要是花和大地能得到雨水会是多么高兴呀!爱也是摸不着的,但你却能感到她带来的甜蜜。没有爱,你就不快活,也不想玩了。”

(爱是看不见摸不着的,但它总是出现在你最需要的时候,有了它,你就快乐,生活就变得美好,没有它,一切都变得索然无味了。)

六、感悟形象

1.你如何评价莎莉文老师?

(热爱学生、教育讲究方法艺术、因势利导、循循善诱，是一个出色的教育艺术家。)

2.你认为海伦是一个怎样的孩子?

(好学、坚毅、敏察，具有极高的悟性和丰富的情感。)

七、总结

莎莉文老师把“我”从痛苦、黑暗的生活中解放出来，把“我”引入幸福、光明的世界，所以，莎莉文老师给了“我”第二次生命，重塑了“我”原本黯淡痛苦的生活。

因此,“我”对莎莉文老师有着无比的崇敬和感激之情。

八、拓展延伸

1.简单介绍奥斯特洛夫斯基、贝多芬、霍金等在逆境中奋起的名人。

2.观看一段介绍“无肢”演说家——尼克的视频。

3.学生谈感受。

九、布置作业

课外阅读海伦·凯勒写的《假如给我三天光明》《我生活的故事》等作品，学海伦那样做一个好学、坚强的孩子。

《孙权劝学》教学设计

何丹琛

【教学目标】

1.了解有关《资治通鉴》及司马光的文学常识。

2.学会使用工具书理解文言词语，学习疏通文言句意的方法。

3.理解刻苦治学、提高自己的学识修养的重要意义。

【教学重点、难点】

1.重点：学会使用工具书理解文言词语，学习疏通文言句意的方法。

2.难点：理解刻苦治学、提高自己的学识修养的重要意义。

【教学方法】

自主、合作、探究的方法。

【课前准备】

查字典，看注释，熟读课文。并查阅司马光的有关资料。

【教与学过程】

一、导入新课

1.故事导入：三国故事中有“刘备借荆州，有借不还”的故事，想来大家都很熟悉。后来，孙权、鲁肃都想要夺回荆州，终不能如愿。直到建安二十四年（219年）七月，刘备令守荆州的关羽率主力攻樊城，孙权一看机会来了，一面用计迷惑关羽，一面命一个人为大都督，率兵袭取荆州。这个人把精兵隐藏在大船舱内，命摇橹士兵穿白衣，伪装成商人西进，然后出其不意急袭荆州.关羽率军回救荆州失败，走麦城，中埋伏被俘杀。这就是历史上有名的白衣渡江之计。这个夺荆州擒关羽厉害人物是谁呢？他就是吕蒙。(《三国演义》第75回“关云长刮骨疗毒，吕子明白衣渡江”)

吕蒙，字子明，三国吴国名将，初不习文，怎么会变得这么厉害呢？今天要学的《孙权劝学》会告诉我们这个原因。

2.司马光与《资治通鉴》

这篇文章选自《资治通鉴》，作者司马光，哪位同学来介绍一下相关资料？（学生自由发言）

说到司马光，我们对他少年时《司马光砸缸》的故事非常熟悉，我们一起来认识司马光（介绍司马光）。司马光（1019—1086），字君实，北宋政治家、史学家。《资治通鉴》是司马光主持编纂的一部编年体通史，记载了从战国到五代共一千三百六十二年的史事，宋神宗以其“鉴于往事，有资于治道”，命名为《资治通鉴》，司马光编纂此书的目的是为统治者治国提供历史经验和教训。（用多媒体出示）

二、学习新课

（一）初读课文，整体感知

1.认读：先听录音，后查找不懂的字音，及不懂字词的注释。（同学自由上台板书，有不理解的，同桌可以相互讨论。）

提示：听准字音、停顿、节奏、表情，注意人物对话的语气。

强调：卿qīng　岂qǐ　涉猎shè　孰shú　遂suì　邪yé　更gēng

2.对照注释，自读理清课文情节。（显示问题，允许讨论）

（1）孙权与吕蒙对话的主要内容是什么？（劝学）

（2）吕蒙接受了孙权的建议吗？（辞学—就学）

（3）课文是怎样表现吕蒙学习的效果的？（通过吕蒙与鲁肃的“议论”来表现）

（4）鲁肃与吕蒙一番交谈后，有何举动？（大惊—结友）

3.读出自我，合作交流。

议一议：本文主要讲了孙权劝吕蒙学习的故事，孙权为什么“劝”，是怎么“劝”的，“劝”的结果怎样？

学法指导：仔细揣摩文章中人物对话的语气来谈。

（1）研讨学习要点一：孙权又是怎样劝学的？体会他的语气、神态和心理。

要求：精读课文，找出自己不理解的句子来。

小组讨论：

①互相帮助，理解句子含义。

（此时屏幕显示相关背景资料以帮助学生理解特定文句的含义。）

②各组之间互相质疑，提问组有权指定某组作答。

学法指导：应联系背景理解文句含义。

提示：

①“不可不学！”用双重否定的形式，语气坚决，不可置否，向吕蒙指出“学”的必要性，表现了孙权对吕蒙要求严格，同时严厉中又可见关心、厚望。

②“孤岂欲卿治经为博士邪？”“邪”表示反问语气，译为“吗”联系句意，隐隐可见孙权对吕蒙不听劝诫的不悦神情和责备的意味。

③“卿言多务，孰若孤？孤常读书，自以为大有所益。”这样说有何作用？

孙权现身说法，指出“学”的可能性，使吕蒙无可推辞。鼓励吕蒙求学，可谓语重心长，言辞恳切。

小结：从孙权的话中，既可以看出他的善劝，又可以感到他对吕蒙的亲近、关心、期望，而又不失人主的身份。

（2）研讨学习本课要点二：孙权劝学，语重心长，循循善诱。吕蒙在他的感召下就学，效果如何？

提示：从鲁肃与吕蒙的“论议”可以看出来。

精读课文，找出相关的句子，说说这些语言描写反映了他们怎样的神情和内心世界，揣摩其作用。

提示：

①“卿今者才略，非复吴下阿蒙！”可见鲁肃当时的神情和心理，说明了什么？

十分惊奇的神态，吕蒙的变化判若两人，使鲁肃既吃惊，又情不自禁地发出赞叹。这句话从侧面反映吕蒙因“学”而使才略有了令人难以置信的长进。（鲁肃不仅地位高于吕蒙，而且很有学识，由他说出这番话，更可表明吕蒙的长进确实非同一般。）

②“士别三日，当刮目相待，大兄何见事之晚乎！”

“三日”形容时间很短，“刮目”是擦拭眼睛，表示十分惊奇、难以置信的样子。“大兄何见事之晚乎！”“乎”表感叹语气，相当于“啊”，是吕蒙对鲁肃赞叹的巧妙接应，并不是埋怨鲁肃，而是为自己的进步深感自豪。从吕蒙的答话中可见他颇为自得的神态，他以当之无愧的坦然态度，表明自己才略长进之快之大。

小结：写鲁肃、吕蒙对话，一唱一和，互相打趣，显示了两人的真实性情和融洽关系，表明在孙权劝说下吕蒙“就学”的结果，从侧面表现了吕蒙的学有所成，笔墨十分生动，这是全文的最精彩之处。（语言）

学法指导：白描式的语言描写，既表现出人物的态度、性格、心理，又交代故事的起因、结果，精彩之极。

（二）重点赏读，质疑探究

学生细读课文，找出自己不理解的句子，或者是触动心弦的句子。

提示：四个人合作讨论、理解、然后明确，师适时点拨与补充。

例如：

1.成语“吴下阿蒙、士别三日，刮目相待”是什么意思？（了解成语的喻意后学会在具体语境中运用。）

2.你如何理解“卿今当涂掌事”“孤岂欲卿治经为博士邪”？

三、课堂练习

读完这个故事，你得到什么启示呢？（学生自由回答，教师点拨。）

提示：

①后天读书学习非常重要。（学习对成长的重要性。）

②要虚心听取别人的正确意见。

③一个人不管基础有多差，只要端正态度，刻苦努力，就一定能学到东西，提高自己的认识水平和办事能力。

④告诉我们“开卷有益”的道理。读书有益于人的发展和完善。

四、拓展延伸

比较《孙权劝学》和《伤仲永》，谈谈两文在内容、写法上的异同。

五、教师总结

本文通过孙权劝告吕蒙读书，吕蒙读书后大有长进的故事，告诉我们“开卷有益”的道理。

六、布置作业

根据下面情境写一段文字：

有一位同学，人很聪明，但不太爱学习，身为同学的你为她感到着急。今天，你准备用你的语言艺术来规劝她。联系你从《孙权劝学》中学到的规劝技巧，写一段文字。（300字以上）

七、板书设计

孙权劝学

《资治通鉴》

孙权—劝学—吕蒙　　　辞学——就学

鲁肃—论议—吕蒙　　　大惊——结友

《荷塘月色》教学设计

洪淑芸

【教学目标】

知识与能力：

1.让学生理解作者所写的景色特点、抒发的情感，运用的手法；

2.学会鉴赏散文，掌握散文写作特点。

过程与方法：

采用初读、精读、赏读法，穿插题目分析法、重点段落分析法、讨论法。

情感态度与价值观：

1.把握作者情感，了解作者写作时的背景，了解作者为人；

2.把握人生选择，学会在选择点准确判断，坚定自己的选择。

【教学重点】

了解写景的特色和作者的思想情感、写作的手法。

【教学课时】2课时

【教学步骤】

第一课时

一、导语

同学们，大家有没有见过满池荷花荷叶的景色？有没有见过夜晚的荷塘，尤其是月夜的荷塘？白天看和晚上看那是不同的感觉。今天，就让我们去感受月夜的荷塘风光。

二、解释重点字词（略）

三、题目分析法，揣摩文章内容

感受题目：《荷塘月色》

1.写景——什么景?

2.借景抒情——什么情感?

四、听范读，初步感知文章的景与情，找出文章写景、抒情的段落，概括大意

月下的荷塘、荷塘上的月色　　抒情：这几天心里颇不宁静。

五、精读分析景色特点、思想情感

月下的荷塘：

荷塘四面：蓊蓊郁郁的树、阴阴的树色、隐隐约约的远山、没精打采的路灯光。

荷塘上面：田田的叶子、层层的叶子、点缀着白花、缕缕清香、脉脉的流水。

作者从哪些角度去描写：

形：荷叶田田、层层、像亭亭的裙。

色：白花、似明珠、星星、波痕凝碧。

香：荷香似歌。

态：荷花袅娜、羞涩、美人，流水脉脉。

动态：叶颤似电　静态：花与叶。

花缀叶，叶衬花，水添美——演绎荷塘协奏曲。

荷塘上的月色：

光：淡淡月光　苍茫月色　月光如水　薄雾似纱　花叶若梦。

影：灌木树影班驳；杨柳倩影如画。

月朦胧，雾轻笼，云淡淡——光与影演绎一曲协奏曲。

“我”的情感：心里颇不宁静。

今夜难眠，到了另一世界。（美丽、宁静、雅致、自由）

树影峭楞楞如鬼一般、灯光没精打采，热闹是蝉与蛙的。

想起江南采莲的旧俗，无福消受。

作者情感变化：

颇不宁静—到荷塘求静，感觉自由—暂时得静，享受美景—什么也没有，无福消受。

六、小结

荷塘：淡色、淡香、淡美。

月色：淡月、淡雾、淡云。

“我”：充盈淡愁。

构筑淡雅、淡谧、淡愁的意境，全文融情于景、景中抒情、情景交融，一切景语皆情语！

七、布置课后思考与作业

1.考证作者这一时期的写作背景，思考为何当时“心里颇不宁静”？

2.思考这篇文章的文体特征有何特点及艺术手法？

第二课时

一、赏读分析作者写作背景，明确作者写作心理

二、分析文章写作手法

三、总结散文特点

四、讨论人生感悟

五、欣赏荷塘荷花图片

《孔雀东南飞》第三课时教学设计

洪淑芸

【教学目标】

知识与能力：

1.了解汉乐府诗歌的特点，把握重要文言知识点；

2.学会鉴赏人物形象，通过人物言行分析人物性格、情感、心理；

3.掌握分析事件成因的方法，懂得抓住社会背景来分析。

过程与方法：

1.通过分析表让学生分析探究焦家爱情悲剧的成因，激发学生的探究兴趣；

2.通过分组讨论明确诗歌主题；

3.通过激发联想认识中国古代妇女的悲惨命运，点拨学生从古代悲剧作品的结局入手比较中西方悲剧之异同点。

情感态度与价值观：

1.了解中国古代妇女的悲惨命运与她们的心灵呼唤，了解封建礼教的残酷，封建家长制的残忍；

2.呼唤男女平等，希望女性学会自尊自强自立；

3.希望男性尊重女性。

【教学过程】

一、导入

我们已经了解了焦仲卿与刘兰芝的爱情悲剧的始末：别离—结誓—抗婚—殉情—合葬，那么，造成焦家悲剧的原因究竟是什么呢？昨天我已经让大家根据表格去做分析了，今天让我们一起来讨论焦家悲剧的成因。

二、分组讨论

1.请八个小组分别派代表陈述看法，组员补充，比较各组看法，看看哪一个小组看法最全面。

2.点拨、总结表格内容：

焦家悲剧成因分析表

<table>
<tr><th>悲剧人物</th><th>刘兰芝</th><th colspan="3">焦仲卿</th></tr>
<tr><td>人物性格分析（结合言行分析）</td><td>知书识礼、才艺俱佳、心灵手巧、勤劳贤淑、清醒敏锐、善良温柔、尊老爱幼、坚决镇静、刚强果断、不卑不亢、忠贞不渝。</td><td colspan="3">循规守矩、不受利诱、忠于爱情、孝顺母亲、不敢违逆母命，对母亲有所顶撞但不敢得罪，可见软弱一面。</td></tr>
<tr><td>制造悲剧的人物</td><td>焦母</td><td>刘兄</td><td colspan="2">其他：刘母、焦仲卿</td></tr>
<tr><td>人物性格分析</td><td>蛮横粗暴、挑剔专制、无理取闹、薄情寡义。</td><td>性暴如雷（侧面）、虚荣势利（正面）、不顾情义。</td><td>体谅女儿、教女有方、顺从女儿。</td><td>软弱，不敢与母亲决绝，向母亲妥协。</td></tr>
<tr><td>人物心理分析</td><td>嫉妒说（媳妇抢走儿子的爱、恋子情节）、无后说（不孝有三，无后为大）、知识差距、摆家长威风自古婆媳关系难和谐。</td><td>认为有辱门面，为名利所动。</td><td>体谅女儿也希望女儿找到幸福。</td><td>孝顺母亲。</td></tr>
<tr><td rowspan="2">结论</td><td>悲剧的真正制造者。</td><td colspan="3">封建礼教、封建家长制（父母之命，媒妁之言的包办婚姻，三从四德、三纲五常、七出)《礼记·本命》中载：“妇有七去：不顺父母去，无子去，淫去，妒去，有恶疾去，多言去，窃盗去。”《礼记》中还规定：“子甚宜其妻，父母不悦，出。”</td></tr>
<tr><td>对焦刘爱情的看法。</td><td colspan="3">1.忠贞不渝，真挚感人，荡气回肠；
2.可以避免的“愚孝”，不必要的牺牲。</td></tr>
</table>

教师点拨：我们可以发现，主人公刘兰芝、焦仲卿之死，表面上看来，是由于凶悍的焦母和势利的刘兄逼迫的结果，刘母也无意促成了悲剧的酿成。但事实上，焦母、刘兄的本意并不想害死自己的儿子、自己的妹妹。从刘、焦死后，“两家求合葬”这样后悔不及的举动可以看出，可以说这场悲剧的罪魁祸首就是封建礼教，焦母等人成了封建礼教的帮凶。封建家长制害死了一对忠贞不渝的爱人，他们的死，是对封建礼教罪恶本质的控诉，他们以死向封建礼教发出了抗议。

3.激发联想：从氓之妻到刘兰芝，我们再联想一下古代的女子，谁在婚姻上也有同样的遭遇？

教师点拨：六朝时期的祝英台、宋代诗人陆游的前妻唐婉儿等，我们可以发现古代女子的悲惨命运，她们的婚姻没有自由。氓之妻与刘兰芝都在诗歌中表现了她们的觉醒与心灵的呼唤，那就是呼唤平等，呼唤婚姻自由。

4.激发思考：我们又可以发现，《孔雀东南飞》与《梁祝》的结局有何相似点呢？

教师点拨：两者都体现了生不能相守，死也要相依。有没有可能呢？很明显，都用了浪漫主义的写法，表达了人民的美好心愿。中国古代的悲剧大多在结局都体现了这种手法，给人心灵的慰藉。大家可以去看看中国古典悲剧，也去看看西方的悲剧，如莎士比亚的悲剧《奥赛罗》《哈姆莱特》，你们就可发现西方悲剧的结局才是真正的悲痛，没有带来曙光的安慰，留下的是心灵永远的伤痛。所以可以说：中国悲剧是一幅心灵的画卷，而西方悲剧则是血淋淋的人生图画。这可以成为研究性学习课题。

5.补充资料（课件）：

孔雀东南飞的故乡在皖西南，在今城区东南广场上，矗立着一座雕塑“孔雀东南飞”。这座造型优美的雕塑，为古老的文明县城增添了艳丽，同时也在向后人诉说着那震撼世人的千古绝唱。焦、刘合葬墓，当地群众称为“孔雀坟”。20世纪30年代初期，墓前还曾有古青砖雕刻的墓碑，每年清明节和腊月都有大批群众到此焚香祭祀。80年代，怀宁县人民政府对此墓进行了修缮，用大理石制作了墓碑，碑文曰“汉焦仲卿刘兰芝之墓”。孔雀台更是纪念焦、刘二人的建筑。在焦、刘的故乡习俗里，人们把折磨媳妇的恶婆婆叫焦八叉，把受苦难的媳妇称作苦芝子。

三、小结

通过这节课，是想让大家学会剖析事件的成因，懂得抓住社会背景来作分析；学会鉴赏人物形象，了解古代妇女的悲惨命运与她们的心灵呼唤。我想跟我们的女同胞们说的是女子要学会自尊自强自立，而男同学呢，要尊重女性。歌德说过：“伟大的女性指引人类前进！”（今天的课就上到这里）

四、推荐阅读篇目

夏洛特《简·爱》、舒婷《致橡树》、莎士比亚《奥赛罗》、冯梦龙《杜十娘》、张洁《爱是不能忘记的》。

五、欣赏屠洪刚歌曲《孔雀东南飞》

孔雀东南飞　飞到天涯去不回
千般怜爱万种柔情相思成灰
心碎的时候秋声格外让人悲
天若不尽人意我愿生死相随
孔雀东南飞　飞到天涯去不回
大江上下残照斜阳万木低垂
情深的时候哪种离别不伤悲
这次痴心赴水何时何地相会
我愿有情人共饮一江水
红尘外柔情内有没有断肠的泪
我愿有情人共饮一江水
但求真心以对今生何惧何悔

《项链》教案

洪淑芸

【教学目标】

A.理解曲折的情节、巧妙的布局，感受小说的结构艺术。

B.体会心理描写、行动描写、语言描写对于人物形象塑造的作用。

C.探讨人物形象，并结合小说情节、时代背景等要素理解小说的主题，培养学生的鉴赏评价能力，发展学生的多向思维，进一步认知人生。

【教学重点】

目标A、B（高考能力层级：C等级）

【教学难点】

目标C（高考能力层级：E等级）

【德育渗透】

1.认识虚荣的危害；

2.感知主人公人性中的可贵之处。

【教学设想】

采用讨论法、分角色朗读法，两课时完成教学目标，第一课时，完成目标A、B；第二课时完成目标C；课后布置作业《项链续篇》。

【教学过程】

教学内容	说明
第一课时 **一、新课导入** 提起莫泊桑，大家应该比较熟悉，初中学过他的哪一篇作品呢?《我的叔叔于勒》写的是一个普通小市民家庭的日常生活，记述于勒一生从贫穷到发财、最后又沦落的处境。	引起学生回忆，温故知新。板书“项链”二字。

续上表

今天我们要学习的另一名篇也取材于一个普通小职员家庭，人物命运也是大起大落，一切皆因一串钻石项链。 二、介绍作者、写作背景 （一）介绍作者莫泊桑 （二）介绍小说的写作背景 三、指导阅读、分析课文 （一）正音、释义 （二）速读：整体感知内容，把握小说大意 1.提问：文章线索是什么？按什么顺序组织内容？ 明确：物线——项链。按事物的发展过程组织内容。 2.请学生复述故事梗概。 （三）精读：归纳层次结构，初步了解形象 1.集体讨论全文按情节可分几部分。 明确：分为五部分。 2.要求：给各部分拟小标题。 概括：借项链—失项链—赔项链—还债务—识项链（发现假项链）。 （四）赏读：分析具体情节，剖析人物形象（分角色阅读借项链部分） 1.提问：小说通过哪些描写反映人物心理？ 讨论明确：直接描写人物心理：开头的“痛苦”与“梦想”；通过语言、行动等描写反映心理：得请柬时的神态描写，借项链时的动作描写生动表现了玛蒂尔德没有珠宝时的郁闷，发现项链时的激动，怕对方拒绝的犹豫，得到对方同意时的欣喜若狂。夜会上玛蒂尔德的心理及夜会后的表现。 2.初步认识人物形象：从主人公的心理、动作等描写可见主人公的人生观与价值观，揭示玛蒂尔德爱慕虚荣、追求享乐的精神世界。 3.提问：失项链和假项链的情节安排是否突然？ 讨论明确：丢项链虽是偶然性事件，但从情节上看却蕴涵着丢失的可能，因为玛蒂尔德在夜会上处于陶醉状态、夜会结束后赶快逃走，人在慌乱中很容易丢失东西，可见失项链的可能。而假项链在文章中有所暗示，如借项链时女友的	课件显示作者及写作背景相关资料。 课件显示重要字音、字义采用速读、精读、赏读三步阅读法。 课件显示有关反映人物心理的词语，分析人物心理：梦想与现实的反差是痛苦的原因，可见人物性格中的一面：追求上流生活，爱慕虚荣。 课件显示思考问题 。

续上表

大方，毫不迟疑地说："当然可以。"去珠宝店时，老板说只卖出盒子；还项链时女友没打开盒子查看项链。这些暗示了项链可能是假的。所以假项链的安排看似意料之外，却也在情理之中。 **四、小结** 这节课我们分析了有关情节及描写技巧、布局安排等，初步了解了人物的性格，请回去思考以下几个问题： 1.你认为十年艰辛对玛蒂尔德造成什么样的影响？ （可从外表及内在变化考虑） 2.你对玛蒂尔德的看法是怎样的？ 结合人物形象分析小说的主题。 **第二课时（公开课）** **一、新课导入** 在文学艺术长廊中，有许多鲜活的人物形象引人思考，同时也承载着作者对人生的思考，对社会的理解。上节课我们分析了《项链》这篇小说的情节、布局等，初步了解了玛蒂尔德的性格，今天让我们进一步讨论玛蒂尔德的形象及探讨小说的主题。 **二、赏读，剖析人物形象** **（一）赏读的内容：玛蒂尔德的形象** **（二）赏读的原因：了解人物形象及小说主题** **（三）赏读的方法：阅读、提问、讨论等** 1.提问：上节课我们分析了玛蒂尔德的"梦想"与"痛苦"，初步认为她是怎样的人呢？ 2.提问：结合时代背景及人物的社会地位，大家认为小说的主题是什么呢？（图示玛蒂尔德命运曲线、地位曲线） 3.阅读"还债务"这一部分，进一步讨论玛蒂尔德的形象及小说主题。（学生发表看法，拟分两组讨论，一组是传统的阶级观点，一组是新观点，每组推选一位同学陈述观点，同组的同学根据文章陈述论据，最后各组再由一位同学作总结发言。）	承上启下。 板书：讨论玛蒂尔德的形象，探讨小说的主题。 课件显示人物命运曲线、地位曲线。 学生对玛蒂尔德的看法、小说主题的看法一般可能倾向于两种观点： 一种观点：传统的阶级观点——玛蒂尔德是爱慕虚荣迷恋上流社会的小资产阶级妇女形象，主题是讽刺和批判资产阶级。 另一种观点：玛蒂尔德爱慕虚荣乃是社会价值取向对她的影响，不能归罪个人，她身上体现出人性中可贵的一面，如坚强、勇敢、有吃苦精神等，主题是同情小人物，同时赞赏小人物身上的优点。

续上表

三、归纳小说的主题 通过大家的讨论，相信大家对主人公有了更深层的认识。综合大家的评价，既有对玛蒂尔德的批判，又能深入思考，通过人物的一举一动发掘其人性中可贵的一面，可以说正体现了“一分为二”看问题的观点，综合大家的观点，我们可以从以下几个角度把握人物形象： 从阶级性角度分析：玛蒂尔德代表小资产阶级，其爱慕虚荣、追求享乐生活乃是资产阶级社会的价值取向，作者借她的形象从个别到一般反映资产阶级的腐朽思想，讽刺资产阶级金钱至上的人生观。 从人性角度分析：玛蒂尔德的十年艰辛可见其身上的闪光点。如失项链后她可以选择逃跑赖账、选择告诉真相以求原谅、选择不正当职业换取金钱偿还项链，但她选择以自己的劳动偿还债务，说明对朋友诚信，有艰苦奋斗精神；从精神层面讲，她的精神从空虚到充实；从心态层面讲，她由浮躁到坦然，从虚妄幻想到有奋斗目标，人物逐渐成熟，十年艰辛带给主人公更丰富的生活体验，也许未尝不是一件好事，正如作者所讲的“一件小事可以败坏你，也可成全你”，这就是一种“成全”。小说反映作者对小人物的同情和赞赏。 小结小说的主题：作者通过描写主人公的不幸遭遇，辛辣地讽刺了资产阶级爱慕虚荣的思想，谴责了资本主义社会不良的价值观，对主人公有批判态度，也有同情及赞赏之处。 “一千个读者就有一千个玛蒂尔德”，大家仍可就此问题发表看法。总之，看问题要跳出传统的框架，摆脱束缚思维的套子，多角度考虑问题，才能提高辩证思维能力。 **四、布置课后作业** 为小说构思续篇，要求想象合理，采用多种描写人物的方法，充分展现人物性格。	课件显示小说主题。

《变形记》第二课时教案

洪淑芸

【教学目标】

知识与能力：

全面了解人物变形过程，学会分析人物形象，领略外国小说心理描写艺术。

过程与方法：

通过表格法分析作品中极度夸张以及怪诞离奇的表现手法。

情感态度与价值观：

感受资本主义社会的人际关系。

【教学重点、难点】

1.通过故事情节了解人物的性格特征；

2.分析主人公格里高尔变甲虫后的心理变化，并对比家人的心理变化；

3.分析荒诞的情节表现社会生活的本质。

【教学方法】阅读法、表格分析、讨论法。

【教学内容】第二课时

【教学过程】

一、回顾第一课时内容：作者及作品简介、传统小说的特点、现代派文学和表现主义、故事情节。

二、填写表格，全面了解格里高尔性格及心理

身份	职业	家庭状况	工作情况	心理想法	性格
小资产阶级小人物	旅行推销员	欠债之家，父亲破产，母亲生病，妹妹上学。	1.累人的差使，长年奔波； 2.接触的人泛泛而交； 3.老板居高临下，多疑、苛刻，冷酷无情； 4.听差随时报信。	1.对工作厌倦、疲倦，想辞职，想反抗，但为了还清父母欠的债不得不继续工作。 2.变成虫还想安慰家人，为家为家庭情况忧虑。	忍让、谨小慎微、善良忠厚（为了父母亲）；顾家，为家人着想；对工作负责，忠心耿耿；是个孝子、好哥哥、尽责的职员。

教师总结：

第一部分：写格里高尔发现自己变成“巨大的甲虫”，惊慌忧郁，却不忘工作。家人发现后惊慌、愤怒，把他赶回卧室。

第二部分：格里高尔养成甲虫的生活习性，却保留了人的意识。他仍关心家人的生活幸福。可是一个月后，他成了全家的累赘，家人都对他改变了态度。

第三部分：为了生存，家人打工挣钱，却忍受不了格里高尔这个负担。妹妹终于提出把哥哥弄走。格里高尔陷入绝望，带着对家人的无限爱意死去了。全家开始养活自己的生活。

小说的情节线索（双线结构）

格里高尔：变成甲虫—成为累赘—绝望而死。

家里亲人：惊慌愤怒—逐渐憎恨—把他弄走。

三、分组思考，讨论格里高尔变形的原因

在传统小说中，有起伏跌宕的情节线索贯穿始终，悬念迭出，引人入胜。但《变形记》写的都是一些具体琐碎的现实生活的细节，简直没有什么故事，也没有什么情节，甚而觉得有些繁冗拖沓。在传统的小说中，人物都会局限在天时、地理、人际等客观因素的牢笼中，还必须遵循着逻辑原则及因果关系来合理推论。但《变形记》超越时空的限制，对事件的交代极其模糊，不指明具体的时间、地点和背景，甚至泯灭了幻象和日常生活之间的界限，虚幻与现实难解难分地结合成一个整体了，把我们带往不熟悉的另一世界，而其实，那另一世界原本属于我

们的人性之邦，只是卡夫卡试图用另一套叙述方式与技巧来展示我们人性内部的黑暗王国。因为我们平时不朝它看上一眼，初见之下，才会感到它是如此的陌生、怪异和难以理解。我们试着来解析一下隐藏在那“变”了的“形”的背后那深奥的东西。

讨论明确：

工作：太辛苦，高度紧张，巨大的债务压力。

人际关系：没有信任、关爱、友情。

家庭：冷漠，厌弃。

1.社会将人异化（在资本主义社会机器生产、生存竞争的高压下，人被异化为“非人”，成了金钱、物质的奴隶）；

2.人情将人异化（在那个社会，人与人之间感情疏离，连亲人也冷漠，反映资本主义社会制度摧残人性的社会本质。母亲无奈，父亲狂怒，妹妹厌弃，温情的面纱被揭开，人情自私、冷漠、残酷尽现）。

四、思考：格里高尔变甲虫后的心理变化大致是怎样的？

教师提示：

1.格里高尔突然发现自己变成大甲虫：他惊慌、忧郁。他回忆过去的生活，怨恨自己的“累人的差使”，为还清父债而苦干，他清醒地想到起床，赶车上班去。父亲发现他变成大甲虫，露出一副恶狠狠的样子，赶他回卧室。他谦恭地恳求，尽快回屋，免得父亲生气。他忍辱负重，还不忘顺从父亲。

2.为家庭经济状况焦虑，自我责备：格里高尔失业在家，过着甲虫生活，只能爬来爬去，但是，他为家庭经济状况焦虑，还想着给妹妹实现“美梦”。他想着，父亲老了，母亲生病，妹妹还只有17岁。他一听到家人出去做工挣钱，就“羞赧和伤心得浑身燥热”。他“受到了自责和忧愁的压抑”“最后在绝望中，他觉得整个房间已经开始绕着他旋转起来，便掉下来摔在那张大桌子的中央”。

3.受重伤后，被亲人厌弃而绝望，心态走向平和：一只苹果砸在背上，身受重伤，格里高尔终于被妹妹厌弃。妹妹一再说“我们必须设法摆脱他”。格里高尔“怀着深情和爱意回忆他的一家人。他认为自己必须离开这里，他的这个意见也许比他妹妹的意见还坚决呢”。格里高尔异常冷静，他在绝望而又平和的心境中死去。面对变形，面对亲人厌弃面对死亡，格里高尔惊慌、痛苦、绝望，最终平静地死去。从这一点看，他清醒、坚强的格里高尔的人格形象集中表现在两个方面，一是挣钱养家，显示他忠厚、善良而富有责任感的个性。一是争取自由，还清父债而追求时来运转，自由独立，最终在无奈与平和中追求另外一种超脱——死亡。

思考：这篇小说的心理描写所刻画的格里高尔的心理经历，有何表现意义？

格里高尔同家人应该互相热爱，互相帮助。可是，亲人们认为格里高尔不能再养家，把他看作累赘最终抛弃了他。格里高尔死去，亲人们也不悲痛，反而去郊游。在资本主义社会，在机器生产和生存竞争的高压下，人被异化为非人，人的本性失落，甚至走向反面，人接受不了现实世界。现实世界容纳不了人。格里高尔变成甲虫，这也是一种象征，象征人的异化，人性异化，人际关系异化。

人物形象：

1.格里高尔是怎样的一个人？他有什么样的个性特点和思想感情？

明确：一个勤勉、善良、忠厚、坚强、富有责任感的人，一个无可挑剔的好人。

2.格里高尔的父母、妹妹分别是什么样的人？

父母庸俗、实际。父亲残忍虚荣，责任感不强；母亲懦弱善良；妹妹聪明耐劳，善解人意，勇敢坚强，不无冷酷。

教师小结：人变甲虫是人类精神世界遭致扭曲、异化的象征，是人与人之间的隔膜状态以及由隔膜所造成的孤独、绝望情感的折射。卡夫卡撕破了温情脉脉的面纱，揭示了令人触目惊心的社会本质。

五、思考：如何看待“异化”手法？

“异化”手法作用：

1.揭露资产阶级社会摧残人性的丑恶，揭示人情的冷漠与残酷；

2.表现小人物的反抗与自由的渴望（主人公处于责任与受迫的两难选择处境苦苦挣扎而难以解脱）；

3.审视世界的另一种角度（人变形，世界变形；旁观者清；以荒诞表现荒诞）。

六、联想与鉴赏：认真想一想在你读过的文学作品和现实生活中有哪些变形人？

孔乙己、范进；装在套子里的人（别里科夫）。

七、这篇小说勾画人物内心世界，进行心理描写的手段有哪些？（选讲）

点拨：小说用内心独白、回忆、联想、幻想等手法，去表现人物的心理活动。他不断地回忆、联想过去和今后的事情，不时由于恐惧焦虑、痛苦和绝望而产生幻想、幻觉，并且在自由联想中经常出现时空倒错、逻辑混乱、思维跳跃等，具有一定的意识流特征。

八、分析艺术特色

1.本文有着怎样的艺术特色？提示：荒诞、变形和写实的艺术手法。

2.荒诞、变形的情节为什么在读者的体验、联想中觉得真实可信呢？

提示：这是因为作者在整体荒诞的情节中运用了细节真实和心理真实的手法。写甲虫的行动，是符合甲虫的习性的；写甲虫的思想感情，是符合格里高尔这个人的言行逻辑的；写亲人的变化，也是符合社会生活的。这种荒诞、变形的艺术构思和写实的叙述方法的结合，具有强烈的象征意味，使作品荒诞得令人震惊和信服。

观点致胜，创意表达
——“跨媒介阅读与交流”的读写相融

蔡　森

2018年10月18日，笔者在浙江省绍兴市鲁迅中学讲了《观点致胜，创意表达——基于“跨媒介阅读与交流”的读写融合》一课。教育部中小学名师领航工程浙江师范大学高中语文基地学员、教育部国培计划（2018）示范性项目一线优秀教师与教研员培训技能提升研修高中语文班学员、绍兴市部分语文名师工作室教师、绍兴市柯桥区高一年级全体语文老师130多人参加听课活动。

一、教学设计

【学习目标】

1.关注学生媒介素养，会用正确的价值观审视信息；

2.在多向思维中学会选择最佳视角，表达观点。

【课前准备】课前通过问卷星发放网络调查问卷，了解学生媒介素养和写作情况，并让学生自选一段材料，注明属于哪一类媒介，提出看法。这一环节能使教师了解学生对媒介掌握情况，也能让学生与任课教师打破隔阂，快速进入课堂学习状态。

教学设计包括五个环节：观点致胜、秀我观点、借我慧眼、创意表达、我思我写。其关系如下：

“观点致胜”引观点 ⇨ 媒介阅读秀观点 ⇨ 慧眼识别明观点 ⇨ 创意表达写观点

教学设计中各个环节相扣，层层深入。从视频“观点致胜”中导入媒介，吸引学生兴趣，进而归结跨媒介特性，揭示主题；放手让学生在跨媒介阅读中秀出观点，观察立场，了解其思维品质；选择同一材料主题、不同媒介评论，让学生明白由于立场不同、观点迥异，进一步引导学生在看问题时要有一双慧眼，这样才能看得明明白白，清清楚楚；再向学生揭示创新表达需要做到“新”“博”“深”时，便水到渠成，同时又把开头展示的三段视频进行点评，初看毫无寓意，实则巧意为之；最后便是如何落实写作上做到创意表达？教师先在课内选取一个片段让学生当堂交流表达，根据学生回答情况，检验学习效果，同时再布置课外任务，要求学生选取本周以来所看到的一则新闻、一个广告亦或一个电视栏目等跨媒介材料，提出观点、创意表达。在表达中创设学习情境，让任务驱动巩固学习内容。

二、教学实录

（一）观点致胜

1.课前导入，播放视频。

教师：请同学们观看视频，注意视频中提出的观点。

视频分别是：

（1）湖南长沙广播电视台《观点致胜》栏目（20170927期）：美国一名教授为学生讲述一堂妙趣横生的哲学课，教授先是拿出一个空玻璃罐，在里面装满了高尔夫球，他问学生瓶子满了吗？学生们都答满了，教授又拿出一袋小石子，全部倒进了刚才装满高尔夫球的罐子，接着又拿出一袋细沙子，倒进装满高尔夫球和小石子的罐子，虽然挤进去像是有点难，但他轻摇了几下，还是装进去了。不得其解的学生们开始感到教授只不过讲一些常规的道理，教授却揭示其观点：把罐子想象成我们的人生，高尔夫球就像是最重要的东西，比如家人、朋友、健康和志业；小石子是次要些的东西，如事业、房子、车子、爱情；沙子是些微不足道的小事。如果先把沙子装进罐子，那么小石子、高尔夫球就放不进去了。我们的人生也是一样，如果先让琐事填满时间，就会忽略真正重要的人、事、物。

（2）中央电视台“社会与法”频道《热线12》栏目（2018年8月27日）：浙江温州女孩乘坐滴滴顺风车遇害事件，有人说为什么总是这家公司？评论员张彬观点：我们应该怎么来保护乘客的人身安全，显然对于这家公司来讲，乘客的安全绝不是第一位的，公司首先考虑是他们的利润，它的资本扩张，滴滴公司从成立至今短短几年的时间，已经进行了18次融资，占有中国网约车93%的市场，公司这种资本驱动下的利益是明显的，如果出现一个安全事故，拿个百八十万甚至多几百万就能搞定，何必要在这方面投入人脸识别、错误路线纠正等措施呢？这些需要高投入成本，企盼他们自查自纠，又用先进的手段来弥补缺憾，这种话您信吗？反正我不信。

（3）中央电视台综合频道“平语近人”栏目视频（2018年10月15日）：习近平总书记用典。习总书记是“腹有诗书气自华”的一个最好的代言人，他非常重视学习，非常重视学习型政党，学习型社会的建设。读书学习是习近平总书记多年来一以贯之的习惯，他说“我爱好挺多，读书已成为我的一种生活方式”。他本人信手拈来的很多经典名言，也正是对这句话的最好诠释，可以说学习既是解读习近平新时代中国特色社会主义思想的一把钥匙，也是解读总书记个人魅力的最好观测角度。他说“学习是文明传承之途，人生成长之梯，政党巩固之基，国家兴盛之要”，提供了四个维度，层次丰富，角度全面，其中“文明传承之途，政党巩固之基，国家兴盛之要”是从宏观的层面对人类文明、国家政党进行解读，“人生成长之梯”则是从个人角度进行解读。

2.揭示课题

教师：今天我们说的媒介是指传播信息的重要介质，在课前问卷中，同学们列举平时获得材料的媒介主要是报纸、电视、网络。跨媒介成为当前语文学习重要渠道，今天我们说的就是运用这些媒介进行写作。

（二）秀我观点

1.请同学们阐述一段材料，说说是来自哪一类媒介，并提出自己的观点。

2.学生回答：

学生1：中投公司在官网上发布了2018年录取新员工的公告，共录取11人，前面10个是来自清华、北大的硕士博士生，出乎意料的是，最后一位是来自温州文理学院的一位本科毕业的学生。网上掀起了一场热议，不少人质疑是萝卜招聘。材料来自网络，我的看法是这不是萝卜招聘，因为光凭一张表格不能断定真相。

学生2：带来了一段材料，来自新浪博客。英国有一场马拉松比赛，由于第二名失误，他带着五千人跑错了路（学生笑）。我认为无论做什么事情，都要有一个具体的方向，做这件事情之前，要做好充分的准备。比如网上有某一段新闻有人在炒作，我们就不要跟风。

教师：今天我们来学校的过程中，由于盲目跟着导航，也跑错了一段路，导致来到学校很匆忙（学生大笑），你今天讲的这个话题非常及时，做事应当有一个方向，千万不能跟风。哪一位同学继续说下去呢？

学生3：我说的材料是关于世界杯。当世界杯结束时，日本的球迷把自己座位的垃圾全部带走离场，而中国的球迷却没有。我想说我们在进行声讨日本人的劣根时，自己要先比别人做得更好，更要学学别人优秀的品质。

学生4：在今年“十一”黄金周的时候。杭州西湖的一个景观石碑，被人涂鸦了，写上“某某到此一游“的字眼。因为这块石头是大家所共有的，他涂上自己的名字，这种行为是非常不雅的。

教师：是非常丑陋的行为。

学生5：网络上看到一则消息。2018年10月10日，湖南新化31岁的戴某带着一对儿女自杀。起因是其丈夫为了还贷而选择“自杀”骗保，却不料妻子因其“去世”而面对多方面的压力，最终选择与孩子结束生命。

教师：这条消息的实质是什么呢?

学生5：两个成年人不成熟的思想却导致了两个孩子、一个家庭的悲剧。促使男子“自杀”的是贷款，而压垮妻子的是男子家人的刁难和对生活的绝望，一个家庭就此破裂，再也不能复原了。

教师小结：刚才我们同学讲的这些内容，可以从思想、社会、文化、个人成长四个维度进行积累，日常中积累一则素材，可用50个字左右叙述，100个字左右议论，这就是叙议结合法。

（三）借我慧眼

1.教师：同一则材料，不同媒介，立场不同，观点不同，我们看20天前“张小平离职事件”。播放东方卫视（2018年9月28日）视频。

视频简要：西安航天动力研究所科研人员张小平，从事我国火箭发动机研制，被一家民营企业挖走，引来不少网友对中国登月计划的担忧。西安航天动力研究所承认因急于达到让其回单位的目的，在向仲裁庭提交了材料中措辞失当，夸大了张小平在所参与研制项目中的地位和作用。该材料经张小平个人朋友圈发布后，扩散到网络上，引起了较高的关注。

教师：继续我们刚才所说的，提出你的观点。

学生6：张小平离职没有考虑到国家。

教师：张小平原来的单位是以什么方式来对待他的离职的?

学生7：单位在失去人才的时候，就拼命夸大人才的作用，千方百计地想要把它留住。

教师：为了留住人甚至不择手段啦。

2.展示张小平离职事件微信的评论。

微信摘要："索要登月人才"事件戳中的还有两个基本痛点：一是核心技术，二是国企改革。自强之路唯有自力更生。这是一枚硬币的两面——既然核心技术是国之重器，那么，核心人才就该享受核心待遇；反之，让核心人才坐冷板凳而心灰意凉的体制机制，就当刮骨疗伤，就该严肃问责。期待相关部门能给出自圆其说的解释，更希望选才用才的体制机制转身之后，不至于总是让"低端人才"默默干着"高端事情"。

教师：就如刚才（对这个事件评价）第一位同学所说的，张小平应当考虑的是国家的利益。不同的角度，不同的立场，它产生的观点是不一样的。微信的文字体现的是什么观点呢？

学生7：他的离职是有原因的，他掌握了新的核心技术。他离职之后整个计划就歇菜，为什么给他的职位不是很高？他是个人才，但是却在不相称的职位干着高端的事情。所以应当替他进行声讨，研究所应当让他在更高的职位上承担更重要的工作，这才是对人才的尊重。

教师：还有不同意见吗？

学生8：我觉得应当对他的离职进行深层次的思考，他掌握了核心技术，离职后让整个计划歇菜，说明他的离职影响是巨大的，说明他的价值非常之高。国企没有充分发挥他的价值，发挥更大的作用，这是体制的弊端。

教师：讲得好，你刚才的说法就是直指这问题的实质，直指我们国企的改革，我们需要去营造一种人才成长、发展的机制，这才是事件深层次的原因。

3.展示《湖南日报》(2018年9月28日)社论。

《"张小平离职事件"的A面与B面》摘要：航天研究领域，于很多普通老百姓而言比较陌生。此次张小平离职事件，是公众关心的问题：问题一，"张小平"们的跳槽使国有科研单位待遇问题露出水面。一般来说，大部分跳槽是缘于待遇。在思想观念多元化的今天，虽然任何时候都不能丢掉奉献精神，但只强调奉献精神是不够的，还要靠待遇留人。问题二，张小平的离职变成一起舆情，背后不排除某些媒体的推波助澜。张小平离职也不完全是坏事，一方面对科研院所是一种提醒；另一方面也提醒某些自媒体不要添油加醋，更不能误导舆论。

教师：我们再来看报纸社论，又是怎样的观点呢？

学生9：从事件中吸取教训，从好的方面看待，一要关注科研单位人才待遇，二要提醒媒体正确引导舆论。

教师：这是从相反的角度来看待问题，看出与别人相反的事理。

4.教师小结："横看成岭侧成峰，远近高低各不同"，同一材料、不同媒介，立场不同、观点不同。简述"慧写作"：慧，篆文，用（手）持（帚）扫除（心，欲念），本义是拂去俗尘，清心净虑，明心见性。"慧写作"就是要做到洞察真相、辨伪存真，用心体会。

（四）创意表达

教师：回顾课前视频阐述的观点。第一段视频"观点致胜"中，教授在瓶中装东西，不按常规得出道理，而是提示人生哲理"装下大的事情才能装下小事情"，于常事中看出与别人相反的事理，就做到了"新"；第三段视频"平语近人"中，习总书记巧用典故，信手拈来，博览群书，从四个维度看待学习，能看出别人看不出的事理，就做到了"博"；第二段视频"滴滴杀人事件"中，评论员张彬指出了问题的实质，直指要害，指出经济效益和成本才是企业首选，事件的本质就是企业的逐利行为，就做到了"深"。

什么是"新""博""深"（板书这三个字）：

1.于常事中看出与别人相反的事理，角度相反，所谓"新"；

2.于常事中看出别人看不出的事理，角度不同，所谓"博"；

3.于常事中看出别人看不到的深度，直指实质，所谓"深"。

（五）我思我写

1.阅读下面材料，就一个角度提出你的观点。（《钱江晚报》2018-09-20）

2018年9月17日，国企中国投资有限公司官网贴出拟录取11人名单，其中前10位分别来自北大、清华、人大，学历不是硕士就是博士，只有第十一人是来自绍兴文理学院的一位姓王的女生，学历为本科。有人质疑能让名校高学历毕业生挤破头的中投公司录用王同学是"萝卜招聘"。中投公司反复强调王同学被录用的职位属行政文秘岗，只要求大学专科起点，录用过程公正、透明。学院老师反映王同学文字功底非常好，写作课成绩优秀，拿过学校奖学金，毕业论文优秀。学生眼中的王同学有亲和力，她是班里团支书，组织能力强，表达清晰，说话真诚，做事踏实。

2.分组讨论，写出观点。

3.学生展示写作片段。

教师：也许我们有很多角度，但我们只选取一个。

学生10：我已经从网上搜索了相关的信息，我认为这种网络现象是不道德的。凭一张表格所看到的信息，就断定某种现象，我觉得这看法片面。社会在发展，但是不道德行为仍然在发生。如果要减少这种现象的发生，有两个方面去解决：一是自身坚持抵制这种做法；二是政府对这种传谣惩罚力度不够，要加大这种惩罚力度。

教师：这是从社会的角度提出对这种网络现象的态度，还有不同的看法吗？

学生11：我认为不管是不是萝卜招聘，现在有人提出来了，说明社会对这个问题是持开放的态度，这也是一种融合和进步。像以前这种事情有没有发生，大家连知情权都没有，现在有更多的讨论，说明人们对社会公平的要求意识增强了，对社会的容忍程度也增强（提高）了。

教师：你说得非常好，同学们能否发现他说的观点好在哪里呢？大家有没有发现，面对更多的同学在声讨这种舆论现象，他却从相反的角度去提出问题，看到社会的进步、公开，这就做到了观点的“新”。

学生12：别人对这种现象为什么会有质疑呢？在我看来造成这种现象有两个原因：一是当今社会对于学历的偏见，对于“985”“211”工程大学的追捧，把大学分为三六九等，造成了人们把学历看作判断人才的一个标准。但是，我们知道学历不能成为全面展示一个人的标杆。正如上面同学所说的“英雄莫问出处”，在我们高度发展的社会里面，绝不应当成为一条绑住人才的绳索，这是其中的一个原因；第二个原因是为什么人们会下意识判定它一定是萝卜招聘？这是人们已经形成了一个惯性思维，看到社会的萝卜招聘多了，层出不穷，导致下意识里形成了惯性，一个被录取的人，没有别人优秀一定是走后门，很难说服自己，是不是真正的优秀。

教师：他有深度地看出社会对人才的判断离不开学历，阐述观点很“深”。刚才起来回答的同学都是从社会的角度来说，我们换一个角度好吗？看能否做到“博”。

学生13：这位被录取的王同学，她虽然不是重点大学毕业，学历也不高，但是，这位同学不自卑，文字功底也很好，能力很强，还担任团支书，她非常努力，而且积极向上，她是一个优秀的人才，她靠自己的能力，靠平时努力赢得招聘。

教师：这是从学生的角度去看，在逆境仍靠自己的能力来获得别人认可，让自己变得越来越优秀。有没有其他的角度呢？

学生14：我认为还有一个角度，就是公司在录用人才方面要充分考虑到工作的能力、人品、品质这些综合素质。

教师：这位同学他是从哪个角度说呢？他是从企业的角度来说，企业应当录取符合岗位需要的人，并不是片面追求高学历，并且招聘程序要做到公开、公正。

教师总结：如果有时间，能让大家来充分表达自己的看法那将更好，可是现在不得不结束我们的阐述了。今天我们从"观点致胜"引观点，慧眼识别明观点，创意表达写观点，还记得如何做到创意表达吗？请大家一起说出来。

学生齐答："新""博""深"。

4.课后作业：尝试用"新""博""深"的视角，选取本周以来你所看到的一则新闻、一个广告亦或一个电视栏目等跨媒介材料，提出观点，创意表达。

三、课例评析（略）

第二部分　教学案50例

高中语文综合实践课的探索："打开心灵之门"

蔡　森

2005年汕尾市城区新课程改革观摩会议在汕尾中学召开，我讲了"打开心灵之门"（粤教版必修1第三单元）的作文活动课，结合上课前后教师们的建议、争鸣和我对这节课的理解、设想，我作了一些思考与总结。

一、教学设计

（一）设计思想

以学生情感表达为主线，用古代诗歌词句和现代化教育技术为手段，进行评价，全面提高学生语文素养。

（二）活动目的

1.知识与能力：

（1）提高观察生活、感受生活的能力；

（2）鉴赏诗歌、散文，提炼优美词句；

（3）抒写能表达内心情感的文章。

2.过程与方法：

（1）鼓励学生当众说话，且能够根据一定的内容陈述自己的观点和意见；

（2）通过诵读诗歌陶冶情操，以精炼的语言和新颖的意象来表情达意；

（3）运用现代化教育技术，优化课堂教学，为学生创造耳目一新的独特环境。

3.情感态度与价值观：

（1）以人为本，尊重学生个体差异，关注学生的不同情感流露，促进学生情感的健康发展；

（2）在活动中、在评价中发掘自己阅读鉴赏方面、交流表达方面的兴趣和爱好。

（三）活动步骤

1.课前准备：

（1）教师布置活动内容，要求同学准备相关材料；

（2）由班长和学习委员带数码摄像机采访本校高三级同学，谈关于学习、家庭、情感各方面的看法；

（3）教师自己在多媒体软件AUTHOWARE中制作教学课件，并复制到教室电脑中，课前进行调试；

（4）邀请学校语文组全体教师观摩；

（5）课前组织学生把课桌分成7小组，每组10人。

2.开展教学活动。

3.课后总结：

（1）召开教研会议，针对此项活动开展评课，总结经验；

（2）认真批阅学生作文，评估活动之后对写作的影响；

（3）记录课堂过程，撰写教学心得，总结形成论文。

综合性实践活动是高中语文新课程改革中一大亮点，广东教育出版社出版的语文教材几乎每一个单元都安排一个活动课，且都是与日常生活紧密相连，在粤教版语文必修1第三单元“打开心灵之门”的教学中我们引入现代化教育技术，做了一些探索。

二、教学实录

课前情况：学生分为七大组，课桌上各放着准备的材料。多媒体投影屏幕以蓝天白云为背景，“打开心灵之门”六个字在徐徐跳动。

教师导入：灵魂深处是我们炽热的心，记忆的底层唤起了是美好的心灵，我们聚在一起，我们时刻在感悟真情，同学们，让我们打开心灵之门吧！

（开启教学软件，屏幕左边以一女孩坐着深思为背景，右边由五幅图组成，其主题字分别为“心灵感悟”“心灵故事”“心灵之约”“心灵语丝”“心灵驿站”。）(时间2分钟）

（一）心灵感悟（时间11分钟）

1.教师：首先我们先来看“心灵感悟”进行诗歌的品读，请几个同学起来朗读，谁先来呢？（教师点击“心灵感悟”画面，屏幕分别出现下面阅读的内容，教师选择三位同学起来朗读。）

学生1：假如你不够快乐 /作者：汪国真/ 假如你不够快乐/也不要把眉头深锁/人生本来短暂/为什么 还要栽培苦涩/打开尘封的门窗/让阳光雨露洒遍每个角落/走向生命的原野/让风儿熨平前额/博大可以稀释忧愁/深色能够覆盖浅色

学生2：相见欢/ 作者：李煜 / 林花谢了春红/ 太匆匆/ 无奈朝来寒雨晚来风/ 胭脂泪/ 相留醉/ 几时重/ 自是人生长恨水长东

学生3：朗读一篇“打开心灵之门”的文章，作者刘思宁，节选片断：“其实，你并没有从失败那里得到你应该得到的东西，而只是让那层最浅显的精神的忧伤与不振罩住了自己的心灵。何不冲散这薄薄的迷雾，去正视自己经历的一切呢？勇敢地告诉自己；那只不过是一次小小的挫折罢了。这时，一扇高大的门便会豁然出现在你的面前，而那把钥匙就在你手中闪闪发光。去打开这扇禁锢你心灵的门，迈出这间没有希望的囚室——阳光便重新照在你的身上——一切又如往常。走出囚室外的人忽然看到，原来失败者并非自己想象那般值得同情，因为人人都会失败，然而果断地走出失败的人却是尤其钦佩的，因为他们知道自己手中有开启心灵之门的钥匙。所以，别忘了，心灵无意设防，只要你想打开它，钥匙就握在你手中。”

2.教师：这篇文章是如何描写打开心灵的呢？请同学们评价一下？（学生分组讨论，交流分享），谁先来说说呢？

学生4：作者从小时候的一次遭遇谈起，告诉我们不要胆怯，要敢于表达自己的情感。

学生5：我不同于他的观点，我认为作者在表达时虽然很流畅，但主题不集中，所举的小时候的例子与主题也不是很相关。

学生6：这篇文章语言还是比较优美，也很有哲理性，要我们果断走出失败的阴影，敞开心灵，自己掌握命运。

教师小结：对于诗歌也好，散文也好，我们要用心去品读，多角度地评判，这样才能体会作者的真实情感。

（二）心灵故事（13分钟）

1.教师：对诗文进行品读后，现在进入“心灵故事”（教师点击“心灵故事”画面），先来欣赏一段反映我们日常生活的FLASH（流行于网络的一种动画），看看大家有何感受。（播放一段主题为“心灵”的动画短片，主要是校园、家庭的日常生活掠影。）

2.教师：在日常的生活中，我们有喜怒哀乐，今天我们就把我们的情感向大家倾诉，可以从学习、生活、情感三个方面向大家诉说。（屏幕以广阔的草原为背景，显示“学习、生活、情感”六个大字。）

3.学习方面（教师点击这一主题，屏幕出现以学校教室为背景，主题词为“少年也识愁滋味”下面文字有“请说出您在学校或学习的烦恼和快乐”。）

学生7：我觉得上了高中之后，学习压力比初中更重了，回想起初中还不到九门学科，课后有空余时间做自己喜欢的事，现在十几科压得我都喘不过气来，可还是要学习，不学习学不到知识，也会被社会淘汰。

学生8：不知道如何学习，学习过后快忘记，自己的付出被不及格的试卷否定了。

学生9：我很怕英语，我最讨厌，最不耐烦的就是它，真恨不得世界不曾有这门学科。

学生10：面临着快要到来的期中考试，我再一次陷入心情的谷底。

学生11：老师既不重视我，也不批评我，我就放在不被人发现的角落。

学生12：面对高中的学习生活，我苦不堪言，单就数学科就把我折磨成“呆子”了，我是这样描述学习生活的：“高中的日历正一张张撕下/离高考的日子愈来愈近/或上天堂 或下地狱/我在缺氧的书堆里喘息/等待着解脱的那一天。

教师：多富有诗意的语句啊！能说说在生活方面的感悟吗？

4.生活方面（屏幕出现以爱心为背景，主题词为“其实你并不懂我的心”，下面文字有“请说出您在家庭或日常生活中的烦恼和快乐”。）

学生13：人活着需要生活，不存在没有生活的家庭，家庭对我来说很重要。

学生14：我的家境并不好，父母对我的期盼很大，正因如此，我有时胡思乱想，后来我意识到：生活是有着诱人的变化，它的甜蜜，它的痛苦，它的丰富，我都会尝试。

学生15：我与姐姐总在日常中为了一点小事吵个不停，其实我也不愿意的。

学生16：生活中确实有不少的烦恼纠缠不休地环绕着我，我感到很烦、很痛苦。

学生17：友谊是生活的必需品，不可或缺，我对友谊的追求，就如同千里马得到伯乐的赏识，但在通往友谊的曲折小路上，我却不知道要经过多少坎坷才可找到。

教师：对于友情、亲情，我们还有什么感悟呢？

5.情感方面（屏幕出现主题词“众里寻他千百度/蓦然回首/那人却在灯火阑珊处/辛弃疾”下面文字有“亲情、友情的诉说”。）

学生18：小时候与我亲密的朋友现在变得很奇怪，在路上与他相遇，我向他打招呼，他却莫名其妙地盯着我，一句话也不说，就像陌生人一样，这令我很忧郁。

学生19：茫茫人海中，我们竟能相遇其中，既而由相遇到相知，知己难觅，何不抛开一切无谓的猜忌与误会，尽情享受这难得的缘份。

学生20：亲情是一种血缘系的东西，它是伴人们走寻人生的勇气，但偶尔之间亲人之间也会有不如意的事，父母对我过分管制，于是冷战爆发，有时你不言，我不语，变得很隔膜了，不像以前那样了解我。

学生21：如何与家人和谐相处呢？其实细想，他们对我是很好的，为何不体谅他们，退一步呢？

学生22：我念一首诗吧！“我在亲情中成长/我是一朵白云　亲情是包容我的蓝天/我是一棵绿树　亲情是滋养我的土地/我是一只飞鸟　亲情是庇护我的森林/我是一泓清泉　亲情便是拥抱我的山峦”

学生23：就说我自己经历的故事吧，初三刚开始时候我在班中排名28，以这样的成绩根本考不上汕尾中学，我很自卑，没有动力使我提高成绩，当时我多希望有一个人用力批评我一下，我终于鼓起勇气向哥哥倾诉，他却鼓励了我，使我坚持到最后，实现了我的愿望，所以说与别人分享你的哀与乐是有必要的。

（三）心灵有约（8分钟）

1.教师：多精彩的心灵故事啊！我们的烦恼有很多，快乐也不少，可是我们班长却有一招，有一个GOOD IDEA，他们干了一件秘密的事，大家想知道吗？（教师点击“心灵有约”画面，出现班长采访高三同学的录像，访谈内容包括学习困惑的解决，对家庭、生活的各种情感的看法。）

2.班长在班中说出采访后的收获：在采访师兄师姐之前心情特别沉重，因为之前考试成绩特别不好，有几科不及格，听了他们的话后有所改变，他们说得对，“一次考试并不代表什么，并不代表永远的失败，应调整好心态，应善待周围的人，只有这样你才发觉世界是如此的美丽”。

3.教师：很感谢高三的同学，使我们得益匪浅，这真是“与君一席话，胜读十年书”啊！确实，我们的生活有许多不如意的地方，你能说出你的解决办法吗?（屏幕出现“让我们一起成长”为主题的画面。）

学生24：我是针对志权同学提出与父母亲之间的代沟问题，你小时候父母亲总是与你细谈每件小事，为何当你长大时，却似乎有了一层隔膜，原因是你父母亲想让你独立思考，独立做人，期盼你长大成人。

学生25：临近考试，同学们都必须埋头苦干，很多人认为，这是一种不可摆脱的负担，是吗？我认为不是这样，有时我会为能解出一道题而自豪，也会从文章的真理中得到快乐，对于学习，要有执着和兴趣，相信我们能找到学习中快乐滋味的。

学生26：人生在世，不如意的事常十之八九，人间没有永恒的夜晚，也没有永久的冬天，向未来展开微笑，十七八的花季就不会像嚼过的口香糖一样干涩无味。

学生27：何必为了自己生命里烦恼的一棵小草，而忘掉整个森林的清新和翠绿，我想到“菩提本无树，明镜亦非台，本来无一物，何处惹尘埃”，把烦恼看成万物皆空吧！

学生28：多出去走走，呼吸新鲜空气，如果实在受不了，就大声哭出来或者大声喊出来，向朋友倾诉苦恼，或向家长反映，让他们帮助你，或将这些事写在日记中尽情渲泄不快。

学生29：人注定要遭遇生命中的艰难与坎坷，假如你还处在人生的困境，千万别让你的心灵寂寞，别让你的脚步彷徨，人生啊！脚步就是今天的路，梦想就是明天的家。

学生30：开心的事不会不完，不开心的事也不会一辈子，不要因为一时的不如意就在自己的心筑围墙，鼓起勇气，向世界微笑吧！试着去打开心灵之门，你会发现那一丝光将会照亮整个世界。

学生31：当朋友有困难我会对他说：“人所应该具有的您都拥有了，你就像一张一百元大钞，无论怎样揉捏，都不会失去自身的价值。

学生32：当你遇到挫折时，不要灰心，抬头仰望那擦过夜晚的流星，它也不是经过大气层的阻挡吗？照样放出灿烂的光芒。

学生33：“解铃还需系铃人”，心结还需自己去解，人生难免有坎坷，总得有那么一道光带你走过，那道光就是你自己。

教师小结：我们用一句话来奉劝心灵紧锁的人，大胆敞开心扉，我们始终记得这句话“山穷水尽疑无路，柳暗花明又一村”。

（四）心灵语丝（7分钟）

1.教师：面对丰富多彩的生活和纷纭复杂的人生，你或许会心动，让我们将心灵感悟说出来（开启“心灵语丝”画面）。心灵是什么，请大家用最简短、优美语句说出来，开始吧！

学生34：心灵是情感的港湾，是白开水与清茶的溶剂。

学生35：心灵，到底是什么？心灵就是绝妙的风景，奇峻的山川。

学生36：心灵是一株刚播种下土的苗，它需要我们细心呵护。

学生37：打开心灵之门，迎接生活的挑战。

学生38：打开心灵之门，别再紧锁着心扉，你会发现不曾见过的美景。

学生39：心灵是一面镜子，不加修饰地呈现出每个人的喜怒哀乐，它也是如此的碎弱，经不起那蓄意的推敲。

学生40：我们生活在同一屋檐下，我们共享一片蓝天，人类真正的交往是心与心的交往，打开心灵之门，春风抚平你弱小的心灵的创伤，敞开心灵之门，细雨润泽你纯净心灵的污点。

学生41：打开心灵的眼睛，凝望生活的细枝，你会发现，细枝末节隐藏着许多美好真意。

2.教师寄语：（屏幕出现如下内容）心灵寄语：心灵无意设防，只要你想打开它，钥匙就握在你手中。同学们，请打开你心灵之门吧！

（五）心灵驿站（4分钟）

1.教师：现在我们进入“心灵驿站”先看我们的作业布置。（开启“心灵驿站”画面，出现作文训练：结合自己的经历，用心感受自然和生活，以“打开心灵之门”为题目，写一篇800字左右的记叙性散文。）

2.教师：在我们这节课即将结束之际，我们来背诵李白的《行路难》（师生齐背，屏幕徐徐升起文字：“金樽清酒斗十千/玉盘珍馐直万钱/停杯投著不能食/拔剑四顾心茫然/欲渡黄河冰塞川/将登太行雪满山/闲来垂钓碧溪上/忽复乘舟梦日边/行路难 行路难/多岐路 今安在/长风破浪会有时/直挂云帆济沧海。”

3.教师结束语：最后祝大家“长风破浪会有时/直挂云帆济沧海”（两诗句在屏幕中显示出来），下课！

三、课例评析（略）

多元诵读研“有”“无”

——《饮酒（其五）》教学设计及教学实录

黎燕妮

【教学目标】

1.学生通过字正腔圆、二三节奏、抑扬顿挫地朗读，感受诗歌的音韵美。

2.重点研读诗中的“有”“无”二字，感受诗歌语言的朴素、精妙，感受诗歌悠然、闲适的意境，感受诗人自由、高迈、充沛的心灵。

3.激发学生对陶渊明其诗其人的学习兴趣，探究陶渊明所代表的精神世界蕴含的中国传统文化。

【教学重点】

1.朗读。

2.研读诗中的“有”字，感受语言的朴素、精妙，感受诗歌悠然、闲适的意境。

【教学难点】

1.研读诗中的“无”，感受诗人自由、高迈、充沛的心灵。

2.探究陶渊明所代表的精神世界蕴含的中国传统文化。

【课前准备】

布置学生了解陶渊明生平。

【教学过程】

一、导入

学生谈谈自己对陶渊明的了解。

二、朗读

1.学生自由朗读诗歌，要求大声地、自由地读。

2.学生个人朗读，教师伺机进行朗读指导。

一读要字正腔圆，注意字音：还（huán）。

二读要读出节奏，最常见的二三节奏：声断意连。

三读要抑扬顿挫，读出情感。

3.全班学生齐读。

4.尝试：方言朗读。

5.齐读（普通话版）。

三、研读

（一）请找出诗中一组很常见很普通的反义词。

预设："无""有"——而无车马　此中有真意

（二）诗中有什么？

1.陶渊明在他的诗句中告诉了我们他在此时此地的生活中有什么呢？

预设学生回答：菊花、南山、山气、飞鸟……

2.教师：这里的生活真惬意啊，有菊花、南山、山气、飞鸟……那么诗中集中写景的句子有哪些？如何理解？

3.教师：如果你身处如此情景之中，要把眼前的美景画下，你会怎样描绘呢？可以用简笔画试着画一画，也可以用语言描绘一番。谁愿意先来和我们分享？

教师点拨诗句描述的方法：要描绘好一幅画面，要做到以下几点：首先，增加一些景物来丰富画面；其次，巧用修辞来点染画面；最后，斟酌用词来精致画面。

4.学生小组讨论、交流，作品展示。

5.全班齐读写景四句。

（三）心中有什么？

1.若你是诗人，当看着这样的美景，看到了这么一大群飞鸟结伴回归山林的时候，你会想到什么？

2.补充介绍陶渊明资料。

3.再谈谈，若你是诗人，此时此景，你会想些什么？

预设：陶渊明想离开污浊的官场，回归美好的自然。

4.再读写景四句，读出这个场景的温暖和向往之情。

5.“此中有真意”，到底是有何真意呢？

小组讨论：你觉得诗人心中有什么？

请结合课外阅读资料《五柳先生传》《桃花源记》《归园田居》以及自己对陶渊明的了解思考一下，然后跟你的组员讨论。

学生成果展示。

6.教师小结：陶渊明心中这份真意，是一种高洁傲岸的人生志趣以及回归到大自然、回归到田园生活的人生理想。

（四）研读“无”

1.诗中写的是“无”什么？——无车马喧。

诗人明明结庐于人来人往之中，为什么能感觉不到车马的喧嚣呢？

指导理解“心远地自偏”。

你是如何理解这句话的？

你有过这样的生活经历吗？

2.诗人精神世界里的“无扰”。

3.在作者的精神世界里还有很多个“无”，请大家讨论一下。仿照着“无扰”，用一个词来概括。

小组讨论，交流，展示成果。

4.教师小结：陶渊明的“无我”即“真我”。

四、诵读全诗，结束课堂（略）

五、布置作业

1.背诵默写，当堂巩固。

2.收集两首陶渊明诗歌并作赏析，写在摘抄本。

3.思考探究：陶渊明为什么能成为中国传统士大夫的精神归宿？

比较阅读，登山思悟
——《山民》《山高路远》教学设计

黎燕妮

【学情文本定位】

韩东的《山民》是一首带寓言性质的现代诗。以民俗口语陈述父子两辈人那种安于命运安排固守乡土而不知向外寻求发展的保守、惰性力量，缺乏冲破传统的开拓意识和披荆斩棘闯新路的精神。以生活的本色直接切入和呈现普通人的生存状态及精神面貌。

汪国真的《山高路远》哲理深透，激励着人们奋发有为，不甘于平庸，不甘于沉寂。用语浅显，平易却不平淡，讲究炼字炼句，寻找“诗眼”。本诗的主旨全都凝聚在最后两句：“没有比脚更长的路/没有比人更高的山”上。山高，路远，但人都可以达到，十分形象、含蓄地揭示了人的主观能动作用。它其实也是在强调一种精神，一种乐观、进取、执着、自信的生活态度。

高一学生的现代诗歌基础整体薄弱，新诗知识匮乏，篇目积累非常有限，自学能力缺失。教师在现代诗歌教学亟需解决的问题便是带领学生走进现代诗歌，消除陌生感，发现现代诗歌的语言美、意境美、情感美，积极思考，正确认识现代诗歌的价值，从而逐渐养成新诗阅读的习惯。

【设计理念】

课堂是学生思考的圣地，无论什么样的形式，有思考就是有效的，没有思维的动态变化就是无效教学。学生是课堂学习的主体。课堂上学生是在教师的引领之下自主探究，自主发现，自主创新，教师要努力让学生全身心地投入到学习本身之中去。在高效的课堂上，教师重方法的引导，兴趣、情感的激发，学生学习知识是自身需求的表现。所以可以采用小组合作探究、体验性学习、个性化学习的方式。总之，要把朗读、理解和鉴赏结合起来，以读带赏，以赏促读。

1.读。学生朗读目标：读准字音，读清句读，把握节奏；了解有关作家作品常识；整体把握文章内容，发现疑难问题。在书上勾画批注有疑问的字词和难句，阅读并摘录与课文有关的辅助材料。

2.议。分两个方面：一、分组讨论在初读时发现的疑难问题，交流阅读所得，重点是诗歌中“山”的内涵；二、组内讨论两首诗歌的人物形象及思想感情。

3.研。感知具体的诗歌内容，把握诗歌表现出来的作者的观点和思想感情。就思想内容、表现技巧、语言艺术、文章风格等方面进行比较阅读，教师尽量把品评的权力留给学生。

4.赏。教师在学生准确把握诗歌内容、情感的基础上安排学生做理解性朗读。

5.写。学以致用，指导学生读与写相结合。

【学习目标】

1.比较阅读《山民》《山高路远》，理解诗歌的象征意义和深层意蕴，领悟作者的情感。

2.把握诗歌语言表达的特点，注重学生思维能力的培养，引导学生不拘一格地表达自己的思考，学会用笔传情达意。

【教学流程】

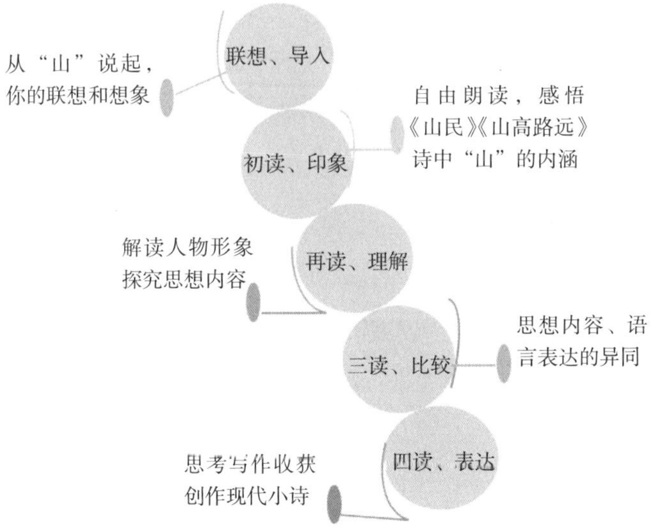

“爱我河山”教学设计

洪明利

【学习内容】

丛书《泰山极顶》《长江三峡》《我爱我的祖国》《西安这座城》《游恒山日记》

【课　　型】组文阅读课

【学习目标】

1. 通过快速默读（不少于400字/分钟）和跳读，把握各篇的主要内容；

2. 激发对祖国山河的热爱之情，引发本单元的学习兴趣。

【学习重点、难点】

重点：快速默读和跳读，把握主要内容。

难点：与作者产生共鸣。

【教学过程】

一、导入

大家都知道我们的祖国幅员辽阔，当灿烂的太阳跳出东海的碧波时，帕米尔高原依然是群星闪烁。当北国还是银装素裹的世界，南疆早已洋溢着盎然的春色。这一节课，我们就通过丛书的5篇美文去看一看美丽的祖国吧！

二、阅读与展示

（一）阅读方式

1.默读（400字每分钟的速读默读，圈点勾画关键句）。

2.跳读（抓要点，有选择地进行阅读，跳过某些细节）。

（二）阅读任务

1.阅读《泰山极顶》，勾画出一处描写泰山奇景的句子，并批注。

（示例：第3自然段第1句——作者将泰山比作“一幅规模惊人的青绿山水

画”，非常形象地表现了泰山的雄伟、壮美；“从下面倒展开来”则写出了作者登泰山，俯视山景，视野开阔，气象宏大。这一句描写间接抒发了作者对泰山的热爱与登山览景的豪迈之情。）

2.阅读《长江三峡》，分别用一个词语简要概括瞿塘峡、巫峡、西陵峡之美。（旁批）

（示例：瞿塘峡的雄奇，巫峡的奇秀，西陵峡的险恶。）

3.阅读《西安这座城》，说说从文章哪些地方可以看出西安是“中国文化魂魄的所在地”？（勾画关键，做批注）

（示例：如第5自然段“它的城墙赫然完整……豪情长啸了”这一句中，可以看到西安这座城有着历史的古老的印迹；又如第9自然段“你随便走进一条巷……古陶旧瓷”等句子中，可以看到西安市井巷陌厚重的历史积淀。）

4.速读《游恒山日记》，试着以导游的身份，向他人介绍恒山。

（示例：大家好！欢迎来到北岳恒山。恒山山脉从龙泉关延伸过来，一共有三重：龙泉关一重，山势最为陡峭；五台山一重，以东底山一带山谷出口处最为壮观；第三重西边、东边和南边的山峰较为收敛，但北面十分陡峭，尽显恒山奇险。如果你登山而上，望仙亭、虎口风、飞石窟、北岳殿、会仙台等景点应接不暇。当年徐霞客游恒山，写下名篇《游恒山日记》，今天就请大家做一回徐霞客，随我一起出发啰！）

5.阅读《我爱我的祖国》，感受作者对祖国自然风景、劳动人民、语言文字的深情。（勾画关键句，做批注）

（示例：第4自然段第1句——此句先通过一组排比，列出“珠穆朗玛峰”等自然景观，充分展现了祖国山河的壮美，再以“祖国的大地山河哟！”强烈抒发作者对祖国自然风景的热爱与赞美之情。）

三、学习成果汇报

（一）整理个人阅读笔记

（二）小组内交流阅读批注

（三）推荐优秀代表全班展示

注意：如果第二环节用时较长，则成果汇报环节可简化为以下内容。

请结合以上所读《泰山极顶》《长江三峡》《西安这座城》《游恒山日记》这四

篇文章的主要内容，任取其中之一作为抒情对象，表达对祖国的热爱。【参考句式："我爱祖国，也爱祖国的（抒情对象），爱它……（生动描绘，深情表白）。"】

（示例：我爱祖国，也爱祖国的西安城，爱它悠久的历史，深厚的人文底蕴。）

【作业布置】

快速阅读丛书"家国栋梁"6篇文章，分别用一句话（议论抒情句）表达对文中主人公的评价。

【板书设计】

爱我河山

移步换景写泰山，如日之升看中国。

船行峻岭游三峡，壮美和谐是中国。

古往今来话西安，朴实厚重见中国。

策杖登顶览恒山，无限风光在中国。

“情系祖国”教学设计

洪明利

【学习内容】教材单元课文（四篇）初读

【课　　型】单元预习课

【学习目标】

1.初步感受课文中表现的家国情怀，从而激发自己的爱国之情；

2.积累本单元生字词、文学常识。

【学习重点、难点】

1.重点：把握主要内容，夯实基础。

2.难点：感受文章中的家国情怀，引发共鸣，产生爱国之情。

【教学过程】

一、导入

在“我爱我的祖国”这一单元主题中，有这样一段话：“我爱我们祖国的土地！狂风曾来扫荡过它，冰雹曾来打击过它，霜雪曾来封锁过它，大火曾来烧灼过它，大雨曾来冲刷过它，异族奴隶主的铁骑曾来践踏过它，帝国主义的炮弹曾来轰击过它。不过，尽管受了这些磨难，它还是默默地存在着。”这节课，我们将通过第二单元的四篇课文，去看看不同时代、不同国家的人民在历史风雨中对祖国大好河山、语言文字、土地人民的捍卫之情。

二、预习任务

（一）阅读方式

1.默读（400字每分钟的速读默读，圈点勾画关键句）。

2.精读（深入研读，关键处认真反复读，将自己的理解或困惑批注在空白处）。

3.朗读（读准字音，读出节奏，读出古代诗歌的音韵美感；朗读中初步疏通文意)。

(二)阅读任务

1.阅读《黄河颂》，注意文内的“批注示例”，想想诗人是从哪些方面赞美黄河的?

(从自然特点、地理特点和历史贡献三方面来赞美黄河的。)

2.阅读《最后一课》，理清故事情节，批注在文章空白处；勾画文中典型的人物描写句，并批注。

故事情节：开端(小弗郎士上学路上的所见所闻所感)—发展(感觉到课堂上的异常；上课的心情与认知转变；课堂上的动人情景)—高潮与结局(韩麦尔先生宣布下课)。

人物描写示例：“然后他呆在那儿……你们走吧。”这是对韩麦尔先生的神态与动作描写，表现了他面对祖国被侵占的残酷现实时，内心极大的痛苦。

3.阅读《土地的誓言》，关注并思考文内批注。

4.朗读《木兰诗》，初步感受诗歌刚健明朗、质朴生动的民歌情味。

三、预习检测

(一)字词过关

1.写字

狂澜　斑斓　宛转　婉转　屏障　祈祷　嗥鸣　高粱

埋葬　丰饶　机杼　戎机　云鬓

2.注音

哺育　气氛　惩罚　钥匙　字帖　亘古　默契　田垄

镐头　污秽　军帖　可汗　胡骑　金柝　同行

3.释义

浩浩荡荡　九曲连环　祈祷　亘古　污秽

(二)常识积累

1.《黄河颂》选自组诗<u>《黄河大合唱》</u>，作者<u>光未然</u>。

2.《最后一课》的作者是<u>都德</u>，<u>法</u>国小说家。代表作有长篇小说<u>《小东西》</u>、短篇小说集<u>《星期一故事集》</u>等。

3.端木蕻良原名曹京平，代表作有<u>《科尔沁旗草原》</u>等。

4.《木兰诗》选自《乐府诗集》。这是 南北朝 时期北方的一首 民歌。

（三）重点思考

1.诗人是从哪些方面赞美黄河的？

2.（以第一人称的方式）讲述《最后一课》发生了一个怎样的故事？

3.选取《土地的誓言》中的一个句段大声朗读，说说你感受到了作者怎样的情感？

4.（以第三人称的方式）讲述花木兰的传奇故事。（详略）

注意：如果用时超长，可以安排两个课时完成本单元预习。

【作业布置】

1.抄写单元生字词。

2.阅读丛书《倾听黄河》（李雪峰）、《水调歌头·赋三门津》（元好问）两文。

【板书设计】

情系祖国

爱祖国的大好河山

爱祖国的语言文字

爱祖国的土地人民

爱家人、爱祖国

“保卫黄河”教学设计

洪明利

【学习内容】教材《黄河颂》

《倾听黄河》(李雪峰)、《水调歌头·赋三门津》(元好问)

【课　　型】教读引领课

【学习目标】

1.感受黄河形象，领悟黄河所凝聚的中华民族的伟大精神。

2.对精彩句段进行品味，把握直接抒情句，学做批注。

【学习重点、难点】

1.重点：深情朗读，精读品味直接抒情句，学做批注。

2.难点：领悟黄河所凝聚的民族精神，保卫黄河，保卫祖国。

【教学过程】

一、情境导入

(课前播放《黄河大合唱》第一、第二乐章，创设磅礴的艺术氛围。)

黄河是我们中华儿女的母亲河，它比人类的历史还要源远流长，它一泻千里，奔腾在祖国大地上。古往今来，多少文人赞颂它、歌唱它！

唐朝大诗人李白有诗“黄河落天走东海，万里写入胸怀间”(《赠裴十四》)；宋金时期元好问写“黄河九天上，人鬼瞰重关”(《水调歌头·赋三门津》)；1939年，诗人光未然在延安创作了组诗《黄河大合唱》；还有作家李雪峰的《倾听黄河》，写出了一条刚柔相济的黄河。

二、走近黄河

(一)读黄河

1.自由读《黄河颂》《倾听黄河》《水调歌头·赋三门津》。

2.展示读

示例：《黄河颂》朗读分工设计如下，教师注意指导学生把握感情基调，读出黄河气势，读出诗人深情。(可配乐)

教师：朗诵词部分。

男生：歌词“望黄河”部分。

1、2、3组：歌词“颂黄河”(啊！黄河！——在你的身边扮演！)

4、5、6组：歌词“颂黄河”(啊！黄河！——筑成我们民族的屏障。)

7、8、9组：歌词“颂黄河”(啊！黄河！——发扬滋长！)

合：至结束（可反复一次）

(二) 说黄河

通过三篇文章的阅读，我们对黄河的形象有了不少的了解，请你结合阅读内容，说说你所知道的黄河吧！(教师根据学情需要，可向学生提供说话的句式参考，如：我在《________》中，看到了一条________的黄河。)

(示例：我在《黄河颂》的“啊！黄河！你一泻千丈”中，看到了一条一往无前、无坚不摧的黄河；我在《倾听黄河》中看到了一条有时恣肆狂放，有时恬静舒缓的黄河。)

(三) 颂黄河

黄河以它雄壮的气势，奔腾在中国大地上，滋养着一代又一代中华儿女。这一篇篇美文，就是儿女对母亲唱出的颂歌。抒情的方式主要有两种，一种是直接抒情，一种是间接抒情，你认为《黄河颂》主要采取的是哪种抒情方式？

1.学做批注。学习课文中的“批注示例”，勾画两三句，仔细品味并加上批注。

(学法指导：批注就是指在阅读中，把自己的读书感想、疑难问题等，用简练的语言和相应的符号随手批写在书中的空白处。批注的对象可以是文章的词、句，也可以是段、篇。就初中阶段而言，我们主要是从语言特点及表达效果、思想内容、层次结构、艺术手法等角度进行批注。)

示例讲析：

第1处批注，是针对诗歌朗诵词部分的思想内容，进行的概括式批注。

第2处批注，着重思考了诗歌中关键字词“望”的结构作用和表达效果，进行分析、批注。

第3处批注，是从诗歌的层次结构，还有抒情方式，进行了分析、批注。

第4处批注，抓住了“啊！黄河”这个句子，从它的语言特点及表达效果上进行品味，做了分析式批注。

批注示范：

“用你那英雄的体魄，筑成我们民族的屏障”这一句，写出了黄河地势险要，是一道天险，成为军事屏障，保卫着中华儿女；同时，通过这一句，我仿佛看到了黄河不畏险阻，滚滚向前的英雄形象，它立起了一道精神的屏障，激励着中华儿女浴血奋战，抵御外敌。

2.交流学习

①请将阅读批注在小组内交流；

②点名说说批注的内容。

（教师重在引导学生把握文章主要的抒情方式，体会直接抒情的表达效果。）

如：“啊！黄河！……”的句式直接抒发了诗人热爱黄河的感情，充满雄浑豪迈之美。

3.举一反三

请从《倾听黄河》一文中找出一句直接抒情句来，并说说它的表达效果。

如：第4自然段的第②句，作者直接抒情，运用排比的手法，写出了黄河的气势磅礴，表达了对黄河的热爱与赞颂之情。

三、学习小结

直接抒情及其表达效果——直接抒情即直抒胸臆，是指作者或人物不借助别的事物，直接抒发自己的情感。这种抒情方式的效果是情感炽烈、直接坦露、有强烈的艺术感染力。

【作业布置】

配套练习题适量

【板书设计】

保卫黄河

黄河卫我←——→我卫黄河

“家国危亡　赤子情深（上）”教学设计

洪明利

【学习内容】

教材《最后一课》

丛书《第一堂课》(老舍)、《最后一课》(郑振铎)

【课　型】教读引领课

【学习目标】

继续学习批注，对比体会文章的抒情效果。

【学习重点、难点】

1.重点：学做批注。

2.难点：体会抒情的表达效果。

【教学过程】

一、导入

希特勒曾说：“要消灭一个民族，首先瓦解它的文化；要瓦解它的文化，首先消灭承载它的语言；要消灭这种语言，首先先从他们的学校里下手。”这一堂课，让我们看看在家国危亡的年代，那些可耻的侵略者是如何妄图消灭一个伟大民族的。

二、整体感知

快速阅读教材《最后一课》，丛书《第一堂课》(老舍)、《最后一课》(郑振铎)。

(一)阅读要求

1.阅读都德《最后一课》的过程中，圈画关键词句，完成教材第35页课后题一的表格。

(学法指导：引导学生用不同的符号做标记，如用波浪线画出表示气氛变化的词句；用横线画出表示学生变化的词句；用双横线画出表示老师变化的词句。阅读《第一堂课》的过程中，关注旁批，加深理解。）

2.阅读郑振铎《最后一课》的过程中，体会它与都德《最后一课》在抒情上的异同，并把自己的理解、感想或困惑批注在旁白处。

（二）阅读交流

1.组内交流阅读所得。

2.班级交流展示（点名）。

明确：①用表格梳理。

项目	平日上课	最后一课
气氛	开始上课的时候，总有一阵喧闹，在街上也能听到。	安安静静的，整个教室都有一种不平常的严肃气氛。
学生	开课桌，关课桌，怕吵捂着耳朵大声背书。	学生们都在自己的座位上了。
老师	拿着大铁戒尺在桌子上紧敲着："静一点儿……"	踱来踱去，对迟到的学生态度温和，穿着正式（礼服、领结、小黑丝帽）。

②《第一堂课》是从哪些角度进行批注的？（示范3个，指导学生在《黄河颂》的基础上进一步学习做批注。）

批注1主要从抒情的角度做分析式批注，抓住了"苦痛"二字。

批注2主要从艺术手法方面做分析式批注，点明了"对比"的表达效果。

批注3分析了细节描写的作用，这是一个间接抒情句，通过人物动作来表达其内容的痛苦之情。

③批注示范：

两篇文章的抒情视角不一样，都德《最后一课》以小弗郎士的口吻进行叙述，侧重于这个调皮贪玩小男孩的心理活动，并通过他的视角来展现韩麦尔先生及镇上其他人的各种表现与变化，更加纯真感人，小主人公的变化使读者受到触动。而郑振铎《最后一课》则从上最后一课的老师"我"的角度来叙述。

两篇文章都抒发了家国危亡时，侵略者妄图从学校下手，消灭语言，消灭文化，进而达到消灭整个民族的可耻行径，都抒发了被侵略者内心对入侵者的愤恨，对国土沦丧的悲痛，对祖国文化的热爱之情。（与老舍《第一堂课》中的无奈、绝望有所不同，此两文中更有一种悲愤与信念在其中。）

【作业布置】

阅读都德《最后一课》

1.勾画出刻画韩麦尔先生的精彩语句，并在文章空白处做一些批注；

2.结合上下文内容，思考课后题四，将自己的理解批注在题旁的空白处。

【板书设计】

略。

“家国危亡　赤子情深（下）”教学设计

洪明利

【学习内容】

教材《最后一课》

丛书《第一堂课》(老舍)、《最后一课》(郑振铎)

【课　型】教读引领课

【学习目标】

1.把握人物形象特点；

2.继续学习批注，体味人物描写句及含义深刻句子的间接抒情的效果。

【学习重点、难点】

重点：通过批注，抓住关键句把握人物形象。

难点：体会间接抒情的表达效果。

【教学过程】

一、导入

战火纷飞的年代，可耻的侵略者来到了各个学校，他们想要干什么？

（明确："要消灭一个民族，首先瓦解它的文化；要瓦解它的文化，首先消灭承载它的语言；要消灭这种语言，首先先从他们的学校里下手。"）

但是，他们的阴谋不会得逞，因为他们即便控制了殖民地的语言，却怎么也改变不了赤子对祖国的挚爱。

二、把握人物形象

（一）快速默读，圈点勾画做批注

（二）交流展示

1.韩麦尔先生

批注示范：

①“我才注意到，我们的老师今天……或者发奖的日子才穿戴。”

这是对韩麦尔先生的衣着外貌进行描写，写出了他最后一课上的穿着十分庄重，因为他要向祖国的语言告别了。这一描写间接抒发了先生内心无比的沉痛，打动人心。

②“我每次抬起头来……都装在眼睛里带走似的。”

对韩麦尔先生细腻传神的神态描写，写出了他对眼前这一切的眷恋，间接抒发了他此时内心的悲伤、惆怅。

③“忽然教堂的钟敲了十二下……‘法兰西万岁！’”

神态、语言、动作的描写，表现出韩麦尔先生不仅是一个法语老师，更是一个用自己言行捍卫民族尊严的英雄，一个悲壮的爱国志士。这里间接抒发了他在国土沦丧、即将告别祖国语言时，内心的万分悲痛，对祖国的热爱，对祖国必胜的坚定信念。

2.小弗郎士

批注示范：

“屋顶上鸽子……也用德国话唱歌吧！”

小弗郎士心里的联想充满孩童的天真，也精妙地讽刺了那些妄图通过语言侵略而达到消灭一个伟大民族的侵略者的愚蠢、残忍与可耻！这一句间接抒发了小弗郎士对侵略者禁教法语的轻蔑、憎恨。

3.教员（祈瑞宣老师）

批注（略）。

4.郑振铎

批注（略）。

三、感受赤子深情

文章中，除这些人物描写句可以让我们感受家国危亡时的赤子之情外，还有一些含义深刻的议论句、描写句，也饱含深情。试着找一试，并做批注。

如：①亡了国当了奴隶的人民，只要牢牢记住他们的语言，就好像拿着一把打开监狱大门的钥匙。

民族语言是一个民族的标志。亡了国的人民，只要牢牢记住自己的语言，根植于本国的文化，这个民族就不会彻底灭亡！语言能使民族内部产生强大的凝聚力，亡了国的人民，只要守住自己的语言文化，就一定可以团结到底、奋战到底！这一句话里，也间接抒发了法国人民对祖国必胜的坚定信念。

②这些字贴挂在我们课桌的铁杆上，就好像许多面小国旗在教室里飘扬。

小弗郎士平日里讨厌的字帖，今天都像是一面面国旗，这表现了他的思想感情得到了升华，他领悟到了昔日里老师的良苦用心。这一句中间接抒发了他对母语的热爱，对祖国的热爱。

学法指导：这种在叙述、描写、议论中含蓄委婉地渗透自己情感的手法，就是间接抒情。这样借助景物等方式来抒情，使得抒情更形象，更含蓄，更能引发读者的联想与体悟。

四、结束

无论危亡还是和平，不管西方还是东方，没有谁不爱自己的语言，没有人不爱自己的母亲。让我们在歌声里，感受赤子对祖国的一片深情：

(聆听歌曲《祖国慈祥的母亲》)

“谁不爱自己的母亲/用那滚烫的赤子心灵/谁不爱自己的母亲/用那滚烫的赤子心灵/亲爱的祖国/慈祥的母亲/长江黄河欢腾着/欢腾着深情/我们对您的深情

谁不爱自己的母亲/用那闪光的美妙青春/谁不爱自己的母亲/用那闪光的美妙青春/亲爱的祖国/慈祥的母亲/蓝天大海储满着/储满着忠诚/我们对您的忠诚/啦 啦 啦 啦”

【作业布置】

1.默写课内字词。

2.配套习题适量。

3.推荐阅读丛书《没有祖国的人》(萧乾)。

【板书设计】

家国危亡　赤子真情

韩麦尔先生：温和又严厉，恪尽职守

小弗郎士：贪玩不懂事←——→成熟懂事、喜欢上课

祈瑞宣老师：为自己的无能感到耻辱

郑振铎：为国土的沦丧而屈辱和悲痛

“批注阅读　感悟深情”教学设计

洪明利

【学习内容】

教材：《土地的誓言》端木蕻良

丛书：《土地情诗》舒婷、《给流亡异地的东北同胞们》萧红

【课　型】组文阅读课

【学习目标】

1.自读文本，感知文意，积累生字词；

2.批注式阅读，感悟作者对祖国、对家乡的深情；

3.初步了解文学作品中的“土地情结”。

【学习重点、难点】

1.重点：运用批注式阅读的方法，理解并感受文中重点词句的抒情效果。

2.难点：感悟作者深情，培养学生在当今时代背景下的家国情怀。

【教学过程】

（课间视频播放歌曲《松花江上》）

一、导入课题

老师在课间播放的歌曲是《松花江上》，它反映了1931年9月18日，日本悍然发动侵华战争后，我国同胞的悲惨遭遇。在长达14年的战乱中，我国大片领土沦陷，3 500万军民伤亡，老人、妇女、婴儿惨遭屠杀……东北作家端木蕻良和萧红在惨案发生十年后，分别写下《土地的誓言》和《给流亡异地的东北同胞书》。

本节课，我们将运用批注式阅读法，一起来解读他们在战乱中对沦陷国土的铮铮誓言。【板书课题】

二、预习检测

1.字音 niǎn háo jiàn gèn qì lǒng gǎo huì

碾 嗥鸣 山涧 亘古 默契 田垄 镐头 污秽

2.字形 誓言 高粱 斑斓 缠绕 埋葬 土壤

丰饶 耻辱

三、文本自读

活动一：导读·抓住“指向标”

1.教师导读

（出示《土地的誓言》文后的“阅读提示”，教师动态演示，批注其中的阅读要点，使学生在把握自读方向的同时，及时温故“批注式阅读”的方法。）

2.学生自读

（学生依据“阅读提示”中的要点信息，自读《土地的誓言》，及时批注。）

（学生阅读丛书P46萧红的《给流亡异地的东北同胞书》，勾画并批注最能表达作者情感的语句。老师关注学情，点评批注得法的同学，以学定教。）

活动二：品读·感悟爱国情

“阅读提示”中说，本文有强烈的抒情性，其实我们刚刚读的两篇文章，都具有强烈的抒情性，你在自读中感受到了吗？

1.明确品读要求：选定一处最能抒发作者情感的句子，大声朗读，读出作者情感；参照批注，说出你的理解。

2.学生自读展示，教师重点关注以下内容，及时点评、板书学生品读要点。

【要点预设】

（一）《土地的誓言》

①理解“泛滥”：（换词法）可否换为“涌动”？

明确：本义是“江河湖泊的水溢出，四处流淌”，又引申为“思想、事物到处扩散”，此词形象地表现了作者在国土沦丧后的心情如决堤之水不可遏制，较之“涌动”更多几分野性和难以驾驭的力量。【直接抒情】

②铺陈（像电影特写镜头一样）东北生活气息形象的效果：

明确：景象叠加，呈现家乡一幅幅动人的画面，美丽又富饶，从中表达了作者对故乡的热爱、思念之情；饱含着作者对美好生活的向往之情。【间接抒情】

③为何多次写“这种声音”？它为何来自“亘古的地层”？

明确：移情于物——“这种声音”是故乡对我的呼唤，实际上是我太思念故乡了。来自“亘古的地层”，即地心，地心即我心，这种对故乡的眷念是深厚的，炽热的。【间接抒情】

④理解“埋葬”：

明确：“埋葬”只用于已经死去的事物，可见“我”的欢笑已经死去。九一八事变，使中国人民经受了山河破碎、民不聊生的深重苦难，欢笑已荡然无存，取而代之的是凄苦、悲愤！所以用“埋葬”更多了一层痛苦在其中。

追问：谁埋葬了我的欢笑？

——日本侵略者。

⑤当美好的家园被蹂躏，当完整的国土已沦丧，作者发出了怎样的誓言？

明确：我必定为她而战斗到底。土地、原野、我的家乡，你必须被解放！你必须站立！我要回到她的身边，我一定会回去。为了她，我愿付出一切。我必须看见一个更美丽的故乡出现在我的面前——或者我的坟前，而我将用我的泪水，洗去她一切的污秽和耻辱。

用“她”，将故乡拟人化，使其以母亲的形象出现在我的生命里。【直接抒情】

（二）《给流亡异地的东北同胞书》

⑥理解“装满”：

明确：“被悲哀装满”，化抽象为形象，强烈地表达出漂泊他乡的作者在中秋佳节无可抑制的思念之情，国土的沦丧让这份深情被悲哀笼罩。【直接抒情】

⑦第9自然段中对家乡的描写：

明确：与《土地的誓言》中东北景象的叠加异曲同工。开段一句“家乡多么好呀”是【直接抒情】，紧接着呈现家乡的一系列景物，美丽又富饶，从中表达了作者对故乡的热爱、思念之情；饱含着作者对美好生活的向往之情。【间接抒情】

如需加强间接抒情和直接抒情的效果体会，教师可用幻灯片出示以下对比文段，让学生深情朗读，深入感受：

在春天，东风吹起的时候，土壤的香气便在田野里飘扬。河流浅浅地流过，柳条像一阵烟雨似的窜出来，空气里都有一种欢喜的声音。原野到处有一种鸣叫，天空清亮透明，劳动的声音从这头响到那头。【间接】我必定为她而战斗到底。土地，原野，我的家乡，你必须被解放！你必须站立！【直接】

3.老师小结提升：在外敌入侵，国土沦丧的时候，东北作家群的代表们发声了，他们以笔为武器，控诉着侵略者的可耻行径，表露着受难者的赤子之心。

活动三：研读·理解“土地”义

端木蕻良说：“在人类的历史上，给我印象最深的是土地。……土地给我一种生命的固执 …… 我活着好像是专门为了写出土地的历史而来的。”为什么像端木蕻良、萧红等无数的中华儿女对土地如此深情？请自由朗读丛书P135舒婷的《土地情诗》，探究土地的象征义。

1.学生自由朗读，圈点批注自己的感想；

2.小组合作交流，探究土地的象征意义；

3.推荐代表展示，教师适当的点评提升。

【板书探究结果】土地——祖国、故乡、民族精神……

小结：中国是一个农耕大国，自古以来人们就依存于土地繁衍生息，人们对土地的深情好比父亲和母亲。自古至今，土地都是祖国最重要的主权标志，所以，在众多的文学作品中，土地不仅具有其经济价值，更有其深刻的文化内涵。

四、学习小结

课堂即将结束的时候，请回想：这一堂课里，我运用了什么阅读方法，读出了什么？

（明确：运用批注式阅读，感受到了中华儿女对祖国的无比热爱。）

【作业布置】

推荐阅读：

丛书P67—73黄药眠《我爱我的祖国》

阅读要求：

采用自己喜欢的方式阅读（放声朗读、快速默读等），圈点勾画，将自己的感受批注在文章的空白处。

【板书设计】

批注阅读

关键词：泛滥、埋葬

关键名：铺陈景象

移情于物

誓言

感悟深情

土地
- 祖国
- 故乡
- 民族精神
- ……

“巾帼须眉（上）”教学设计

洪明利

【学习内容】

教材：《木兰诗》

丛书：《白马篇》曹植

【课　型】教读引领课

【学习目标】

1. 反复朗读诗歌，感受民歌的情味。

2. 疏通文意，初步感知木兰、游侠壮士的形象特点。

【学习重点、难点】

1.重点：反复朗读，积累重点文言知识。

2.难点：感受人物魅力，感受民歌情味。

【教学过程】

一、导入

1.《晋书·宣帝纪》有“亮（诸葛亮）数挑战，帝（司马懿）不出，因遗帝巾帼妇人之饰”。这个故事你们知道吗？

（三国时著名的一出戏：诸葛亮出斜谷向司马懿挑战，但后者避而不出，诸葛亮便用激将法，派人给司马懿送去了“巾帼妇女之饰”，以示羞辱。）（“巾帼”是一种头巾式的头饰，先秦时期，男女都能戴帼，用作首饰。到了汉代，才成为妇女专用。“巾帼”后来引申为女子的代称，如今已是对妇女的一种尊称。）

2.《红楼梦》第一回中有这样一句：“何我堂堂须眉，诚不若彼裙钗哉？”是什么意思呢？

（想我堂堂一个男子汉，还不如你一个女子。“须眉”指胡须和眉毛，古时男子以胡须眉毛稠秀为美，故以此为男子的代称。）

今天我们就来学习《木兰诗》和丛书中的《白马篇》，领略一下古代巾帼须眉的风采。

二、整体感知

1. 学生自由读文，读准字音，读出节奏，并及时勾画疑难处。

机杼（zhù）	军帖（tiě）	鞍鞯（jiān）	啾啾（jiū）
朔气（shuò）	金柝（tuò）	霍霍（huò）	云鬓（bìn）
连翩（piān）	乡邑（yì）	楛矢（hù）	飞猱（náo）
勇剽（piāo）	豹螭（chī）	虏骑（jì）	羽檄（xí）

2. 结合注解和工具书，疏通文意；疑难处小组合作。

（重点掌握文内注解，老师适时帮助学生疏通疑难。）

3. ①点学生，用自己的语言简要复述《木兰诗》故事情节（可多人接龙合作完成，可变换第一人称和第三人称）。

（应征从军—出征参战—辞官还乡—设喻作结）

②谁来说说《白马篇》的大意？

（译文：驾驭着白马向西北驰去，马上佩带着金色的马具。有人问他是谁家的孩子，边塞的好男儿游侠骑士。

年纪轻轻就离别了家乡，到边塞显身手建立功勋。楛木箭和强弓从不离身，下苦功练就了一身武艺。

拉开弓如满月左右射击，一箭箭中靶心不差毫厘。飞骑射裂了箭靶“月支”，转身又射碎箭靶“马蹄”。

他灵巧敏捷赛过猿猴，又勇猛轻疾如同豹螭。听说国家边境军情紧急，侵略者一次又一次进犯内地。

告急信从北方频频传来，游侠儿催战马跃上高堤。随大军平匈奴直捣敌巢，再回师扫鲜卑驱逐敌骑。

上战场面对着刀山剑树，从不将安和危放在心里。连父母也不能孝顺服侍，更不能顾念那儿女妻子。

名和姓既列上战士名册，早已经忘掉了个人私利。为国家解危难奋勇献身，看死亡就好像回归故里。）

三、再读课文，初知人物

两篇文章，一为巾帼，一为须眉，你更喜欢哪一个？为什么？

（鼓励学生说出真感受，说得有根有据、条理清晰。为下一课的深入分析做好准备。）

【作业布置】

配套习题册适量

【板书设计】

应征从军—出征参战—辞官还乡—设喻作结

（课堂疑难词、句及解析）

“巾帼须眉（下）”教学设计

洪明利

【学习内容】

教材：《木兰诗》

丛书：《白马篇》曹植

【课　型】教读引领课

【学习目标】

1. 反复朗读诗歌，感受民歌的情味。

2. 把握木兰、游侠壮士的形象特点，感受人物的魅力。

【学习重点、难点】

1.重点：反复朗读，学会通过重点文句分析人物形象，感受人物魅力。

2.难点：习得详略得当的写作手法。

【教学过程】

一、文化积累

上一课里，我们学习了《木兰诗》和丛书中的《白马篇》，谁帮我解释一下“巾帼须眉”里的传统文化知识？

二、温习旧知

1. 读准字音

机杼（zhù）	军帖（tiě）	鞍鞯（jiān）	啾啾（jiū）
朔气（shuò）	金柝（tuò）	霍霍（huò）	云鬓（bìn）
连翩（piān）	乡邑（yì）	楛矢（hù）	飞猱（náo）
勇剽（piāo）	豹螭（chī）	虏骑（jì）	羽檄（xí）

2．解释意思

（《木兰诗》课后题四）

三、赏析人物

1.自由读，结合文句感受人物形象特点。

2.用“我更喜欢木兰/壮士，因为我从《木兰诗》/《白马篇》的__________读到她/他是一个__________的人”句式说话。

（示例：“白马饰金羁，连翩西北驰”写出了边情的紧急，壮士骑术娴熟，气概豪迈；

“狡捷”二句，以形象的比喻描写游侠儿的敏捷灵巧，勇猛轻疾；

“阿爷无大儿，木兰无长兄，愿为市鞍马，从此替爷征”写出了木兰的孝顺；

“同行十二年，不知木兰是女郎”可见她的聪慧机智。）

3.教师小结：木兰代父从军是“孝”，也是“忠”。木兰之所以能流芳百世，是因为她既有女儿情怀，更具英雄气概，是我国古代杰出的巾帼英雄形象。边塞游侠捐躯赴难、奋不顾身的英勇行为，既是诗人曹植的自我写照，又凝聚和闪耀着时代的光辉。

4.齐读文章，想象两位人物的风采。

四、品味写法

1.读一读，找出你认为写得好的句子，并进行赏析。

（文中运用多种修辞手法，老师要引导学生学习手法并体会作用。）

2.思考：《木兰诗》中，对于她战场的英勇为什么一笔带过？

（此文重点不是写木兰的男儿气概，所以战场的部分略写；而在突出木兰代父从军的孝顺以及她的女儿情怀，所以从军前后的内容详写。方法提炼：文章的详略安排应充分体现作者的写作意图，即主旨。）

3.老师小结：此两文均为乐府诗，《白马篇》为雅乐类型，文人写作，词藻隽秀；《木兰诗》为民歌类型，多用口语，朴素自然，与《孔雀东南飞》一起，被誉为乐府民歌中的“双璧”。

五、背诵比拼

【作业布置】

阅读丛书P141《黄海舟中日人索句并见日俄战争地图》和P156《戚继光传》，感受历史长河中巾帼与须眉的人物魅力。

【板书设计】

木兰 { 孝顺、淳朴 / 勇敢、刚毅 / 爱美、聪慧 } 巾帼女英雄

壮士 { 武艺高超 / 英勇赴难 / 卫国立功 } 须眉真丈夫

“情动于中而形于言”教学设计

洪明利

【学习内容】

教材《学习抒情》

【课　型】主题写作课

【学习目标】

1.在写作中激发学生对生活的思考与热爱。

2.把握直接抒情和间接抒情这两种抒情方式。

【学习重点、难点】

1.重点：体会抒情的不同方式，并学会综合运用。

2.难点：学会抒情。

【教学过程】

一、知识抢答

1.写作中常见的表达方式有哪几种？

（记叙、议论、描写、抒情、说明）

2.什么是抒情？

（抒情就是表达情思，抒以情感。）

3.抒情有什么作用？

4.常用的抒情方式有哪些？

（直接抒情和间接抒情。间接抒情主要是指在写人、叙事、写景、状物的过程中渗透作者的感情。）

二、学习抒情

(一)认真阅读下列文段，体会字里行间的抒情，将你的读后感想写下来

1.“我听了这几句话，心里万分难过。啊，那些坏家伙，他们贴在镇公所布告牌上的，原来就是这么一回事！

我的最后一堂法语课！

我几乎还不会作文呢！我再也不能学法语了！难道这样就算了吗？我从前没好好学习，旷了课去找鸟窝，到萨尔河上去溜冰……想起这些，我多么懊悔！我这些课本，语法啦，历史啦，刚才我还觉得那么讨厌，带着又那么重，现在都好像是我的老朋友，舍不得跟它们分手了。还有韩麦尔先生也一样。他就要离开了，我再也不能看见他了！想起这些，我忘了他给我的惩罚，忘了我挨的戒尺。”

（言之成理即可。示例：第3自然段中通过对小弗郎士大量的心理描写，在回想以前贪玩、不懂事的种种行为中，表现了他此刻的懊悔、不舍，也间接表达了他对祖国文字、对老师的热爱之情。）

2.火葬场的炉门前，棺木是一只巨大而沉重的抽屉，缓缓往前滑行。没有想到可以站得那么近，距离炉门也不过五米。雨丝被风吹斜，飘进长廊内。我掠开雨湿了前额的头发，深深、深深地凝望，希望记得这最后一次的目送。

我慢慢地、慢慢地了解到，所谓父女母子一场，只不过意味着，你和他的缘分就是今生今世不断地在目送他的背影渐行渐远。你站立在小路的这一端，看着他逐渐消失在小路转弯的地方，而且，他用背影默默告诉你：不必追。

（言之成理即可。选自龙应台的《目送》。示例：第1自然段，作者通过描写自己目送父亲火葬的情景，间接抒发了自己对父亲离逝的无限悲痛之情。）

3.当我躺在土地上的时候，当我仰望天上的星星，手里握着一把泥土的时候，或者当我回想起儿时的往事的时候，我想起那参天碧绿的白桦林，标直漂亮的白桦树在原野上呻吟；我看见奔流似的马群，深夜嗥鸣的蒙古狗，我听见皮鞭滚落在山涧里的脆响；我想起红布似的高粱，金黄的豆粒，黑色的土地，红玉的脸庞，黑玉的眼睛，斑斓的山雕，奔驰的鹿群，带着松香气味的煤块，带着赤色的足金；我想起幽远的车铃，晴天里马儿戴着串铃在溜直的大道上跑着，狐仙姑深夜的谰语，原野上怪诞的狂风……这时我听到故乡在召唤我，故乡有一种声音在召唤着我。

（言之成理即可。示例：作者通过对富有东北特征、富有时代意味的故乡景象的叠加式描写，间接抒发了自己对沦陷国土的悲痛与热爱之情。）

4.我们祖国的英雄儿女，

将要学习你的榜样，

像你一样的伟大坚强！

像你一样的伟大坚强！

（言之成理即可。示例：这是诗人的呼告，他直抒胸臆，代表中华儿女发出了学习黄河精神的誓言，从中表达出强烈的民族自豪感。）

（二）组内交流：如何选择恰当的抒情方式？

教师指导：

1.巧择材料，尽显真情

取材范围：亲情、友情、乡情、师生情、爱国情等类题材皆可。

指导：真情源于真人真事，写真人真事、亲身经历最容易做到感情真挚，最易写出动情点。

2.抓住感情的触发点，以细节传情

白居易云："感人心者，莫先乎情。"真挚的感情最容易打动人。现实生活中，有时一句话、一个动作、一个眼神都能让我们感动。抓住它，叙述出前因后果，描绘出它令你感动的具体细节，让自己感动了，也一定能打动别人，引起别人的共鸣，给人以思想上的启迪和美的享受。

【补充链接：什么是细节描写】

细节描写是指作品中对一些富有艺术表现力的细小事物、人物的某些细微的举止行动，以及景物片断等的具体细腻的描写。它是指抓住生活中的细微而又具体的典型情节，加以生动细致的描写。

细节描写方法：

（1）提取细小的传神动作。

（2）捕捉人物特色的语言。

（3）描摹个性外貌神态。

（4）揣摩人物的心理活动。

（5）刻画典型的景和物。

【作业布置】

写作实践

请以《乡情》《我的烦恼》(二选一)为题写作

要求:

1.用心观察和感受,捕捉家乡(成长过程中)动情的景、物、事。

2.从寻常小事入手,学会选择恰当的抒情方式写出自己的真情实感。

3.500字以上,书写工整,力求美观。

【板书设计】

一、巧择材料,尽显真情

二、抓住感情的触发点,以细节传情
- 提取细小的传神动作
- 捕捉人物语言
- 描摹外貌神态
- 揣摩心理活动
- 刻画景和物

“天下国家”教学设计

洪明利

【学习内容】

七年级下册丛书内容

【课　型】读书汇报课

【学习目标】

1.懂得“有国才有家”；

2.能用一定的技巧（抒情方式）较好地表达；

3.学习资料的搜集和整理。

【学习重点、难点】

1.重点：深刻领会“国家”的内涵。

2.难点：学会选用恰当的抒情方式进行表达。

【教学过程】（准备阶段可以提前安排1课时）

一、导入

孟子说：“人有恒言，皆曰‘天下国家’。天下之本在国，国之本在家，家之本在身。”（《孟子·离娄上》）由此可见，国家国家，有国才有家。

在这一单元的学习中，你能真切地感受到孟子说的这个道理吗？

（祖国山河、语言文字、家乡与土地……这一切无不告诉我们：个人与国家的命运是息息相关的。）

二、爱国活动

（一）确定活动形式：根据班级实际情况，可以小组分工，三个活动同时开展；也可选定一个活动全班开展

1.“家国栋梁”故事会；

2.“赤子之心”诗歌朗诵会；

3.“大好河山”手抄报比赛。

（二）做好活动安排（以活动一为例）

1.每位同学从丛书2中选定一篇写人的文章，反复熟读，试着以故事的形式讲给家长和同学听。

2.老师指导：讲故事时要吐词清晰，发音标准，声音响亮；要绘声绘色，注意态势语的运用；要适当夸张，注意表演性；要合理添加和变通，生动有趣，感染听众。

3.小组内两个同学一组，相互讲故事，互相点评，不断提升。

4.各小组推出一位优胜者，上讲台，全班展示。

5.班级最优者，推送到年级或学校参赛。如果班级以上没有讲故事活动，可以由老师录制后发布在班级群，把精彩献给家长们。

“家国栋梁”故事会评分表 评委：__________

姓名（小组）	故事名称	评价标准					总计
		内容具体紧扣主题（30分）	表达清晰态势语自然（40分）	精神饱满感情真挚（20分）	穿着得体台风自然（10分）	脱稿完成时间合理（10分）	
1							
2							
3							
4							
5							
6							
7							
8							

【作业布置】

写一篇活动后感（老师可对优秀作品予以讲评鼓励，并把它们张贴在教室内）。

【板书设计】（略）

研究性学习设计方案模板

黄立荣

研究课题名称	中学生古典名著导读		
设计者姓名	黄立荣	所在学校	潮安区宝山中学
所教年级		研究学科	语文
联系电话		电子邮件	

一、课题背景、意义及介绍

1.背景说明（怎么会想到本课题的）：

随着生活节奏的加快，人们对待阅读越来越持功利化态度。近年来，国内多家权威的教育研究机构经过调查、分析，发现，国内中学生文学名著的阅读时间少，阅读面狭窄，阅读量严重不足。这正是导致当下中学生文化修养不高，人文情怀缺失的一个重要原因。因此，有必要在中学生群体中开展名著导读活动，使学生全面、深入地学习名著，提高相应的学科技能和人文情怀。

2.课题的意义（为什么要进行本课题的研究）：

本课题意义有以下几点：

A.通过大量阅读名著，开阔中学生的写作视野，激活写作思路，学习写作技巧，提高写作水平，提高语文素养。

B.有利于对文化的传承和发扬，有利于积淀文化底蕴。

C.有利于培养学生人文情怀，提高个人修养。

3.课题介绍

古典名著是中国传统文化中的瑰宝和精华，因此作为一个中学生，在语文学科的学习中，除了要掌握课本内的知识外，还必须接触更宽广的中国传统文化，提高自身的写作水平，传承和发扬传统文化。通过开展“中学生”古典名著导读活动，可以让中学生用正确的方式在合理的时间内学到更多语文课本以外的知识，对语文学科有一个更全面更系统的认知和掌握。

续上表

二、研究性学习的教学目的和方法[可按新课程标准的三维目标（或布鲁姆目标分类法）进行研究性学习的教学目和方法的阐述]

1.教学目的：

A.开阔中学生的写作视野，激活写作思路，学习写作技巧，提高写作水平，提高语文素养。

B.传承和发扬传统文化，积淀文化底蕴。

C.陶冶情操，培养良好的人文情怀。

2.教学方法：

调查问卷法：通过不记名问卷调查的方式掌握范围内学生的阅读时间、内容、方法等。

讲授法：教师选取若干有代表性古典名著，然后为学生解读文本。

讨论法：由学生分组进行讨论归纳，总结名著的特色（如写作技巧、思想内涵等）。

竞赛法：开展形式多样的竞赛，如朗诵、辩论赛等，引起学生兴趣。

三、参与者特征分析（重点分析学生有哪些共性、有哪些差异，尤其对开展研究性学习有影响的因素）

初中学生普遍存在认识上的误解，首先，认为学习语文就是学习书本上的内容，对课外读物阅读兴趣不浓，认为不是考试的内容，没有必要花费时间经历阅读，有部分学生虽然进行一些课外阅读，由于年龄特点，也热衷于青春文学、校园文学等快餐式文化，较少有人进行古典名著阅读。

其次，客观条件也存在不足。很多初级中学图书配备不完善，图书室藏书量偏少，因此学生进行阅读也受到一定的限制。

再次，社会、学校、家庭均无法为中学生提供一个良好的阅读氛围。

以上三点，是中学生在阅读名著问题上普遍存在的一些问题。

四、研究的目标与内容（课题研究所要解决的主要问题是什么，通过哪些内容的研究来达成这一目标）

本活动研究的目标在于开阔中学生的写作视野，激活写作思路，学习写作技巧，提高写作水平，提高语文素养，传承和发扬传统文化，积淀文化底蕴，陶冶情操，培养良好的人文情怀。

本课题所要解决的主要问题有以下几点：

A.如何纠正学生阅读观念上的偏差，激发学生的阅读动机。

B.如何引起学生阅读古典名著的兴趣。

C.如何让学生获得阅读的收益，从而自觉进行阅读。

备选研究课题如下：

名著阅读与语文成绩的提高；

成功人士与名著阅读；

名著阅读与写作技巧的养成。

续上表

<table>
<tr><td colspan="5">五、研究的预期成果及其表现形式（研究的最终成果以什么样的形式展现出来，是论文、实验报告、实物、网站、多媒体还是其他形式）</td></tr>
<tr><td colspan="5">随着课题研究活动的开展，学生对传统文化有一定的深入了解，而不拘泥于书本内容。通过小组合作研究，在搜集、整理、加工信息等能力上有所提高，并逐步养成合作学习的习惯。基于中学生的认知水平和语言组织能力，研究的最终成果将以手抄报、图片展示等形式得以呈现，有能力和条件的也可以采取多媒体形式，或通过开展竞赛体现出来。</td></tr>
<tr><td colspan="5">六、资源准备</td></tr>
<tr><td colspan="5">教师提供的资源：
1.开放图书馆，鼓励学生到图书馆借阅；
2.教师于互联网上搜集相关资料，让学生传阅；
3.准备笔、纸、相机、摄像机等。</td></tr>
<tr><td colspan="5">七、研究性学习的阶段设计</td></tr>
<tr><td colspan="2">研究性学习的阶段</td><td>学生活动</td><td>教师活动</td><td>时间</td></tr>
<tr><td colspan="2">第一阶段：动员和培训（初步认识研究性学习、理解研究性学习的研究方法）</td><td>让学生分组讨论自己对古典名著的看法。</td><td>开展问卷调查，通过不记名问卷调查的方式掌握范围内学生的阅读时间、内容、方法，等等。</td><td>第1周</td></tr>
<tr><td rowspan="3">第二阶段课题准备阶段</td><td>提出和选择课题</td><td>全班讨论提出课题。</td><td>揭示研究内容，提出课题。</td><td rowspan="3">第2—3周</td></tr>
<tr><td>成立课题组</td><td>学生选择自己感兴趣的课题，或者参与同伴的课题。</td><td>分组指导，帮助学生对自己所选的课题进行学习探究。</td></tr>
<tr><td>形成小组实施方案</td><td>总结归纳，确定参与的课题，并得出可行的实施方案。</td><td>对学生上交的课题活动实施方案进行考量，制定最优化的方案，并指导学生时实践。</td></tr>
</table>

续上表

第三阶段：课题实施阶段	学生对搜集课题相关内容进行整体、归纳，并得出最终结论，撰写阅读心得。	选取若干有代表性的名著或显示例子进行讲授，在学生讨论整理的过程中加以引导。	第4—5周
第四阶段：评价(思考：用什么样的方式对学生的学习过程、学习结果进行评价，以促进学生的学习)	采用手抄报故事会、诗文诵读会、文学作品展、学生名著阅读知识竞赛、学生写作比赛等比赛系统对学生的学习过程、学习结果进行评价；也可以采用学生对活动进行自我评价。		
八、总结与反思（实践后总结、反思整个研究性学习过程，提出改进意见）			
在教师与学生的齐心协力下，本次研究活动得以顺利开展，并取得了一定的成果，漫步校园，学生的阅读古典名著之风日浓，本次活动的收效也体现在学生的日常作文中，学生已经懂得借鉴古典名著的写作技巧，语言较之前也显得优美典雅，有诗韵词律，语文成绩也有所提高。《语文新课程标准》认为：学生才是学习的主体，教育者在教学的过程中应充分调动学生的积极性，教授者和受教育者之间应该是一种合作和探究的关系。本次教研活动之所以能取得一定的成功，正是实践《新课程标准》的理论的结果。在活动的过程中，充分调动了学生的主体性、积极性，让学生自己动手、动脑，自己归纳、总结，提高自己的认识、领悟，加深了对知识点的认知和掌握，并自觉将其运用到日常写作中来，真正做到学以致用，从而在提高精神修养的同时，加深对语文学科的理解和把握。当然，学生能够在阅读中收获快乐，积累素养，提高成绩，完善人格，这是一个教育工作者最愿意看到的。 当然，由于活动组织者本身知识的有限和客观条件的限制，本次活动也存在着一些不足之处，比如一些学生对教师所讲授的名著仍然不熟悉，这使教学效果多多少少打了折扣。以后，此类活动仍需要继续开展，逐渐引导学生，让学生有实实在在的收获，从而使他们从内心深处接受古典名著阅读，喜欢古典名著阅读。			

附：研究性学习设计方案评价表

课题名称			
所属年级		所属班级	
对课题方案设计的评价			
研究目标	□清晰　□一般　□模糊	进度安排	□合理　□一般　□不合理
资源准备	□丰富　□一般　□很少资源	选题的可行性	□好　□一般　□较差

续上表

选题是否与学生生活经验与认知水平相符合	□相符　□一般　不符合	活动过程是否按照研究性学习的步骤进行	□好　□一般　□较差
研究环节	□明确　□一般　□不明确	为学生活动提供了可行性支持与指导	□好　□一般　□较差
学生是否能经历所有活动并有所收获	□是　□一般　□较差	预期成果	□合适　□一般　□不合适

《春》第三课时课堂实录

黄立荣

一、教学设计思想

《春》是朱自清先生的代表作之一，是一篇充满诗情画意的抒情散文。历来中学语文教师在讲授这篇课文的时候往往将引导学生领略散文的音乐美、画面美以及其语言表现出来的节奏美作为首要教学目标。但是，这篇文章出现在初中一年级课本中，学生因为年龄以及阅读能力的关系对散文特质的把握以及对散文艺术美的领悟力毕竟有所欠缺，因此将教学首要目标放在让学生领略散文的艺术美上似乎欠妥。这篇文章在写作上有很多值得学生借鉴学习的地方，比如结构上的层次分明、详略得当，比如在景物描写中大量运用了比喻、拟人等修辞手法，这为初中一年级学生在学习写作技巧上提供了一个良好的典范。因此我决定将《春》作为景物描写的范文，准备用一个课时的时间让学生学习多感官描物法写作技巧，以期学生学习之后将其运用在以后的写作当中。

二、教学实施过程

这个课时教学过程安排主要分为以下五部分：提问学生回顾复习上节课内容并过渡进入新课的学习、让学生先从原文找出感官描写的例句并分析归纳感官描写的好处、以《秋》为题目让学生讨论并提问学生回答该如何运用感官描写对该题目进行写作素材的提炼、归纳总结该课时的主要内容、布置课外作业。针对本校本班的实际情况主要选择讲读法、提问法、讨论法这三种教学方法。同时运用多媒体CAI课件演示，使学生学习更为直观，加深学生的印象。

【教学目的】

引导学生以本文为示范，学习景物描写的写作技巧——运用多感官写作技巧进行景物描写。

【教学重点、难点】

在写作中，如何运用感官写作方法进行景物描写。

【教学过程】

师：上节课我们学习了《春》,《春》是一篇充满诗意的优美的抒情散文，作者抓住了春天的主要特征，描绘了大地春回，花卉争荣、生机勃勃的春天的图画，赞美、抒唱春的创造力和带给人们以无限的希望，从而激发人们在大好的春光里辛勤劳作、奋然向前。这篇散文如诗如画、语言优美，给人无限的美感，下面请一位同学复述一下《春》的主要内容。

生：课文主要分为三个部分——盼春、绘春和赞春，其中绘春是本文的主要内容，它又包括五个小部分，依次是春草图、春花图、春风图、春雨图和春天里的人。绘春是作者着墨最多、描写最细的部分，写得形象生动，栩栩如生，引人入胜，美不胜收。

师：同学的回答可以看出他对文章内容已经有了一定的了解和把握，刚才这位同学讲到，朱自清先生在“绘春”这一部分描写得形象生动、栩栩如生，使人仿佛身临其境，那么作者在写作时是如何做到这点的呢？除了上节课我们讲到的在景物描写中作者运用多种修辞描写之外，还有哪些写作技巧值得我们借鉴学习的呢？

生：作者把自己看到的、听到的、感觉到的都很详细地写进文章中。

生：作者对春天各种景物的观察非常细致入微。

师：很好，刚才有同学讲到文章的作者之所以能够把景物描写得如此生动形象是由于作者能把自己看到的、听到的、感觉到的都写进文章中去，这点说得非常准确。写作上把这种写法称之为多感官描写。这也是我们这节课要学习的重点。好，那么，接下来请同学们说说感官到底指的是什么？

（生：小声讨论，无人回答。）

师：首先，我们必须明确感官的含义。感官是指受外界事物刺激的器官，有眼、耳、鼻、舌、身等。写作上主要指人的视觉、听觉、嗅觉、味觉、触觉描写。（此处内容用多媒体演示。）多感官描写在景物描写中的运用非常普遍，比如在鲁迅先生的《从百草园到三味书屋》中的对百草园景物的描写，比如下节课我们要讲到的老舍先生的《济南的冬天》中对济南景物的描写，此外还有很多很多。那么，这么多的文学大家在景物描写时候都不约而同地选择了多感官描物法，运用这种写法究竟有什么好处呢？请大家从《春》这篇课文中找出关于运用视觉、听觉、嗅觉、味觉、触觉描写景物的句子。然后仔细揣摩总结一下，运用多感官描写在景物描写中有什么好处。思考一下，然后请同学回答。

生：文中有大量的视觉描写，比如：写春花“红的像火，粉的像霞，白的像雪”“花下成千成百的蜜蜂嗡嗡地闹着，大小的蝴蝶飞来飞去”“野花遍地是：杂样儿，有名字的，没名字的，散在花丛里，像眼睛，像星星，还眨呀眨的”；写春雨的“像牛毛，像花针，像细丝，密密地斜织着，人家屋顶上全笼着一层薄烟。树叶子却绿得发亮，小草也青得逼你的眼”，还有很多很多；听觉描写的句子有“鸟儿将巢安在繁花嫩叶当中，高兴起来了，呼朋引伴地卖弄清脆的喉咙，唱出宛转的曲子，与轻风流水应和着。牛背上牧童的短笛，这时候也成天在嘹亮地响着”；嗅觉描写的句子有“风里带来些新翻的泥土的气息，混着青草味，还有各种花的香，都在微微润湿的空气里酝酿”；味觉描写的句子有“花里带着甜味”；触觉描写的句子有“吹面不寒杨柳风”，不错的，像母亲的手抚摸着你。这些句子写得非常形象生动，就好像在看电影一样，眼前出现了一个个镜头，又好像在一幅美丽的画卷中游玩一样，非常亲切、逼真，仿佛身临其境。

师：同学们概括得很好。大家重点看“春风图”这部分。看作者运用多感官描写起到了什么妙用，“吹面不寒杨柳风”这句诗，写出了触觉的感受：轻柔。再写嗅觉的感受：清新，湿润的空气中混合着泥土的气息，青草气味和花香。最后写视觉和听觉感受：春风中呼朋引伴的鸟儿与轻风流水应和着，嘹亮的短笛成天响着。本来难以捉摸的无形无味无色的春风，被描写得有声有色有情有感。

使用“五官”的妙用是多渠道的，富有立体感的：用视觉，可以察形观色巧描绘，使人如见其状，历历在目；用嗅觉，可以吞芬吐芳妙描摹，使人如闻其馨，沁人心鼻；用味觉，可以含英咀华泼浓墨，使人如品香茗，秀色可餐；用听觉，可以聆听妙音精绘画，使人如雷贯耳，余音绕梁；用触觉，可以身临其境细体会，使人如影随形，真实可亲。这样我们笔下的景象才更加具体、生动、丰富多彩。（此处用多媒体投影演示。）

（生纷纷若有所思地点点头。）

师：因此我们可以得出一个结论，以后我们在景物描写的时候，应该适当运用多感官描写，这样能使我们的文章内容更加形象生动真实立体。好，那么接下来，请大家讨论一下，假如现在有一个作文题目《秋》，我们又该怎样运用多感官描物法来进行写作呢？

生（小声讨论后）：应该也可以从视觉、听觉、嗅觉、味觉、触觉等五方面入手进行景物描写。

师：同学们回答得很好。那好，我们一个方面一个方面来探讨一下该如何进行写作，先看视觉方面能选择哪些景物进行描写。

生：好像能描写的东西有很多很多，好像随便看到什么都可以写下来，一时不知道要从何入手。

师：同学们，题目是《秋》，那我们在写作的时候当然要选择能够体现秋这个季节特点的景物来进行描写了。同学们想象一下，如果现在有一个同学选择操场的地板进行描写，他说，我写的是秋天里的地板，这没错啊。但是，大家说，他这样写好不好？

生（一阵笑声后，齐声）：不——好——

师：为什么不好呢？——就是因为他选择的景物不能够体现秋这个季节独有的特点。大家现在可以看一下我们教室窗外的那几棵大树，看看它们的叶子跟夏天比起来有什么的变化？

生：叶子都变黄了。

师：对，树叶变黄了，这就是秋天树木最大的特点。假如大家以后有机会秋天去北京的话，大家到香山去看看，香山红叶是闻名中外的奇景。漫山遍野犹如红云织锦，一提起香山红叶，人们就都知道那是秋天特有的景观。现在大家再想想，在我们的日常生活，还有哪些景物是秋天特有的呢？

生：田野里的金黄的稻子、盛开的菊花、南飞的大雁、早晨的霜、连绵的秋雨……还有韩剧里《秋天的童话》。

生（一阵笑声）

师：同学们说得非常好，刚才列举的都是秋天有代表性的事物。接下来，我们看秋天有哪些声音值得我们细细聆听。

生：比如说夜里秋雨打在窗沿上淅淅沥沥缠绵悱恻的声响，比如南飞的雁群在空中呼朋引伴的声音。

师：这位同学说得非常好，“呼朋引伴”，活学活用。请继续。

生：嗯，还有，还有蟋蟀的长吟。

师：非常准确。大家知道，几乎所有人在写夏天的动物的时候，都会写到蝉，包括鲁迅的《从百草园到三味书屋》中也是这样。那么最能代表秋天的小动物该是蟋蟀了。在蒲松龄的《促织》、法布尔的《绿色蝈蝈》中都对蟋蟀有详细的描述，大家课外有时间可以看看。那还有没有其他的呢？

生（小声议论，没有回答）

师：大家想一想，可不可以有两个小女孩在秋日午后的阳光下轻轻哼唱着的古老的歌谣呢？那会是怎样的一幅场景呢？

生：啊——那太美妙了——老师，那可不可以向这个单元第十四课何其芳先生的《秋天》里面写的牧羊女在倾听牧童的思恋的笛声呢？

生（一阵笑声）

师：当然可以，只要能体现秋天美好的声音都可以写进去。这位同学预习课文非常认真，值得表扬。好，接下来我们嗅一嗅秋天是什么味道的。

生：秋天到，菊花开。菊花的香气应该是清新的、淡雅的。

师：常言说得好，春兰秋菊，各擅胜场。秋天的菊花是最美丽最清香的，它也是秋天代表事物之一。菊花历来也是文人骚客笔下的宠儿，大家课外可以参考陶渊明的《饮酒》其五、周敦颐的《爱莲说》、黄巢的《题菊花二首》等文章，另外比如你们喜欢的周杰伦的歌曲《菊花台》也可以把歌词读一读，看看在其他人笔下的菊花是什么样子。还有没有其他的呢？

生：稻子的香味，辛弃疾的词中有一句是“稻花香里说丰年”，这说明稻子也是有香味的，还有油菜花的香味……

师：大家归纳得很好，但是刚才大家说的都是具体的事物，大家想一想，比如写写秋雨的味道，秋霜的味道可不可以呢？比如我这样写道：秋雨的味道酸酸的，秋风的味道香喷喷的，可不可以呢？

生：应该可以吧。

师：那为什么可以呢？

生（沉默）

师：这是因为我们运用了通感的手法。大家记不记得，第四课讲《紫藤萝瀑布》的时候讲到这么一个句子“那香气似乎也是淡紫色的”，就是运用通感的手法了。

生（恍然大悟）

师：那接下来我们继续探讨该如何运用触觉描写来描绘秋天的景物呢？

生：最直接的就是模仿《春》，朱自清先生能写春风吹在人脸上的感觉，我们就可以写秋风吹在人脸上的感觉，或者秋雨打在人身上的感觉，再或者是用手抚摸秋霜的感觉。

师：同学们活学活用，对这方面的把握非常到位，关于秋风的描写，大家还可以参考曹操的《观沧海》、杜甫的《茅屋为秋风所破歌》等文章。最后我们看一下味觉描写。

生：老师，我认为味觉描写这方面还是应当运用通感手法，如果运用了通感手法，那么前面的视觉、听觉、嗅觉、触觉的景物都可以运用到味觉描写中来。

师：这个见解非常精辟，最后，同学们还要注意一点，《春》中作者是不是按这五感来安排文章，将一种感官描写作为一段呢？——不是的，作者在安排文章结构的时候，并没有这样做，而是将这些感官描写安排在各段落之中，这对我们有什么启示呢？

生（小声探讨，无人回答）

师：这告诉我们，写作的时候不必拘泥于将五感作为安排结构的依据，而是应当将其灵活地安排到各段落之中；但是，我们也可以按这五感来安排文章结构，比如《秋》这篇文章，我们可以将它分为秋景图、秋色图、秋味图、秋感等几部分，然后进行写作，这也是一种结构方式。好，最后布置一个课后作业，请大家运用多感官描物法写作题目《秋》。明天上交，下课！

（多媒体放映周杰伦的歌曲《菊花台》让学生欣赏，然后下课。）

《真人须露相——如何使人物细节描写更具感染力》教学设计

黄立荣

【教学设想】

人物描写在学生记叙类习作中有举足轻重的地位。进行人物描写训练有助于提高学生的观察能力，有利于把真实的人和生活融入艺术文本。富有感染力的人物细节描写能使习作更加生动、形象，对渲染人物性格，刻画人物形象意义重大，更可以有效地强化中心、鲜明主题，增加习作的真实性、趣味性、可读性，给读者留下难以磨灭的印记。

【教学目标】

1.知识与能力：

学习人物细节描写的作用，提高学生写作水平。

2.过程与方法：

鼓励学生通过合作探究、讨论、归纳，掌握人物细节描写的写作方法。

3.情感态度与价值观：

让学生养成细心观察的习惯，留心生活、体验生活、发现细节之美，从而热爱生活。

【教学重点】

1.揣摩人物细节描写的作用；

2.学习使人物描写更具感染力的方法。

【教学难点】

如何让学生掌握使人物细节描写更具感染力的方法。

【教学方法】

比较鉴赏法、分组讨论法、活动教学法、课堂练习法、问答法。

【教学时间】1课时

【教学过程】

一、导入

视频导入：

播放事先剪辑好的由香港演员周星驰于1993年主演的电影《唐伯虎点秋香》中第22分47秒—3分14秒的视频小片段，作为导入。

周星驰的电影作品深受学生欢迎，剪辑片段所述内容：

周星驰扮演的唐伯虎出游时看到一妙龄女子的背影，心生爱慕，满心欢喜想上前搭讪，结果该女子转过身来，却是一个正在挖鼻孔的奇丑无比邋遢扮女装的男子，唐伯虎顿时目瞪口呆。

（由于该片段先扬后抑，前驰后张，戏剧性强，演员表演感染力强，有利于活跃课堂气氛，大大提高学生的学习兴趣。）

多媒体上显示出自该视频的两张剧照，加深学生印象。

通过轻松的导入，教师导入正题：人物电影特写镜头就好比习作中的细节描写，刻画得好，无疑能装点人物的灵魂，使人物形象神采飞扬，血肉丰满，让人烙下深刻的印记。因此，人物细节描写是否具有感染力对记叙类习作来说是极其重要。

二、文本比较鉴赏

选取本班同学过往作文中出现的相同题材、相同对象、相同场景的文本片段，展示让全班同学品评感受，例如：

文段一：

肚子饿得不行了，终于等到开饭了。一看，真没劲啊。一点食欲都没有。但是，不吃又饿死了。没办法。我认了。我正想走过去，不想其他同学早已一拥而上，居然个个都狼吞虎咽。我的天！

文段二：

到了中午，“重头戏”出现了，当我看到那一碗粿条，我有一种想把昨天吃的东西都吐出来的冲动。唉！算了。人生自古谁无死呢？死也要做个饱死鬼！我咬咬牙，狠狠心，刚想过去拿盆子。谁知，这时，不知道谁喊了声："快!"我只觉一阵龙卷风从我身边呼啸而过，把我刮得晕头转向，不分南北，好容易，定神细视。吓！差点连下巴都掉下去了！别说粿条了，连桶都不知被抢到哪里去了……

然后请班级中一个朗读水平一般的同学朗读文段一，再请班级中阅读水平最高的同学朗读文段二。（通过两位同学与文段水平相等的演绎作对比，强化两文段带给读者截然不同的心理感受，让学生由读由听到悟。）

教师提问2—3名学生，让学生评价两段文字优劣。

最后小结：极具感染力的人物细节描写对习作的优劣有重大作用，所以同学们必须学会如何使人物细节描写更具感染力。

三、讨论、总结

范文鉴赏、解读

选取钱锺书小说《围城》中一段人物描写作为范文，教师可自己范读或全班齐读：

沈太太生得怪样，打扮得妖气。她眼睛下两个黑袋，像圆壳行军热水瓶，想是储蓄着多情的热泪，嘴唇涂的浓胭脂给唾沫进了嘴，把黯黄崎岖的牙齿染道红痕，血淋淋的像侦探小说里谋杀案的线索，说话常有"Tiens!""Ola，la!"那些法文慨叹，把自己身躯扭摆出媚态柔姿。她身体动一下，那气味又添了新的一阵。鸿渐恨不能告诉她，话用嘴说就够了，小心别把身体一扭两段。

根据此文段提出问题，让学生带着问题鉴赏：

（1）例文中有哪些人物细节描写?

（2）例文中运用了哪些修辞手法?

（3）修饰词语（即加点词）有什么作用?

然后让前后桌四位同学为一个小组，分组讨论、探究。在六分钟时间内得出结论。

讨论完毕，学生自愿举手，畅所欲言，解答以上三个问题。期间教师应该加以纠正、引导。得出正确答案：

（1）外貌描写、语言描写、动作描写；

（2）比喻、夸张；

（3）增强表达效果，使表达更形象生动。

四、分析、归纳

由上推导出使人物细节描写更具感染力的四个要点：

1.大致勾勒（合理地对人物的语言、动作、心理、神态、外貌进行描述）。

2.重点描绘（抓住最能表现人物的一个侧面进行重点描绘）。

3.巧用修辞（综合运用比喻、夸张、排比、引用等手法，使表达更加生动形象）。

4.恰当修饰。（可使语言表达生动形象，增加感染力）。

教师对结论进行深化阐述、分析：

如第2个结论中的重点描绘。可以展示不同人物的图片，引导学生抓住他们的最独特的一面进行分析。如第3个结论中夸张修辞的运用。可用两幅不同的照片举例说明。

五、课堂训练

以游戏活动形式进行当堂练习，强化知识点的掌握。

训练内容：

运用本课学到的人物描写方法，对班上任一同学进行人物速描，其他同学根据所描述的内容，猜猜他是谁？（字数：120—150字，用时：10分钟）

如多媒体教室客观条件允许，可请一个平时作文水平较高的同学和一个作文水平偏低的同学到黑板上进行板书作文，大致了解不同学力层次学生对本课知识点的掌握情况。其他学生在草稿纸上作文。教师到学生间巡视，解答学生写作时的疑问。

如客观条件限制，则鼓励学生在草稿上作文，完成后自愿走上讲台口头表述所描写内容，其他同学配合完成课堂训练。

六、总结回顾

利用幻灯片延时播放的特性，采用师问生答的互动方式，再一次逐点展示回顾以下板书图：

感染力的生成：

- 大致勾勒
- 重点描绘
- 巧用修辞
- 恰当修饰

七、课后作业

1.运用细节描写，展现生活中感人的场面或喜剧性的场面。

2.在以下词语中选取至少两个词，写一段可以表现人物性格的话，至少运用两种修辞。对仗手法必用。不少于120字。（此题为提高作业，题干作若干设定限制，同时是对中考考试仿写句子题型有针对性的训练。）

深邃　一往无前　参差不齐　意气风发

（该教学设计获得潮州市“作文教学设计”评比二等奖）

“联想与写作”课堂实录

黄炎真

地点：揭东县第一中学

学生：高一（9）班

课时：1课时

（上课铃响，老师微笑着走上讲台，全体起立，师生问好）

师：请大家先不急着坐下，我们来做一个小小的练习，学小学生，造一个句子，（几个坐下的学生又站起来，左右顾盼，其他学生有的对视着，似有所待）句式为“我由……想起了……”（老师板书，字迹雄健有力，略带飘逸之态）要求大声地念出来，自己说自己的。能说出多少句就说多少句，开始！

生：（沉默一会，接着高声朗读，气氛热烈，其中夹杂着笑声）

师：（略带微笑，凝神地听，学生渐渐静下来）我听出了不少精彩的句子，大家敢于“自由地表达”，让我好感动，请坐下。（有的学生还在窃窃私语）看来，大家的余兴未尽，（边说边走下讲台）下面请几位同学把自己造的句子念给大家听听，好不好？（意在树立典型，确立学生学习的信心）

生：好！（齐声地，情绪高涨）

师：（眼睛扫视全班）谁来呢？

生1：（自信地）我由“双飞的蝴蝶”想到了“梁山伯与祝英台”，想到了网络歌手庞龙。

师：为什么？

生1：（语气平缓，发音准确，如成竹在胸）“梁山伯与祝英台”殉情后不是化成了比翼而飞的蝴蝶吗？庞龙的成名曲不是《两只蝴蝶》吗？（学生鼓掌）

师：（神情欣喜）这位同学从神话说到了通俗歌曲，可谓思接古今啊。很好，请坐。

生2：（迫不及待地站起来）我由月亮的“阴晴圆缺”想到了人生的“悲欢离合”。

师：“人有悲欢离合，月有阴晴圆缺”，想到苏轼的《水调歌头·明月几时有》，实在是高。（老师竖起了拇指，生鼓掌）

生3：（站起来，看看左右）我由屈原想到了艾青，（学生窃笑）因为他们都是爱国主义诗人。

师：（稍停）上面几位同学都造得有理有据啊。这种由一个事物想到另一个事物的心理过程，就叫做联想。（老师走上讲台，板书“联想”）

生：（恍然大悟）

师：这节课我们就一起来学习写作的思维能力之一——联想能力。（自然入题，但学生已有了较具体的理解，匠心独运）爱因斯坦说过：“联想比知识更重要，因为知识有限，而联想可以概括世界一切……”（以名人名言为据，说服力强）

生3：（慢慢站起来，显然经过一番思考）老师，联想真的这样重要吗？我们平时所说的“胡思乱想”是不是也是联想呢？（大家愕然）

师：（严肃的神情）“胡思乱想”不等于联想，“胡”字和“乱”字就是很好的证明。（学生似乎懂了）

生3：老师，联想怎样才能做到不“胡”不“乱”呢？又没有规律可以遵循呢？

师：很好，这个问题就提到点子上了。（语气肯定）联想不就是由一个事物想到另一个事物吗？只要有一定的生活积累，掌握一定的形式，定可运用自如，左右逢源。刚才几位同学造的句子，就是联想的一种形式，叫做“相似联想”，（板书）它是由具体的、实在的同类事物或气质上、精神上有相似特点的事物所形成的联想。根据这个特点，再请两位同学举出例子，并说出其相似点。（运用归纳法，得出结论，事例来自学生，这样能使学生在肯定自己的同时鼓起学习的信心）

生4：我由舒婷想到顾城，他们都是朦胧诗人。

生5：我由死水想到绝望的旧世界，它们的相似点是毫无生气。

师：两位都击中了鼓心，“咚”，且很有文学内涵。另外还有因果联想，（板书）就是由原因想到结果，或由结果想到原因的联想方法。请大家把想到的写在纸上，

看谁写得又快又好。（慢慢巡视）

生：（认真思考，动笔）

师：（指指点点，走近一学生）你来说说。

生6：（拿起所写内容）我们班级上周的家长会开得十分成功，这是全班同学共同努力的结果。徐志摩的《再别康桥》之所以能感动我们，是因为作者在作品中倾注了真实的情感。（学生鼓掌）

师：这是由结果想到原因，反过来呢？有没有例子。

生7：近来一段时间以来，因为干旱，我县的供水出现了困难，每两天只供应8小时自来水，我想如果用水问题不能得到有效的解决，将会直接影响到揭阳潮汕民用机场的建设和我县工业的发展。

师：（欣喜地）这位同学能在联想中关注本地经济社会的可持续发展问题，实在叫人赞叹啊。下面，我说出一个联想，请大家根据其特点，归纳出联想的形式。由“尧舜之耿介”想到“桀纣之猖披”，由“磐石方且厚，可以卒千年”想到“蒲苇一时纫，便作旦夕间”。（学生若有所思）想好的同学请谈一谈。

生8：联想的两个方面都是相反的，叫相反联想，可以吗？

师：可以。（板书“相反联想”）除了以上三种，还有“接近联想”，（板书）这是由空间、时间上相接近的事物形成的联想。比如，《孔雀东南飞》中的阿母由“此妇无礼节，举动自专由”想到什么？

生9：想到“东家有贤女，可怜体无比”。

师：由“此”想到“东家”，这是空间的接近。由你们今天的成熟稳重，会想到……

生10：孩提时的天真可爱。

师：这是由时间的接近而产生的联想。联想还有“推测联想”，也就是由已知推测未知，有人也称为“假设联想”。如海伦·凯勒《假如给我三天时间》就由眼睛失明推测到眼睛复明后最渴望看到的东西——教师，盲文，印刷书，森林，落日等。（略略带过，因为没有理解难度）通过上面的探讨大家对“联想”应该有一个大概的了解，请大家回忆一下，联想的主要方式有哪些？一起回答。

生：（大声回答）

师：知道了联想的主要方式，还不等于就掌握了联想的真髓，因为世界浩瀚无边，可以联想的事物很多，而那些缺乏美感、思想不健康的联想，都是我们要摒弃的。联想能力是作文能力之一，如果能够在作文中运用好联想这种思维方式，肯定会让你的文章添色不少。

生11：老师，在作文中运用联想，我们究竟应该往哪里想呢？

师：（神情凝重）这个问题提得中肯，真的值得我们探讨探讨。在回答这个问题以前，我想跟大家分享近几年来高考的作文，看看高考作文命题的“联想”指向。

（投影：2009年、2008年、2007年广东省高考作文题）

2009年广东高考作文题：

我们生活在常识中，常识与我们同行。有时，常识虽易知而难行，有时常识须推陈而出新——请写一篇文章，谈谈你生活中与“常识”有关的经历或你对“常识”的看法。自拟题目，自定写法，不少于800字。

2008年广东高考作文题：

请以“不要轻易说‘不’”为题写一篇文章。

要求：①除诗歌之外，文体不限；②不少于800字。

2007年广东高考作文题：

万物在传递中绵延不已，人类在传递中生生不息。技艺、经验可以传递，思想、感情可以传递……

请以“传递”为话题写一篇不少于800字的文章。标题自拟，文体自选（诗歌除外），所写内容必须在话题范围之内。

（边演示边讲解）

师：2009年的是谈谈你生活中与“常识”有关的经历或你对“常识”的看法。至少可以作这样的联想：

由“醉酒不能驾车”这一常识想到“要珍爱他人和自己的生命”；由“饭前要洗手”这一常识想到“良好的习惯能成就人生”；由“雨过天会晴”这一常识想到“要用乐观的态度面对人生路上的风风雨雨”……

2008年的是以“不要轻易说‘不’”写一篇文章。至少可以联想到：

面对灾难（如地震），不要轻易放弃希望；面对挫折与困难，不要轻易丧失信心……

2007年的是以“传递”为话题写一篇文章。也可以联想到：

中华传统美德的传递；儒道精神的传递；长征精神的传递……

同学们，综上所述，高考作文的命题不管命题人如何变化其形式，选用什么样的切口或视角，总离不开自然、社会和人生三大主题，“人生”是中学作文联想的一个指向。老师敢作出大胆的判断：只要善于通过联想这一纽带，世界上的万事万物都能折射出人生的种种阅历和体会。（学生愕然，似不相信）如果不相信，同学们可以举出任何一物，发问老师。（学生一下子活跃起来。让学生质疑，这是实现教学民主的途径之一。）

生12：老师，挂在墙上的“风扇”怎样联系人生呢？

师：大家知道，风扇叶只围绕着中心旋转，不敢越“雷池”一步，由此可联想，人要敢于走出思想的禁锢，不能够总陶醉在自己的世界里，因为“外面的世界很精彩”。（掌声响起）

生13：老师，“手机”可以联系人生吗？

师：手机，24小时为你提供服务，只要你需要，它任你摸任你打，毫无怨言。人生路上，要多点奉献，少点索取。能为别人做点有益的事情，是一种幸福。（又一阵掌声）

生14：老师，“眼镜”又怎样联系人生呢？

师：眼镜蒙上水雾或灰尘，就会看不到前进的方向，所以要经常擦拭。人呢，也要经常擦拭思想的污垢，排除心中的杂念，这样才能走出一条明亮而健康的人生之路来！（分析透彻，联想合理，令学生叹服，掌声雷动）（变教师发问为学生发问，这是确立学生主体地位的可行途径）

生：（小声讨论，有继续发问的势头）

师：（亲切地，及时地）相信还有不少同学想发问，我们有机会再继续探讨吧！下面我们来做一个书面小练习，第一大组选择一个数字，第二大组选择一个英文字母，第三大组任意选择一个事物，根据联想的方式作恰当的联想，最好涉及“人生”这一主题，把联想的内容写在纸上，然后按照原来的小组交流讨论。（适时地将学习的内客往前推）

生：（思考，动笔，讨论。气氛热烈）

师：（来回走动，为学生解疑答难）

师：好，请每一个小组各推荐一位同学发言。（将主动权交给学生，培养其评判能力）开始，谁先来。

生15：我联想的数字是“1”，它静静地站立着，不偏不斜，做人要有主心骨，

要顶天立地。（老师点头，同学鼓掌）

生16：我联想的数字是“100”，100分是满分，是多少同学梦寐以求的分数啊！可人生，多少人能做到完美无缺、一帆风顺呢，所以面对人生的残缺和挫折，要用平常心来对待它。（老师投以赞许的眼光）

生17：我联想的字母是“M”。人生也如它一样，有高峰，有低谷。高峰时，不要沉醉；低谷时，不要气馁。只有好好的善待，才会有成功的惊喜。（鼓掌）。

生18：我联想的字母是“Y’。在人生的十字路口，每个人都要做出理智的选择，因为关键处往往只有几步，一失足就可能成为千古恨。（鼓掌）

生19：我联想的植物是莲花。莲，出淤泥而不染。人生在世，不管身在何处，都要保持高洁的情操，展示自己亮丽的风采。（鼓掌）

生20：我联想的事物是“水墨画”。它不像油画，可以涂改，直到满意。人的一生就像在创作一幅水墨画，走过的不能重来，“涂改”的就会留下痕迹，所以人生的每一步都要规划好、走好。（鼓掌）

师：几位同学的联想，都十分中肯，也用到了联想的方式，令我感叹不已啊，因为时间关系，相信还有不少“著名联想”跃跃欲试，以后有机会再交流吧。（稍停）

同学们，作文，也是做人，要写好一篇大作文，首先要写好一个大写的“人”。联想，是一种思维的形式，在中学作文中，联想能使你“思接千载，视通万里”，能帮助你打开写作的思路，让你的文章血肉丰满，异彩纷呈。我留给大家的作业是以“落叶”为联想事物，写一篇“超凡脱俗”“见解独特”的文章，字数不限，文体不限。有没有信心写好？

生：（齐声）有！

（下课铃响）

师：这节课就上到这里，上得怎么样，请大家通过我的“QQ”或“博客”给我留言，谢谢大家。同学们再见！

生：（站起来）老师再见！（鼓掌欢送）

附：板书设计

联想·人生

一事物——►另一事物

相似联想（形似、神似）
因果联想（因—果、果—因）
相对联想（对立、对比）
接近联想（时间、空间）
推测联想（已知、未知）
……

教学反思：

这是一堂作文辅导课，目标是让学生学会运用联想的方式，把联想的事物跟人生的感悟联系起来，培养学生积极的人生态度。教学中，我把思考的主动权交给学生，在教给学生联想“知识”的同时，重点培养学生的质疑能力。我认为，让学生有疑而问，既可以充分发挥教学的民主性，协调师生人际关系，增强学生的成功感，同时也为教师提供教学信息，及时生成新的教学思路。教学过程中，能够很好地调动学生学习的积极性，有意识地对学生进行“听说读写”的训练，除了发言的学生，几乎每一个学生的思维都得到了锻炼。其中比较满意的是把联想与人生结合在一起，在一定程度上做到既“教书”，又“育人”。因为追求课堂教学的完整性，很多地方的展开还是不足，整个教学流程还是有“牵着学生鼻子走”的痕迹，这些都会在以后的教学中加以克服。

（本文发表于华南师范大学主办的全国首批中文核心期刊《语文月刊》2010年第5期）

在自主探究中自读自悟
——自读课《哀江南》教学设计

黄炎真

自读导言

1.反复吟诵，揣摩体会作者的思想感情。

2.品味准确、形象、生动的戏曲语言，提高对戏曲文学的鉴赏能力。

3.认识超现实的联想想象、借景抒情等中国戏曲重要的艺术手法对表现优美意境的作用。

（解说：本单元的训练重点是“欣赏中国古代戏曲的语言和艺术手法”，本课是本单元的自读课文，学生经过了前两课的学习，已具备了初步鉴赏古代戏曲的相关认识，故而本课自读的侧重点在于要求学生能实现知识的迁移并通过自主的探究加深对知识的理解，形成能力，从而提高鉴赏的水平。）

自读程序

1.演。就是让学生在课堂上表演“戏曲”。由于本文的“角色”不多，故事情节也较单一，可做这样的安排。

（1）推举负责人。一班可分成四组，由学生推举责任心强、能力高的同学担任组长，负责表演的工作。被推的同学为不辜负大家的信任，一定会尽职尽责。

（2）确定表演人选。可采用组长挑选和自我推荐相结合的办法，尽可能让更多的同学参与活动。

（3）织织排练。“表演组”利用课余时间进行排练，同组的其他同学现场观摩、提意见。

（4）课堂表演。四个表演组抽签后，分别上台表演，以决高低。

（5）评出奖项。由全体同学推荐、投票，评出获奖项目。奖项可以有最佳导演奖、最佳主角奖、最佳配角奖、最佳服饰奖、最佳贡献奖、最佳滑稽奖等。奖项的设立不仅可激励那些表现出色的同学，而且也是对此项活动的认可与鼓励。

[解说：戏曲有其自身的特点，它之所以吸引人，不仅在于语言的生活化、艺术化，更在于其重要的一面，即表演的成分。要传神地传达作品的精髓，通过“演员”的表演是较好的途径。一篇戏曲，如果单靠课堂上的语言“鉴赏”，是难以品味出激烈的戏剧冲突、人物语言的个性化和人物性格的多样化的。“表演”则能化抽象为具体，化死板为生动，在学生面前形象地再现戏曲中精彩的“世界”。通过表演活动，给学生提供了一个创造力的舞台，对提高学生的综合素质是一个较大的促进。

语文教学改革的目标之一就是提高学生的能力。这“能力”不只是“听，说，读，写”的能力，更包含（学生）张扬个性的能力、表现自我的能力、团结合作的能力和组织协调的能力等。让学生参加表演，使他们在自主的探索研究中学习书本知识、感受成功喜悦、发挥聪明才干，这不仅能培养其传统意义上的“四项”能力，也能培养他们其他方面的能力。]

2.读。就是通过反复朗读，准确地品味出曲词的情味。读的形式可以是听读、默读、品读；全体同学读、全组同学读、个别同学读。读要读出曲词的意蕴，读出自我的滋味。对于精彩唱段，最好能熟读成诵。

（解说：本文的曲词，如诗歌作品一样，形象生动，感情浓烈，语言凝炼，音韵和谐，节奏鲜明，是最适合于朗读的。课堂中要重视学生的朗读，要充分发挥朗读的作用。①通过朗读，可以具体感受作品的艺术形象。像秦淮、长桥、旧院的萧条、衰败、破落的景象会在朗读中产生如临其境的感觉。②通过朗读，可以深刻领会作品的思想感情。文中苏昆生以悲怅的曲词，唱凄凉之景，话兴亡之感，抒亡国之恨。其表达的故国哀思是可以在书中领悟到的。③通过朗读，可以辨味曲词的语言特色。本文曲词简洁凝练，富于音乐美，读起来顺口，有很强的感染力。）

3.思。就是在整体阅读、全面感染的基础上，由学生自主地、多角度地提出质疑，在老师的参与下，筛选出那些与文章的意蕴有关，有一定的深度，而又难以正确理解，有一定的探究价值的问题，让学生分成小组，在课堂的探究中获取结论。下面的话题可供参考：

①课文中唱曲人的思想感情是怎样表达出来的？

提示：课文中通过对南明灭亡后南京城内外景象——秣陵、孝陵、皇城、秦淮河、长桥和旧院的描写，表达了唱曲人怀念旧国、不做顺民而以民族利益为重的思想感情，抒发了深沉的故国哀思，表达了真挚的、浓烈的亡国之痛。

②课文中哪些语句能点明全篇的题旨？

提示：残山梦最真，旧景丢难掉。不信这舆图换稿。

③请找出曲词中运用修辞手法的句子，并简要说明其表达效果。

提示：曲词中主要运用的修辞手法是对偶和排比。如对偶句“残军留废垒，瘦马卧空壕”“鸽翎蝠粪满堂抛，枯枝败叶当阶罩”“横白玉八根柱倒，坠红泥半堵墙高”“金陵玉殿莺啼晓，秦淮水榭花开早”……排比句“眼看他起朱楼，眼看他宴宾客，眼看他楼塌了”等。这些对偶句、排比句的运用，使曲词气势盛壮，抒情浓郁，节奏优美，声韵铿锵。

④试分析本文的艺术表现手法？

见后文“自读点拨”有关内容。

（解说：让学生在自由阅读的基础上，根据自己在阅读中形成的“困惑”自主地提出质疑，在多向的交流、探究中解决问题。这种课堂活动方式能充分地体现主体性教学的精神和“以生为本”的思想，学生这一“教育资源”也得到了较好的利用，“讲堂”变成“学堂”，学生成了学习的“主人”。在活动过程中，教师要切实做好“服务”的工作，要指导学生探究的方法，引导学生正确地思考，不要以讲代思，更不要熄灭创新的思维火花。）

自读点拨

1.作者简介

孔尚任（1648—1718），清代戏曲家，字聘之，又字季重，又号云亭山人，曲阜（今山东曲阜）人，孔子64代孙。年轻时在家乡石门山隐居读书，颇有文名，精音律，擅词曲，37岁时，被康熙招去讲经，此后仕途得志。居官期间，到过扬州、南京，凭吊明末遗迹，拜访遗老，搜求明末掌故，为《桃花扇》写作积累丰富素材。历时十年，三易其稿，终于在康熙三十八年写出传奇剧本《桃花扇》，一时名声鹊起。时人将他与《长生殿》作者洪昇并论，称“南洪北孔”。主要著作有《阙里新志》《岸塘文集》《浮海诗集》，传奇《小忽雷》等。

2.总体内容把握

《桃花扇》是写南朝兴亡的历史剧。该剧以复社文人侯方域与秦淮名妓李香君的爱情故事为线索，也就是“借离合之情，写兴亡之感”，集中反映了明末腐朽动荡的社会及统治阶级内部的矛盾和斗争，语语真实，即使纤细科云，也都有所本，以传奇而作信史读，是传奇中的佳作。该剧40出，本文选自续40出《余韵》。《余韵》写南朝亡后，李香君的教曲师傅苏昆生做了樵夫，说书人柳放亭做了渔夫，两人相聚于南京龙潭湖畔，而相识的老赞礼也路经此地，于是三人饮酒话旧，各抒一套曲子以抒亡国之恨。本文《哀江南》是苏昆生所唱，曲词通过他在南明灭亡后重游南京所见的凄凉景象，话兴亡之感，抒亡国之恨，表达了强烈的故国哀思。

3.重点难点分析

（1）重点：欣赏准确、生动、形象的戏曲语言。

这套曲子，语言准确、生动、形象。如[北新水令]中“山松野草带花挑，猛抬头秣陵重到”两句，不仅写出了苏昆生在南朝灭亡后隐居山林的樵夫形象，也写出了他感情上的变化。再加[沽美酒]中“冷清清的落照，剩一树柳弯腰”，写夕阳残照，凄清冷落，而一“剩”字又意味深长。“剩”，剩余，表明占据画面的，唯有“弯腰”的“一树柳”，衰败而没落。若改为“留”“见”都无法表明“唯一”之意。

（2）难点：借景抒情的艺术手法在本课中的运用。

写景是为了抒情，而抒情又必须借助于景物描写才能给人以具体感受。这套曲子先铺写景物，寓情于景，后直抒胸臆，慷慨悲歌。前六支曲子主要以苏昆生的游踪为线索，由远及近，从城郊写到孝陵，从故宫写到秦淮，从板桥写到旧院，描写南明灭亡后南京一片凄凉景象，在景物描写中蕴含了怀念旧国的无限哀思，情在意中。第七曲在前六曲借景抒情的基础上直抒胸臆，慷慨悲歌。

4.表现手法的运用

本套曲运用了多种的表现手法，收到了感人的艺术效果。主要有以下几种表现手法：

（1）联想想象法

联想和想象，既是鉴赏方法，也是创作方法。一位成功的词曲作者，总是善于引导读者运用自己的经验、知识和艺术感悟力，填补由于作品的跳跃性而留下的空白，深入词曲语言所构筑的美的境界，甚至对作品进行能动的发挥，去创造新的意境。“残军留废垒，瘦马卧空壕”，写的是眼前的凄苍景象。“残军”使人想见败军溃逃的情形，是虚写，是因“废垒”这一眼前战后实景而引起的联想，昔日战壕已“空”，又衬以“瘦马”更显凄凉。又如“冷清清的落照，剩一树柳弯腰”写的是眼前柳树的孤独、残败，但却让人联想并想象到当年丝丝绿柳夹岸垂翠的美景，饱含今非昔比、感时伤怀的凄凉。

（2）整散结合法

尾声一曲，运用对偶、排比兼用三个散句，句式既整齐又错落有致，使曲词具有声情并茂的强烈表达效果。

（3）曲白互补法

全文曲、白前后照应，相互为用，相互补充。白重在交代说明，曲重在描写抒情。正如作者在“凡例”里说，“词曲皆非浪填，凡胸中情不可说，眼前景不能见者，则借词曲以咏之。若应作说白者，但入词曲，听者不解，而前后间断矣”。即凡描摹人物的环境与内心活动的用词曲，一般事实的说明、情节的交代则通过说白来表现。本文就是曲、白有机结合的典型例子。

（4）借景抒情法

见前文“难点”部分。

（解说：学生对中国古代戏曲的涉猎较少，相关的知识积累也淡薄。教师在指导学生的自学过程中，要尽量帮助学生搜集有关的资料，教给学生学习的方法，以提高其鉴赏的能力。）

自读思考（略）

（本文发表于全国中文核心期刊《语文教学通讯》2001年第24期，同时2001年11月编入内蒙古少年儿童出版社出版的《高中语文新版通用教材·教学方案设计》一书，有节选）

教学内容：《渐》

纪仲龙

【教学目标】

1.培养学生从文中筛选有用信息的能力，自主探究课文内容，理清文章结构。

2.学习议论性散文的写作特点。

3.学习从日常生活事物中发掘出深刻道理的方法。

【教学重点】

1.把握文章的整体思路及写作目的。

2.学习议论性散文的写作特点：掌握用排比、比喻等手法来说理的方法，学习作者用日常生活的例子来说理的方法。

【教学难点】

把握作者有关人生的态度，并从中获得人生启示。

【教学方法】

自主探究、互动讨论。

【教学过程】

一、导入

小伙子等情人的故事——人生中有很多事情都要慢慢来，引出“渐”。

二、了解丰子恺先生的生平。(多媒体展示丰子恺大致经历和有关评价)

丰子恺：浙江桐乡人。现代作家、画家。著有《缘缘堂随笔》《车厢社会》等。他皈依佛教，一生淡泊。散文多为关于艺术、儿童和人生的感怀与颖悟。本文《渐》便属于后一种。

三、学习生字词

准确读出下列加点词语的读音：

纨绔子弟（wán kù）　佣工（yōng）　围炉拥衾（qīn）　刑笞（chī）

牛犊（dú）　轧朋友（gá）　倾轧（yà）　轧钢（zhá）

四、阅读与探究

1.请同学们快速阅读课文，并在文中画出能表达作者对“渐”的看法的句子。

请学生回答，明确：

（1）使人生圆滑进行的微妙的要素，造物主骗人的手段；

（2）人生是由“渐”维持的；

（3）人之能堪受境遇的变衰，也全靠这“渐”的助力；

（4）这真是大自然的神秘的原则，造物主的微妙的工夫；

（5）“渐”的作用，就是用每步相差极微极缓的办法来隐蔽时间的过去与事物的变迁的痕迹，使人误认其为恒久不变；

（6）这真是造物主骗人的一大诡计！

（7）“渐”的本质是“时间”。

小结：“渐”就是以时间为基础的极细微极轻缓的不易被察觉的变化。

2.讨论、分析：说说作者是从哪几个方面来分析“渐”的。（概括本文思路）

（1）“渐”的表现——是什么（表）

①人生各个阶段的变化是渐进的；

②人生境遇的变化是渐进的；

③大自然的各种事物的变化是渐进的。

（2）“渐”的作用——为什么

使人误认为事物是恒久不变的，从而忽视了时间的逝去。

（3）“渐”的本质——是什么（里）

“渐”的本质是时间。

3.齐读最后一段，讨论：你认为作者写这篇文章的目的是什么？

明确：不为“渐”所迷，不为造物所欺。唤醒人们的时间意识，激励人们要把握好时间，把握好生命，做一个有“大人格”“大人生”的人。——怎么样

五、品味词、句、段，获得人生启示

1.阅读课文第1自然段中间部分和第4自然段，讨论：作者用怎样的方法把抽象的道理讲明白？

明确：举了一些非常贴近现实生活的例子来分析人生的发展变化是在不知不觉中微妙进行的。如“巨富子弟”的变化、昼夜季节的变化、儿女的成长、植物的花开、抱犊过沟等。这些例子都是一些身边的琐事，日常的见闻，通过这些例子由浅入深，由具体到抽象，充分写出了“渐”的各种现象和逐步揭示出“渐”的作用、本质，可见作者观察思考生活的细致。我们也要学会在自己的作文中运用生动形象的生活事例来使要阐释的道理深入浅出，易于理解。

把看不见的人生变化比喻成人们熟悉的走斜坡的路，音乐符号、时钟等，说理形象而到位。——由浅入深

2.阅读第6自然段部分内容，提问：如何理解“因为一般人对于时间的悟性，似乎只够支配搭船乘车的短时间”这句话？

明确：作者讽刺那些缺乏长远的目光，迷于局部而不能顾及全体的人。另外在社会和世界的人生中，人们要懂得与他人相处的态度，做一个有“大人格”“大人生”的人。

3.提问：读了这篇课文，你有什么样的启示？

分析：要有长远的目光，珍惜现在的时间，不要在“渐”中荒废学业，而是在“渐”中慢慢积累、进步。在生活中要多观察，多思考。

六、拓展延伸与交流

提问：这篇课文的体裁是什么？有什么特点？

明确：议论性散文。

1.它是散文，体现了散文“形散神不散”的特点。

作者在文中写了身边的琐事、自然的变化、日常的见闻和零星的思想，内容显得很分散，但却用“渐”作为线索贯穿全文。

语言上运用生动形象的生活事例来使要阐释的道理深入浅出，易于理解，说理形象而到位。

2.它带有议论文的特点。

由刚才分析课文可以发现它是以典型的“是什么—为什么—怎么样”的结构，

在文中作者使用了举例论证、比喻论证、引用论证等常见的论证方法来论证。

拓展延伸：学习议论性散文的写法。

在高考中，我们可以发现大部分写得好的作文都是议论性散文。所以要学习这篇文章的几个写法：

1.学习运用举例论证、比喻论证、引用论证等常见的论证方法来论证，一要有使用的明确意识，二要在作文中尝试着去运用。

2.在段落的开头使用中心句。

3.运用生动形象的生活事例来阐释深刻的道理。

七、小结

今天我们学习了丰子恺的《渐》，要学会把握好时间，把握好生命，做一个有“大人格”“大人生”的人。

八、板书设计

渐
- “渐”的（外在表现）
  - 人生阶段
  - 人生境遇
  - 自然社会
    - 季节
    - 昼夜
    - 儿女成长
    - 植物开花

  ——是什么（表）
- “渐”的（作用）
  用极微极缓的方法来隐蔽时间的过去与事物的变迁的痕迹，使人受骗。 ——是什么
- “渐”的（实质） 时间 ——是什么（里）

小结：要像“大家”那样不为“渐”所迷，不为造物所欺。

做一个有“大人格”“大人生”的人。 ——怎么样

《瓦尔登湖》第一课时教案设计

纪仲龙

【教学目标】

知识与能力：

了解作者的性情及其作品《瓦尔登湖》。

过程与方法：

结合时代背景鉴赏作品，通过时空差异比较，审视作品的思想。

情感态度与价值观：

1.感受梭罗热爱大自然、热爱生命的态度。

2.探寻物质与精神的联系，反思当下个人追求乃至社会追求的偏离。

【教学重点、难点】

1.理解作者在文中表达的理念和朴素的思想。

2.思考、评价这种思想对我们的现实意义。

【教学过程】

一、借河南实验中学顾老师辞职信引入

（教师提问）学生分享自己特别向往，或者留恋的地方。

学生甲：自然景观

学生乙：人文景观

教师：提出甲乙学生的气质和情怀不同，引入天之君子、人之君子的概念并举例简析。

教师明确：一个人喜欢什么类型的景物，与气质、情怀关系密切。

衔接：通过感知瓦尔登湖的气质，领悟作者的情怀。

二、湖

1.PPT展示瓦尔登湖图片及其他山水风光图片，让学生们说说对瓦尔登湖的印象。

2.在已预习基础上，齐读首段并概括瓦尔登湖的特点：

明确：深邃　清澈（板书）

深邃外化在色彩的丰富、变幻

清澈内化在它的气质

（教师提问）阅读尾段提炼瓦尔登湖的特质。

明确：坚持着自身的纯洁。

三、作者

根据注释介绍梭罗的生平，展示徐迟对梭罗的评价。

四、比较第一、二部分，得出作者和瓦尔登湖在气质上存在的共性

（教师提问）瓦尔登湖的“湖性”与作者的“人性”有没有什么关联？

明确：

湖的深邃——作者的馥郁

湖的清澈——作者的简单

仁者乐山，智者乐水。一个人喜欢什么的景物，与他的气质关系密切。

五、（教师提问）一个人喜欢什么景物，与他的气质关系密切。那么，某个时期热门的旅行趋向，是否与当时的社会气质与追求同样关系密切呢？

学生丙介绍《瓦尔登湖》一文的创作背景。

明确：美国当时正处于第二次工业革命前夕，利益的诱惑刺激着人们疯狂追求物质上的积累，同时又使人们在精神上无比空虚。梭罗的《瓦尔登湖》在浮躁的社会展现出来的是一种沉静的力量，为物欲横流的世界带来一泓缪斯之泉。

（教师提问）梭罗在瓦尔登湖边隐居的做法，以及他提出的“简约生活、与自然建立密切联系”“关注灵魂成长”等理念，对于彼时彼地的我们，是否可行？

教师明确：

1.衣食足而知荣辱，仓廪实而知礼节。物质基础决定上层建筑，梭罗的隐居

带有宗教式的狂热。纯粹的精神追求只能蜗居在理想国之中。

2.改革开放40多年的今天，虽然我们摘取了丰硕的成果，但是价值的天平却倾向了物质，精神文明建设亟待深化。社会中急功近利、拜金主义的思想使一部分人迷失了生活的方向。纯粹的物质追求是庸俗的。

六、（教师提问）那么对于每一个人而言，该怎么追求物质生活与精神生活的统一？对于一个社会而言又该怎么做到物质文明与精神文明的和谐？

七、布置作业

课外阅读：

刘志钊短篇小说《物质生活》，写读后感。

《记叙文写作指导——难点突破之开头与写人》教案

纪仲龙

一、教学目的

1. 学习记叙文开头的写法。

2. 学习通过人物描写、景物烘托、细节描写等表现人物性格的写法。

二、教学重点、难点

1. 重点：分析记叙文开头的方法。

2. 难点：如何通过人物描写来表现人物的性格。

三、教学时数

1课时

四、教学步骤

（一）高考指路

高考优秀作文中之所以少有记叙文，那是因为选择写记叙文的考生少，比例只有不到5%。其实记叙文是完全可以写的，而且也是能写好的。

（二）品读范文，讨论：记叙文的写作应该注意哪些方面？（板书）

记叙文的写作：

- 文体——结构与议论
- 开头——方法与文采
- 内容——叙事和写人
- 结尾——呼应与点题
- 立意——高远且阳光

（三）高考记叙文示例：（投影）

记叙性文章和议论性文章成了去年高考作文的两大文体。记叙文写得好的很多考生都能在开头即鲜明地亮出文体特征。

例1：

这是常识

这是镇上的一所有名的小学——长实小学，在里面任教的老师个个都是精英。据说都培育出了不少的人才。看，教学楼上还挂着一红色帘子，上面写着：狠抓基础，牢记常识。

例2：

我笔写我心

我看着表，时间一分一秒过去了。剩下的时间不到四十分钟了，看来我犯了常识性的错误：没有为作文留下足够的时间。

分析：

以上两例是两篇满分的记叙性作文。若干年后，回视这两篇作文，也许会挑剔它们作为优秀作文的某些粗糙稚拙之处，但在只有4.4%考生选择写记叙性作文的现在，这样有板有眼地经营一篇文体特征突出的记叙文，实属难得。更为可贵的是，两篇文章还把记叙文的重头戏——开头部分写得有声有色，引人入胜。例1在高度概括的全景镜头中迅速推出特写镜头，意味深长，吸引读者。例2开头即截取紧张场面，渲染气氛，设置悬念，扣人心弦。

（四）讨论：记叙文如何开头？

（投影）例3：

又是一季暖冬，早晨，旭日东升。母亲在院里的几株秋菊旁，一片一片地捡起掉落在花盆旁边的花瓣。记得从小时候起，我便有在一旁看的喜好。

——《我生活中的一朵花》

她，一个皮肤黝黑，穿着朴素的农村妇女。拎着大包小包的东西来到城里找她的儿子。这一天，她很是高兴，因为儿子当了医生，有了一份稳当的收入而且单位还给分了一套公寓，于是她便想来城里看看她的儿子。

——《幸福在哪里》

风乍起，惊起花的喘息，一轮柔洁圆润的月亮高高挂着。风儿顽皮地牵起我的裙角，我无心留意它的经过，即使它那么令人陶醉。我漫步在皎洁的月光下，心中的丝丝感触点点地散发开来。

——《十八岁的我》

清晨，窗外的天空阳光普照，鸟儿在枝头叽叽喳喳地鸣叫着。屋檐下的他正在镜子前一边哼着歌一边打扮着。屋外的父亲正在给院子里的小鸡喂食。“爸，我得走了，我得早点去，免得待会好的职位给人先应聘去了。

——《心灵的港湾》

清风悄悄吹过，暖暖的阳光下，屋里收拾清爽，倚窗而坐，冲上一杯下午茶。死气沉沉的茶叶霎时被滚烫的开水激活了起来，泛着瓷白的光晕，香气溢满了屋子。独处，内心最丰富的时刻。记忆的堆积，情感的爆发，思维的膨胀，一下子把我从现实推到了思绪的自由国度。

——《春天开花，秋天结果》

“哗，哗，哗”又一个充沛的雨季来了，小河在不断膨胀着。水，依旧那么停不下急促的脚步往前追赶着；浮萍，依旧随波逐流地恣意在水面上漂浮着；小船，也是依旧随着河水的流淌无可奈何地摇晃着。

——《别把自己看得太重》

若生而为沙漠，我当力聚群沙。

若生而为海洋，我当惜点滴之水。——题记

——《人生是积累出来的》

教师分析，总结：（板书）在写作记叙文时可以用开门见山、写景、抒情、排比、题记等方法开头。

（五）讨论：记叙文中如何写人？（板书）

1.展开细腻的描写来刻画人物。

2.从典型的事件展现人物形象。

3.用环境描写进行侧面的烘托。

讨论：如何展开细腻的描写来刻画人物？

明确：描写人物忌面面俱到，眉毛胡子一把抓；忌千人一面，毫无个性的差异；忌主次不分，没有典型形象。要采用多种恰当的方法对人物进行细腻的描写。

（投影）例4：人物之肖像描写

（1）……“清国留学生”的速成班，头顶上盘着大辫子，顶得学生制帽的顶上高高耸起，形成一座富士山。也有解散辫子，盘得平的，除下帽子，油光可鉴，宛如小姑娘的发髻一般，还要将脖子扭几扭。实在标致极了。——《藤野先生》

分析：鲁迅抓住了“清国留学生”的“大辫子”，这一外貌特征，把一群胸无救国之志，生活糜烂庸俗的“清国留学生”描绘得入木三分。“高高耸起，形成一座富士山”“油光可鉴，宛如小姑娘的发髻一般”是比喻，“实在标致极了”是反语，表现了对他们腐朽生活的极其厌恶和辛辣讽刺。

（2）他身材很高大；青白脸色，皱纹间时常夹些伤痕；一部乱蓬蓬的花白的胡子。穿的虽然是长衫，可是又脏又破，似乎十多年没有补，也没有洗。——《孔乙己》

分析：从外貌描写入手，句句都有言外之意，处处透露人物的遭遇和性格特征。“青白脸色”，这说明他生活贫困，营养不良。“时常夹些伤痕”是为下文“偶然偷点东西，结果被殴打”埋下伏笔。“乱蓬蓬的花白的胡子”，说明他穷酸潦倒，命运悲惨。

（3）先前的紫色的圆脸，已经变作灰黄，而且加上了很深的皱纹；他头上是一顶破毡帽，身上只一件极薄的棉衣，浑身瑟索着；手里提着一个纸包和一支长烟管，那手也不是我所记得的鲜活圆实的手，却又粗又笨而且开裂，像是松树皮了。——《故乡》

分析：采用了对比的写法，中年与少年判若两人。在痛苦生活的煎熬下，饱经风霜，极度贫困，整日在磨难中挣扎。“灰黄”“很深的皱纹”的脸，“又粗又笨而且开裂”“松树皮”似的手，这是旧中国贫苦农民的真实写照。

例5：人物之神态、动作、语言描写

“喂！一手交钱，一手交货！”一个浑身黑色的人，站在老栓面前，眼光正像两把刀，刺得老栓缩小了一半。那人一只大手，向他摊着；一只手却撮着一个鲜红的馒头，那红的还是一点一点的往下滴。

老栓慌忙摸出洋钱，抖抖的想交给他，却又不敢去接他的东西。那人便焦急起来，嚷道，“怕什么？怎的不拿！”老栓还踌躇着；黑的人便抢过灯笼，一把扯下纸罩，裹了馒头，塞与老栓；一手抓过洋钱，捏一捏，转身去了。嘴里哼着说，“这老东西……”

分析：连续用了七个动词生动形象地描写出黑衣人康大叔作为一个刽子手的蛮横、凶残、贪婪等突出人物性格特征。

例6：人物之细节描写

水生小声说：

“明天我就到大部队上去了。”

女人的手指震动了一下，想是叫苇眉子划破了手，她把一个手指放在嘴里吮了一下。

分析：深夜，水生归来，告诉妻子自己“明天我就到大部队上去了”。听到这突如其来的消息，疼爱丈夫的水生嫂一时不知说什么好，她的“手指震动了一下，想是叫苇眉子划破了手，她把一个手指放在嘴里吮了一下”。这个细节非常传神，其中“震”“吮”两个动作，把一个钟爱自己丈夫的妻子，不忍与他分离，又极力克制自己感情的复杂内心情感准确地表现了出来。

教师总结：在记叙文中应对人物进行多角度描写，写动作，应精选动词，对其行动过程进行生动的描摹；写语言，应揣摩人物说话的语气、语态，让个性化的语言充分展示人物性格特征。写细节，由表及里，“以形传神”，写出反映人物精神面貌和文章主题的形神兼备的人物肖像。

（六）布置作业

写一段短文，运用各种手法对一个人进行仔细的刻画，不少于300字。

板书设计：

1.记叙文的写作
- 文体——结构与议论
- 开头——方法与文采
- 内容——叙事和写人
- 结尾——呼应与点题
- 立意——高远且阳光

2.记叙文中如何写人？

①展开细腻的描写来刻画人物。

②从典型的事件展现人物形象。

③用环境描写进行侧面的烘托。

《致橡树》教学设计

纪仲龙

【教学目标】

1.感受含蓄朦胧的意象，引导学生解读意象内涵。

2.通过引导培养学生欣赏、感悟诗歌语言的能力，体会意象所蕴含的深层含义，探索作品的丰富意蕴。

3. 理解舒婷自主、平等的爱情观，树立健康向上的爱情观、价值观。

【教学重点】品读诗歌，抓住意象并以之为钥匙，解码诗歌主题。

【教学难点】感悟诗人渴求的独立平等、相互依存、亲密无间和以此为前提的付出的爱情观。

【教学方法】引导、启发

【教学方法】自主—合作—探究

诵读—品味—思考

【课时安排】1课时

【教学步骤】

一、导入课文

由“9· 3”阅兵现场习近平、彭丽媛夫妇同样高大挺拔的形象，引入《致橡树》。

二、解读分析第一小节

定义：意象

教师诵读第一节诗的同时，学生思考以下一组问题：

（问题1）诗人使用了哪些意象？这些客观的事物经由作者主观赋予情感的过程，象征着什么？诗人对这些意象所代表的爱情观持什么样的态度？

问题1明确：凌霄花、鸟儿、泉源、险峰、日光、春雨。象征着依附男人，把自己当成男人的陪衬的女性从“绝不”“不止”得出，诗人对上述爱情观持否定态度。

教师小结：诗人以六个比喻句直接列出六个否定的意象，激昂强烈的感情如大江之水一泻千里，不可阻挡。下面请同学们一起来把第一节朗读一遍，这部分的旋律是昂扬、奋发、向上的，同学们在朗读时要读得刚劲有力，慷慨激昂，重音要落在表明态度的虚词上。

在前一部分，诗人用昂扬激情的诗句、生动贴切的意象对传统的爱情观作了否定。那么诗人到底向往什么样的爱情呢？诗人将自己主张的爱情观寄寓在哪个意象上？带着这个问题分组诵读第二小节。

三、精读品味第二小节

明确：诗人借助中心意象“木棉”来表明自己所肯定的爱情观。

（问题2）学生分组精读、品味诗歌的内容，试分析木棉的形象特点，并探寻作者借助木棉表达了自己什么样的爱情观？

问题2明确：独立、平等、坚强、同甘共苦

教师小结：许多开花植物常被诗人们拿来作为女性的象征：“人面桃花”“清水芙蓉”……力图表现女子的阴柔之美。而木棉这种挺拔热烈的树木，被称为“英雄树”，常见于男性的形象。然而诗人认为自己必须是一株木棉，实际上是在反叛传统伦理和道理理性的同时，确认了自己新的理想和追求。

全体同学朗读第二小节，把握诗句感情基调，体现声音感染力。

四、研读思考第三小节

诵读第三小节，然后研读品味，揣摩“坚持的位置”“脚下的土地”所蕴含的深层含义。

明确：坚持的位置：“橡树”所坚持的事业。

脚下的土地：孕育了“橡树”的家庭、国家，甚至滋养了灵魂的信仰。

（问题3）研读第三小节，思考诗人热爱对方的事业、家庭、信仰，并愿意为之付出的做法，是不是与第一小节的观点矛盾？

问题3明确：独立、平等是相对的，在婚姻中常常需要互相理解、让步，彼此付出。诗人表明了自己的态度，体现了柔性之美。不仅不会前后矛盾，而且更显示出她对待爱情的态度是强烈而真实的！

五、小结

学习诗歌要反复诵读，要通过意象这把“钥匙”打开诗歌意蕴的大门。从而可以走进诗人的心灵，触摸其情感脉搏，与之对话。我们在诵读、精读、研读的过程中，逐渐把握住舒婷所向往的真正的爱情：拥有独立、平等的人格，彼此间同甘共苦的坚定，和以此为前提的奉献！

六、思维拓展

假如在事业上，女性的成就高于男性，男同学们是否愿意把时间、精力更多地倾注在家庭方面，当个“家庭煮男”？而女同学们，你是否希望另一半作为这样的角色？

七、板书设计

致橡树

舒　婷

凌霄花、鸟儿		依附		也	爱
泉源、险峰、日光、春雨	→	陪衬	→	绝不是	情
		付出		止	观
		独立			
		平等		刚	
木棉	→	坚强	→	必须是	
		同甘共苦			柔
		奉献			

《武陵春》课堂实录

李丹妮

一、教学目的

(一) 知识与能力目标:

1. 了解女词人李清照生平，词的风格及代表作品。

2. 初步学会吟诵词的技巧与方法 。

(二) 过程与方法目标:

1. 引导学生掌握舴艋、载的读音，感受古典诗词的音韵美、节奏美、语言美。

2. 充分发挥学生想象在阅读词时的作用。

3. 指导学生结合词的背景来阅读理解词的内容。

4. 从语言的角度品析词的意境。掌握几种表达感情的方法：直接抒情，借景抒情，学会运用诵读品词（重点）。

(三) 情感态度与价值观目标:

1. 体悟词人的情感，理解词人的内心世界

2. 在感悟中使学生多一份情感的经历.

二、教学重点：语言的角度品析词的意境

三、教学难点：感受词人的“愁”

四、教学亮点：抒写自己的情感、愁绪

五、教学过程

(一) 导入新课 (配乐)【幻灯 1】

宋朝是一个产生词的国度，女词人也不让须眉，“词苑千载，群芳竞秀，盛开一枝女儿花”。她就是——李清照（学生回答）。

李清照名片：李清照（1084—约1151），号易安居士，山东济南人，北宋著名女词人，“婉约派”的代表作家，本文选自《李清照集校注 》。后人辑有《漱玉词》传世。【幻灯2】

对，正是这位宋代婉约派女词人，以她卓尔不群的气质与横空出世的才华，在中国古典文学的阆苑中独树一帜。

今天我们就借她的一首《武陵春》走近这位旷世才女，轻嗅她的芬芳，倾听她的叹息。(板书《武陵春》——李清照)【幻灯3】

（二）初读—感知愁词【幻灯4】

1.学生自由朗读，试着读准字音，正音：拟　　舴艋、　　载（板书）

2.学生注意节奏、教师指导、学生跟读。

3.学生自由朗读（从同学轻轻的跟读声中，老师已经能够感受到词的节奏美了，现在请大家带着对这首词的初步体会，吟读这首词，用自己的心灵静静地体会词人的情感，想想《武陵春》流淌的是何样的情感。

4.2名学生朗读，每位同学都读得特别认真投入，请同学为我们朗读一遍。

a.你感受到这首词流淌的是何样的感情？b.能用《武陵春》中的一个字来表达么?

“愁”(板书)【 幻灯5】

5.大家一定很好奇词人为何有如此愁怨呢？这和词人当时的经历有很大关系。有谁知道词人是在怎样情况下写下这首词的?

写作背景【幻灯6】

北宋灭亡后，李清照来到南方，故乡已陷入金人之手，家中收藏的大批文物被焚毁，不久丈夫赵明诚病故。金军继续挥兵南侵，李清照为避兵乱，只身流亡寓居浙江金华时写了这首词。时年53岁，经历国家败亡、家乡沦陷 、文物丧失、丈夫病死等不幸遭遇，处境凄惨，内心极其悲痛。

这首词所反映的正是她真实的生活片段和思想感情。(教师补充：1127年，北宋灭亡，李清照被迫从书房走出，踏上了逃亡流徙之路。靖康之变发生时，赵明诚奔丧（其母去世）赴建康，李清照只身一人带着15车金石书画离家。路上所带的珍贵文物不幸流失、被盗，因临行前仓促和搬动不便留下的十多屋书籍也被乱兵烧毁，夫妻二人花费了大量的心血收集的文化艺术珍宝瞬间化为乌有，这实在打击太重，更重的打击又接踵而至，1129年，赵明诚在建康的路上突患疾病，不治身亡。李清照失去了唯一的亲人，无儿无女，孤身一人，远离家乡，过着无依无靠、流离失所、孤苦无依的生活，她内心极其悲痛，在这样的情境下写下这首词。

现在起大家联系词人的经历，带着满腔的愁绪动情地朗读这首词。【幻灯7】

再读体会情感。

（三）研读—析愁品悟【幻灯8】

通过同学动情的朗读，一下子拉近了我们和李清照的距离，仿佛悲伤感怀，愁怨深重的词人就在我们面前。词人借助文字，把情感表现得淋漓尽致，那么现在就请大家细细研读，看看哪些词句细致传达出词人如泣如诉的愁情。（我们可以从不同的角度、结合自己的体验、任选词句来品悟语言）

附对词的简单理解：

（恼人的风雨总算停歇了，枝头上美丽的花朵也凋零尽了，只有沾花的泥土还散发着缕缕花的余香。太阳虽然升的很高、很高了，可我仍无心梳妆打扮。春去了，明年还会回来，花谢了，明年春天还会盛开，唯独那牵挂的人、伤心的事一直萦绕在心头，挥之不去，令我愁肠百结，一想到这些，还没开口说话，泪水就情不自禁地洒落。听人说，双溪那个地方的春色还不错，我计划着到那里去划划船、泛一泛舟，以排遣心中无尽的忧愁！可是，我真担心那双溪上的舴猛舟般的小船太小了，恐怕载不动我内心沉重的哀愁啊！”）

师：你从哪些地方感受到了作者的愁绪？作者是怎样写愁的。你最欣赏那一句？（寻踪美点、探究技巧）

（自由分析回答，教师视情况学生所提出的词句顺序灵活指导分析。师生合作赏析词句）：

生1：以景衬情，情景交融。

生1：从描摹人物的外部动作和神态来写愁。

生1：扣住细节来写愁。

（1）风住尘香花已尽

师：“风住尘香花已尽”。风儿停了，鲜花经过春风的摇动已经零落殆尽，只有土地上还残留些花的芬芳，又是春意阑珊（将尽）的季节。（交待季节特征——说明已是暮春时节。暗指：自己年老珠黄，寓寄词人漂泊零落，红颜迟暮的身世之恸。）词人当时已是53岁了，已不是青春年少、风华正茂的年龄了。

师：是人怜花乎？还是花怜人？

生：众说不一。

师：你们说的都说得通。但老师认为是人花相惜，情景交融，物我一体。这种理解更生动些。注意赏析的时候要融情于景。

日晚倦梳头。太阳虽然升的很高、很高了，可我仍无心梳妆打扮。(此句是什么描写？典型的生活细节描写。日上三竿仍无心梳洗，这句话采用含蓄手法，通过妇女特有的生活细节——倦于晨妆，反映了词人的满怀愁绪。为什么词人倦于梳头呢？

师：红颜已老。

生：韵华已逝。

师：丈夫不在。

生：知己难觅。

师：对生活失去信心。

生：对现实充满失望。

师：所以词人懒于晨妆。

图书文物殆尽造成的巨大痛苦，颠沛流离逃亡的生活给予她无情的折磨，李清照陷入了伤痛的深渊之中。通过具体的外在行为展现人物的什么心理？表达什么情感？

心灰意懒　　　浓重的哀愁

由此，这两句是通过景色、典型细节来抒情。(采用含蓄手法进行间接抒情。)

生2：直接抒情

同学们感受到词的哪句话最直接最强烈地抒发了这种愁情？

(2)“物是人非事事休，欲语泪先流。”(学生回答)(板书：直接抒情)

我们知道人在最激动的时刻，常常借眼泪来宣泄内心的痛苦。

物是人非事事休，欲语泪先流。这两句紧承上句叙述了什么内容？

叙述了哀伤的原因、程度。

苏轼因梦见亡妻而“相顾无言，唯有泪千行”，柳永因和爱人分别而“执手相看泪眼，竟无语凝噎”。而李清照呢？她欲语泪先流又是为何呢？从文中找出原因。

物是人非（注释）

“人非”具体指词人的什么遭遇？

国家败亡、家乡沦陷、文物丧失、丈夫病死等不幸遭遇。

事事休：什么是快乐、什么是幸福，就是做自己超喜欢的事，李清照平时喜欢作画、写词、弹琴，从前，夫妇志趣相投，短锄栽花、长诗佐酒，朝夕相伴。携手游天下名山，并肩读千古奇文。

说不尽的美好，道不完的甜蜜，而如今，都没有了，想到图书文物殆尽造成的巨大痛苦，颠沛流离的逃亡生活给予她无情的折磨，这怎能不让人心痛、伤心欲绝呢？

因此，这两句是词人直抒胸臆，再次借助神态和外在行为表达出自己浓重的哀愁。

其抒情方式是——直接抒情。

生3：运用新奇的比喻来写愁。

（3）闻说双溪春尚好，也拟泛轻舟

回头再看整首词，词人的情感是否一直处于愁闷低沉状态，有过一丝变化没有？从哪里看出来？。（此情无计可消除，才下眉头，却上心头。）

“闻说”“也拟”表达词人 一种什么心理？

不是贪恋美景游赏心切而是想要寻求一个消除愁苦的去处。（出游时在舟上，我们可以做什么？在舟上的心情怎样？哪个字可以看得出划舟的心情？）

（4）只恐双溪舴艋舟，载不动、许多愁

“只恐”否定自己的计划。“闻说”“也拟”“只恐”一回一转，以委婉曲折的笔调写出了复杂的心情，尽情地表达作者沉重、无奈的心理变化，道出哀愁之重。

师问：奇怪，愁怎么能载呢？ 什么东西才可以载？

两句中词人运用什么修辞仍然表达自己内心不解的哀愁？比喻。

词人创意出奇，将心中抽象的、难以捉摸的“愁”转为具体可触的立体感，说“舟轻愁重”使“愁”有了形体、重量、动态。这种写法是—— 化虚为实。

这些句子中觉得写得最生动最富有特色的词句是？（比喻手法，将无形的无法触摸的愁绪写成有形有重量的东西，似乎还可看到这小小的船在重重的愁的堆挤下被慢慢压向水面，让读者读了无不为之担心。——突出了愁的深重。）

师板书

借景抒情　　　　　　　　　比喻（化虚为实）

愁

细节描写　　　　　　　　　对比/直接抒情

小结：这首词采用借景抒情、化虚为实，直接抒情，细节传愁，比喻摩愁等的手法，表达女词人心中愁云笼罩，因种种不幸遭遇而万念俱灰的无限惆怅与悲伤之情。体现了中国古典美学的特殊境界——悲音为美。

（四）美读—赏愁传情【幻灯9】

我们仔细品读这首词后，更深刻地体会到了作者的情感，我相信你们在朗读上会处理得比刚才更好，请各位同学深深沉浸在一代才女的文字中，带着这满腔愁绪，用最能表达自己情感的方式朗读。

1.齐读成诵

2.生读或诵（2、3名）

3.师诵

4.齐诵

（学生们反复吟诵，随之一曲《琵琶语》，我们一起进入那个凄美的境界。有的双眉紧锁，有的掩卷叹息，有的感叹抒怀，课堂上笼罩了一层淡淡的哀伤，教室仿佛也成了一叶满载愁绪的扁舟）

（五）闲话愁思（佳句迭起）【幻灯10】

李清照是写愁的大家，她的愁是乡关之愁、身世之苦，是丧失亲人的悲哀……词人用多种手法，写出了愁的浓重。在古代写愁的诗词中，也是佳句迭起，请大家回忆一下，从你所知道的诗词当中搜寻，说出几句来。

知识拓展【幻灯11】

你还能记起哪些表现“愁”的诗句呢？

1.古人写愁的名句：(集体回答。自由回答，师生共同完成）

附例句：

（1）“问君能有几多愁，恰似一江春水向东流。”——李煜《虞美人》

（2）“抽刀断水水更流，举杯消愁愁更愁。”——李白《登宣州谢朓楼饯别校书叔云》

（3）离恨恰似春草，更行更远还生。——李煜《清平乐》

（4）剪不断，理还乱，是离愁。别是一般滋味在心头。——李煜《相见欢》

（5）试问闲愁都几许？一川烟草，满城风絮，梅子黄时雨。——贺铸《青玉案》

（6）闲愁最苦，休去倚危栏，斜阳正在，烟柳断肠处。——辛弃疾《摸鱼儿》

（7）少年不识愁滋味，爱上层楼。爱上层楼，为赋新词强说愁。——辛弃疾《丑奴儿》

（8）李白的“举头望明月，低头思故乡”“我寄愁心与明月，随君直到夜郎西”。

（9）张继的“月落乌啼霜满天，江枫渔火对愁眠。”

（10）苏东坡的“明月几时有，把酒问青天。”王安石的“春风又绿江南岸，明月何时待我还?”

（11）李后主的“胭脂泪，几时重，自是人生长恨水长东。”

（12）范仲淹的“酒入愁肠，化作相思泪。”

（13）李后主的“寂寞梧桐深院锁清秋”。

（14）白居易的“汴水流，泗水流，流到瓜洲古渡头。吴山点点愁”。

（15）李白的“白发三千丈，缘愁似个长”。杜甫的“白头搔更短，浑欲不胜簪”……

师：这样看来。只要诗人、词人的心境是郁愁的，天地万物都会被感染上愁绪，

我们古人写“愁”，可以说是穷形尽相，淋漓尽致，感人肺腑。我们生活不能总是一帆风顺，有时也有一些不顺心的事，我们可能也有过学业之愁、人与人交流之愁、思乡之愁、家国之愁……我想我们的同学也是当代的莫言，也请你试一试牛刀，抒写你的愁思。(附例句：故乡的歌是一支清远的笛，总在有月亮的晚上响起……乡愁是一棵没有年轮的的树，永不老去。)

2.我写愁的句子【幻灯12】

3.展示，点评

4.总结：今天，我们感受了词人的一种情感，也学习了一些表达情感的技巧，老师希望同学们成为有思想、有才情的人，人类的情感是丰富多样的，“愁”只是情感的一种，老师更希望同学们能远离痛苦、幸福一生。

（六）作业布置【幻灯13】

1.收集李清照的作品。

2.运用在本首词中所学的技巧表达一种情感。

3.完成《全效》相关练习。

附学生习作：

江山依旧，昔人已远，留下的只是一缕斜阳，温暖的，是不可明灭的几段愁肠，生长在空虚浮躁的年代，还有几个人愿意摘下耳机去吟诵那几乎断线的小令，通俗歌曲的浅白渐渐隔断了那愁肠满腹的惆怅，分解着那墨卷古香的文字，也许，再也不会有小园香径的独徘徊，不会有畅欢饮酒后的万般感慨，更不会有迢迢不断的绵绵情意了吧，在历史与现实的交汇点上，体会这没有诗情画意的悲哀，淡回眸，眼见一片黑白，再转身，也不见色彩，远方的经典，已渐行渐远。——陈烁敏

一场雨、碎了谁的梦？湿了谁的心？或许是雨太大？还是伞太小？真的，有时候，唯有一场似雨的泪，才能彻底地清晰你的视线……——李锐杰

梦想是天上的星星，可望而不可即。——柯雪娟

未落笔，早已泪眼朦胧，“最后一节课”，五个字重重锤在心底，荡起涟漪，而心却是空空的，似乎失去了什么，想要抓住，却早已溜出。泪滴落下，慢慢在那本留言册上氤氲开来。瑟风拍打着窗玻璃，尽管门窗紧闭，但内心依旧凉到心底，冷到透彻。校园中远远望着你熟悉的背影，渐行渐远，是你加快了步伐，还是我无能赶上，你可否留意到，初秋道路两旁的落叶是我飘零的心，我轻轻在留言册上写下：原来秋的记忆是这般潮湿……——陈科帆

六、点评（吴子兴）

听了李老师上的这节《武陵春》，我对其中两点印象深刻，下面就此谈谈看法。

（一）重视朗读：以读为本，一以贯之

古诗词要重视朗读，应该说是语文教育学界的一种共识，但具体如何才能操作好，却还是一个老问题，不少老师在处理有关“读”的环节时，往往只是这里读一读，那里读一读，零敲碎打，给人一种走过场的形式主义化感觉。造成这些做法的主要原因是教师要求学生“读”的教学意图不明确，仅仅把“读”看成是

一种简单的教学手段而已，没能从深层意义上去把握“读”，并将其上升到较高的教学层面。

李老师这节课应该说非常重视“读”，单从几个教学板块的命名就可见一斑。总的来说就是以读为本，一以贯之。从初读到研读再到美读，“读”可以说是无处不在，“读”不仅是教学手段，更是教学主线及教学主要表现形态。通过“读”，学生对文本的认识拾阶而上，步步加深。在这里，“读”不是一般意义上的由无声语言转化为有声语言那么简单，其目标指向理解，欣赏，评价，迁移等多种语文阅读能力的综合形成，属于广义上的“读”。因此，整节课的“读”才显得比较有厚度与广度，效果也比较突出。

（二）对教学内容的处理拿捏准确、恰当

初中阶段的古诗文教学经常会涉及教学内容的把握问题。新修订的《义务教育语文课程标准(2011年版)》尽管没有对古诗文专门提出教学建议，但在“评价建议”部分却特别指出：

“评价学生阅读古代诗词和浅易文言文，重点考查学生的记诵积累，考查他们能否凭借注释和工具书理解诗文大意。词法、句法等方面的概念不作为考试内容”。

而课程标准在“教学建议”中则对语文知识教学的地位和作用中有这样的表述：“在阅读教学中，为了帮助理解课文，可以引导学生随文学习必要的语文知识，但不能脱离语文运用的实际去进行‘系统’的讲授和操练，更不应要求学生死记硬背概念，定义。”

从以上论述我们可以知道，当前，义务教育阶段的语文教育事实上强调淡化系统知识学习，也就是不过多涉及一些理论名词术语，更多的是要求将相关的理论知识融合、渗透到具体的教学活动中去。

从以上角度去审视李老师的这节课，我们可以看到她对教学内容处理上是准确的、恰当的。因为李老师并没有刻意地向学生讲授一些古典诗歌理论知识和解读方法，而是将这些古典诗歌理论知识和解读方法巧妙地蕴含在问题设计和启发引导上。比如说她并没有具体提及“意象”这个概念，但整节课的问题设计都是紧紧围绕“意象”去设计、生成问题的。应该说，学生通过思考、回答这些问题，实际上已经能较好地掌握到欣赏诗歌的基本知识和方法。再如，对于“意境”的认识，教师也没有抽象地讲解“意境”的概念，而是以语言赏析作为抓手，通过有效的情境创设，引导学生融入诗歌的意境中，让学生在体验与感悟中感触意境是怎么一回事。从这个角度看，一些理论知识的“不讲”往往比“讲”更能起到效果，而且是一种实实在在的效果，因为学生是切切实实地在文本语境中得到锻炼，而不是在文本外围纸上谈兵式地在接受到一些中看不中用的“死”的知识。

当然，如果吹毛求疵的话，我觉得这节课也有地方值得商榷。如在“闲话愁思”板块中，一方面，让学生回忆古人写愁的名句（即“古人写愁的名句”环节），以此进行知识拓展；另一方面，与之相对的是，让学生抒写愁思（即“我写愁的句子”环节）。从展示的学生习作看，这些习作都是现代风格——清一色的现代散文片断。我认为其实没必要分得这么清楚，像写愁的名句，古代有，现当代也有，因此没必要局限于古代，可以适当地介绍一些写“愁”的现当代作品（当然最好还是现代诗歌和散文）。而在抒写愁思这个环节，既可以允许学生以现代散文形式进行，还应该鼓励他们以现代诗歌，甚至是古典诗歌的形式进行创作。这样，文体之间也能得到有效沟通，相信可以帮助学生更好地比较各文体之间的异同点，体验写作的乐趣，以及增进他们对“愁”这一创作主题的认识。

以上是我的一些看法，仅供大家思考，欢迎批评指正。

点评者简介：

吴子兴，男，汉族，广东潮州人，教育学硕士，语文课程与教学论研究方向，现为广东韩山师范学院中文系教师，主讲《语文教育学》《语文教学技能》《中学语文教材研究》《微格教学》等课程，主要论文有《论高中语文修课程的设置及其对语文素养的培养》江西师范大学学报（哲学社会科学版）2005年6期；《语文阅读教学师生主间性建构初探》内蒙古师范大学学报（教育科学版）2008年12期；《阅读交往中主体间性的建构》韩山师范学院学报2009年1期等。

参与过2009年、2011年、2012年广东省普通高中教师职务培训辅导工作，两度获得“优秀辅导教师”称号。近年来，每年参与潮州、揭阳、汕头、汕尾等地高中语文新教师岗前培训工作，主讲《教材分析技能与设计技能》《课堂教学实施技能与评价技能》等课程。

《紫藤萝瀑布》第二课时教学设计

李丹妮

【教学目标】

1.朗读课文品味语言之美。(学习赏析写景美句的方法)说说自己的阅读感受。

2.勾画作者思绪的语句，体会情感之美。

3.比较阅读，把握主旨，感悟生命哲理之美。

【教学重点】

以朗读训练为主要手段，引导学生品味文章优美语言，掌握写景状物的一些技巧。

【教学难点】

理解紫藤萝花的象征意义，理解文章主旨，感悟生命的真谛，思考人生。

【教学设想】

这是一篇语言优美，意味深长的散文，欢欣明快的同时也深沉有力。

一树蓬勃旺盛、花开如瀑的紫藤萝感染了作者，给身心疲惫的她注入了心得生命力。绚丽的色彩曳动你的目光、郁郁的幽香缭绕在你的鼻前。作者因美驻足，也因美陶醉……作者的思绪也因此流淌，回忆了那不堪的“十年动乱”，还有“生死的疑惑，疾病的痛楚”，眼前的美好与过去的黑暗联系在一起，让人感到一种深沉的悲哀。如今花的再次盛开，给了作者希望，让作者重新振作，让作者有了生活的勇气和前进的动力。(由观花而生情、由情而生志，无论是人生的热烈还是人生的生死，生命对于万物来讲都是美好的、宝贵的。)

作为一篇教读文章，有必要培养学生阅读的习惯，教会学生一些的阅读的技巧和阅读的方法。结合本文，强调多种朗读形式的综合训练，阅读的方法注重指导学生写景观察点的思考，强化品析语言的能力的训练以及比较阅读探究文章主旨，同时拓展学生的视野。

力争带领学生从一篇文章了解一类文章，从一篇课文了解一种人生态度，从一个生活现象品悟一种人生状态。

【教学过程】

一、导入

师：年级的老师都说，我们4班的同学上课时课堂气氛活跃，同学们都乐于（勇于）思考，也能踊跃发言。上一节课，我们老师已经带领大家阅读了课文的内容，今天，很高兴能和大家一起继续学习女作家宗璞的《紫藤萝瀑布》。（板书）

现在，我想先了解一下，你初步阅读这篇文章之后的整体感觉。请同学们说说，这是一篇怎样的文章？/这是一篇写________的文章。

生：写紫藤萝的文章，写了（看花—忆花—悟花）美,这是一篇写景状物的散文，语言优美，寓意深刻。板书：美。

师：多美的一篇文章，任何一篇文章都有它与众不同之处。今天，我们就一起来发现，品味、欣赏它的独到之美。

大家先一起来了解我们今天的学习目标：读（幻灯片1）

1.朗读课文品味语言之美。(学习赏析写景美句的方法)

2.勾画作者思绪的语句，体会情感之美。

3.比较阅读，把握主旨，感悟生命哲理之美。

二、阅读重点文段，整体回顾（幻灯片2）

师：感受美，首先我们需要美读，现在，我们先以朗读的形式把文章的主要内容再现。

我想了解一下，大家已经给文章的每一自然段标上序号了没有？（没有的马上标上）

朗读之前我们一起回顾朗读的要求：

朗读的要求：

1.响亮、清晰、流利；

2.语调、停顿、重音（合理地运用语调、停顿、重音，有感情地表达出来）

老师先当一会儿串讲人，邀请大家朗读课文的第2、6、10文段。

在大家读每一文段之前，老师先读几句串词，读完串词后请同学们在老师的示意之下齐声朗读各个文段。大家准备好了吗？

师：我不由得停住了脚步，出现在我面前的是这么一株色彩辉煌，蓬勃旺盛的紫藤萝。……

生齐读第2自然段

师：这里的紫藤萝是繁密的、活泼的、饱满的，它们充满着生机勃勃，它们是那么的快乐，令我陶醉……

生齐读第6自然段

师：是啊，这美丽的紫藤萝瀑布的流动，也牵动着我的情感的流动，他带走了我的疑惑和痛楚，让我感到精神的宁静和生的喜悦，让我有了生命更美好的感悟。

生齐读第10自然段

师：大家读得很认真，而且响亮 ，流利，传神。里面几个词老师还是想再次强调：

迸溅、挑逗、忍俊不禁、仙露琼浆（板书）

三、自由品读、探寻美点

1.师：刚才，我们读了文章的主体部分，一起感受了文字中流淌的美。

曾经有一位作家这么说：每一个词，每一句话，都是一颗心。所以我们的阅读（诵读），要把自己放进去。现在我们一起自由选读品读，看看哪个句子能引起你的共鸣，边读边批注。(幻灯片3）

试着以“我认为这个句子很美，美在……”的形式，说说你发现的“美”。相信文中肯定有一些打动你的文句。

指导以往品析语言的方法【幻灯片4（1）】

一篇美文，往往从任何一个地方都能找到她的美，或者是一个词，一个句子，一段文字。或者是描述的形状，或者是抒发的情感都可以说。

……

2.教师适时指导（写景状物，我们要注意细心地观察，一般写花，我们会写它的哪些方面？形状、色彩、香味、姿态……运用优美的语言来描写）。

刚才巡视，看到好多同学已经有了许多美的发现，老师在想如果同学们能一起分享，那该是一件多么美好的事情呀。

请同学分享……

作者“用笔如舌”、读者就该“赏笔入耳”。忘情的吟诵，在诵读中心领神会。

你觉得这句话可以怎么读？学生读欣赏的句子……花朵中最浅的部分像水珠，一朵又一朵，一串又一串的，从上至下，上不见发端，下不见终极。盛大壮观，悬垂倒挂，光泽闪耀。给我们一个强烈的视觉冲击,使人感到“飞流直下三千尺”之感。

她在尽情绽放自己的生命。

感受生命的可爱。

充满活力、富于情趣。

像极一个盛装的少女，在欢歌笑语。

请你推荐一位同学，你觉得他可以比你读得更好的同学……

评价：有感情、字正腔圆 、突出重读词句、活泼热闹、充满朝气。

分析时及时板书：化静为动、巧用修辞、物我交融（情景交融）

美、旺盛、喜悦、宁静……

3.总结：语言的赏析需要规范的表达。

规范作答的格式：幻灯片4（2）、(幻灯片5）

示例：

“从未见过开得这样盛的藤萝，只见一片辉煌的淡紫色，像一条瀑布，从空中垂下来，不见其发端，也不见其终极。”

①运用了比喻。把整片垂下来的紫藤萝花比作瀑布。

②生动形象地写出了紫藤萝花的繁茂，气势非凡，灿烂辉煌。

③流露出作者对紫藤萝花深深的喜爱和被其吸引的情感。

4.师：像这样美妙的地方还有很多，课后我们还可以继续挖掘。同学们品读的能力越来越强了。

作者对紫藤萝的描摹技艺高超，精彩传神。形、色、味、态。

5.总结写景状物的方法（幻灯片6）

化静为动、巧用修辞、物我交融（情景交融)(板书呈现）

让我们批文入情、诵读涵泳，再读文中美文美句……

四、比较阅读，体会感情

1.师：绚丽的色彩摇动着我们的目光，郁郁的芳香缭绕在我们的鼻尖，如此

美丽的紫藤萝是不是一直如此的旺盛，如此的朝气蓬勃呀？ 你有什么发现？哪个文段也写了花的不幸的遭遇？比较阅读（幻灯片7）

2.生：不是。第8自然段写了……

……它依傍一株枯槐爬得很高，但花朵从来都稀落，东一穗西一串伶仃地挂在树梢……

……从未见过开得这样盛的藤萝，只见一片辉煌的淡紫色，像一条瀑布，从空中垂下来，不见其发端，也不见其终极……

（眼前的紫藤萝与十几年前的紫藤萝对比，突出了紫藤萝的旺盛。）

花曾经遭受摧残，过了这么多年，藤萝花又开花了，而且开得这样盛。这样密，可见它生命力的顽强。

师：看到藤萝的生命再次绽放，而且开得这么盛，这么密、这么美。作者的内心又有怎样的情感的变化？由原来的……到此时的……

请你圈点勾画出有关表达作者思绪的情感的句子，比较前后的情感如何不同，是何原因？（作者看紫藤萝瀑布之前与看紫藤萝花之后的心情。）

3.生：找出，分析

作者看紫藤萝瀑布之前与看紫藤萝花之后的心情。

……流着流着，它带走了这些时一直压在我心上的关于生死的疑惑，关于疾病的痛楚……

……别的一切暂时都不存在，有的只是精神的宁静和生的喜悦。

4.师点评：

他带走的是这些时一直压在心上的关于“生死的疑惑和关于疾病的痛楚”。

5.为何这些时会有“生死的疑惑和关于疾病的痛楚”？

6.适时出现相关链接（幻灯片8、9）

背景链接1：选自《 宗璞散文选集 》“我活着，随即得了一场重病。偏偏没有死。许多许多人去世了，我还活着。记下了一九六六年夏秋之交的这一天。”

（在“文化大革命”期间，宗璞一家遭受迫害，多位亲人去世，其父著名哲学家冯友兰遭受迫害、深受打击而住院。）自然万物，也因十年的浩劫而惨遭摧残。

一篇文章的背后站立着一个人，一个人又倚靠着一个时代。

背景链接2：……写《紫藤萝瀑布》时是1982年5月，正是其小弟身患绝症生命垂危、作者忧心如焚之际。

“文化大革命”期间作者已失去许多许多的亲人，心中的伤疤，而今更有刺心的痛，仅剩为数不多中最亲的弟弟也身患绝症。旧伤新痛，作者怎不焦急和痛楚呢？

这盛开的紫藤萝几乎有一种魔力，将作者笼罩在宁静和喜悦中。

紫藤萝以这样的一种旺盛、积极、喜悦的生命状态出现在作者的面前，作者的心灵为之震撼，他会有怎样的情感的触动和感悟呢？

7.眼前花，心中事，这让作者的心灵为之一震，此时，作者因一树蓬勃旺盛的，花开如瀑的紫藤萝顽强的生命力所感染，作者为美而驻足，为美而陶醉，从而获得了生活的勇气和动力，精神有所振作，获得精神的宁静和生的喜悦。

8.板书：宁静、喜悦、顽强、动力。

精美的文字、唯美的画面、更在于丰富的感情。

在这一组比较阅读中，我们是否也能够悟到一些意味深长的东西……

（在文中是否也有所觉察？花与人有着怎样的联系？以前的花，曾经的人……此时的花，现在的人？尽情地绽放自己的生命。）

让老师领略我们同学们无穷的思维的创造力。

五、体悟主旨，美读中心文段

如何理解这句话？（幻灯片10）

花和人都会遇到各种各样的不幸，但生命的长河是无止境的。

花的变迁：花也有不幸，一枯一荣、再次盛开。

人的苦难：人有不幸，包括生亡。（个体的生命是有限的，但人类的长河是永恒的）重新振作。

不管是自然的任何万物，总有茂盛和凋零的时候，时代的洪流总会冲走种种的不快的过去。只要你充满希望，扬起生命的风帆，你也可以再次盛开。

我们读到了生命的美好，顽强、永恒。

生存的意志何曾不饱含这些意味深长的东西。

深入文章的背后，我们体会到作者如此豁达而坚韧。

这是丰富的心灵的言说。

总结（幻灯片11）

十多年前紫藤萝花稀落，遭遇不幸，过了这么多年，又开得这样茂盛、生机勃勃，想到自然界生命的顽强和美好。人类也是如此，弟弟虽身患绝症，但人类的生命长河并不因某个人的不幸而停止流动。人类社会照样向前发展，因此说，生命的长河是无止境的。

有感情地阅读第10自然段（读出感情、读出感悟、读出味道）

（提名学生朗读、齐读）

六、结束语

这是一篇具有生命活力的经典之作。对于有心之人，每一个文本都是美学文本、哲学文本、生命文本。（幻灯片12）

紫藤萝瀑布为我们展示了一幅人生的画卷。

紫藤萝骄傲自信地为自己美的生命而欢腾嬉闹。

紫藤萝无声却明明在诉说人生、教人顽强斗风雨、教人对生命充满希望、教人勇敢超越个人痛苦。

宗璞将这条充满希望、勇于超越的生命长河献给了你、我、他，献给了普天下所有人。

感谢宗璞！

愿我们每个人的生命都像盛开的紫藤萝，努力张满风帆，绽放风采，为人类生命的长河增添一抹芳香。

七、作业布置（幻灯片13）

1.整理笔记，品析语言，完成课后题二。

2.体悟文章主旨，完成课后题三。

3.拓展阅读，宗璞《丁香结》《还一朵木槿花》《报秋》。

《后赤壁赋》第一课时教学设计

林　旭

【教材分析】

粤教版高二语文选修二《唐宋散文选读》第四单元编写了《秋日登洪府滕王阁饯别序》《后赤壁赋》《荔枝赋并序》《春夜宴诸从弟桃李园序》四篇课文。本单元所选的作品属于唐宋文赋。赋和骈文曾在中国文学史上占据着重要地位。唐宋文赋行文似散文，押韵似诗歌，充分体现了汉字的对称美、建筑美、音乐美和典雅美。其结构、句法、词语的对偶，华词丽采的运用，生命和心灵的绽放与呈现，为我们带来极大的心灵冲击力和审美愉悦。

《后赤壁赋》是一篇骈散结合的经典美文，声韵和美，节奏富于变化。文章着重写苏轼自身情感的变化，由景而乐，得鱼酒更乐，乐而再游赤壁。又因景而悲，悲而长啸，放任漂流，随遇而安。由“横江东来”的孤鹤，引出道士化鹤的梦境，从而含蓄地表达自己希望超脱尘世的心情。情感是本文的主要线索，如何通过诵读感受作者的情感变化，通过探究了解作者的情感缘由，是学生应该掌握的要点。

【学情分析】

学生经过高一一学年和本学期选修二前三个文言文单元的学习，对于重要的文言实词、虚词及文言句式，已经有了一些直观经验的积累，独立阅读文言文的能力有了一定的基础，因此，现阶段学生在文言文的学习过程中主要需要继续积累文言实词、虚词及文言句式，并逐渐将重点转移到“鉴赏”的层面，还可以尝试文言文阅读研究性学习。

【设计思想】

新课程标准提倡自主、合作、探究的学习方式，就是让学生在学习过程中进行自我体验。本课的设计思想是先借助导学案完成古文现象的积累，基本掌握文本内容；再通过抓住情感变化的线索，探究作者情感变化的原因，从而了解文章的主旨和苏轼的思想；最后是前后《赤壁赋》的比较，系统掌握苏轼被贬黄州期间的人生观和价值观。

【教学目标】

1.知识与能力：

（1）了解赋的相关知识及苏轼其人其事；

（2）积累文言实词、虚词及文言句式；

（3）诵读课文，整体把握文本内容。

2.过程与方法：

（1）体会本文情、景、理交融的技巧；

（2）反复体味文中优美的语言，提高语言感受能力；

（3）培养鉴赏写景抒情文章的能力。

3.情感态度与价值观：

从写景状物中读出作者的情感变化，并与《前赤壁赋》联系，理解作者被贬黄州时期复杂的思想感情及其成因，从而培养学生积极向上的人生观。

【教学重点】

景物描写的作用。

【教学难点】

苏轼儒、佛、道思想在两赋中的反映。

【教学策略】

《高中语文课程标准》指出，要全面提高学生的语文素质，培养学生养成良好的思维习惯，教会学生自己去学习。叶圣陶先生曾说过：教是为了不需要教。因此，采用如下教学法：

1.知识积累法：学生已经具备一定的古文基础，为争取更多时间鉴赏文本，尝试借助导学案让学生自主完成对文本内容的疏通和知识点的整理。

2.知人论世法：在分析作者的情感变化时，通过寻找文本的相关句子来把握问题，同时结合苏轼其人其事来探究情感变化的原因。

3.对比分析法：通过前后《赤壁赋》的比较阅读，更好地把握苏轼被贬黄州期间的人生观和价值观。

【教学用具】多媒体课件

【教学课时】3课时

【教学过程】

一、新课导入

图片展示：一粒长仅4.5厘米，宽只2厘米的榄核底部，竟能刻出全首《后赤壁赋》，共计357个字！这件罕有珍品，乃出自清朝的吊饰。这件珍品于2002年6月8日在香港艺术珍宝周末拍卖会上出售，底价为4 000万元。

导语设计：这件珍宝的稀有之处不仅在于精湛高超的技艺，也在于榄核底部刻有的是一篇千古名文。今天就让我们来了解一下这篇美文。

（设计意图：激趣导入）

二、知人论世

1.苏轼其人

（1）学生自主回答：说说你对苏轼的认识。

（2）教师适当补充：文艺全才的苏轼。

苏轼：与黄庭坚（诗）合称“苏黄”，与辛弃疾（词）合称“苏辛”，与欧阳修（散文）合称“欧苏”，与韩愈、柳宗元、欧阳修、王安石、苏洵、苏辙、曾巩合称“唐宋八大家”。

2.苏轼其事

（1）生平的逆境

第一次是在45岁那年因“乌台诗案”而被贬至黄州，一住四年。

第二次是在59岁时被贬往惠州，62岁时贬至儋州，到65岁才遇赦北归，前后在贬所六年。

资料链接：心似已灰之木，身如不系之舟。问余平生功业，黄州惠州儋州。

——《自题金山像》

（2）逆境中的创作

文——前后《赤壁赋》

诗——《寒食雨二首》

词——《念奴娇·赤壁怀古》。

推荐阅读：林语堂《苏东坡传》、余秋雨《苏东坡突围》。

（设计意图：调动学生的知识积累，回顾苏轼其人其事，为课文的学习打下基础。）

三、知识积累

1. 听录音朗读课文，注意重点字音。

临皋（gāo）　黄泥之坂（bǎn）　松江之鲈（lú）　巉（chán）岩

蒙茸（róng）　虬（qiú）龙　栖鹘（qī hú）　冯（píng）夷

悄（qiǎo）然　缟（gǎo）衣　戛（jiá）然长鸣

羽衣翩跹（piān xiān）　揖（yī）予　划（huà）然

2. 结合导学案，解析重点字词句。

（1）重点词语

是岁十月之望　是岁：这年　望：农历每月十五日。

过黄泥之坂　过：经过，走过。　坂：山坡。

霜露既降，木叶尽脱　既：已经。　脱：脱落、凋零。

行歌相答　行歌：边走边吟唱。

已而叹曰　已而：过了一会儿。

今者薄暮　薄：迫近，接近。

顾安所得酒乎　安所：哪里，什么地方。

归而谋诸妇　诸：兼词，之于。

以待子不时之须　不时：随时，突然。

曾日月之几何　曾：曾经。

予乃摄衣而上　乃：于是，就。　摄：提起。

履巉岩　履：登上。　巉：险峻。

披蒙茸　披：分开。

攀栖鹘之危巢　危：高。

凛乎其不可久留也　乎：形容词词尾，表示……的样子。

放乎中流，听其所止而休焉　乎：在。　听：听凭。　焉：兼词，于之。

适有孤鹤　适：恰好，刚好。

玄裳缟衣　玄裳缟衣：黑裳白衣，形容白鹤身白尾黑。缟，白绢。

戛然长鸣　戛然：形容声音响亮悠长的样子。

须臾客去　须臾：过了一会儿。

畴昔之夜　畴昔：以前

开户视之　户：门。

（2）词类活用

步自雪堂	名词活用为动词，步行。
顾而乐之	意动用法，以……为乐。
予乃摄衣而上	名词活用为动词，走上。
履巉岩	名词活用为动词，登上。
横江东来	名词活用为状语，从东边，
掠予舟而西也	名词活用为动词，向西飞。
羽衣翩跹	名词活用为状语，穿着羽衣。

（3）古今异义

是岁十月之望	古义：农历每月十五日。	今义：往远处看。
曾日月之几何	古义：多少。	今义：一门学科。
放乎中流	古义：江中心。	今义：水流的中央。

（4）一词多义

顾而乐之	环视
道士顾笑	回头看
顾安所得酒乎	只是，不过
三顾臣于草庐之中	探问，拜访
大行不顾细谨	考虑
念父母，顾妻子	顾惜，顾念
人之立志，顾不如蜀鄙之僧哉	反而，难道

（5）特殊句式

a.盖二客不能从焉	省略句，“从”后省略了“予”
b.问其姓名，俛而不答	省略句，(　　) 问其姓名，(其)俛而不答
c.复游于赤壁之下	状语后置句
d.步自雪堂	状语后置句

（设计意图：掌握基本的古文现象，夯实学科基础。）

四、整体感知

再读课文，梳理文章思路。

第1自然段：夜游黄泥坂。

第2自然段：复游赤壁的所见所感。

第3自然段：夜逢孤鹤和梦会道士。

（设计意图：了解文本内容，为下一课时的赏析做准备。）

《后赤壁赋》第二课时教学设计

林　旭

一、回顾导入

导语设计：同学们，上节课我们认识了一个文艺全才的人——苏轼，也了解了苏轼的“赤壁三文”，特别是其中的《后赤壁赋》。那么苏轼在游览赤壁时所见之景和《前赤壁赋》还一样吗？情感是如何变化的？我们这节课就来共同分析探究。

首先我们来齐读课文，回忆文章思路。

（设计意图：回顾文章内容，引出游记散文的鉴赏角度。）

二、赏析课文

1.作为一篇游记散文，我们可以按照什么顺序来鉴赏？

明确：时间顺序，即游前、游中和游后。

（设计意图：提示整节课的教学思路，使学生更清晰课堂的节奏。）

2.研读第1自然段

（1）第1自然段中，作者的心情可用哪一个字来概括？

明确：乐（顾而乐之，行歌相答）。

（2）因何而乐呢？

明确：因景美。

赏景：霜露既降，木叶尽脱，人影在地，仰见明月。

请用自己的语言描述一下这美景，并回答这美景的特点。

参考：白霜覆盖大地，树叶凋零只剩下清朗交错的枝干。月光下照，将人影投射在地上，影随人逶迤而行，抬头可望一轮明月当空挂，天地之间一派澄明通透，似乎进入了一个晶莹剔透的水晶世界。特点是静谧宁馨。

（3）因何而更乐呢？

明确：有客，有肴（客奉以鲈），有酒（妇供以酒）。

（4）文章的题目是《后赤壁赋》，但这一段却写夜游黄泥坂的快乐，作用是什么？

明确：烘托游兴，为游赤壁作铺垫。

（设计意图：抓住关键词赏析，用文本来为作者的心情张本；赏景部分考查学生的景物鉴赏能力。）

3.研读第2自然段

（1）复游赤壁，作者的情感发生了怎样的变化？请用文中的词语概括。

明确：悲（悄然而悲）、恐（肃然而恐）。

（2）悲从何而来？恐从何而来？

①江山不可复识：时隔三月，初冬的赤壁又有怎样的景象呢？

明确：前赤壁——清风徐来，水波不兴；月出于东山之上，徘徊于斗牛之间。

白露横江，水光接天—宁静清幽—后赤壁—江流有声，断岸千尺。山高月小，水落石出。——险峻、冷清、深幽

②面对眼前的赤壁之景，苏轼发出了怎样的感慨？从中暗含苏轼怎样的情感？

明确：“曾日月之几何，而江山不可复识矣”——对赤壁之景旧颜不再的感叹，实际暗含对世事变化无常，年华逝水的无奈慨叹；更有对大自然造物之神奇的惊叹。

资料链接：历史背景——当时，宋与西夏交战惨败，全军覆没，死者约六十万，宋神宗也抑郁而死。大宋王朝从此一蹶不振，美好江山，满目凄凉。

③作者亲自探险赤壁，又见到了怎样的情景？

明确：巉岩，蒙茸，虎豹之石，虬龙之木，危巢，幽宫等景象险峻肃杀，色彩阴暗。而作者用摄、履、披、踞、登、攀一系列动作来显示作者不畏艰险，勇往直前的精神。环境阴森，路程凶险，无友相伴，孤独寂寞。下狱乌台，贬谪黄州，险恶困窘，孤立无助。处境相同，象征他人生道路坎坷不平，因此作者感到了悲。

资料链接：苏轼生平之乌台诗案

④凛乎不可久留：他苦闷、悲哀无法抑制，惟有纵情长啸。不料山林风水相

应和，相激扬，令人毛骨悚然。

资料链接：大石侧立千尺，如猛兽奇鬼，森然欲搏人；而山上栖鹘闻人声，亦惊起，磔磔云霄间；又有若老人咳且笑于山谷中者，或曰此鹳鹤也。

——苏轼《石钟山记》

坐潭上，四面竹树环合，寂寥无人，凄神寒骨，悄怆幽邃。以其境过清，不可久居，乃记之而去。

——柳宗元《小石潭记》

（3）技法指导：欣赏写景抒情文章，品味作者情感的方法。

扣景品情：抓住文中所描绘景物的特点，把握作者的情感倾向。

知人论世：结合作者人生经历，结合当时社会背景，探究作者情感产生之缘由。

（4）面对大自然的伟力，苏轼在激昂悲伤后，采取了什么的行动？体现他怎样的情感态度？

明确：“反而登舟，放乎中流，听其所止而休焉。”即顺其自然，随遇而安的淡泊。

（设计意图：利用资料链接，调动学生的知识体验，更好地理解作者的情感；技法指导，体现学科工具性。）

4.研读第3自然段

（1）文中对鹤的描写是怎样的？（展示鹤的图片）

明确：适有孤鹤，横江东来，翅如车轮，玄裳缟衣，戛然长鸣，掠予舟而西也。

（2）解读鹤的传统意象

明确：在我国传统意象里，鹤带有高贵、幽雅，超凡脱俗，仙风道骨的特征，是超然物外、随缘任化的道家精神的象征。

资料链接：林逋“梅妻鹤子”、苏轼《放鹤亭记》

（3）夜逢孤鹤和梦会道士有什么内在联系？传达的诗人的情感是什么？

明确：鹤和道士的形象是联结的，分不清是鹤化为道士还是道士化鹤，正如庄周梦蝶。孤鹤、道士与作者虽三而一。

资料链接：《前赤壁赋》《清夜录》《念奴娇·赤壁怀古》《江城子·乙卯正月二十日夜记梦》以及苏轼的儒道思想。

（4）如何理解“开户视之，不见其处”？

明确：岂唯无鹤无道士，并无鱼，并无酒，并无客，并无赤壁，只有一片光明空阔。——《古文观止》

梦是一种追求，但是现实未必能获得，“不知其处”表明作者内心对前途、理想的迷茫，如同茫茫的夜色般无迹可寻，以此结尾意味深长。苏轼常常在儒家的积极入世和道家的消极避世之间徘徊困惑，这种看似矛盾的思想是其复杂感情的真实体现。

（设计意图：以文读人，由文知人，通过苏轼的思想与文章来把握课堂难点。）

三、课堂小结

《后赤壁赋》，全篇着重苏轼自身情感的转换：由景而乐—乐而再游赤壁—又因景物而生悲愁—之后又归于随遇而安，淡泊—借梦境表达超脱尘世的态度及“人生如梦”的空幻感。

（设计意图：抓住情感线索，整体把握文章。）

四、拓展延伸

1.名人语录

他成熟于一场灾难之后，成熟于灭寂后的再生，成熟于穷乡僻壤，成熟于几乎没有人在他身边的时刻。——余秋雨《苏东坡突围》

2.苏轼对待逆境的态度

苏轼的思想融合了儒家固穷的坚毅精神，老庄轻视有限时空和物质环境的超越态度以及禅宗以平常心对待一切变故的观念，是一种执着于人生而又超然物外的生命范式，蕴含着坚定、沉着、乐观、旷达的精神。

3.教师寄语

宠辱不惊，笑看庭前花开花落；去留无意，漫随天外云卷云舒。

（设计意图：升华文章思想，体现学科人文性。）

《后赤壁赋》第三课时教学设计

林　旭

一、回顾导入

导语设计：时年45岁的苏东坡所写的赤壁二赋在我国文学史上传为美谈。文天祥《读赤壁赋》云："昔年仙子谪黄州，赤壁矶头河漫游。"王世贞《前赤壁二首》"赋是双珠可夜明。"看来只有两篇赤壁赋合在一起才能完整地了解当年的苏轼。那么现在我们就来感受苏轼在前后《赤壁赋》中的所思所想吧。

（设计意图：回顾与名言导入，激发学生兴趣。）

二、温习文本

1.学生齐背《前赤壁赋》。

2.学生代表朗读《后赤壁赋》。

（设计意图：在熟悉文本的基础上来进行比较。）

三、比较文本

1.前人点评

（1）"前赋设为问答，此赋不过写景叙事。而寄托之意，悠然言外者，与前赋初不殊焉也。"(《唐宋八大家类选》卷十四)

（2）"前篇写实情实景，从'乐'字领出歌来；此篇作幻境幻想，从'乐'字领出叹来。一路奇情逸致，相逼而出，与前赋同一机轴，而无一笔相似。"(《古文观止》)

（3）"后篇亦写客、写歌、写风、写月、写乐、写酒、写肴，一一与前篇同，而各位置不同。前篇同在舟中，次早还在；此篇有登岸一举，半夜即归，则前篇所未有也；前篇借客生波，尚似实情；此篇忽鹤忽道士，奇幻极矣，乃神似《南华》，非袭其貌也；至前篇说悲处，在客口中；此篇悲则公自言矣。"(李扶九评)

（设计意图：了解名家评论，选取比较角度。）

2.自主比较

项目	描写景色	感情变化	思想认识	表现形式
前赤壁赋	描写秋景——“清风徐来，水波不兴”“白露横江，水光接天”。	美而乐 乐而悲 悲而感 感而悟	表达人生短暂，超脱旷达的思想。	用赋的主客对话传统形式，表达对宇宙人生的看法。
后赤壁赋	描写初冬江上之景——“霜露既降，木叶尽脱”“山高月小，水落石出”。	由景而乐 因景而悲 随遇而安 逍遥物外	借梦境表达超脱尘世的态度及“人生如梦”的空幻感。	道士化鹤梦境照应前赋羽化登仙虚幻故事，抒发超脱之情。

（设计意图：使用表格，使两赋的对比一目了然。）

四、布置作业

1.推荐阅读：苏轼词作《定风波》。

2.完成导学案相关练习。

（设计意图：通过课后作业的环节，调动学生学习的自主意识，落实新课标“合作”“探究”的要求。）

教学反思：

作为高二的学生，读古文不应只是学习文言知识，背诵千古名篇。在具备一定古文知识的基础上，学生应该尝试鉴赏古文。教授本课时，我尝试先让学生借助导学案完成对文本内容的疏通和知识点的整理。因为文本难度不高，课本也有较详注释，加上导学案的积极引导，学生基本上能够准确掌握文本内容。

第二课时是我本学期的公开课。苏轼其人其事一向为学生所熟知，在熟悉文本内容的基础上，我希望学生能够抓住文本线索进行鉴赏。文章着重写苏轼自身情感的变化，由景而乐，得鱼酒更乐，乐而再游赤壁。又因景而悲，悲而长啸，放任漂流，随遇而安。由“横江东来”的孤鹤，引出道士化鹤的梦境，从而含蓄地表达自己希望超脱尘世的心情。情感是本文的主要线索，如何通过诵读感受作者的情感变化，通过探究了解作者的情感缘由，是学生应该掌握的要点。

找线索，明情感，并不难；难的是如何理解情感变化的原因。知人论世法，可以让我们通过懂文人来明文本。当苏轼亲自探险赤壁，心中悲伤时，我们应结合苏轼坎坷的仕途来理解，乌台诗案给予苏轼的艰难之感，客之不从给予苏轼的孤独之感，均为他的心情染上了悲愁的色彩；当苏轼逢孤鹤而梦时，我们应结合苏轼对仙鹤的喜爱来理解,《放鹤亭记》里的他以放鹤招鹤来宣泄内心弃世的幽情；当苏轼梦道士而惊时，我们应结合苏轼和道家的关系来理解，“今见庄子，得吾心矣”，佛道思想已经成为他寻求解脱政治苦闷的工具；当文章结尾写到“开户视之，不见其处”时，我们应结合苏轼的复杂思想来理解，他在儒家的积极入世和道家的消极避世间徘徊困惑，终是选择了执着于人生而又超然物外的生命范式，把一切归之于空，只有虚无缥缈才能消融人世间的功名利禄与喜怒哀乐。

鉴赏文本不是只研究字词的深层含义，更重要的是我们必须通过知人论世来理解作者的处境和心情，走出文本读懂文人，然后再回到文本，找到另一个完整的文人。

而第三课时的前后《赤壁赋》的比较，则是更好地丰满文人的形象，感知文人的情感。

《生查子》教学设计

林　旭

<table>
<tr><td colspan="2">课题</td><td>《生查子》</td><td>课型</td><td>新授</td></tr>
<tr><td rowspan="3">教学目标</td><td>知识与技能</td><td colspan="3">诗歌鉴赏技巧</td></tr>
<tr><td>过程与方法</td><td colspan="3">教师指导、学生讨论</td></tr>
<tr><td>情感态度与价值观</td><td colspan="3">爱情诗的情感体味</td></tr>
<tr><td colspan="2">教学重点</td><td colspan="3">作者表情达意的方式</td></tr>
<tr><td colspan="2">教学难点</td><td colspan="3">情感与意象的结合方式</td></tr>
<tr><td colspan="2">学习任务</td><td colspan="2">过程与方法</td><td>组织与评价</td></tr>
<tr><td colspan="2"></td><td colspan="2">一、导入
北宋年间，有这么一位太守，虽仕途不顺，但个性张扬。他在自己酩酊大醉之时，也不忘与民同乐，这个人是谁？
二、简介作者
欧阳修（1007—1072），北宋文学家、教育学家，“唐宋八大家”之一。字永叔，号醉翁，晚年又号六一居士。吉水（今属江西）人。四岁时父亲去世，家境贫寒，母亲用芦荻秆在地上书写教他识字。欧阳修一生写了500余篇散文，其诗成就不如散文，但也不同凡响，流传下来800多首。这首词描写了作者元宵节关灯时引发的情思。
（重点介绍六个一，哪六个一？）</td><td></td></tr>
</table>

续上表

	三、指导学生自学 1.刚才我们已经了解了《生查子》这首词的作者等有关情况。下面请同学们自己有感情地朗读这首词，想一想这首词主要写了什么内容？ 2.请同学们试着分析一下每一句话的含义。 3.小组合作学习、交流理解词意。 学生交流诗意，教师个别指导。 **四、多种形式诵读练习** 1.全班齐读。 2.男女生分组朗读比赛。 3.指名学生个别读。 （要求读出感情，读出韵味） **五、全班交流、拓展** 各小组推荐一名学生交流词意，教师适时订正，指导。 交流词意： （1）“去年元夜时，花市灯如昼”：去年元宵节的夜晚，灯会上的花灯照耀得像白天一样。 （2）“月到柳梢头，人约黄昏后”：月儿挂在柳树梢上，我和朋友约会在黄昏后。 （3）“今年元夜时，月与灯依旧”：今年元宵节的夜晚，月亮、花灯和以前一样。夜晚，月亮、花灯和以前一样。 （4）“不见去年人，泪湿春衫袖”：但去年相约的人儿已不见踪影，我暗自哭泣，眼泪沾湿了新衣的袖子。 **六、问题讨论** 1.“花市灯如昼”，与“东风夜放花千树”，比较鉴赏； 2.“月到柳梢头，人约黄昏后”这两句到底好在何处？	学生自学环节，教师巡视，答疑。 组织讨论，深入学生当中，研讨问题。

续上表

	明确： 一是声韵美。上句：仄仄仄平平。下句：平平平平仄。几乎完全相对，读来抑扬顿挫，非常有音律的美感。 二是意境美。地面灯火璀璨，天空圆月高悬，特别是它徘徊在柳梢枝头，相当有意境。且可以认真思考："约"就不是个人行为，而是男女双方均认可的，所约时间也是双方商量后的结果，为"黄昏"。这个时间非常妙，不早不晚，就是在临近夜晚时分，这个时间点的选择也是经过审慎思考后的，很值得玩味。意象的选择也非常有特点，如元夜之灯、之月，柳梢、春衫袖等，很是有代表性，借物抒情，又如春雨润物。 3.对比手法的运用： 明确： 本词上阕与下阕正好形成鲜明的对比，相同的是时间、地点、环境；不同的只是人。大有一种物是人非之感，所喜爱之人不见了，到哪去了，没有介绍，那个曾经的心上人，到底因何故而不来，且一定是不再来，词中也并无涉及，只是"泪满春衫袖"一语，留给读者以丰富的联想，可谓言已尽而意无穷。 **七、拓展阅读：读一读** 比较阅读：这首《生查子》词的艺术构思和《题都城南庄》十分相似，学生多读作品，深入研讨其相似点与不同点。	
作业方案	板书设计	教学反思（课堂生成）
熟练背诵此词；完成智学网上的补充练习。	**生查子** 欧阳修 对比手法：去年　花市灯如昼　有约 今年　月与灯依旧　不见	—

《听听那冷雨》教学设计

林 旭

一、教材及学情分析

【教材分析】

1.《听听那冷雨》是粤教版高中语文选修《中国现代散文选读》中的一篇散文，学习关注学生通过对文学作品之美的鉴赏品味，丰富学生的阅历经验，陶冶学生的高雅情操，提高学生的文学修养，关注学生在鉴赏活动中的个性解读、多元解读，和对阅读的空间的开拓创新。

2.全文通过对台湾春寒料峭中漫长雨季的细腻描写，表现一种深沉的乡愁，一种对传统的怀恋，委婉地传达出一个漂泊他乡者浓重的孤独和思乡之情，表现了一个远离故土的知识分子对传统文化的深情依恋和赞美。语言豪华灵动，情感细腻深沉。

【学情分析】

1.高二的学生有一定基础的阅读积累乃至文学修养；

2.学生习惯跟着老师学习，缺少自我的赏析鉴赏能力；

3.同时审美体验上也有些薄弱，难以较好地领略本课文的美学意境和作者浓浓的乡愁。

二、教学目标和重点、难点

【教学目标】

1.通过朗读领悟意境，体会余光中笔下“雨”的美及深刻含义；

2.通过品味、拓展和分析，体会余光中作品中浓浓的家国之思；初步懂得如何品味文学作品的语言，在朗读中领悟意境；

3.培养学生合作交流学习的习惯，鼓励学生勇敢表现自我。

4.能与作者深沉的情感产生共鸣，并获得美感体验，涵养美的心灵。

教学重点：突出朗读的作用，通过有感情地朗诵，体会文章意境和作者情感。

教学难点：抓住关键语段，理解“冷雨”的含义，领悟文章的主旨是“一种心境，一种浓浓的割舍不断的乡愁”。

三、教学方法

1.诵读法。（设计意图：组织学生进行多种形式的诵读，在反复诵读中体会文章所蕴含的美感。）

2.研读赏析法。（设计意图：通过多种形式的研读，赏析精彩语段，把握作者的写作艺术手法。）

3.合作探究法。（设计意图：通过小组合作探究，理清文章的脉络，体会作者的思想感情。）

四、教学过程

（一）课前预习

1.搜集有关作者的材料。（设计意图：培养学生查阅概括信息的能力，让学生熟悉作者，对余光中有大概的印象。）

2.反复阅读文章。（设计意图：通过诵读，初步体会文章所蕴含的美感。）

3.挑选出自己最喜欢的片段，进行赏析。（设计意图：为学生做好课堂的交流做好准备。）

（二）导入

最近总是下雨，“雨”不仅仅是一种天气现象，它在我们中国文学尤其是古典文学中，是一个涵义十分丰富的意象，说到“雨”我们会想到关于我们就会想到关于它的许多诗句，如“好雨知时节，当春乃发生”“秋风秋雨愁煞人”“梧桐更兼细雨，到黄昏，点点滴滴，这次第，怎一个‘愁’字了得”等。“雨”代表的是一种情感，一种心境，在不同的人的笔下，“雨”，有着不同的味道。今天，就让我们随着一个游子，一个诗人的笔触，来同他一起，“听听那冷雨”。（这时可以在课堂加入“雨声”的背景音乐。）

（设计意图：以“雨”导入，一方面可以使学生回忆起一些关于雨的一些诗词，另一方面，可以配合音乐营造与本文总体特征相符合的古典氛围。）

（三）作者简介（已布置了预习，该部分由学生回答，教师加以点拨概括）

余光中（1928—2017），出生于南京，祖籍福建，1949年随父母去了香港，1950年迁居台湾，之后，就一直在台湾、香港和美国之间辗转漂泊。曾任台湾师范大学与政治大学外文系教授、系主任，台湾中山大学文学院院长及外国文学研究所所长。

余光中是台湾现代派“十大诗人”之一，一生从事诗歌、散文、翻译和评论读创作，他自称为自己的“四维空间”，涉猎广泛。他的诗和散文多以抒写乡愁和思乡之情为主。

他的散文雍容华贵。他的写作接续了散文的古老传统，也汲取了诸多现代元素。感性与知性，幽默与庄重，头脑与心肠交织在一起，构成了他独特的散文路径。

（设计意图：检查学生的课前预习效果，概括余光中的生平，同时简单介绍其文风，拓宽学生视野，学习“知人论世”的读书方法。）

（四）整体感知课文

1.在学生充分预习的基础上，请学生来谈谈读完全文的感受。

2.学生读课文（用自己喜欢的方式来读），画出表明作者感情的句子。

3.学生思考：暗含作者感情的句子分别表达了作者什么空间什么时间什么样的现实情境下的思想感情？并在小组内交流。

4.交流补充，理清脉络

听听那冷雨
- 辽阔的空间（横）：美国—台湾—大陆（江南、四川……）
- 悠邈的时间（纵）：晌午—黄昏　四月—七月　春雨—秋雨　少年—中年　古（太初）—今（公寓时代）

（设计意图：培养学生的交流习惯，理清文章的行文思路，为解读作者的思想感情作铺垫。）

5.总结归纳：

《听听那冷雨》以作者在不同地方听雨、看雨、感悟雨，串起了一系列人生的感悟。作为一篇抒情散文，写了他在美国、在中国台湾、在中国大陆的感受，思绪超越了辽远的时空。

作者以“听雨”为主线，用“冷雨”将少年生活的回忆、古诗画的意境和现实感等会聚在一起，编织成一曲情感委婉浓郁、意境深广幽远、旋律节奏优美的文字乐章。

（设计意图：教师加以点拨总结，让学生明确要点。）

（五）品读赏析

学生自读课文，请从课文中写“听雨”的部分，画出你认为写得很好的句子，有感情地朗读句子，并作简要分析。（依据学生画出的认为好的句子，师生共同鉴赏，分析其语言特色。）

（设计意图：学生习惯跟着老师学习，缺少自我赏析鉴赏的能力，该部分的设计能够调动学生参与赏析，培养学生的鉴赏能力，并形成敢于表达分享的习惯。）

【以下是教师课前准备的内容】

诗化的语言

1.第5自然段：一打少年听雨，红烛昏沉。再打中年听雨，客舟中江阔云低。三打白头听雨的僧庐下，这更是亡宋之痛，一颗敏感心灵的一生：楼上，江上，庙里，用冷冷的雨珠子串成。

赏析：这是一个很典型的化用诗句的例子，化用了南宋蒋捷的《虞美人听雨》：

“少年听雨歌楼上，红烛昏罗帐。壮年听雨客舟中，江阔云低、断雁叫西风。而今听雨僧庐下，鬓已星星也。悲欢离合总无情，一任阶前、点滴到天明。”

（化用前人诗词）“少年听雨”作者回味意气风发的少年生活，是为下文表现的人生乐少恨多，表现老境孤寂凄凉作反衬；“中年听雨”作者回味壮年听雨的苍凉，既是与前文少年生活作比较，呈现出青春美梦的破碎，又是为下文写老年苦涩的境遇作铺垫；“白头听雨”表现了作者看破红尘、无可奈何、万念俱灰的绝望情绪，回顾了作者的一生，深化了作品的主题。

（视学生赏析的情况来指导朗读，视学生回答的情况补充说明。）

2.第6自然段：王禹偁在黄冈，破如椽的大竹为屋瓦。据说住在竹楼上面，急雨声如瀑布，密雪声比碎玉，而无论鼓琴，咏诗，下棋，投壶，共鸣的效果都特别好。

这段文字化用王禹偁的《黄冈竹楼记》：“夏宜急雨，有瀑布声；冬宜密雪，有碎玉声；宜鼓琴，琴调虚畅；宜咏诗，诗韵清绝；宜围棋，子声丁丁然；宜投壶，矢声铮铮然；皆竹楼之助也。”

赏析：引经据典，化用诗文，文白夹杂而不显晦涩，自然随意，浑然天成。

丰富的技巧

第9自然段：“到七月，听台风台雨在古屋顶上一夜盲奏，千层海底的热浪沸沸被狂风挟挟，掀翻整个太平洋只为向他的矮屋檐重重压下，整个海在他的蜗壳上哗哗泻过。不然便是雷雨夜，白烟一般的纱帐里听羯鼓一通又一通，滔天的暴雨滂滂沛沛扑来，强劲的电琵琶忐忐忑忑忐忐忑忑，弹动屋瓦的惊悸腾腾欲掀起。不然便是斜斜的西北雨斜斜刷在窗玻璃上，鞭在墙上打在阔大的芭蕉叶上，一阵寒潮泻过，秋意便弥湿旧式的庭院了。”

赏析：（1）“到七月，听台风台雨在古屋顶上一夜盲奏”

盲奏：运用了比喻、拟人的修辞。

（2）“掀翻整个太平洋只为向他的矮屋檐重重压下，整个海在他的蜗壳上哗哗泻过”运用夸张的修辞手法极言风之狂浪之巨，“蜗壳”则强调屋之小，澎湃激扬，使原本单纯的大雨，多了一层壮阔的联想，显得有声有色，气势磅礴。

（3）“不然便是雷雨夜，白烟一般的纱帐里听羯鼓一通又一通，滔天的暴雨滂滂沛沛扑来，强劲的电琵琶忐忐忑忑忐忐忑忑，弹动屋瓦的惊悸腾腾欲掀起。”

以“羯鼓一通又一通”比喻雷电交加的雨夜，“电琵琶”则形容闪电，同时使用了大量的叠词，“沸沸”“挟挟”“重重”“哗哗”“滂滂沛沛”“忐忐忑忑忐忑忑”“腾腾”“斜斜”增强了文章的抒情性和节奏感，形象生动，“忐忐忑忑忐忑忑”令人联想到电子乐器的演奏，以此描绘滂沛硕大的雨滴击打在屋瓦上的声音，以及作者雨夜倾听雨势而随之起伏不定的心情。

多角度写雨

第5自然段：听听，那冷雨。看看，那冷雨。嗅嗅闻闻，那冷雨，舔舔吧，那冷雨。雨在他的伞上这城市百万人的伞上雨衣上屋上天线上，雨下在基隆港在防波堤海峡的船上，清明这季雨。雨是女性，应该最富于感性。雨气空而迷幻，细细嗅嗅，清清爽爽新新，有一点点薄荷的香味，浓的时候，竟发出草和树林之后特有的淡淡土腥气，也许那竟是蚯蚓的蜗牛的腥气吧，毕竟是惊蛰了啊。也许地上的地下的生命也许古中国层层叠叠的记忆皆蠢蠢而蠕，也许是植物的潜意识和梦紧，那腥气。

赏析：多角度写雨，主要写听觉，然而也调动了视觉、嗅觉等多是感觉对雨进行描绘，将雨景、雨声、雨意形象鲜明地展现在读者面前，创造性地描绘了“雨”这一诗情的意象、“听雨”的意境。

景中含情

第5自然段：“大陆上的秋天，无论是疏雨滴梧桐，或是骤雨打荷叶，听去总有一点凄凉，凄清，凄楚，于今在岛上回味，则在凄楚之外，更笼上一层凄迷了。”

赏析：凄迷比之凄凉、凄清、凄楚更多了模糊之意，情感上更多了怅惘。

（六）研读探究

1.作者借描写“冷雨”来抒发情感，文章中又表达了作者怎样的感情呢？请找出你认为能够表达作者感情的语句，并加以研读，探究文章抒发的思想感情。

（设计意图：在前面写景分析的基础上，逐步深入，探究文章的主题思想，让学生找表达思乡的段落并分析，老师则要引导学生再深入理解，由思念家乡而引申到思念中国的文化。注重引导学生对文本的解读。）

（1）第1自然段

“不过那一片土地是久违了，二十五年，四分之一的世纪，即使有雨，也隔着千山万山，千伞万伞。二十五年，一切都断了，只有气候，只有气象报告还牵连在一起。大寒流从那块土地上弥天卷来，这种酷冷吾与古大陆分担。不能扑进她怀里，被她的裾边扫一扫吧也算是安慰孺慕之情。”

明确：“那一片土地”，是指大陆。

“二十五年”指作者离开大陆已有二十五年。（注意课后所标注的写作时间）

孺慕之情：小孩子仰慕母亲的感情。

（2）第2自然段

而无论赤县也好、神州也好、中国也好，变来变去，只要仓颉的灵感不灭，美丽的中文不老，那形象，那磁石一般的向心力当必然长在。

明确：这里表现的是作者对汉字的向往和依恋。而汉字是中国文化的一部分，所以，对汉字的依恋，其实就是对中华文化的依恋。

（3）第11自然段中，作者说水泥侵蚀了屋瓦，听雨的意境不再，感觉不再，其实是在说古老的文化被现代化的文明所侵蚀，含蓄地表达了作者对于古老文化的向往，对现代文明的不满。

（4）二十五年，没有受故乡白雨的祝福，或许发上下一点白霜是一种变相的自我补偿吧。

“白雨”即雪。台湾是没有雪的，只有故乡，只有大陆才有雪。

明确：台湾的雨中，作者怀念的是家乡故土的雪。而发上的白霜，则是在说，少年的青丝已经变成了白发，有了一种沧桑之感。

（5）厦门街的雨巷走了二十五年与记忆等长，一座无瓦的公寓在巷底等他，一盏灯在楼上的雨窗子里，等他回去，向晚餐后的沉思冥想去整理青苔深深的记忆。前尘隔海，古屋不再。听听那冷雨。

明确：“与记忆等长”，是说余光中在厦门街走里二十五年，回忆里二十五年。回忆是青苔深深的记忆，可见这种记忆是很久很久里的。

前尘隔海，是指自己与故乡、与前尘往事已经隔了无法跨越的海洋。

古屋不再，是指听雨的意境已经不再，古老的文化也不再。

小结：整个文章，就是表达了作者对故乡、对古老文化的依恋和向往，表现了作者的乡愁。

2.作者为什么要选择“雨”作为情感表达的依托？为什么要强调“冷”？

明确：选择雨是为了表现缠绵悠长的故国之思，而突出“冷”有两层含义：

（1）春寒料峭的雨给人的外在感受。

（2）表现作者远离大陆内心产生的凄凉。

（七）概括主旨

请大家把文章的主旨概括一下，注意语言要贴切、简洁。

明确：作者通过对雨的细腻感受的描写，委婉地传达出一个漂泊他乡者浓重的思乡之情，表现了对传统文化的深情依恋和赞美。

（设计意图：通过对文本的赏析探究，把握主题，培养学生的概括能力。）

（八）拓展延伸，体会情感

诵读并赏析诗歌

乡愁（余光中）

小时候，乡愁是一枚小小的邮票，我在这头，母亲在那头。

长大后，乡愁是一张窄窄的船票，我在这头，新娘在那头。

后来呵，乡愁是一方矮矮的坟墓，我在外头，母亲在里头。

而现在，乡愁是一湾浅浅的海峡，我在这头，大陆在那头。

乡愁（席慕容）

故乡的歌是一支清远的笛

总在有月亮的晚上响起

故乡的面貌却是一种模糊的怅惘

仿佛雾里的挥手别离

离别后

乡愁是一棵没有年轮的树

永不老去

（设计意图：此时，学生对于作者的思乡的感情已经理解得比较透彻，诵读并欣赏《乡愁》可以营造一种意境，一种氛围。加深对乡愁的理解，陶冶情操，达到情感教学目标。）

（九）作业设计

余光中用一场冷雨向我们展示了他内心凄凉而缠绵的思乡之情。他满怀的愁绪可曾勾起你的一丝感伤呢？其实，人人心中都有冷雨，比如说，“故国不堪回首月明中”是李煜心中的冷雨，表达了深切的亡国之恨；“十年生死两茫茫”是苏轼心中的冷雨，表达了他对妻子深深的悼念之情；而“凭谁问，廉颇老矣，尚能饭否？”是辛弃疾心中的冷雨，抒发的是他心中壮志难酬的悲愤之情。那么，你心中的冷雨又是什么呢？请大家仔细聆听一下自己内心的冷雨，然后以“我心中的冷雨”为题写一篇短文。

（十）板书设计

听听那冷雨

余光中

冷　凄凉　　思乡之情

雨　缠绵　　思慕传统文化

《郑伯克段于鄢》第一课时教学设计

林　旭

【教材分析】

粤教版高二语文必修五第四单元编写了《 鸿门宴》《陈情表》《段太尉逸事状》《游褒禅山记》《郑伯克段于鄢》和《报任安书》六篇课文。本单元所选的实用类文章，或记录历史人物的辉煌和耻辱，或叙述人生的悲欢和离合，或抒写游览名山大川的感悟和体会，或交流治学作文的经验和教训，或考察人事的得与失，或探索事理的是与非，或探讨天地自然与人类社会的关系……淋漓尽致地展现了古文作家的写作个性和审美追求，是一份非常珍贵的文化遗产。

《郑伯克段于鄢》是《左传》的开卷之作，也是《古文观止》的首篇。文章体现了《左传》擅长描写战争的高度技巧，突出表现在叙事的详略上面。对于郑伯克段于鄢的战争经过，文章只作非常简略的叙述。寥寥数语，详细叙述和描写的是战前战后的各种人物活动。古文要今读，学生要尝试运用现代意识去评价历史人物，反思历史事件和评论作者的写作意图。从语言的认知进入写作艺术的鉴赏，在思辨和妙悟中享受创造性阅读的快乐。

【学情分析】

学生经过高一一学年的文言文单元的学习，对于重要的文言实词、虚词及文言句式，已经有了一些直观经验的积累，独立阅读文言文的能力有了一定的基础，因此，现阶段学生在文言文的学习过程中主要需要继续积累文言实词、虚词及文言句式，并逐渐将重点转移到“鉴赏”的层面，还可以尝试文言文阅读研究性学习。

【设计思想】

新课程标准提倡自主、合作、探究的学习方式，就是让学生在学习过程中进行自我体验。本课的设计思想是通过学生自主预习，查阅资料，小组讨论，完成古文现象的积累，基本掌握文本内容。通过情节的梳理和问题的探究，了解内容安排之春秋笔法，感知人物形象之真实丰满，最后让学生就主要人物形象各抒己见。

【教学目标】

1.知识与能力：

（1）了解课文的出处以及《左传》的基本常识；

（2）把握情节结构，分析讨论人物形象。

2.过程与方法：

（1）鉴赏本文在戏剧性矛盾冲突中表现人物的方法；

（2）鉴赏本文以个性化的人物语言刻画人物性格的塑造方法。

3.情感态度与价值观：

（1）通过课文的研讨，认识儒家一贯提倡的伦理道德在春秋时代贵族统治阶级内部争权夺利的矛盾斗争中的尴尬地位，认识到它的虚伪性。

（2）培养学生团结友善、坦诚相待的品质。

【教学重点】

梳理情节结构，分析讨论人物言行举止，准确把握人物形象；理解春秋笔法。

【教学难点】

郑庄公性格有颇多争议，学生可以各抒己见。

【教学策略】

《高中语文课程标准》指出，要全面提高学生的语文素质，培养学生养成良好的思维习惯，教会学生自己去学习。叶圣陶先生曾说过：教是为了不需要教。因此，采用如下教学法：

1.知识积累法：学生已经具备一定的古文基础，为争取更多时间鉴赏文本，让学生自主预习，查阅资料，小组讨论完成对文本内容的疏通和知识点的整理。

2.问题探究法：在分析故事情节时，通过寻找文本的相关句子来把握问题，同时结合文化常识理解故事情节的发展趋势。

3.各抒己见法：学生熟悉文本后，根据个人知识和情感体验，自由表达对文中主要人物的看法，体现学习自主性。

【教学用具】多媒体课件

【教学课时】2课时

【教学过程】

一、新课导入

问题设计：生活中你在处理与他人的关系时会遵循一定的原则吗？有同学可以介绍一下你的原则是什么吗？

点拨：真诚、守信、谦虚、团结、顾全大局……

现在我们在处理各种关系时都要按照一定的原则，这样相互间才会少一分尔虞我诈，多一些和睦与融洽。那如果在封建制度异常严格的春秋时期不按原则办事会有什么样的后果呢？今天我们将从《郑伯克段于鄢》这篇文章中了解有关的史实，以对我们有所警戒。

（设计意图：设置生活情境，自然导入新课。）

二、《左传》简介

《左传》又称《春秋左氏传》或《左氏春秋》，相传为春秋末年鲁国史官左丘明撰写。是我国第一部叙事详备的编年体史书。“春秋三传”为《左传》《公羊传》《谷梁传》。《左传》记载的是从鲁隐公元年（公元前722年）到鲁哀公二十七年（公元前468年）鲁国以及当时几个主要诸侯国两百多年的历史。它详细记载了春秋时代各国的政治、军事、外交等方面的活动和有关言论，是研究中国古代社会重要历史文献。作者善于用生动精练的语言描绘纷繁复杂的战争场面和事件，也善于刻画人物，具有很高的文学价值。

（设计意图：积累文学常识，构建知识系统。）

三、背景简介

本文选自《左传·隐公元年》，记载了郑国统治集团内部的纷争。郑国邻近东周都城洛阳，郑武公与其子郑庄公都曾在周王朝中任卿士之职。庄公希望在政治上能大有作为，梦寐以求的是扩张郑国的势力，因此首先考虑到剪除异己，巩固自己在国内的地位。本文所反映的是郑武公去世后，郑庄公即位，其弟公叔段欲争权夺位，双方矛盾不断激化，最终兵戎相见，骨肉相残的历史事实。

（设计意图：了解史实，了解人物所处的社会环境，以便更好地分析人物形象。）

四、解题

郑伯克段于鄢：交代了主人公、事件及地点。

郑伯——指下文的郑庄公。

克——战胜。

段——指下文的共叔段，即郑庄公的弟弟。

于鄢——介词结构。鄢，地名。

（设计意图：大致把握故事内容，设置疑问：郑庄公为何打败自己的弟弟？）

五、知识积累

教师布置学生课前预习，自主查阅资料，分小组讨论，本课时主要提出疑问，师生交流解决。

【文言知识点】

（一）重点字音

恶（wù）	寤（wù）生	亟（qì）请	虢（guó）叔
祭（zhài）仲	自毙（bì）	暱（nì）	廪（lǐn）延
城颍（yǐng）	繄（yī）	泄泄（yì）	

（二）通假字

1.庄公寤生。寤，通“牾”，倒着。

2.佗邑唯命。佗，通“他”，指示代词，别的，另外的。

3.谓之京城大叔。大，通“太”。

4.大都不过参国之一。参，通“三”。

5.姜氏欲之，焉辟害。辟，通“避”。

6.无庸，将自及。庸通“用”。

7.命子封帅车二百乘以伐京。帅，通“率”，率领。

8.遂寘姜氏于城颍。寘，通“置”，安置，此指“放逐”。

9.若阙地及泉。阙，通“掘”，挖。

10.永锡尔类。锡，通“赐”。

（三）词类活用

1.惊姜氏。惊，使动用法，使……受惊。

2.今京不度，非制也。度，名词作动词，合法度。

3.无生民心。生，使动用法，使……产生。

4.隧而相见。隧，名词作动词，挖隧道。

（四）古今异义

1.都城过百雉。古义：城邑的城墙，两个词。今义：京城，京都。

2.大叔又收贰以为己邑。古义：把……当作。今义：认为。

（五）特殊句式

判断句：制，岩邑也。蔓，难图也。颍考叔为颍谷封人。颍考叔，纯孝也。

介宾后置句：郑武公娶于申。亟请于武公。

宾语前置句：姜氏何厌之有？（姜氏有什么满足？）

敢问何谓也？（冒昧地问一下，您说的是什么意思？）

对曰："君何患焉？"（疑问代词"何"作为动词"患"的宾语，前置）

其是之谓乎！"之"作为宾语前置的标志，即"其谓是乎"。

（六）成语

多行不义必自毙：坏事干多了，必定自取灭亡。

（设计意图：掌握基本的古文现象，夯实学科基础。）

《郑伯克段于鄢》第二课时教学设计

林　旭

一、诗歌导入

煮豆燃豆萁，豆在釜中泣。

本是同根生，相煎何太急！——曹植《七步诗》

导语设计：春秋战国是个战火纷飞的时代，群雄争霸。各诸侯国对外要防范他国的进攻，对内也要维护政权的稳定，这就导致了统治者内部出现了非常残忍的尔虞我诈、互相倾扎的矛盾冲突，就连同根而生的兄弟之间也不例外。今天我们一起来探讨上节课的疑问：郑庄公为何要打败自己的弟弟？

（设计意图：使用学生熟悉的诗歌导入，引起学生的兴趣。）

二、研读课文

1.梳理故事情节

明确：矛盾开端——姜氏厌恶郑庄公，偏爱公叔段。

矛盾激化——公叔段不断扩张势力，郑庄公欲擒故纵，实怀杀机。

矛盾解决——郑伯克段于鄢的经过。

矛盾尾声——庄公悔置姜氏，颍考叔助母子和好。

（设计意图：把握文本基本内容，为下面的问题探究和人物形象分析做准备。）

2.研读故事情节

（1）矛盾开端——生母恶子

本部分叙述“郑伯克段于鄢”的背景，着重写姜氏对两个儿子的爱恶之偏。正是母亲的偏宠偏爱，导致了后来兄弟之间骨肉相残的悲剧。“遂恶之”的“遂”，把姜氏的任性偏执很充分地表现了出来。

资料链接：宗法制度的继承原则——立嫡以长不以贤，立子以贵不以长。

（2）矛盾激化——祸起萧墙

问题一：共叔段的一系列举动。

明确：请求巖邑—居于京地—修京超度 —鄙贰于己—收为己邑—修治城郭—聚集百姓—修缮甲兵—具备卒乘—将要袭郑。

整体评价：共叔段可谓野心颇大，且得寸进尺。【权欲熏心，狂妄愚蠢】

问题二：你看到的庄公是“忍让”，还是有意“养成其恶”？

明确：表面上步步退让，不动声色，其实是欲擒故纵，养共叔段之骄，纵共叔段之欲，而不是防微杜渐，小惩而大戒之。这就使共叔段一步步陷入不义不忠，篡权夺位的陷阱，终于被他赶出郑国。

（3）矛盾解决——郑伯克段于鄢的经过

问题一：郑伯为何能在短时间内取胜？

明确：总体策略——多行不义必自毙。

①情报的收集—先发制人—拥有主动权。

②名正言顺，民心所向。

问题二：为何这一经过略写？

明确：作者详写庄公及母亲、弟弟的矛盾发展的始末，而对克段于鄢的经过略写。又如略写姜氏憎恶庄公的原因，详写庄公与共叔段矛盾不断激化的过程。这样写是为了集中笔墨来刻画人物，揭示其内心世界，从而突出文章的主题。显然，作者的着眼点并不在战争本身，而在引起战争的社会原因。

文学常识：春秋笔法——所谓“春秋笔法”，也叫“春秋书法”或“微言大义”，是我国古代的一种历史叙述方式和技巧。顾名思义，一种笔法而已，或者说一种使用语言的艺术，是孔子首创的一种文章写法，即在文章的记叙之中表现出作者的思想倾向，而不是通过议论性文辞表达出来。

（4）矛盾解决——母子和好如初

问题一：你如何看待这个“和好如初”的结局？（学生讨论，自由发言）

参考：最终只是维持了表面的缓和关系，没有达到真正的和好；姜氏自郑庄公出生就厌恶他，庄公从小得不到母爱，所以郑庄公和母亲姜氏经过一场风波后只是恢复到共叔段挑起战争前的“面和心不和”的状态。

问题二：郑庄公发出“不及黄泉，无相见”的誓言后，为什么会后悔？“悔”的根本原因应该是什么呢？

明确：郑庄公战胜共叔段，对于其帮凶姜氏（亲生母亲）也不放过，将其囚禁起来，且誓曰：“不及黄泉，无相见也！”怨恨之深溢于言表。但郑庄公又怕蒙上不孝的名声，在国人面前丧失脸面，所以后悔。

（设计意图：研读人物所作所为，初步感知人物形象；积累文学常识，了解文本内容安排的巧妙之处。）

三、探究人物形象

1.郑庄公的人物形象

（1）前人评论

“称郑伯，讥失教也；谓之郑志（郑伯本意）。”

“他邑唯命”（四字毒甚）

“焉辟害”（毒甚）

“多行不义必自毙，子姑待之”（庄公之心愈毒矣）

“无庸，将自及”（毒甚）

“不义不暱，厚将崩”（更加惨毒矣）

“尔有母遗，衣我独无”（非复前日含毒恶甚）

“其乐也融融”（则知其前之阴毒也）

“其乐也泄泄”（从前一路刻毒惨伤之心）

“毒”字用了九次，归结为一句话“残忍之尤”。

（2）学生各抒己见

（3）教师分享看法

郑庄公阴险狠毒，老谋深算，冷酷狡猾，奸诈虚伪。姜氏为共叔段请求封给制这一地方，庄公因制是险要之地而不给，可见其精明，深知其利害关系，“制岩邑也，虢叔死焉，他邑唯命。”据说虢叔恃险不修德政，被郑武公所灭，话中所含杀机，姜氏未必可知。求制不得而求京，这也在庄公意料之中，可见其老谋深算。共叔段在母亲的纵容之下，违反国家制度，肆意扩张，臣下再三劝他约束共叔段，及早消除隐患，庄公光说：“多行不义必自毙，子姑待之。”这决不是宽容，而是故意纵养其恶，后又说：“不义不昵，厚将崩。”对于共叔段自取灭亡的结局显得胸有成竹。当共叔段与姜密谋袭郑庄公，完全暴露其叛乱行径时，庄公才认为“火候”已到，下令出兵伐京，一举击败共叔段。庄公设下陷井，就是养共叔段之骄，纵共叔段之欲，使其不断膨胀，逐步发展到自我毁灭，郑庄公竭力容忍共叔段得寸进尺，从表面看，好像处于被动地位，实际上主动权仍然掌握在郑庄公手里，可见其深藏不露，工于心计。

2.共叔段的人物形象

（1）前人评论

“段不弟(通悌tì)，故不言弟”

郑风·叔于田

叔于田，巷无居人。岂无居人？不如叔也，洵美且仁。叔于狩，巷无饮酒。岂无饮酒？不如叔也，洵美且好。叔适野，巷无服马。岂无服马？不如叔也，洵美且武。——俊美谦仁，有为俊秀，英俊勇武的美好形象。

（2）学生各抒己见

（3）教师分享看法

共叔段是个贪婪狂妄，愚昧无知的人物，他依仗姜氏对他的偏爱，自以为有恃无恐，野心勃勃，不断扩张，他所居京地的城墙违反当时制度的规定，又命西边，北边地区归自己管辖。庄公心怀杀机，但表面不动声色，让他在自取灭亡的道路上越走越远。愚昧狂妄的共叔段却以为庄公可欺，最后发动叛乱，很快被庄公击败。

3.姜氏的人物形象

（1）学生各抒己见

（2）教师分享看法

姜氏偏狭昏愦，以私情干政。立长立嫡是西周以来继承问题上的根本制度。姜氏不懂政治，却偏要干涉政治。甚至要充当共叔段袭郑内应。结果导致共叔段失败，自己也被幽禁起来。

4.其他人物形象

颍考叔聪慧机智，当他听说庄公幽禁姜氏，不久又后悔这件事后，特地以进献的名义见庄公。在庄公赐食时乘机献策，使庄公在遂道中与姜氏相见，摆脱了两难的尴尬处境。

（设计意图：古今评说历史人物，师生交流沟通，碰撞思想火花。）

四、讨论探究

这是一场权力欲望的争夺战，更是一个家庭的悲剧。请探讨悲剧的根源。

参考：以和为贵，家和万事兴。

（设计意图：本文的着眼点并不在战争本身，而在引起战争的社会原因。通过讨论让学生明确封建社会统治阶级内部的利益观。）

五、布置作业

孟子的性善论与荀子的性恶论，你更相信哪一方的观点，谈谈你的见解。

（设计意图：通过课后作业的环节，调动学生学习的自主意识，落实新课标“合作”“探究”的要求。）

教学反思：

《郑伯克段于鄢》是《左传》的开卷之作，也是《古文观止》的首篇，所以它在文学史上具有重要地位。同时这也是我本人很喜欢的一篇，情节完整，叙事生动，人物形象鲜明，事件背后的深刻内涵，让人读后会不由地掩卷深思。

文章体现了《左传》擅长描写战争的高度技巧，突出表现在叙事的详略上面。对于郑伯克段于鄢的战争经过，文章只作非常简略的叙述。寥寥数语，详细叙述和描写的是战前战后的各种人物活动。战前共叔段的不断扩张与庄公的虚伪应对，战后庄公软禁姜氏以及采纳颍考叔的计议，与姜氏和好的经过，文章都用了很多笔墨，精心剪裁材料。这体现了作者对战争的看法。文章详写战争的起因以及人物的各种活动，就深刻揭示了战争的内在原因和错综复杂的关系，从而突出了主题。

而对于这一点“春秋笔法”的理解便是本文的重点。既然作者的态度已在文章的记叙中表现出来，那么学生就必须透过文本去认识人物，了解人物的所作所为，构建人物性格系统，从而自主、有理地评价人物。评价是个人化的活动，但这并不代表着学生就可以无中生有捏造人物性格。学生在表达看法时还是应该基于史实，同时参考前人观点，再结合时代特征，最终才可以定评价。

正如春秋笔法是在史实中表明观点，学生对于历史人物的评价与讨论，应该做到有理有据，自圆其说。当然，教师也不应该过多限制学生的发散思维，创新，或者说多元化解读，还应该是我们一向坚持的原则，同时也是实践的指导思想。

逆境中的悲壮绝唱
——《报任安书》第三课时教案设计

欧阳安

一、教学目标和要求

1.理解司马迁的遭遇，感受司马迁逆境中发愤的高尚人格和他的生死观。

2.体会本文叙事、说理、抒情融于一炉的写法。

3.积累实词、虚词与句式。

二、教学重点和难点

1.积累重要实词、虚词与句式。

2.感受司马迁逆境中发愤的高尚人格和他的生死观。

三、教学过程和内容

集中学习第5自然段，总结全文，拓展升华。

1.学生对照注释看课文，并将注释下的注音、部分疑难词语的注释写到原文中。

2.学生朗读课文第5自然段，画出有疑难之处。

3.教师朗诵课文第5自然段。

4.师生共同疏通，积累、掌握重点词句。

明确：

下流：处于卑贱的地位。

口语：言论。

为……所：被。

累：经历。

垢：耻辱。

无乃……乎（固定搭配）：恐怕……吧？难道不是……吗？

居……如往：坐在家中，精神恍恍惚惚，好像丢失了什么；出门则不知道往哪儿走。

每……沾衣也：每当想到这件耻辱的事，冷汗没有不从脊背上冒出来而沾湿衣襟的。

私心：自己内心。

信：被信。

再拜：再次向您致敬。

5.落实具体文言语段翻译。

6.师生共同探讨以下内容：

（1）司马迁在李陵之祸后，受到了哪些肉体和精神上的摧残？司马迁受宫刑后的感受是什么？

明确：司马迁下狱之后受尽酷刑，今“交手足，受木索，暴肌肤，受榜箠，幽于圜墙之中”，直至受宫刑。精神上也受到残酷的迫害，“见狱吏则头枪地，视徒隶则心惕息”。毁谤耻笑接踵而来。在这种可怕的舆论压力下，他直至没有面目再上父母的丘墓，“是以肠一日而九迴，居则忽忽若有所亡，出则不知其所往。每念斯耻，汗未尝不发背沾衣也”。

（2）司马迁在遭受奇耻大辱后为什么仍“苟活于世”？

A.司马迁强调“人固有一死，或重于泰山，或轻于鸿毛，用之所趋异也”。

B.“所以隐忍苟活，函粪土之中而不辞者，恨私心有所不尽，鄙陋没世，而文采不表于后世也。”司马迁之所以忍受着屈辱活下来，陷于粪土般的污浊环境中而不肯死的原因，是因为《史记》没有完成。

C.“盖西伯拘而演《周易》；仲尼厄而作《春秋》；屈原放逐，乃赋《离骚》；左丘失明，厥有《国语》；孙子膑脚，《兵法》修列；不韦迁蜀，世传《吕览》；韩非囚秦，《说难》《孤愤》；《诗》三百篇，大底圣贤发愤之所为作也。”司马迁热情歌颂了这些古代圣贤，他们虽然身处逆境，备受迫害，但并不因此而消沉，而是努力给后人留下有价值的东西。作者以此作为对自己的激励，表现了司马迁那种坚强的意志，顽强奋斗的精神。

7.体会本文叙事、说理、抒情融于一炉的写法。

A.“理至”：叙事议论条理清楚，环环紧扣，层层深入。

作者议论的基本路径是：

①受辱—引决（士人应持的态度）；

②受辱—隐忍—完成伟大的事业（高尚的士人，如文王、孔子、屈原、左丘明等）；

③“我”（司马迁）受辱—学习前贤，选择隐忍—为了完成巨著《史记》。

这说明，对待受辱，引决不是唯一的处理方法，那要从生命的价值来认识，从“义”的深层意义去理解。作者一方面说要学习前贤，有忍辱负重的精神；一方面说如果自己受辱就去死的话，则不能完成著述《史记》的任务，一个人死得窝窝囊囊，无所作为，就失去了人生的价值，也就“轻于鸿毛”了。这个道理讲得清楚明白，环环紧扣，层层深入。当然，这并不是说，人不应该为“义”去死，而是从长远的意义上理解这个“义”的含义。

B.“情切”：情感跌宕起伏，奔放而曲折。

全文情感真切，有时奔放激荡，豪情满怀；有时又回肠荡气，如泣如诉。第一段写受辱的痛苦时，说自己若伏法死去，“若九牛亡一毛，与蝼蚁何以异？”这抒发了他对社会不公的愤慨之情；写自己选择忍受侮辱时说：“仆虽怯懦欲苟活，亦颇识去就之分矣，何至自沉溺缧绁之辱哉！”这里表现了他受辱的痛苦，悲切郁闷之情，溢于言表。第二段写出他为了完成伟大的巨著《史记》，“就极刑而无愠色”“虽万被戮，岂有悔哉！”则又表现他豪迈激荡的情感。第三段再一次回想自己受辱的痛苦，“是以肠一日而九迴，居则忽忽若有所亡，出则不知其所往。每念斯耻，汗未尝不发背沾衣也！”又好像看到他悲痛欲绝、如泣如诉的表情。

8.教师总结全文

《报任安书》是司马迁留给后世的唯一书信。正是他将峻洁的人品、伟大的精神自现于后世的力作。司马迁在信中结尾处断言：“要之死日，然后是非乃定。”他的期望没有落空：如果说五十六万余字的辉煌巨著《史记》，是他留下的一座耸入云霄的巍峨大厦的话，那么，《报任安书》则为他在这座大厦前，留下了一座崇高的汉白玉雕像，在它的底座上铭刻着六个大字：“述往事，思来者”——而高高屹立的他，则正以身处黑暗时代的悲愤、正直，而又“桀骜不驯”的深沉目光，注视着千秋万代。

9.拓展延伸

（1）陈胜起义时“壮士不死即已，死即举大名耳”。

（2）“向令伍子胥从奢俱死，何异蝼蚁。弃小义，雪大耻，名垂于后世。”（《伍子胥列传》）

（3）管仲“不羞小节而耻功名不显于天下”而幽囚受辱终建大功。

（4）“知死必勇。非死者难也，处不死者难也。”（《廉颇蔺相如列传》）

（5）韩信为日后建功立业甘愿忍受胯下之辱……

①患难挚友将腰斩血泪传书。

②直言武帝辩真相获罪诬上。

③家贫无钱赎罪受奇耻大辱。

④生死劫为著书活重于泰山。

⑤师前贤决定述往事思来者。

⑥就极刑无愠色通古今之变。

总结：逆境中的悲壮绝唱：择生—践志

集评：

史公之身乃《史记》之身，非史公所得自私；史公可为少陵死，而《史记》必不能为少陵废。”

——（清）包世臣

其感慨啸歌，大有对垒。文情至此极矣。

——吴楚材《古文观止》评

中国有两部大书，一曰《史记》，一曰《资治通鉴》，都是有才气的人在政治上不得意的境遇中编写的。

看来，人受打击，遇点困难，未尝不是好事。当然这是指那些有才气，又有志向的人说的。没有这两条，不是消沉，便是胡来，甚至去自杀，那便另当别论。

——毛泽东（见《毛泽东的晚年生活》）

一个人勇敢地承受苦难，他所显示的不只是一种个人品质，而且是整个人性的高贵和尊严，证明了这种尊严比任何苦难更有力，是世间任何力量不能将它剥夺的。

——周国平

我只是担心一件事，就是怕我配不上我所受的苦难。

——陀斯妥耶夫斯基

10.布置作业

小作文:《我眼中的司马迁》

教学反思:

课堂教学要有三个要素:一是主体,二是主导,三是主体与主导的相互作用。在课堂教学中,学生是主体,教师是主导,学生是学习的主人,是知识的发现者、探索者;教师是课堂教学的组织者、指导者,学生知识的获得、能力的形成离不开教师的引导、指点和熏陶,而教师的一切活动都是围绕学生而进行的。教学是教与学的交往、互助,师生双方相互交流、相互沟通,相互启发,相互补充,在这个过程中教师与学生分享彼此的思考、经验和知识,交流彼此的情感、体验与观念,丰富教学内容,求得新的发现,从而达到共识、共享、共进,实现教学相长和共同发展。其中,第三个要素尤其值得注意。这里所谓“主体与主导的相互作用”已经不是我们平常讲的双边活动。首先,这里头有一个“问题情景”,然后通过教学活动来解决一些问题,从而强化学生的“问题意识”。

《报任安书(节选)》一文的文学性很强。而文学说到底是人类的精神活动,是一种心灵空间感受的述说。在教学中,我在落实字词句的同时,紧紧扣住司马迁的人格精神气象,与学生一起深入探讨挖掘,取得了很好的教学效果。我认为,文学作为人类独有的语言符号创造的世界,是人类精神生存的特殊家园,她可以在深层次上调节情感,意志和理性之间的冲突和张力,消除内心生活的障碍,维持身与心、个人与社会之间的健康均衡关系,培养和滋养健全完满的人性人格,这点对于文学教育至关重要。

2007年10月23日

公开课《药》第一课时教案

欧阳安

一、教学目标

启发学生思维；追求有效、高效课堂。

二、教学内容

用一个课时理清情节线索，探究作品主题。

三、教学重点

理清情节线索；探究作品主题。

四、教学难点

探究主题

五、教学思路

以“疯了”切入，整节课围绕“疯了”进行探究。

六、教学依据

1．理论依据：（1）孔子“不愤不悱，不启不发”启发式教学法；（2）陕西师大张熊飞教授诱思探究理论。

2．事实依据：（1）笔者讲《荷花淀》时围绕“你总是很积极的”串讲全篇；（2）笔者讲《黄山记》时围绕“他们征服了黄山”串讲全篇。

七、教学流程

1.学生自由谈阅读体会或提出疑问。

2.教师提出关于“疯了”这一问题。

3.集体探究，解决情节线索，重点探讨药的主题。具体如下：

（1）他们在说谁疯了？

明确：夏瑜。

（2）谁说他疯了？

明确：花白胡子、驼背五少爷、二十多岁的年轻人。

（3）为什么会出现说他“疯了”这件事？说他“疯了”之后又发生了什么？

运用数学坐标来讲，梳理情节。

（4）为什么花白胡子、驼背五少爷、二十多岁的年轻人都说他疯了？

明确：

表面原因：在狱中劝牢头阿义造反；被牢头阿义打还说阿义可怜。

深层原因：耻笑革命；幸灾乐祸；愚昧麻木。

愚昧麻木的仅仅是花白胡子、驼背五少爷、二十多岁的年轻人吗？

茶馆里的花白胡子、驼背五少爷、二十多岁的年轻人代表着什么群体呢？

（5）作者安排二十多岁的年轻人说他疯了有何特殊用意？

明确：青年人是祖国、社会的希望所在。所谓少年智则中国智，少年强则中国强。但当时的青年人尚且如此愚昧麻木，那么，这个社会还有什么未来可言，还有什么希望可言呢？这次第，怎一个“悲”字了得！

（6）为什么地点偏偏要选择在茶馆说他疯了？

明确：代表社会大多数人，社会的缩影；见出愚昧麻木的普遍性。

（7）文中除了花白胡子、驼背五少爷、二十多岁的年轻人的愚昧麻木以外，还写到哪些人的愚昧或者麻木？为什么？

明确：

华老栓夫妇：愚昧迷信。

一堆人：毫无觉悟；麻木不仁。

夏四奶奶：不理解；迷信。

夏三爷：出卖亲族；麻木不仁。

康大叔、阿义：帮凶爪牙；麻木不仁。

刽子手：替主子杀害革命者，公开宣扬革命有罪，告密有功，殴打革命者有理，诈骗群众，卖革命者的鲜血，宣传人血馒头是包好的良药。

茶客们：耻笑革命；愚昧麻木。

（8）到底是谁疯了？为什么？

明确：社会上大多数的民众：愚昧麻木；看客心理。

（中国的群众）永远是戏剧的看客。牺牲上场，如果显得慷慨，他们就看了悲壮剧，如果显得觳觫，他们就看了滑稽剧。北京羊肉铺前常有几个人张着嘴看剥羊，仿佛颇愉快，人的牺牲能给予他们的益处，也不过如此。

——鲁迅

（中国人）杀头要看，死人要看，失火要看，淹水要看，大车祸更要看。别人的遭遇越凄惨，看得就越起劲，不如此，便平白丧失了享受人生幸福的大好时机。“怜我世人，忧患实多”看着别人的悲痛，而庆幸自己幸免于难，实为人生最大的一项享受。

——柏杨

（9）“疯了”的背后意味着什么社会问题（即《药》究竟是谁的悲剧）？

明确：

①麻木者愚昧麻木

鲁迅先生曾说：“革命者为愚昧的群众奋斗而牺牲了，愚昧的群众并不知道这牺牲为的是谁，却还要因了愚昧的见解，以为这牺牲可以享用，增加群众中某一私人的福利。”而且他们于心也忍，于心也安，认为天经地义，认为合情合理，认为本应如此啊！此等愚昧麻木令人何等心痛，何等凄凉，何等悲哀啊！

②革命者不被理解

夏瑜为谁而革命？被谁告发？被杀时群众对他有同情吗？他的血被谁吃？茶客们对他是何态度？他的母亲理解吗？

同学们，革命者一心为民，忧国忘家，却被亲族告发；在狱中仍然宣传革命，却招来一阵毒打；在刑场被杀，却只招来一帮看客；鲜血还被愚昧的群众当作治痨病的药所吃；还被幸灾乐祸的茶客们纷纷耻笑，他的母亲上坟，还感到羞愧，根本不理解他为之牺牲的革命大业。这是何等的寂寞，何等的凄惨，何等的悲哀啊！

③斗争方式的悲剧：脱离群众

仅仅是革命者、麻木者两种意义的悲剧吗？请想一想，革命者为何没有得到群众的理解？

一个被囚在牢中尚且劝“牢头”造反的革命者，难以想象他平时没有做宣传鼓动工作？大家深入思考一下，当我们听到夏瑜在牢里喊“大清的天下是我们大家的”说阿义“可怜”的时候，你有什么感觉什么滋味？你如何看待夏瑜的斗争方式？

（机动）

一方面：麻木者“我们中国本不是发生新主义的地方，也没有容纳新主义的处所”。“新主义宣传者是放火么，也须别人有精神的燃料，才会着火；是弹琴人么，别人的身上必须有弦索，才会出声，是发声器么，别人必须是发声器，才会共鸣。中国人都有些很不像样，所以不会相干。”（鲁迅《随感录·五十九“圣武”》）

另一方面：革命者脱离群众

伟大母爱的胸怀尚且不能理解、认可革命。这革命是什么革命？它的意义何在？！革命，革命者除了以牺牲带给告密者以白银，带给刽子手一包洋钱，带给华小栓一副无效的药，带给茶客们谈资，带给母亲悲哀与羞愧，它还带来了什么呢？

没有关注群众的最大需求　毛泽东：土地革命　成功

④整个社会的悲剧：黑暗愚昧

华夏两家合称华夏，中国古代称为华夏。华夏两家代表着中国，暗示着华夏两家的悲剧正是中华民族的悲剧。

（10）由“疯了”的分析，可见出《药》怎样的主题？

明确：揭示群众愚昧；表现革命者悲哀；批评脱离群众弱点。

机动：

1. 人血馒头不是药，这是迷信的结果，只会使人早日丧生。

2. 夏瑜式的斗争与牺牲也不是药，救不了社会的病苦，换不起愚昧群众的觉悟。

3. 真正疗救中国——华夏，只有吸取历史教训，揭露封建统治阶级的罪恶，唤起民众觉悟，联合民众抗争，推翻黑暗旧社会，才是拯救百姓，拯救社会，拯救中华民族的真正良药。

【结束语】

同学们，《药》带着我们走近了1907，走近了鲁迅，走进了一个曾经那么落后愚昧的华夏民族。今天，当我们早已找到了医治民族的那剂良药，中国人民终于站起来了！那是何等的幸福！何等的自豪！

但是，历史的残毒依然存在，而今，我们祖国的统一大业还未实现，美国又在准备向中国发动人民币汇率的争斗，等等。

在座的年轻的同学们，你们是早上八九点钟的太阳，是祖国社会的希望和未来。只有大家共同奋发、进取、向上，我们的民族才能生机勃勃，才能健康强大，才能真正屹立于世界民族之林啊！

让我们肩负责任，立志成才，为祖国的繁荣富强、和平安康而努力学习，不懈奋斗！

2010年4月14日

《荷塘月色》教学设计及实录反思

孙慕佳

一、教学设想及学情分析

本文是学生们进入高中阶段第一次接触的散文，单元导语的要求是“领略它（指散文）的魅力，并从中陶冶我们的情感，提高我们的审美能力，深化我们对人生的认识，掌握散文写作的方法与技巧”，学习本单元之后的目标应该是更有兴趣更有能力去阅读更多的散文，开篇的教学有必要对整个散文学习做一点宏观把握，如文体强调、推荐阅读、加深对名家名篇的了解和把握等。而文章本身美感可以多创造机会交给学生去品读、表达，注意激起阅读赏析兴趣。

二、教学目标

1.知识与技能：

理清全文结构，赏析写景段落，掌握通感等修辞格。

2.过程与方法：

简单归纳散文特点；了解朱自清的人品和文风，联系写作背景，学习情景交融的写法。

3.情感态度与价值观：

体会散文的语言美、意境美，领悟作者的思想感情。

三、教学手段

PPT辅助教学

四、教学课时

3课时

五、教学过程

（一）文体温故

1.散文

同学们，从这节课开始，我们将一同走进优美灵动、自由舒展的散文之旅，先让我们回顾一下散文的基础知识吧。

（片头大字“从散文说起”，师解说：）

散文，是指同诗歌、小说、戏剧并列的一种文学体裁。它篇幅短小、形式自由、取材广泛、写法灵活、语言优美，能够比较快地反映生活、表达心绪。（点出动画字“诗歌—小说—散文—戏剧”）

2.特点

提到散文，人们总是想到一个特点——（点出动画字“形散神不散”）

（点出下一页文字：

“形散”——指散文取材广泛自由，不受时间和空间限制；表达方式也不拘一格：或叙述事件的发展、或描写人物的形象、或托物抒情、或发表议论等，可以根据情况自由调度。

“神不散”——主要指散文的立意可能含蓄可能未明示，但其实是贯穿全篇、包蕴其中的。）

当然，散文在思想感情方面的主要特点还在于表达的情感内涵，（点出下一页，出示文字：

意境深邃，情感真挚——

散文借助想象、联想，由此及彼、由浅入深、由实至虚地依次写来，常能融情入景、寓情于物，实现情景交融、物我统一，展现出深远的意境。）

散文的第三个特点主要集中在语言风格上，（点出下一页：

语言优美凝练，富于文采；

散文语言的优美体现为清新明朗、生动活泼、富于音乐感；

凝练体现为简洁质朴、自然流畅、寥寥数笔就可以描绘出无穷意境。）

3.别称

散文因其具有清新隽永的语言风格，又被称为“美文”。

4.题材

大致划分为抒情散文、叙事散文。

5.推荐阅读

（以明亮的绿野邂逅为背景，出示推荐阅读名单：

梁实秋　　张爱玲　　汪曾祺

林清玄　　史铁生　　王小波　　毕淑敏

迟子建　　三毛　　余秋雨）（师逐个稍微介绍）

（二）新课热身

我们接下来要上的新课是朱自清先生的散文名篇《荷塘月色》，我个人更喜欢他另外几篇散文：《桨声灯影里的秦淮河》《冬天》《儿女》《给亡妇》等。我想大家也说得出他的一些作品，如“燕子去了，有再来的时候；杨柳枯了，有再青的时候；桃花谢了，有再开的时候。”——哪一篇？（学生答《匆匆》）如“我看见他戴着黑毛小帽，穿着黑布大马褂，深青布棉袍，蹒跚地走到铁道边”——哪一篇？（学生答《背影》）

哦，看来大家对朱自清并不陌生。我再介绍一篇给大家看看，了解一下这位现代散文大师的风格。

《冬天》是一篇很感人的叙事散文，这感人没有惊天动地的故事，只在于平凡里的真诚和深情。这里给大家朗读两段，体会一下。

（点出两页文字，是《冬天》三个选段，师投入地朗读：）

说起冬天，忽然想到豆腐。是一“小洋锅”煮豆腐，热腾腾的。水滚着，像好些鱼眼睛，一小块一小块豆腐养在里面，嫩而滑，仿佛反穿的白狐大衣。锅在“洋炉子”上，和炉子都熏得乌黑乌黑，越显出豆腐的白。这是晚上，屋子老了，虽点着“洋灯”，也还是阴暗。围着桌子坐的是父亲跟我们哥儿三个。“洋炉子”太高了，父亲得常常站起来，微微地仰着脸，觑着眼睛，从氤氲的热气里伸进筷子，夹起豆腐，一一地放在我们的酱油碟里。我们有时也自己动手，但炉子实在太高了，总还是坐享其成的多。这 并不是吃饭，只是玩儿。父亲说晚上冷，吃了大家暖和些。我们都喜欢这种白水豆腐；一上桌就眼巴巴望着那锅，等着那热气，等着热气里从父亲筷子上掉下来的豆腐。

在台州过了一个冬天，一家四口子。台州是个山城，可以说在一个大谷里。只有一条二里长的大街。别的路上白天简直不大见人；晚上一片漆黑。偶尔人家窗户里透出一点灯光，还有走路的拿着的火把；但那是少极了。我们住在山脚下。有的是山上松林里的风声，跟天上一只两只的鸟影。夏末到那里，春初便走，却好像老在过着冬天似的；可是即便真冬天也并不冷。我们住在楼上，书房临着大路；路上有人说话，可以清清楚楚地听见。但因为走路的人太少了，间或有点说话的声音，听起来还只当远风送来的，想不到就在窗外。我们是外路人，除上学校去之外，常只在家里坐着。

妻也惯了那寂寞，只和我们爷儿们守着。外边虽老是冬天，家里却老是春天。有一回我上街去，回来的时候，楼下厨房的大方窗开着，并排地挨着她们母子三个；三张脸都带着天真微笑地向着我。似乎台州空空的，只有我们四人；天地空空的，也只有我们四人。那时是民国十年，妻刚从家里出来，满自在。现在她死了快四年了，我却还老记着她那微笑的影子。

无论怎么冷，大风大雪，想到这些，我心上总是温暖的。

（读完学生情不自禁地齐声鼓掌）

听了这几段，不知大家有什么体会没有？或者觉得对自己的写作有所启发？

（视学生反应点拨，如语言平实朴素也能打动人，作者有所写有所不写，看似信笔写来，实则精心挑选，关注点侧重点不同主题也不同，如父兄一景，重在亲情关怀，一个“夹”的动作饱含父爱；妻儿一景，重在依赖呵护，“我”挑起了担子，她们信赖地偎依着，一个“挨”一个“向”，展现了浓浓温情；环境的描写，氛围衬托，一盏灯、一座城；等等。）

（三）顺导解题

我们刚才对《冬天》的讨论可以说暗合了杨振声先生对朱自清这位中国现代散文名家的恰当评价，大家请看：

（点出主题页，月下荷花背景，右侧竖立文题“荷塘月色 朱自清”，上方横悬：

文如其人，风华从朴素出来，幽默从忠厚出来，腴厚从平淡出来。

——杨振声）

我们今天要学习的是他的一篇经典的写景抒情散文《荷塘月色》。

同学们看这个题目，猜测全文主要的描写对象是什么？（答“荷塘”“月色”“荷塘的月色”……）

这个题目是一个并列词组，既写荷塘又写月色——这是景，那情又是什么？（生大概犹豫，答不出）

这就需要我们先来了解一下作者和写作背景了。

（四）作家作品

1.作者简介（点出作者像，旁附文字：）

朱自清（1898—1968），原名朱自华，字佩弦，号秋实，江苏扬州人。

上北大期间就开始创作新诗，后来出版了诗集《踪迹》。

27岁任清华大学教授，其间从诗歌转向散文创作和古典文学研究，出版散文集《背影》。

1931年留学英国，写有《欧游杂记》《伦敦杂记》。

2.作品特点（点出数本经典选本封面照片，附文字：）

散文风格素朴自然，语言洗练，文笔秀丽。

3.创作背景

《荷塘月色》写于1927年，当时正值中国大革命失败时期，全国笼罩着白色恐怖，很多热血青年投身于革命斗争。朱自清处于苦闷彷徨中，他自己也知道，“只有参加革命或反革命，才能解决这惶惶然”，但他最终还是选择了“暂时逃避的一法”。作为一位爱国的民主主义者，面对黑暗现实，他不能安心于躲避政治潮流的“超然”，他“心里是一团乱麻，也可以说是一团火。似乎在挣扎着”，作者为了散心，排解苦闷，便走去观赏月下荷塘。

所以本文的主题可以初步归纳为：

《荷塘月色》写的是一个夏夜，作者为了排解苦闷，去观赏月下荷塘所见到的景色和当时的心情。全篇的文眼是开头的“心里颇不宁静”一句，以此统摄全篇。文中清雅朦胧的景色极好地体现了作者心中淡淡的喜悦和淡淡的哀愁，构成了一幅和谐的、情景交融的艺术画面。

（五）字词过关（点出字词页）

煤屑xiè　　踱步duó　　弥望mí　　敛裾jū

倩影qiàn　　鹢首yì　　酣眠hān　　蓊郁wěng

自查多音词：

曲、宁、纤、颤、脉、荷、处、差、薄

自查易混字：

缀、辍、啜、掇

袅、凫、枭

（六）朗读体会（播放数张精美绝伦的荷塘月色图片，纯图，不附字，打开配乐朗诵让全班静听体会，建议中途闭上眼睛想象写景段落）

（七）领悟鉴赏（出示问题，齐读个别段落，均由学生讨论后回答，师只做评价点拨）

1.第1自然段交代了夜游荷塘的缘由，“颇不宁静”之外，大家还能从这短短几句里体会出什么氛围？

参考：

孤寂的氛围。夜深人静，妻儿就在身旁，作者却睡意全无，记挂着一轮明月、一亩荷塘，也让人品出一丝淡淡的哀愁。

2.第2自然段描绘了荷塘四面的环境，这个环境描写有什么特别的作用？

参考：

环境是幽僻寂寞的，这其实是写人的寂寞，却移情于物，烘托了作者苦闷的心境。原本阴森森的路，有了月光，有了夜游人，就都有了知心的伴，作者已经渐渐放松身心融于景色了，所以才有了第3自然段的抒情。

3.第3自然段“踱”字有什么好处？“自由”相对什么而言？尾句有什么作用？

参考：

“踱”字写出了作者若有所思的神态，有闲适也有牵挂，恰到好处。若换成“走”，就没有这个味道了。

“自由”是相对于白天人世的羁绊、现实生活的无奈而言，正是作者的苦闷所在。哈姆雷特所说：To be or not to be，it’s a question.

尾句在结构上有承上启下的作用。

4.欣赏数张月夜荷花美图，诵读第4自然段，出示：写荷叶荷花的手法品析？

参考：

A.叠音词的使用，令文章音律宛转/轻灵优美，如亭亭、田田、层层等。

B.巧用比喻，把舒展的叶子比作翻飞的裙、高高的枝干比作修长的腿，带给人更多对于美与翩跹的想象，有风致。

博喻的使用，“正如，又如，又如……”一个本体连用多个喻体，丰富形象。

C.“明珠”表现荷花的洁净光华，“星星”写荷花的明亮晶莹，“美人”写荷花的娇美多姿。

D.用“渺茫的歌声”写香味，是通感的手法：把某种形态的感觉转化为另一种形态的感觉来写，如用触觉写听觉、嗅觉写听觉等等。远处的歌声用来写香味，同为隐隐约约、若有若无、断断续续的，所以很恰当。

同学们造几个运用通感手法的句子？

（给学生3分钟思考，自由回答，4—5位学生；最后点击动画，展示师拟的例句：）

①清晨，寺里的钟声响起，宏亮悠远，一声声仿佛撞在我的心上。

②夏天来了，最喜欢用舌尖轻舔蓝莓味的冰淇淋，冰冰凉、甜丝丝，一下子让我听见童年故乡的溪水淙淙、听见窗台风铃的叮叮当当。

（注意对学生例句的合理评价，肯定为主，师的例句只是一个参考，没有优劣之分。有学生造出了好句子，如：

a.他的歌真甜。

b.清晨的钟声湿湿的。

c.票务员说出一个字：“票！”感觉像吐出一个桃核。）

d.虽未明写，却体现了明显的顺序：叶子—花—香—微风—波痕—水，细细看去、娓娓道来，非常连贯巧妙。

e.此段虽未明写月光，其实处处在写月，正是因为有了月色的照耀，花叶才有那么朦胧优美的风致，荷、月描写不分离。

5.第5自然段有些字词和比喻用得非常好，试分析？

参考：

A.“泻”，写月光自上而下照着，动感、立体感较强。若用“淌”，就有依赖物的呆板，“两行浊泪沿着他布满皱纹的脸庞淌下来。”而“泻”是轻盈恣肆的。

B.“浮”，如果用“飘”会散开，“浮”却能聚拢着又不失轻柔含蓄，把月光写活了。

C.“洗”，表现花叶鲜艳、娇嫩欲滴的样子。

D.“笼”，古典美，是对杜牧“烟笼寒水月笼沙”的巧妙化用。

E.“峭楞楞”写斑驳的树影仿佛笼在心上，衬托作者淡淡的哀愁。

F.“光影和谐的旋律”，如梵婀玲，又一处通感。视—听。

6.第6自然段由景及人，从景色中感到淡淡的喜悦，又被什么唤回现实？

参考：

作者写了荷塘四面的树，包围着簇拥着，联想到生活中难以挣脱的种种束缚。

树叶间漏下的灯光，又联想到渴睡人的眼，再加上蛙叫蝉鸣，以大自然的热闹反衬自己的怅然，暗示由自由世界回到现实世界。

第4—6自然段描写了荷塘月色，抒发了作者淡淡的喜悦与淡淡的哀愁，做到了一切景语皆情语。

7.第7自然段提到了六朝时代采莲的盛景，作者凭此表达什么？

参考：

先看看《采莲赋》的内容。

妖、媛，年轻貌美的样子。荡舟时互相传情，小船慢慢地摇荡、交换酒杯；水草挂在桨上，浮萍漂浮着，小船似乎拉在一起不肯分开。再看少女们哥哥衣着鲜亮、频频回首；为了吸引少年的注意，故意嬉闹着，一面笑吟吟地推来推去，一面又护着美丽的衣饰怕打湿或倾船而小心翼翼。

作者借采莲赋，联想着一群情窦初开的少年少女嬉游的"有趣"，那么热闹，那么无忧，自己何曾有过如斯美丽的年华呢，更反衬出此时自己的无奈苦闷。

8.文章最后两段借《西洲曲》表达什么？

参考：

《西洲曲》是怀人的，"莲子"即"怜子"，写一个儿子在采莲时深切怀念恋人，作者却借此表达自己的思乡之情——到底惦着江南了。

作者生于斯长于斯的江南，留下了太多深刻的记忆，他的文学记忆也烙上了江南文化的印，所以,《西洲曲》传达的是他的思乡之情。

（八）结构回顾梳理

（师边引导分析边板书）

【通感、博喻、叠词、炼字】

颇不宁静而出门 ⇨

小径漫步、勾勒荷塘轮廓 { 总写 / 直抒胸臆

游赏荷塘、浓墨重彩描绘 {
- 叶：田田、层层、凝碧
- 花 { 形态美 / 色彩美 / 香味美
- 月：朦胧柔和、轻盈流泻

⇨ 心境又回到现实

文化记忆 {《采莲赋》的爱情主题
《西洲曲》的江南情怀

【景美、情也美、情景交融、浑然天成】

（九）写作特点

1.准确生动的用词

如动词“泻”，如叠词“脉脉”，精选用词，文意流畅诗意。

2.比喻贴切形象

运用大量新鲜贴切的比喻，使一片美景如在目前，可观可感。

3.通感手法的运用

通感也是修辞手法之一，即用一种感觉来描写另一种感觉，从而增强所要表现事物的形象感。

4.情感交融的写法

借月光下的荷塘，荷塘上的月色来抒写自己内心的“颇不宁静”，表达淡淡的喜悦与淡淡的哀愁，还有挥之不去的现实苦闷，做到了“一切景语皆情语”。

5.圆形的结构

外结构是圆的：出游、观赏，走一圈又回到家门。内结构也是圆形的：不静、求静、得静、再离静。

（十）朗读巩固

全班齐读课文

（十一）拓展品味

采莲曲·其二

王昌龄

荷叶罗裙一色裁，芙蓉向脸两边开。
乱入池中看不见，闻歌始觉有人来。

《永遇乐·京口北固亭怀古》(辛弃疾) 教学设计

孙慕佳

设计思想:

对于辛弃疾，人谓“人中之杰，词中之龙”，这就是说，其词的豪迈是与他精忠报国的雄图大略和壮志难酬的深沉忧愤分不开的。所以，本设计的核心就是围绕理解辛弃疾的深沉感情来解读词作。作为怀古经典，词中五处典故包蕴了博大深沉的历史厚度与情感深度，是解读文本的关键。另外，课堂教学语言力求极具感染力，通过词句和阐释品读把学生带入历史情境和诗人心灵，激发他们的感知和表达；多用第一人称描述。

一、三维目标

1.知识与技能:

了解辛弃疾的生平及其词的思想内容，熟悉背诵，准确默写全词。

2.过程与方法:

反复诵读，结合注释，理解词意；通过合作探究解读典故，把握词人深沉的情感。

3.情感态度与价值观:

感受沉郁悲愤的爱国之情和不遇之恨，激励自我胸怀大志，热爱祖国。

二、教学重点

品味作者抗金救国的雄图壮志和怀才不遇的苦闷悲愤。

三、教学难点

解析典故，理解借古喻今。

四、教学方法

诵读法、合作探究法。

五、教学课时

1课时

六、教学过程

1.新课导入（1分钟）

有一个人，21岁的时候就召集一支两千多人的队伍参加当时影响最大的农民军，誓死抗金卫国，这个人是——(生齐答：辛弃疾！)(一边引导提问一边展示三幅英雄策马插图)

有一个人，听说农民军领袖被杀害的时候，愤然率领50名骑兵直驱敌营，生擒了叛徒，并且迅速突围投奔南宋，这个人是——(辛弃疾……)

有一个人，他曾经"醉里挑灯看剑，梦回吹角连营。八百里分麾下炙，五十弦翻塞外声。沙场秋点兵。"这个人是——(辛弃疾！)

如此看来，辛弃疾的的确确是英勇绝伦的人物！更重要的是，他文武双全，在文学史上与谁齐名？（苏轼）人们把他们合称——("苏辛"),(师板关键词到副板书）同为豪放词派的代表人物。苏词我们了解过了，辛词有何不同呢？辛词的豪放，来自他抗金救国的雄图大志，来自他壮志难酬的深沉悲愤，不信请看——《永遇乐·京口北固亭怀古》!（板题）

2.作家作品（2分钟）

辛弃疾，字幼安，号稼轩，同李清照一样是历城人，在今——(山东济南)(师板关键词到副板书）

我们刚才说到，辛弃疾很年轻的时候就在北方组织义军抗金，后来带着队伍投奔南宋朝廷。那他在南宋有没有受到重用，最后胜利北伐呢？（没有）非常遗憾，南宋偏安一隅，皇帝懦弱无能，朝臣中主和派、投降派占据上风，所以他南归后几十年都只能当没有实权的小小地方官，还常被朝廷猜忌贬抑。将相之才不得施展，一腔忠烈悲愤便化作了词句。(板词集名《稼轩长短句》)

我们来了解一下《永遇乐》的写作背景：写这首词的时候，他已经64岁。当时权贵韩侂胄看金政权日益衰败，就想借辛弃疾抗金的旗帜立一场伐金的大功，以巩固自己的地位。辛弃疾突然被起用，自然是积极筹划奔走，无奈韩侂胄只想侥幸求逞并无心为大局着想、不肯作长远的准备，加上他担心辛弃疾真的发展起来会给自己造成威胁，所以没几天就找个借口把他贬官了，不许他参加北伐。

你看辛弃疾，一身雄才，满腔热血，在南宋待了整整43年，这时以为等到机会一展宏图了，没想到最后恢复大业的愿望还是落空了。可想而知，这时的辛弃疾有多苦闷，于是他登临京口，也就是现在的江苏镇江，在北固亭上远眺河山，抒发怀古伤今的忧愤之情。

3.初读体会（3分钟）

现在我给大家范读一遍，你们注意边看边听，了解内容和情感（师范读）(读完副板书补充：“佛bì”。)

同学们自己来读一遍，并注意体会一下，这首词在内容上最大的写作特点是什么？(生读完，答“故事”“人物”“历史”“典故”，师板“用典”到副板书，这是怀古词常用手法，借历史人物故事抒发胸中块垒。)

4.细品探究（8分钟）

①千古江山，英雄无觅，孙仲谋处。

千古不变的江山，现在到哪里去寻找英雄孙仲谋的踪迹呢？

②这个句子顺序有什么特殊之处？正常语序应该是什么样的？

“无处觅/英雄孙仲谋”。这是填词的协律要求所致，为了讲究声韵平仄有时须变换一下字词位置。

③ 大家思考比较一下：“觅”能不能换成“见”？(一生答)

“觅”有主动意味，是有意识地找。突显词人对英雄的敬仰。(师引导补充得出：) 孙权的时代能再现吗？再也不可能了，所以也表现出对丰功伟业的渴盼和自己面对现实的无奈愤懑。

（板书）

孙权：建功立业的渴盼，现实愤懑

④舞榭歌台，风流总被，雨打风吹去。

可供歌舞的台榭（似“歌台暖响，舞殿冷袖”的互文手法，比如政治舞台）和英雄的流风余韵都被历史的风雨冲刷殆尽。

⑤这一句饱含什么感情？(一生)

（对历史成烟云的感伤，师引导点拨）国土沦陷，现在正是最需要孙权这样的英雄的时候，但是英雄无迹，风流无痕，这个苟且偷安的南宋时局叫人如何不伤

感？！（板关键词到副板书）

⑥ 斜阳草树，寻常巷陌，人道寄奴曾住。

一缕斜阳静静地照进这寻常巷陌的一草一树，甚荒凉。但就在这个地方，京口这里，人们都说，刘寄奴就在这里成长起来。

⑦刘寄奴何许人也？他有何功绩？（生齐答）

（南朝宋武帝刘裕），（他率兵北伐，所向披靡）。实为一代复国豪杰，这样的人物肯定是辛弃疾的偶像了。

⑧想当年，金戈铁马，气吞万里如虎。

戈是武器兵器，金的武器铁的马——其实就是精锐部队：回想当年啊，刘寄奴指挥最精锐的部队，挥师北上，气势如虎，兵驱万里，收复北方大片失地。

⑨大家有没有留意，为什么要强调刘寄奴成长于寻常巷陌？（一生）

（刘寄奴是普通人变成复国英雄的，作者也希望自己像他一样，而不会更渴望同孙权一样是贵族身份来打天下）非常准确！孙权生于皇室，他的事业成功还有父兄一辈为他打下的基础；而刘裕却是平民出身，用我们的话讲可以说是“白手起家”，所以更增添了作者对他的——（仰慕！）

（板书）

刘裕：寻常巷陌　金戈铁马，仰慕

5.小结巩固（3分钟）

上阕写了诗人登上北固亭极目远眺，触景生情：山河长存，世事沧桑。用典故隐讽南宋朝廷的懦弱无作为。

同学们齐读一遍上阕。

6.细品探究（8分钟）

①下阙的第一个典故是关于谁的？（刘义隆，刘裕的儿子）

②元嘉草草，封狼居胥，赢得仓皇北顾。

草草？——仓促行事；

封？——在山上祭天表示庆功；

赢得？——落得。

元嘉年间，好大喜功的刘义隆仓促行事，导致北伐失败，落荒而逃。

③诗人写这个典故是为了表达什么？结合写作背景思考，大家讨论一下。（二生）（跟上阕的刘裕对比；也让人联想到上面提到的那个权贵。师引导评价：跟刘

裕确实有对比，这个思路不错，而更重要的是，词作来到下阕，可能思想内容层次更深了，比如说上面都是崇尚英雄，那么我们的现实显然没有英雄或者说英雄难以作为，我们最大的忧患可能是什么……把学生往批判现实的方向引导。）

借此告诫世人，尤其是韩侂胄一流：你们这些妄图借北伐来为自己捞取政治资本，而不肯顾全局做好长期准备的人，最后只能落个狼狈下场。

（板书）

刘义隆：仓促行事　落荒而逃　告诫：好大喜功

④四十三年，望中犹记，烽火扬州路。

正常语序应该是犹记/四十三年，望中/扬州路/烽火。

他说，我现在还清晰记得，43年前带着义军归附南宋朝廷的时候，路经扬州看到四处烽火冲天。那时的人们还肯奋力抵抗金兵入侵，而现在呢，硝烟殆尽，朝廷上下无人再敢言一个“战”字。（板关键词到副板书）

⑤可堪回首，佛狸祠下，一片神鸦社鼓。

“可堪”是什么意思？不堪。

⑥什么往事不堪回首呢？佛狸祠的这个典故应该如何理解？有什么现实意义？（讨论探究，二生答）

（师点拨完善）往事不堪回首，佛狸祠，这个敌酋建立的行宫，多年后还有人们在这里举行迎神赛会，热闹非凡。

我当年南归就是想凭借国力恢复中原，没有想到南宋朝廷如此昏聩无能，让我英雄无用武之地！

我自己43年岁月虚掷，也就算了；最让人痛心疾首的，朝廷苟且偷安，一味主和求和，举国上下沉浸在一片和平假象当中。一个连耻辱感都丧失的民族，是一个没有希望的民族，它终将自取灭亡！

扬州路当年的烽火，记忆越新，如今的悲痛就越切！（师板关键词到副板书）

所以这个典故有非常深切的现实批判意味。

（板书）

佛狸祠：敌酋行宫　迎神赛会　批判苟安

⑦凭谁问，廉颇老矣，尚能饭否。

凭？靠。靠谁来问，廉颇老了，饭量还好吗？当年廉颇受人陷害，流亡到魏国，很多年后秦国强盛了要攻打赵国，朝中无将，赵王就派个使者去看看廉颇还

能不能为国效力……(师简介，板关键词到副板书)

⑧这个典故又是为了表达什么？(一生)

(廉颇老了，赵王还能派个使者去问问。我呢？哪来一位贤明的君主关怀一下：辛弃疾能否为国效力？！)这就把矛头直指向谁？(皇帝)情绪也自然到达一个什么样的极点？(“忧愤”“悲愤”“激愤”)

(板书)

廉颇：报国无门　鞭挞君主无能　激愤

7.小结巩固(3分钟)

下阙用了三个典故，继续写自己报效祖国的一片忠心，和不被朝廷所用的激愤。

全班齐读。男生齐读。两位男生朗读。

8.背诵全词(2分钟)

9.课后作业二选一

(1)用散文笔调改写全词，150—300字。

(2)通过《念奴娇·赤壁怀古》和《永遇乐·京口北固亭怀古》的比较，分析苏辛两词的豪放风格之区别。

10.主板书

上阙
- 孙权：建功立业的渴盼，现实愤懑
- 刘裕：寻常巷陌、金戈铁马、仰慕

下阙
- 刘义隆：仓促行事　狼狈　告诫：好大喜功
- 佛狸祠：敌酋行宫　迎神赛会　批判苟安
- 廉颇：报国无门　鞭挞君主无能　激愤

咏史伤怀
借古喻今

11.副板书

“苏辛”

字幼安　号稼轩　历城人　《稼轩长短句》

韩侂tuo　胄zhòu　侥幸求逞

佛bì　用典　协律“觅”“见”？

英雄无迹，风流无痕

复国豪杰　精锐部队　兵驱万里

触　景　伤　情

↓　↓

山河长存　世事沧桑

“战”年华虚掷　和平假象

记忆越深　悲痛越切

“一饭三斗米，肉十斤，被甲上马”

课后作业查阅、评价、选优课堂朗读分享；写法参考：

（1）江山千古依旧，却无处觅求像孙仲谋一样的英雄豪杰了。昔日繁华的歌舞台榭、英雄的业绩风流，通通被历史的风雨冲刷得化为乌有。一抹斜阳映着丛密的草树，缓缓照进那平常的街巷，人们说刘裕曾在这里寄住。想当年，他指挥的金戈铁骑，气吞万里，威猛如虎，一路北伐势如破竹。

元嘉年间，刘义隆草草出兵北伐，梦想如霍去病那般在狼居胥山封坛祭天，却不料只落得惊慌败北狼狈逃窜的下场。我携义军投奔南方朝廷，至今已四十三年，我遥望中原，当初扬州路上烽火杀敌的情景历历在目。哪堪回首，而今侵掠中原的拓跋焘祠庙香火盛烧，一片神鸦鸣躁、社鼓喧闹！明君何在？靠谁来过问我一句：将军年老，可还堪当重任？

（2）苏轼的怀古之情，主要是对历史与现实、古人与自己的联想。感慨自己年迈，远不及“公瑾当年”，多“伤己”的惆怅无奈。结句“人生如梦，一尊还酹江月”看似消极悲观，实质上是借佛道思想放松自己、安慰自己，追求一种精神上的豁达。

辛弃疾的怀古之情，目的在于喻今讽今，他痛感山河沦陷，南宋统治者毫无北伐复国之志，自己报国无门，重在“伤国”，更多地表现为悲愤不平和忧心如焚。

《如何写一首现代小诗》微课教学设计

许泽平

【教学目标】

理解些诗歌的几个步骤，并能够学着写一首小诗

【教学过程】

一、归纳步骤，分析技法

1.归纳步骤

很多人写了很多年的作文，却从没有写过诗歌。也不知道诗歌该如何写，因为从来没有人教过。诗歌被认为是一种个人的才能，而非一种能习得的技能。但实际上，诗歌是可以被习得的，只是要有一个相当长的学习和训练的过程。

初学诗歌，需要对下笔之前的步骤进行分解，下面是一些比较简单的步骤：

①寻找一种能触动你的事物

②把这个事物转换成一个词

③从这个词延伸出一个句子

④从句子创造出画面

⑤让画面变成一首小诗

2.分析技法

①寻找一种能触动你的事物

②把这个事物转换成一个词

我们生活在世界之中，自然被万事万物所包围，生活中触动你的东西应该有很多，你把它写下来，并A.赋予事物精确的限度，B.赋予事物情感和温度，当处理好这两者之后，事物就可以成为一个带有诗意的词，进入到文本当中。

③从一个词延伸出一个句子

这是最艰难的一步，诗歌与其他文体最大的区别：情感的丰沛和表达的陌生化。为了达到陌生化的效果。我们经常使用：比喻、拟人、通感等手法。下面举例讲这几种手法：

如：遥远的夜色有桂花的芬芳（通感）

昨天在每一朵花中散发幽香（通感）

她紫葡萄般的眼睛在寻找远方（比喻）

冬至的银光在时间的河上流淌（比喻）

秋天在呼吸，她有孤独的羽毛（拟人、比喻）

④从句子创造出画面

⑤让画面变成一首小诗

从句子到画面需要句子与句子之间的勾连，这种勾连涉及写作者的想象力及某种语言的直觉（这个地方确实是难以教会的，但却可以通完训练来加强）。

下面我们来写一首简单的小诗并对其进行变形

我在雨水中
等待。夏天的花
开了。也谢了
我在雨水中
等待。秋天的云
聚了。也散了

变形为

我在雨水中
等待夏天的花
等待它
像云朵一样到来
我在雨水中
等待秋天的云
等待它
像暮色一样盛开

（这个部分通过例子的直观感受，告诉学写诗歌的人，句子是如何被组合和变形的，有助于他们思路的展开和想象力的生发。）

二、展示作品，总结课程

蔷薇曲

泽　平

七月还很远

蔷薇花离开大路，远远地开放

她的落寞，如同湖水

适合收藏

像一枚叶子

横亘在无人问津的书页之间

总结：

诗歌从本质上讲：是想象在语言上的一次远行，你的想象有的远，你的诗歌就有多动人。

素材课件

见附件：

东莞市初中语文优课微课评选参评作品登记表

<table>
<tr><td>作品名称</td><td colspan="2">《如何写一首现代小诗》微课教学</td><td>片长（分钟）</td><td></td></tr>
<tr><td>作者</td><td>许泽平</td><td colspan="2" rowspan="2">联系方式</td><td>手机：×××</td></tr>
<tr><td>所在单位</td><td>东莞中学松山湖学校</td><td>邮箱：×××</td></tr>
<tr><td>作品类型</td><td colspan="4">写作训练</td></tr>
<tr><td>作品创新与亮点</td><td colspan="4">介绍诗歌写作入门的几个方法</td></tr>
<tr><td>作品内容简介（200字以内）</td><td colspan="4">学生写了很多年的作文，却从没有写过诗歌。这是一个遗憾。虽然诗歌并不作为考试的内容，但是作为一种对语言有极好训练的文体，写一写诗歌对学生还是有好处的。针对这一情况，设计这节如何写小诗的微课，主要是想通过技法的分析，让学生敢于去试着写作诗歌。</td></tr>
</table>

续上表

原创承诺	本人承诺本作品为本人原创，没有抄袭他人作品，侵害他人版权，若本作品侵犯他人著作权，或有任何不符合国家法律法规政策规定的不良信息内容，一律由本人承担责任。 本人愿意共享。 签名：许泽平　　时间：2014年6月4日
科组长点评	该课遵循“一课一得”的原则，立足教材，迁移拓展。一堂课教会学生一种写作技法，很好地领会和践行了微课的精神！ 签名：×××

《孤独之旅》教学设计

许泽平

【学习目标】

1. 理解孤独之旅的含义；

2. 探讨景物描写的作用。

【知识链接】

1. 了解作者作品

曹文轩，作品有长篇小说《山羊不吃天堂草》《草房子》《红瓦》等。小说《草房子》及改编的电影荣获多项国家、国际大奖。他于2016年获得“国际安徒生奖”，这也是中国作家首次获此殊荣。

2.《草房子》简介

《草房子》是作家曹文轩创作的一部长篇小说。作品中讲述了男孩桑桑刻骨铭心，终身难忘的六年小学生活。

小说的故事发生在油麻地，故事中通过对主人公男孩桑桑刻骨铭心而又终身难忘的六年小学生活的描写，讲述了五个孩子，桑桑、秃鹤、杜小康、细马、纸月和油麻地的老师蒋一轮、白雀关系的纠缠及孩子们苦痛的成长历程。

六年中，桑桑亲眼目睹或直接参与了一连串看似寻常但又催人泪下、感动人心的故事：少男少女之间毫无瑕疵的纯情，不幸少年与厄运相拼时的悲怆与优雅，垂暮老人在最后一瞬间所闪耀的人格光彩，在体验死亡中对生命的深切而优美的领悟，大人们之间扑朔迷离又充满诗情画意的情感纠葛……这一切，既清楚又朦胧地展现在少年桑桑的世界里。这六年，是他接受人生启蒙教育的六年。

3.《红门》故事简介

（1）这是油麻地最厚实的一家人的故事。杜小康家是油麻地最富有的一家人，他们家开了一个杂货铺，因此杜小康的生活是与众不同的——从小他就有一年四季的衣服，后来他又有了油麻地唯一的一辆单车。他用家里杂货铺的东西到学校演戏，给学校做出了贡献，在孩子们心中是领袖。但后来杜小康的爸爸用几代人积累下来的财富买了一条大船运货，却因醉酒撞船，货坏破产，家里顿时就成了空壳，随后他爸爸中风，不久杜小康的自行车也被卖掉，而且家里还欠了一笔还不起的债。

（2）杜小康家因为船运的货物落在水中欠了一大笔债而变穷了，杜小康跟随父亲去放鸭，第一次回来时只带回了5个双黄鸭蛋，并全部给了桑桑，因为鸭子吃了别人鱼塘里鱼苗被全部扣留了下来，但杜小康回来时并未绝望，他长大了许多，在学校门口摆起了小摊帮家里补贴家用。到最后，债主找上门来，杜小康家的两扇曾为杜家几代人带过光彩与自足的大红门被永远地拆走了。

自学作业

一、基础学习

1.自读课文，在书上标画生词、美词，给下面加点的字注音。

嬉闹（　　）　觅食（　　）　驱除（　　）　戳破（　　）

撩逗（　　）　撅断（　　）

2.根据拼音填词。

（1）油麻地家底最hòu shí（　　）的一户人家，就是杜小康家。

（2）杜雍和现在只是要求它们向前游去，不停顿地游去，不肯给他们一点觅食或xī nào（　　）的机会。

（3）但，这一切无论如何也不能完全qū chú（　　）杜小康的恐慌。

（4）过不一会，暴风雨就xiē sī dǐ lǐ（　　）地开始了。

二、阅读“知识链接”，了解作者及故事背景。

三、看文章，标段落，根据提示时间段，标画出表示心理变化的词语，梳理主人公杜小康的心理轨迹。

刚刚出发时：

前行路上：

到达芦荡时：

吃完饭后：

芦荡安顿后：

住段时间后：

雨后天晴时：

交流·研讨·展示

一、小组交流

梳理主人公杜小康的心理轨迹并思考孤独之旅的含义。

二、全班展示

1.文中的景物描写富有特色，写了鸭群、芦荡、暴风雨、雨后天晴等代表性的景色，请找出相关段落，结合上下文赏析景物特点并探讨其作用。

写鸭群的段落：

写芦荡的段落：

写暴风雨的段落：

写雨后天晴的段落：

2.通过对文中景物描写的赏析，你能总结出景物描写的作用有哪些吗？

巩固提升

一、回顾经典片段，说说这些景物描写的作用

我冒了严寒，回到相隔二千余里，别了二十余年的故乡去。时候既然是深冬；渐近故乡时，天气又阴晦了，冷风吹进船舱中，呜呜的响，从蓬隙向外一望，苍黄的天底下，远近横着几个萧索的荒村，没有一些活气。我的心禁不住悲凉起来了。阿！这不是我二十年来时时记得的故乡？

——《故乡》

作用：

但春天总算来了。我的母亲又熬过了一个严冬。

这南方初春的田野，大块小块的新绿随意地铺着，有的浓，有的淡；树上

的绿芽也密了；田野里的冬水也咕咕地起着水泡。这一切使人想起一样东西——生命。

我和母亲走在前面，我的妻子和儿子走在后面。小家伙突然叫起来："前面也是妈妈和儿子，后面也是妈妈和儿子。"我们都笑了。

——《散步》

作用：

老头子狠狠地说："为什么不能？我打他们不用枪，那不是我的本事。愿意看，明天来看吧！二菱，明天你跟我来看吧，有热闹哩！"

第二天，中午的时候，非常闷热。一轮红日当天，水面上浮着一层烟气。小火轮开得离苇塘远一些，鬼子们又偷偷地爬下来洗澡了。十几个鬼子在水里泅着，日本人的水式真不错。水淀里没有一个人影，只有一团白绸子样的水鸟，也躲开鬼子往北飞去，落到大荷叶下面歇凉去了。从荷花淀里却撑出一只小船来。一个干瘦的老头子，只穿一条破短裤，站在船尾巴上，有一篙没一篙地撑着，两只手却忙着剥那又肥又大的莲蓬，一个一个投进嘴里去。

——《芦花荡》

作用：

二、请画出文中的景物描写并探讨分析其作用

在离开学校的最初的日子里，杜小康除了带父亲治病，其余的时间，差不多都在红门里呆着。

红门几乎整天关闭着。没有人再来敲红门了。那个曾在红门里揭露杜家杂货铺掺假蒙人的朱一世，趁杜家杂货铺垮台，将家中积蓄拿出，又从亲戚朋友处筹了一笔款，在油麻地新开了一个小杂货铺。就在桥头上，位置显然比"大红门"还要好。晚上，人们也不再到杜家来听说古了。杜家现在也费不起这个灯油钱。

红门里，一下子显得空空落落。

白天，村巷里也没有太多的声响，只是偶然有一串脚步声，或几句平淡的问答声。外面的世界，似乎也是沉寂的。杜小康总是坐在门槛上，听着红门外的动静。当他久久地听不到外面的动静后，他只好又把心思收回到院子里。阳光照着院子里寂寂一棵柿子树，枝叶就将影子投在了院地上，无风时，那枝叶的影子很

清晰，一有风，就把影子摇乱了，乱得晃人眼睛。风掠过枝头，总是那番单调的沙沙声。这沙沙声仿佛已经响了千年了。枝头上偶然落上几只鸟，叫两声就不叫了，因为安静，就立在枝头上打瞌睡。睡着睡着，忽然觉得太安静，就惊醒来，一身羽毛收紧，伸长脖子东张西望，然后战战兢兢地叫了几声，受不了这番安静，朝远处飞去了。

杜小康说不清楚是困，还是不困。但杜小康懒得动，就双脚蹬着门框的一侧，身子斜倚在另一侧，迷迷瞪瞪，似睡非睡地眯起双眼。

作用：

《一滴水经过丽江》教学设计

许泽平

【学习目标】

1.了解丽江，理解作者的游踪。

2.体会作者语句的精美。

【知识链接】

1.作者简介

阿来，1959年出生于四川省马尔康县，当代作家，全国人大代表，2009年3月，当选四川省作协主席，兼任中国作协第八届全国委员会主席团委员。

1982年开始诗歌创作，20世纪80年代中后期转向小说创作。2000年，其第一部长篇小说《尘埃落定》获第五届茅盾文学奖，为该奖项有史以来最年轻得奖者（41岁）及首位得奖藏族作家。2018年，作品《蘑菇圈》获第七届鲁迅文学奖中篇小说奖。他由此成为四川文学史上首位获得茅奖、鲁奖的双冠王。

2.关于游记

游记即记录游览时的经历和感受的文章和著作。游记往往包含两方面的内容：一是交代游踪，宜简写；二是描写景物，抒发感受。是写作的重点，应详写游览过程中的特别经历，具有地标性的、最富特色的、最能打动你的景物。从不同的角度，运用不同的表现手法鲜明地呈现其独特、令人难忘之处。写作时可从不同角度：由远到近、由上到下、由高到低、由中间到四周等。运用不同感官：视觉、听觉、嗅觉、触觉、味觉等。采用不同手法：发挥联想与想象、虚实结合、正侧面结合等。另外，游记不仅仅要写出游览过程中的所见所闻，还要渗透情感，表达自己的情与思。

3.关于丽江（请大家观看关于丽江的文字介绍和视频，初步感受丽江）

丽江，云南省地级市，位于云南省西北部，滇川藏三省区交界处，是古代

"南方丝绸之路"和"茶马古道"的重要通道。丽江是一个多民族聚居的地方，除汉族外，共有12个世居少数民族，22种少数民族；丽江是著名的旅游城市，拥有世界文化遗产丽江古城、世界自然遗产三江并流、世界记忆遗产纳西族东巴古籍文献三大世界遗产。旅游资源丰富，有旅游风景点104处，有丽江古城、玉龙雪山、虎跳峡、老君山、束河古镇、阿那果等知名旅游景点。先后被评为中国旅游竞争力百强城市、中国十大休闲城市、中国优秀旅游城市、中国十大魅力城市等荣誉称号。

预习作业

一、给下列加点字注音。

砚池(　　)　蘸(　　)　驿道(　　)　矗立(　　)　闸口(　　)

眺望(　　)　擦拭(　　)　流淌(　　)　草甸(　　)　斑斓(　　)

徘徊(　　)　轻盈(　　)　喧哗(　　)　硕大(　　)

二、阅读文章，画出你认为写得很美的语句，并思考，为什么觉得美?

三、请写出自己读完全文后的感受与发现，还可提出自己的疑问。

发现:＿＿＿＿＿＿＿＿＿＿＿＿＿＿＿＿

疑问:＿＿＿＿＿＿＿＿＿＿＿＿＿＿＿＿

交流·研讨·展示

一、自学作业展示及评价、订正。

二、小组合作交流

1.与一般游记相比，本文在写作上有何特点?

＿＿＿＿＿＿＿＿＿＿＿＿＿＿＿＿

＿＿＿＿＿＿＿＿＿＿＿＿＿＿＿＿

2.研讨本文的游踪。

＿＿＿＿＿＿＿＿＿＿＿＿＿＿＿＿

3.小组交流，赏析美句。

巩固提升

一、从本文截取词语和句子，当堂练习，组成一篇小诗歌。

要求：必须用原文的句子或词语，通过重组的方式，来表现丽江的某种氛围或景致。题目自拟。示例：

丽　江

一些露珠从树叶上落下

头顶上是满天星光

丽江古城中

一个银匠

正在擦拭一只硕大的银盘

二、课后作业：使用文章的词句，加上自己创作的语句，写一篇小诗歌，题目自拟。

高考专题之语言的连贯

余雪芬

【教学目标】

1.知识与能力：通过分析各种类型的语言连贯题，归纳出做连贯题的规律。

2.过程与方法：分析、归纳、运用相结合。

3.情感态度与价值观：培养学生的逻辑思维能力及表达能力。

【教学重点难点】学以致用，将规律运用到练习中去。

【教学方法】讲练一体。

一、导入

2015年全国新课标卷语文考试说明

二、题型剖析

（一）选择题：1.嵌入题；2.承接题。

（二）非选择题：3.排序题；4.修改题。

三、规律探究

例1.填入文中横线处，与上下文衔接最恰当的一句是（　　）

雁门关在晋北崇山峻岭中。它虽说早已只剩下颓墙断垣，但雄风不减当年。____________，如血的残阳给它涂上了一抹无可言状的朦胧。

A.晋王李克用墓在关左的朔风白草中沉寂不语；龟裂的古道在关前向西拐去

B.关左，晋王李克用墓在朔风白草中沉默不语；关前，龟裂的古道向西拐去

C.晋王李克用墓在关左的朔风白草中沉寂不语；关前，龟裂的古道向西拐去

D.关左，晋王李克用墓在朔风白草中沉默不语；龟裂的古道在关前向西拐去

例2.为画线处选择恰当的句子，使上下文衔接连贯。

____________崖壁下有几处坟地，坟前立着石碑，许多已经破碎，字迹模糊；

枯水季节，伏在江里的石头有的已经露出水面，周围一片寂静。

A.一列青黛崭削的石壁夹江高矗，被夕阳烘炙成一道五彩的屏障。

B.没有太阳，天气相当的冷，藤萝叶子多已萎落，显得这一带崖壁十分瘦削。

C.在夕阳的照射下，枯草和落叶闪着不定的光，崖壁像一道巨大的屏障，矗立在江对岸。

D.一行白帆闪着透明的羽翼，从下游上来；山门半掩，一道阳光射在对岸的峭壁上。

例3.以下四句顺序如何排列，全段才连贯。(　　　)

某校师生野营训练来到村里，____________，和村民们一道投入抢收战斗。

①就像勇猛的战士一样

②不顾一天行军的疲劳

③马上扔下背包

④听到大雨即将来临的广播

例4.以下四句顺序如何排列，全段才连贯。(　　　)

①四周的景色秀丽异常。

②水里小小的鱼儿，还有顽皮的小虾儿，在眼前游来游去。

③盈盈的湖水一直荡漾到脚边，却又缓缓地退回去了。

④像慈母拍着将睡未睡的婴儿似的，它轻轻地拍着石岸。

例5.填入下面横线处的几句话，排列恰当的一项是(　　　)

国务院早就要求沿淮企业必须限期停止向淮河排放污水，可这个工厂的领导却一直置若罔闻、拖延推诿，____________。

A.既不传达上级指示，也不购置污水处理设备，以致污染问题越来越严重，环保工作没人管

B.既不购置污水处理设备，也不传达上级指示，以致污染问题越来越严重，环保 工作没人管

C.既不传达上级指示，也不购置污水处理设备，以致环保工作没人管，污染问题越来越严重

D.既不购置污水处理设备，也不传达上级指示，以致环保工作没人管，污染问题越来越严重

例6.依次填入下面横线处的语句，与上下文衔接最恰当的一组是(　　　)

春夜，一轮晕月映着灿烂的垂樱，这就是闻名于世的园山夜樱花。我早就神往于这般美景了。这天，我赶到园山公园的时候，还见不到月亮，________，________，________。________，花仰望着月，月俯视着花，瞬间，一切都陡然静止下来，在这清丽的天地间只有月和花。

①近景是一株身着淡红色盛装的垂樱树

②远景是暮色苍茫的东山

③山顶上渐渐发亮，月亮悄悄地升上淡紫色的夜空

④地上竟然没有一瓣落花

A.④①②③　　　　B.①④③②

C.②①④③　　　　D.①②③④

例7.阅读下面的文字，调整画线部分的语序，使全句协调连贯。

善恶有报也是健康社会的重要标志。它意味着社会效率，因为社会效率要仰赖人的积极性充分调动，要调动积极性，就必须对有益于社会的行为给予奖赏，对危害社会的行为给予惩罚；它意味着社会秩序，因为社会秩序的诸多要素，诸如人心的顺畅，形成的社会凝聚力，营造良好的社会风气，害群之马的铲除，均与善恶有报有着因果关系。

改为：

例8.依次填入下面两句横线处的语句，与上下文衔接最恰当的一项是（　　）

（1）建筑是凝固的诗：________；________。诗有古诗和现代诗，建筑也有古今之分，泾渭分明。

（2）在缓缓流逝的时间长河中，总有一些记忆像卵石般沉下，______，______。爱，特别是母爱，对他来说，就是这样一份沉甸甸的卵石。

①或神采飞扬，透着现代的气息

②或庄重沉稳，带着岁月的沧桑

③压迫着人们的心灵

④改变着人生的轨迹

A.①②③④　　　　B.①②④③

C.②①③④　　　　D.②①④③

例9.在下面横线处填写好句子序号，使之与上下文衔接得当。

黄包车在冷落的郊道上走，靠右不远处是一条小河，____________车

过去，便蓦然惊起，撇下一串串哇哇的叫声，向凄迷的天野飞去。

①靠左一片宽广的荒场，

②荒场上不时有些玄青的乌鸦，停下来觅食；

③隔岸零落地蹲着些破陋的茅屋，

④极目是离离的荒草。

例10.在文中横线处填上恰当的关联词语，使上下文连贯起来。

头渡小镇精巧___①___秀丽，藏在一片狭长的山谷之中，一边是金佛山的主峰，一边是柏枝坡的山峦，___②___处于两个巨人的脚下，___③___让人感到的不是局促的压抑，而是一种舒缓的安定，像如歌的行板，___④___风吹雨打，___⑤___世事变迁，___⑥___在大山的怀抱中酣然高卧。

例11.把下列句子整合成语意连贯的一段话。(　　　　　)

①任何时候，批评家和作家之间都应该保持必要的距离和警觉。

②他们能够永远站在自由和批评的立场上，不断发现自己的真实声音。

③ 它需要耐得住寂寞守得住清贫的具有独立思想意识的批评家。

④批评是心灵的事业。

⑤创作因此会受到伤害，批评也随之走向没落。

⑥否则，相互之间就会出现过于客气、盲目吹捧和妄加赞美的不良现象。

例12.把下列句子组成前后衔接、意思完整的一段话。(　　　　　)

①清风拂过，细纱在空中荡开，又滑下来。

②这雨丝，是溪头的越女刚刚从碧水中拎起的那缕柔柔细细的纱。

③然后悄悄撒向扁舟，撒向村落，撒向群山。

④她伸展开手臂，轻轻地把细纱挂向云端。

⑤春雨如丝。

例13.依次填入下列两句中横线处的语句，与上下文语意连贯、音节和谐的一组是：

(1)每逢深秋时节，________；松竹山茶，色彩绚丽，美景尽览。

(2)远眺群山环抱，________；近看小河流水，茶园藏绿，松竹并茂。

①置身山顶，俯瞰槐榆丹枫　　②置身山顶俯瞰，槐榆丹枫

③白云缭绕，层林叠翠　　④层林叠翠，白云缭绕

总结归纳

一、陈述对象要一致

二、情境色彩要协调

三、衔接顺序要合理（时间、空间、逻辑顺序）

四、句式结构要一致

五、前后要呼应（内容、首尾衔接语、关联词、指代词、顶针）

六、音节要和谐

教学反思

这是一节专门针对高三学生而进行的复习专题，教学目的明确，可操作性强；教者思路清晰，学生善于思考，课堂讨论氛围浓厚；但因内容过多，无法将其一一详讲。

意　　象

余雪芬

【课程标准要求】

学习鉴赏诗歌的基本方法，初步把握诗歌的艺术特性，注意从不同角度和层面发现作品意蕴，不断获得新的阅读体验。

【学业要求】

通过多种途径帮助学生阅读和鉴赏，如加强诗文的诵读，在诵读中感受和体验作品的意境和形象，得到精神陶冶和审美愉悦；采用多媒体教学辅助手段，帮助学生感受和理解作品内涵；提供必需的作家作品资料，或引导学生自行从书刊、互联网搜集有关资料，丰富对作品的理解。

【学情分析】

对于意象的鉴赏，学生们已从高一、高二的课文里学习了一些方法，但都没有进行系统的归纳；作为诗词鉴赏中重要的内容——《意象》，很多学生往往将思维停留在人物形象的塑造方面，无法对其进行延伸拓展，更无法顺利地进行书面解答。

【学科核心素养】

语言建构与运用：学会鉴赏诗词中的意象。

思维发展与提升：通过讲授—练习—总结—拓展的途径掌握意象的答题方法。

审美鉴赏与创造：借助意象欣赏诗词的意蕴所在。

文化传承与理解：多方面观察理解意象，感悟诗词作品的真正魅力。

【教学重点、难点】

掌握意象的答题方法，将学到的方法真正运用到诗词鉴赏中去。

【教学策略与手段】

（1）微课导入，明确意象的定义、分类及命题方式。

（2）以例引路，利用多媒体演示文稿展示《望天门山》《兰陵王·柳》，学生边练边悟，教师从中加以点拨补充，总结出意象的答题方法。

（3）小试牛刀，学生在《次石湖书扇韵》的鉴赏中感受到意象的答题技巧；拓展类举，将知识延伸至课外，言有尽而意无穷。

【教学环境】

多媒体(微课、课件、实物投影仪）教学

【教学过程】

一、微课导入：意象的定义、分类及命题方式

1.定义：诗人根据现实生活中的各种现象加以艺术概括所形成的具有一定思想内容和艺术感染力的具体生动的人、景、物。

分类
- 人：诗词中塑造的人物形象或抒情主人公。
- 景：由多个意象构成的景象。
- 物：咏物诗词或写景句中的物象。

即：人/景/物+情感=意象

2.命题方式

（1）这首诗（词）写了哪些意象（景象）？这些意象（景象）有什么特点（作用）？

（2）这首诗（词）营造了一种怎样的意境？

（3）这首诗（词）描绘了一幅怎样的画面？表达了诗人怎样的思想感情？

二、以例引路：意象的答题方法

例一：

望天门山

李　白

天门中断楚江开，
碧水东流至此回。
两岸青山相对出，
孤帆一片日边来。

问：这首诗包含了哪些意象？这些意象的组合形成什么样的意境？

明确：

具体形象：碧水、青山、孤帆、日。

形象特点：中断楚江、东流；相对出；一片；来。

形象意义：雄伟奇丽的意境。

例二：

兰陵王·柳

周邦彦

柳阴直，烟里丝丝弄碧。隋堤上、曾见几番，拂水飘绵送行色。登临望故国，谁识京华倦客？长亭路，年去岁来，应折柔条过千尺。

闲寻旧踪迹，又酒趁哀弦，灯照离席。梨花榆火催寒食。愁一箭风快，半篙波暖，回头迢递便数驿，望人在天北。

凄恻，恨堆积！渐别浦萦回，津堠岑寂，斜阳冉冉春无极。念月榭携手，露桥闻笛。沉思前事，似梦里，泪暗滴。

明确：

具体形象：柳。

形象特点：柳阴、柳丝、柳絮、柳条。

形象意义：爱惜柳树——感叹人间离别的频繁。

三、小试牛刀

次石湖书扇韵

姜　夔

桥西一曲水通村，岸阁浮萍绿有痕。

家住石湖人不到，藕花多处别开门。

问：这首诗描绘了一幅什么样的画面？是由哪些景物构成的？请简要叙述。

明确：诗歌描绘了一幅江南水乡清幽恬静的画面。分别写了溪桥横跃，曲水弯流，楼阁隐约，浮萍漂碧，藕花飘香，表达了对江南水乡生活的喜爱之情（形象意义）。

总　结

具体形象—形象特点—形象意义

【拓展】

常见意象歌诀

松梅竹菊寓高洁，
借月托雁寄乡思。
杜鹃鹧鸪啼凄凄，
梧桐叶落透悲意。
别时长亭柳依依，
落花流水传愁绪。
乌鸦燕子系兴衰，
草木仍在人事移。

四、课后作业：《南方新高考》之“意象”专题练习

教学总结与反思

该教学设计《意象》集规范性、知识性、艺术性于一体。98%的学生积极参与鉴赏和讨论，课堂气氛和谐活跃。问题设计难易适中，学生没有因问题难而无所适从，也没有因问题过于简单而不经思考。立足于学生已有的诗歌鉴赏基础，遵循学生自身从发现问题到解决问题这一过程中获取知识的认知规律，通过对问题的分析、讨论、总结过程，潜移默化地达成语文学科核心素养目标。

“布衣总统”孙中山（节选）

余雪芬

【教学目标】

1.知识与能力：了解传记的有关常识，学会赏析传记文学。

2.过程与方法：掌握文章的结构特点；学习通过语言描写、行动描写以及环境描写表现人物形象的写法。

3.情感态度与价值观：解读孙中山先生的高尚品格，学习他关心国事、甘于淡泊的品质。

【教学重点】

孙中山先生的精神和文章写作特点。

【教学课时】

1课时

【教学过程】

一、导入

“天下为公”，一句毫无私心、以天下为己任的响亮口号，伴随着一个高尚的名字，如一座丰碑，永远矗立在中国人心中。孙中山先生是公认的中国二十世纪第一位伟人。他的思想理论是中华民族宝贵的精神文化遗产。今天，我们有机会近距离地触摸这个伟人的灵魂，感受他关心群众、甘于淡泊的品质。

二、孙中山简介

孙中山：名文，字德明，号日新，改号逸仙。中国民主主义革命先行者，中国国父，中国三大伟人之一，中国同盟会主要创始人。1866年11月12日诞生在广东香山县。1892年在香港学医，后在澳门、广州行医。1894年组建兴中会。1911年武昌起义后，被选为临时政府总统。1919年将中华革命党改组为中国国民党。

1920年组织中华民国政府任非常大总统。1924年改组中国国民党，重新解释三民主义。1925年3月12日在北京逝世，终年59岁。消息传来，举国悲痛，毛泽东同志这样评价他："学界泰斗，人世楷模。"

三、作者简介

陈廷一：当代传记文学作家，作品有《许世友传奇》《孙中山大传》《毛氏三兄弟》《宋美龄全传》《宋氏三姐妹》《贺氏三姐妹》《民国岳父》等，风格通俗。可见，他在我国传记文学创作上的扛鼎地位。1990年，他以自己的稿费设立了"李耳文学基金会"，有人称："读传记文学不读陈廷一不可，写传记文学不写陈廷一不行。"

四、文体知识介绍

传记：一种用来记载人物生平事迹的文章体裁。一般由别人记写，也有自述生平，称自传。传记具有记实性、文学性、史料性等特点，有"史实性传记""文学传记"之分。

五、词语过关

籍（jí）贯　　美味佳肴（yáo）　　奢侈（shē chǐ）　　卤（lǔ）

推崇：指出某人某物的优点。　　布衣：指古代平民穿的衣服。

不知天高地厚：形容狂妄自大的样子。　　血气方刚：形容年轻人精力正旺。

水泄不通：水都流不出去。形容十分拥挤或包围得十分严密。

甘于淡泊：心甘情愿地不追求名利。

六、阅读全文，分析思路，把握文意

全文可分成几部分？找出能大致表现每部分大意的概括性的句子；再加工，写出每部分的大意。

全文分三部分：

(一) 写"布衣总统"称谓的来历。

(二) 从衣食住行、待人宴客的具体方面写"布衣总统"的简朴生活。

(三) 写"布衣总统"悄然出巡的故事，表现了他为人民着想、甘于淡泊的高尚品质。

七、重点研讨

1.从孙中山和张之洞的交往中，你认为孙中山表现了什么品性？张之洞当时态度的转变说明了什么？

明确：（1）胸怀大志，不畏权贵。（可以从对联中看出）

（2）说明张之洞尽管摆官架子，但还是善识人才。以张之洞的前后态度转变来反映孙中山的学识和性格。

2.找出第二部分中有概括性的句子及词语，体会它们的作用。

明确：总领下面的文句，使层次分明。

3.第二部分用了哪些描写方法来写孙中山？

明确：环境描写、语言描写、行动描写、心理描写。

4.文中说，群众见到孙中山的时候，一起高声呼喊："大总统万岁！"你觉得这个口号表现了群众怎样的心情？这个口号妥当吗？为什么？

明确：妥当，也不妥当。

（1）反遇孙中山关心民众，人民对他的热爱，尊重。（妥当）

（2）从"万岁"可以侧面反映人民对他有的是个人崇拜，只是把他当成另一个帝王罢了。（不妥当）

5.本文从哪些方面赞扬了孙中山的品质？举例说明。

明确：从名片简单、衣食住行、待人宴客和悄悄出巡四个方面。

6.课文中引用了一首北伐军的军歌，其中"警钟一鸣森森森，睡狮齐猛醒"两句歌词运用了什么修辞格？用同样的修辞格仿写句子。

明确：拟人。

八、归纳主题思想（小组讨论归纳）

本文通过对"布衣总统"孙中山先生名片简单、衣食住行、待人宴客和悄悄出巡的片断描写，反映了他的简朴生活，表现了他为人民着想、甘于淡泊的高尚品质。

九、思考探究本文的写作特点有几点？

1.从日常生活角度切入，以小见大，表现伟人的品格与情怀。他不从孙中山从事革命的轰轰烈烈事迹入手，而是从衣食住行来写伟人的高尚情操。

2.选材典型，极富表现力而又趣味盎然。如写张之洞的前倨后恭，写唐绍仪与伍廷芳与他的对比，写守城官员寻找他等。

3.点面结合手法的恰当运用，全面深入地展示主人公日常生活。

4.恰当运用对比手法，增强了文章的表现力与趣味性。表现在：张之洞有前后做法之比；孙中山与伍、唐之比；孙中山的爱民与守城官的驱民之比。

5.详细分明，穿插有致。详写行和食，略写衣和住。

十、课堂小结

我们怀着赤诚之心，解读了孙中山先生高尚的精神，了解了一个伟人能成为永恒之所在。本课的学习，能够激发我们的爱国热情，使我们将“布衣总统”孙中山化为学习上的动力，为报效祖国而努力学习。

十一、作业

1.认真阅读课文，加深对文章的理解。

2.完成课后练习。

十二、教学后记

人物传记对于塑造青少年精神世界和道德情操有着重要的作用。通过学习这篇文章，我们可以对学生进行爱国教育以及社会主义核心价值观教育。

《季氏将伐颛臾》第一课时课堂教学实录

余雪芬

【教学目标】

1.知识与能力：了解《论语》语录体散文的特点，归纳“见、是、于、止、过、疾、倾”等义项，积累“无乃……与”“何以……为”的固定句式。

2.过程与方法：理清本文在谈话中的层次，学习运用引用论证和比喻论证来增强说服力这一技巧，体验“设疑引思、质疑探究”的学习方法。

3.情感态度与价值观：了解孔子“均无贫、和无寡、安无倾”的政治思想和用仁义教化使“远人”归服的主张。

【教学重点】

归纳“见、是、于、止、过、疾、倾”等义项；学习运用引用论证和比喻论证来增强说服力这一技巧。

【教学难点】

了解孔子“均无贫、和无寡、安无倾”的政治思想。

【教学方法】

设疑、讨论、点拨与质疑相结合。

【教学课时】

2课时

【教学实录过程】

一、导入新课——创设激趣氛围

师：《孔子》这部电影风靡一时，据说其中有很多看点，大家看过吗？知道其中演孔子的是谁吗？

生：周润发。

师：你觉得周润发适合演孔子吗？（生七嘴八舌）孔子第75代直系孙孔健曾经

对此表示担心："周润发最擅长的是江湖大哥之类的角色，而孔子是个哲人，需要的是沉稳和大度。"究竟适合还是不适合呢？无从定论，但我们可以带着这个问题走近孔子，去感受孔子的智慧与思想——《季氏将伐颛臾》。

(板书课题)

二、梳理字词——感悟设疑情境

师：课前要求同学们预习课文，主要就是读课文，对照注释理解课文。不知大家读了没有？

生：(齐声)读了！

师：下面请一位同学读一读，看他预习得怎么样。读文言文最基本的要求是读准字音，读清句读。(板书：字音、句读)大家在听的过程中要注意字音是不是正确，句读是不是恰当。哪位同学主动请缨？

(一生读全文)

师：读得怎样啊？应该说他读得还可以。不过，文言的味道体现得还不够，对文中一些虚词所体现的语气，把握还不是很准。请翻开课文第88页，希望大家在听课文录音的过程中注意字的读音，理清孔子与弟子的对话。(录音范读，学生听)

生：要注意的读音有以下15个：论语（lún） 颛臾（zhuān yú）冉有（rǎn） 邦域（bāng yù）社稷（jì） 焉用彼相（xiàng） 虎兕（sì） 出于柙（xiá）毁于椟（dú） 相夫子（xiàng）干戈（gē） 固而近于费（bì） 萧墙（xiāo）。

师：说得好。"论语"中的"论"读音为"lún"，通"伦"，是一条条编排的意思，相当于现在的"编纂"。"论语"即相当于现在的语录。那它是记录谁的话呢？

生：孔子及其弟子的言论，是语录体。

师：是的。《论语》是有关儒家思想的最重要的一本书，对中国人的思想产生了深刻的影响。20世纪80年代，一位诺贝尔奖获得者曾在巴黎发表宣言："人类要在21世纪生存下去，必须回首两千五百年前，从孔子那里寻找智慧。"先自由诵读一遍，注意体会人物说话的口吻和语气。(学生自由诵读) 好，下面请几位同学分角色读这篇课文。本文是对话体，用分角色的方法更能体现文言文对不同语气的表达。

师：先请两位男生，一位读孔子说的话，一位读冉有说的话，我读叙说的话。特别要注意冉有和孔子的语气的不同。孔子的语气怎样？

生：凶。(笑)

师：换个说法，比较严厉，比较激动。相比之下，冉有比较平和，比较委婉。要把握好。

(两男生分角色诵读)

师：有一个字的读音，读孔子话的同学先读错了，后来又自己纠正了，就是这个“相”字。它也有两个读音，哪两种？

生：(齐答)第一声和第四声。

师：对，什么情况下读第一声，什么情况下读第四声呢？一般说，“相”表示“互相”时读第一声，作动词和名词时一般都读第四声，大家可以课后再仔细查查工具书。下面请两位女生分角色读。

(两女生分角色读课文)

师：哪组读得好？

(男生说男同学好，女生说女同学好，众笑)

师：应该说两组同学，各有千秋。女同学在停顿上把握得较好，而男同学则在语气上更胜一筹，读孔子的女同学读得还不够“凶”。(众笑)课前我已经布置了预习作业（大屏幕展示），现在检验一下大家预习的效果。（小组合作讨论交流，随后进行抢答）

生：“冉有、季路见于孔子曰”中的“见”是动词，译为“拜见”；“是社稷之臣也”中的“是”是代词，它，指的是“颛臾”。“季氏将有事于颛臾”中的“有事”译为“采取军事行动”；“于”是介词，译为“对”；而且，这是状语后置句。

师：预习得很充分。(掌声鼓励）真像个小老师！

生：“无乃尔是过与”中“过”是名词作动词，译为“责备”。“夫颛臾”中“夫”是句首发语词，表示下面将发议论，不译。“昔者先王以为东盟主”中“以为”译为“让……担任、把……当作”；这个句子是省略句。“是社稷之臣也”中“是”是代词，译为“这”。“何以伐为”中“何以……为”是文言固定句式，表示反问，译为“为什么……呢”。

师：“是”是我们应该重点掌握的词语，它在文言文中最基本的用法是指示代词，意为“这”。文中后面的“是社稷之臣也”“是谁之过与”“夫如是”都是这个意思。老师要特别提醒同学注意的是，“是社稷之臣也”这个“是”看起来非常像现代汉语中表示判断的“是”，其实它们不一样。古汉语中的“是”到了汉代以后，才常用于表示判断，如“问今是何世”“不知木兰是女郎”。在这一段中，还有没有其他知识点呢？（学生补充）

生：我认为这里有两个特殊句式。

师：不妨说说看。

生：“无乃尔是过与”“何以伐为”应该都是宾语前置句。

师：为什么呢？

生：（耸耸肩）凭感觉吧。

师：请你分别翻译一下这两句话。

生：“无乃尔是过与”可以翻译为“恐怕应该责备你吧”，“何以伐为”可以翻译为“为什么要攻打它呢”。

师：说得很好。在“无乃尔是过与”中，“过”是动词，作谓语；“尔”译为“你”，是代词，作宾语；而“是”是提宾的标志。值得注意的是，“无乃……与”还是文言固定句式，译为“恐怕……吧”。至于“何以伐为”中的“何”是作介词“以”的宾语，现在介词宾语放在介词前边，所以这个句子是宾语前置句。弄明白了吗？

生：嗯，明白了。

师：（展示幻灯片）其实，宾语前置一般有三种类型：①用“之”或“是”把宾语提前，以加重语气，如“何罪之有”“无乃尔是过与”；②疑问句中，疑问代词（何、孰、谁、安、胡）作宾语，如“何以伐为”；③否定句中，代词作宾语，如“古之人不余欺也”。（板书例句）这也是考试经常考查的重点内容之一，我希望同学们能够掌握好这一知识点。

生：好的。

师：下面的内容谁来回答呢？（生举手）

生：“陈力就列，不能者止”一句中“陈”是动词，译为“摆出、施展”；“力”是名词，译为“才能”；“就”是动词，译为“居、充任”；“列”是名词，译为“职位”；“止”可译为“不去”。

师：解释得非常到位。那你能说说这句话的意思吗？

生：这句话可以翻译为：“能施展才能就担任那职位，没有能力这样做就不要担任那职务。”

师：其实，这里出现了一个古今异义词，那就是——

生：（齐答）不能。

师：文本中的“不能”是两个词，可以译为“没有能力”；而我们现在讲的“不能”呢？举个例子来说吧。“我们不能在课室里追逐打闹”中的“不能”是——

生：（齐答）不可以。

师：是的。那“危而不持，颠而不扶，则将焉用彼相矣”又作何理解呢？

生：“危”是动词，译为“摇晃、站不稳”；“持”和“扶”都是动词，译为“搀扶”；“焉”是疑问词，译为“何、哪里”；“相”是名词，译为“辅助盲人走路的人”。

师：说得好。只不过忽略了这里边的两个“而”字。它们的意义和用法一样吗？想想看。

生：应该是一样的，它们都是连词，译为“却”。

师：很好。那么，这个段落还有没有其他需要掌握的词语呢？

生：（齐答）有。

生：“且尔言过矣”中的“过”是名词，译为“错误”。“是谁之过与”中的“之”是助词，译为“的”；这句中的“过”与前边一句中的“过”的用法和意义都是相同的。

师：归纳得好。句式方面呢？

生：“虎兕出于柙”“龟玉毁于椟中”都是状语后置句。

师：因为出现了一个字“于”，它的意思是——

生：可以译为“在”或者“从”。

师：让我们来看看第五段。

生：“固而近于费”中的“固”是形容词，译为“坚固”；“而”是连词，译为“并且”；同时，这也是状语后置句。

生：（齐答）因为出现了“于”。

师：是的，这里的“于”同样是介词，可以译为“跟”。

生：还有就是“后世必为子孙忧”中的“忧”属于词类活用现象，是“形容词作名词”，译为“担忧的事情”。

师：第6自然段是重点段落，也是孔子思想的核心所在。“君子疾夫舍曰‘欲之’而必为之辞”是一个很长的句子，我们总不能一口气把它读下去吧。

生：（笑）中间应该稍微停顿一下。

师：你试试看。

生：君子疾夫 / 舍曰“欲之” / 而必为之辞。

师：为什么呢？

生：因为“疾”是“憎恨”的意思，“夫”指的是“那种做法”（舍曰“欲之”而必为之辞），又因为里边的“而”表示转折关系。

师：说得头头是道。这里也出现了几个重要的实词：患、寡、均、贫、倾。

生：“患”是动词，译为“担心”；“寡”是指“少”；“均”就是“平均”；“贫”是指“贫困”；“倾”可以译为“倾覆”。

师：很好。让我们把机会让给别的小组，好吗？

生：谢谢。我认为在这一段我们还应该掌握这些内容：如、远人、服、来、安、相、分崩离析。

师：梳理得很清晰。

生：“如”是动词，译为“依照”；“远人”是“本国以外的人”；“服”是动词，译为“归顺”；“来”译为“使……来”。

师：“来”属于词类活用现象吗？

生：是的。它属于动词的使动用法，和后面的“安”（译为“使……安定”）用法一样的。

师：对啦。学以致用，方能活学活用。

生：“相”是动词，译为“辅佐”；“分崩离析”是个成语，指的是“国家四分五裂”。

师：这里还有一个特殊句式。

生：（齐答）“而谋动干戈于邦内”是状语后置句。

师：理顺文意的三个标准就是：信、达、雅。在“信”这个方面，同学们都已经努力做到了。我相信，“达”和“雅”的问题大家也一定能够迎刃而解的。

《季氏将伐颛臾》第二课时课堂教学实录

余雪芬

理顺文意——师生质疑探究

生齐读课文。

师：接下来我们进入文本的阅读。本篇文章的题目是《季氏将伐颛臾》；那么，季氏和颛臾打起来了吗？

生：没有。

师：为什么呢？

生："将伐"是"将要攻打"，说明尚未实现。

师：季氏将要攻打颛臾。这是一场正义之战吗？

生：（部分学生摇摇头）不是。

师：其他同学还有没有别的看法呢？

部分学生处于迷茫状态。

师：古代战争因为名称的不同，其性质也有所不同，如"征"与"伐"。听过"武王伐纣"吗？殷纣王是残暴无道的君王；所以武王是出师有名，去讨伐他。其实，"伐"暗含着"以大欺小、以强凌弱"的意思；所以，季氏"伐"颛臾是非正义的事情，以至于孔子在第二段中提出"何以伐为"的疑问。明白了吗？

生：嗯。

师：我们思考一下，颛臾是一个小国，季氏是当时的一位鲁国的权臣，季氏为什么要攻打颛臾呢？（展示背景）孔子时代的鲁国，政治上处于动荡变革之中。当时，鲁桓公的后代季孙、孟孙、叔孙三大家族逐渐强大，鲁国王室日趋衰败。三大家族把持鲁国朝政；其中，季孙氏势力最大。他要攻打颛臾的原因有二：其一贪其土地，其二是担心颛臾对自己不利。当时冉有、季路都在季氏门下，且都参与了出征前的筹划。

师：我们从文章中“冉有、季路见于孔子曰”可以得知，是冉有、季路把“季氏将伐颛臾”这件事告诉孔子的。（生齐读第一次对话）对于“将伐颛臾”一事，冉有和季路是怎样向孔子表述的？

生：（齐答）冉有、季路见于孔子曰：“季氏将有事于颛臾。”

师：“有事”是“采取军事行动”的意思。为什么说季氏“有事”于颛臾，而不是直接说将攻打颛臾呢？请一位同学来说说，为什么呢？

生：因为他们知道这件事是不对的，所以说得委婉一些。

师：对！其实，这也就涉及一点，那就是冉有、季路是孔子的弟子，知道孔子平时教育他们要实行仁政、德政；而这件事恰恰违背了仁政、德政的要求，是不对的，他们担心老师的指责。同时，他们是想将这件事求问于孔子，试探一下孔子的态度。这是因为，孔子本身是一个贤德之人，受人尊敬，再加上周游列国，阅历丰富；所以，即便是当时的季氏也常常问政于孔子；作为弟子，他们当然也要向老师汇报情况了。

师：听了这番话之后，孔子马上就知道——

生：他们是要去攻打那个国家。

师：那么，孔子是从哪几个方面来指责弟子的？

生：夫颛臾，昔者先王以为东蒙主，且在邦域之中矣，是社稷之臣也。

师：“昔者先王以为东蒙主”这句话是什么意思？

生：从前先王把他当作主管东蒙山祭祀的人。

师：也就是说，先王已经把这块土地封给了颛臾这个国家。（板书：历史角度：先王之封——不可伐）让我们再来看第二句话“且在邦域之中”，“邦域”是什么意思？

生：鲁国境内。

师：对，是在整个国家里面。（板书：地理角度：邦域之中——不必伐）接下来“社稷之臣也”什么意思？

生：鲁国的臣属。

师：（板书：政治角度：社稷之臣——不当伐）所以说，对于攻打颛臾，孔子是旗帜鲜明地反对；并且义正词严地斥责他们的行为的。那么，当时冉有是怎样辩解的呢？（用文中的话回答）我们来看第二次对话。请一位同学来朗读一下第二

次对话。(一学生读)

生：夫子欲之，吾二臣者皆不欲也。

师：冉有说这话是想干什么呢？

生：为自己开脱，他们在推卸责任。

师：面对这种情况，孔子又是采用哪两种方法进行驳斥的呢？

生：引用名言——周任有言曰：“陈力就列，不能者止。”

师：为什么要引用周任的话呢？

生：周任是古代著名的史官，引用他的话，说理更有权威性与可信度。我们现在写文章，也常常要引用名家名言以增强说服力。

师：对，是引用论证。也就是说，一个人如果不能尽职的话，宁可辞去职务。联系现今，如果作为一个干部，作为一个为政者，你坐在那个位置上，就应该尽到自己的责任，就要为百姓做事情；不能尽到那个责任的话，你就不要担任。这是孔子的为政思想。还有其他方法吗？

生：比喻论证——危而不持，颠而不扶，则将焉用彼相矣？

师：相是用来辅助他人的，盲人站不稳的时候就需要辅助者。作为辅助者，就要恪尽职守。况且，“虎兕出于柙，龟玉毁于椟中”，这是谁的责任啊？

生：看护的人。

师：季氏攻打颛臾，就好比虎兕从笼子里跑出来伤人；如果颛臾在鲁国境内被季氏攻灭，就好比龟玉在匣子里被毁坏。其实，冉有和季路就是虎兕的看管人和龟玉的保管人。同样，季氏将伐颛臾，也是辅佐季氏的冉有和季路的责任。

在这次对话里，孔子是通过引用名言和比喻论证来斥责弟子的。

(全体学生齐读第三次对话)

师：冉有被孔子训了一顿之后，是怎样回话的？

生：“今夫颛臾，固而近于费，今不取，后世必为子孙忧。”就是说，颛臾太靠近季氏的“家”；如果我们不把它攻打下来的话，那颛臾会成为后患。这就是冉有和季路的本意。

师：这样一来，孔子就更加生气了，首先责骂二人：“君子疾夫舍曰‘欲之’而必为之辞”。谁能来翻译一下这句话？

(一生站起来念了一遍注释)

师：能否用现在的话来说呢？

生：心里明明想得到某样东西，却不肯直接说出来，即“舍曰‘欲之’”；然后找一个借口编一套理由把它拿过来，即“必为之辞”。对于这种态度，君子是很讨厌的。

师：对。在孔子看来，冉有的说辞纯粹是侵略者的强盗逻辑。明明是自己去侵略人家，攻占人家，却偏偏说成是人家对自己构成危险。这既有悖于政治道德也有悖于为人道德。随后，孔子提出了自己的政治主张，请同学们用原话来回答。

生：盖均无贫，和无寡，安无倾。

师：很好。哪位同学来解释一下？

生：财物分配公平合理，就没有贫穷；上下和睦，就不必担心人少；社会安定，国家就没有倾覆的危险。可是，孔子的政治主张现实吗？难道，“均”就能“无贫”，“和”就能“无寡”，“安”就能“无倾”吗？

师：非常好。这就是一种主动质疑的学习方式。有没有同学愿意就这个问题谈谈自己的意见？

生1：我认为孔子的理想是脱离实际的，而且不符合历史发展的规律，这样必然导致社会发展的停滞。

生2：我认为这毕竟是一种理想，正因为与现实有距离，才是理想。其实，很多国家比较穷，但比较安定，并不差。

师：看来这个问题很值得讨论，但又不是简单几句话能说清楚的。大家课后可以作进一步思考，有机会我们再组织讨论。无可否认，孔子一贯主张重教化、省刑罚、薄赋税、厚施予，希望所有的人能过上安居乐业的生活。这是国家的内政，那么对外呢？

生：故远人不服，则修文德以来之。既来之，则安之。

师：我们来看一下这句话“修”什么意思？

生：整治。

师：文呢？

生：文教。

师：德呢？

生：德治。

师：这也就是说，原来的本国以外的人不归顺，就加强文教和德治来使他们前来归服；使他们来了之后，就要使他们安定下来。如果像季氏那样用武力去征服，叫人家硬要服从，那就是春秋时期所谓的霸道。王道者不是这样的，我们说儒家思想是“人家不服”要反省自己，要加厚国家的政治德望。那么接下来，孔子又是如何针对冉有、季路的问题进行批评的？（师读最后几句话）

生：远人不服而不能来；邦分崩离析而不能守；谋动干戈于邦内。

师：对！远人不服而不能来，批评他们两人无德；邦分崩离析而不能守，指责他们两人的无能；谋动干戈于邦内，指责他们在添乱。那么，哪一句表现了孔子的远见卓识？

生：（齐答）吾恐季孙之忧，不在颛臾，而在萧墙之内也。

师：是的。如果我们结合历史，在不久的将来，季氏手下的一位家臣杨武叛乱，反过来攻打季氏，结果使得季氏的势力衰落。所以，这部分出现了三个成语，那就是——

生：（七嘴八舌）“既来之，则安之”“分崩离析”“祸起萧墙”。

师：学习文言文，诵读的过程不仅是感受和理解的过程，也是不断发现问题的过程。古人读书强调四个环节，“熟读—精思—有疑—正心”，“有疑”这一点十分重要。好，不知大家对文章的理解还有没有问题呢？

生：这里有一个问题——孔子的两个学生在季氏家做官，季氏才是他们的“老板”，为什么季氏即将采取军事行动时，他们要跑来告诉孔子呢？

（学生讨论非常热烈）

生：因为孔子是他们的老师，他们对老师很尊敬。

师：不对吧。因为这是大事，属军事机密。比如说，你是我的学生，你对我也非常尊敬，往后你做了我们国家的国防部长，你会不会跑来告诉我“老师，我们将要对某国进行自卫反击”？

生：（哄堂大笑）不会。

生：他们跑来是向孔子请教该怎么攻打颛臾的。

师：孔子是伟大的思想家、政治家、教育家，但好像没听说他是军事家。

（生笑）

师：同学们对孔子那个时候的师生关系不太了解。那时的师生关系与现在的不同。当时并没有党派的组织，但孔子与学生们相当于一个党派。孔子是他们的精神领袖，弟子们对孔子有宗教般的崇敬。打个比方，孔子就相当于某一武术流派的掌门人，弟子没有一件事不敢不向他报告。孔子对学生是一种道德的感召，学生不敢骗他。

生：所以，他们是来试探一下孔子的。

生：那大家有没有发现，在这三段对话中，一直在跟孔子对话的是谁？

生：（齐答）冉有。

生：是啊，季路去哪里了呢？

（学生交流探讨）

生1：季路可能不善言辞吧，所以干脆让伶牙俐齿的冉有抢先发言，自个儿乐得清闲。

生2：我认为，季路城府极深，有意让冉有出头露面，自己躲在幕后；这样一来，自己就可进可退咯。

生3：对于攻伐颛臾，季路并不是冉有那样的铁杆支持者，但无法驳掉季氏和冉有的面子，只好一起面见孔子，以沉默来表示自己的尴尬处境或矛盾心境。

（学生议论纷纷）

师：没错，是冉有跟孔子在对话。（幻灯片展示补充资料）孔子周游列国，待晚年后才回到鲁国。而弟子冉有是先于孔子回到鲁国，并且投靠于季氏门下做了家臣。后来，季路和孔子也来到了鲁国，季路也到季氏门下做了家臣。在这里，我们可以看出，冉有与季路相比，地位更高，说话更有分量。当然，刚才同学们的看法也是有一定道理的，正可谓是“一千个读者就有一千个哈姆莱特”。

（生齐读全文）

师：孔子距今已有两千多年，但是孔子的思想却波及我们现代社会的方方面面。我们已经把他拍成电影，搬上银屏；那么，孔子的思想对我们究竟有怎样的指导意义呢？

生1：构建和谐社会，营造和谐家园。

生2：我们要学会和平共处。

生3：“和谐”还包括人与人的和谐、人与自然的和谐、人与社会的和谐。

生4：均，平等，在现代社会中也有所体现，如提高农民工待遇。

生5：如因材施教，“举一隅不以三隅反”。

师：孔子的思想是博大精深的。仅仅通过对《季氏将伐颛臾》这篇课文的学习来了解孔子是不够的，我们应该多多阅读书籍（如：于丹的《论语心得》），从书籍中汲取孔子的智慧。请允许我用伏尔泰对孔子的评价来结束本课。

生：（齐读）他探索思想，一点也不狂妄，并为人类揭露了理性之光；他是作为哲人而立言，不是先知，但也奇怪，他的国家奉他为祖师。

师：今天的语文作业是背诵《季氏将伐颛臾》第5、6自然段。下课！同学们再见！

生：老师再见！

教学说明：这是一堂朴实而又有效的古文阅读课，是新课程理念下文言文教学的典范。对于高一年级的学生来说，积累文言词语和句式，加强诵读，是最基本的任务。同时，在教学内容的组织这一方面，教者始终把学生放在课堂主体的位置，始终致力于拓展学生的视野，通过对文本的现实解读来探讨经典古文在新时代的新意义，激发学生课外阅读《论语》的兴趣，让学生真正感受到经典的力量。

《我与地坛》教学设计

林诗铨

一、教学目标

1.（语言与思维）发现、揣摩、品味形象生动、意蕴丰富的句子，培养学生“由言揣意”“由言悟美”的思维能力和习惯。

2.（审美与文化）赏析有关地坛的景物描写，理解景与情的关系，探究作者生命觉醒的精神源泉，引导学生树立积极的人生观，并了解“道法自然”的人类文化。

二、教学重点、难点

（语言与思维）发现、揣摩、品味形象生动、意蕴丰富的句子，培养学生“由言揣意”“由言悟美”的思维能力和习惯。

三、教学时数

1课时

四、教学过程

（一）导入

展示史铁生两张照片——在陕北插队风华正茂的照片和坐在轮椅上露出微笑的照片，让学生看图描述史铁生的形象特征（风华正茂、意气风发，饱经风霜、微笑坦荡）。教师对学生描述小结后抛出问题：史铁生从一个风华正茂，身体健全的小伙子变成一个终身要在轮椅上度过的残疾人，究竟他经历了怎样的心路历程，又是什么力量使他从生命的打击中走出的呢？今天我们要学习的《我与地坛》将为我们揭开作者的心路历程。

（二）整体把握

1.史铁生最初走进地坛时处于一种怎样的精神状态？（失魂落魄）

2.在史铁生双腿残疾后的十五年中，哪些问题始终在精神上困扰着他?（生与死；怎样活）

（三）细读文本

引导：这两个问题他后来想通了吗？他是从哪里找到答案的？文章标题“我与地坛”，不难发现，作者在地坛中找到了一些答案，那他有没有直接表达出来？他通过地坛中描写景物的句子表达出来。下面我们不妨通过赏析文中写景的句子来探究史铁生从失魂落魄到想通生死问题的心路历程。

1.教师示范第一段景物描写之景与情关系赏析。（说明：本部分以老师示范为主。）

“它等待我出生，然后又等待我活到最狂妄的年龄上忽地残废了双腿。四百多年里，它一面剥蚀了古殿檐头浮夸的琉璃，淡褪了门壁上炫耀的朱红，坍记了一段段高墙又散落了玉砌雕栏，祭坛四周的老柏树愈见苍幽，到处的野草荒藤也都茂盛得自在坦荡。”

（1）全班齐读第一处景物描写的句子。

（2）学生先试析（一般情况下学生只能谈点观感，很难说出所以然）。

（3）教师顺势进行方法引导。

①教师以加点的形式标示文本关键词，并让学生再次朗读文段，要求他们重读加点词。

“它等待我出生，然后又等待我活到最狂妄的年龄上忽地残废了双腿。四百多年里，它一面剥蚀了古殿檐头浮夸的琉璃，淡褪了门壁上炫耀的朱红，坍圮了一段段高墙又散落了玉砌雕栏，祭坛四周的老柏树愈见苍幽，到处的野草荒藤也都茂盛得自在坦荡。”

②教师分析点拨。

王国维先生说：“一切景语皆情语。”作者把要表达的情感寄寓于景物描写之中，要读出其中深层的情感还必须找到那些无声的语言并与之对话。比如抓住形容词“浮夸”“炫耀”“玉”“雕”和动词“剥蚀”“淡褪”“坍圮”等感受曾经灿烂辉煌的建筑在岁月长河中渐渐淡褪，显露生命的本色。比如抓住“愈见苍幽”“茂盛得自在坦荡”等感受地坛虽衰落但自然的生命力不止息。从这些描写中我们才能更好地体悟“一个人更容易看到时间，并看见自己的身影”一句的深刻意蕴，从而发现作者渐渐平和（由开始的失魂落魄渐渐变得安静下来）的心境。

③小结品味景物描写的方法：

抓关键词（形容词、动词），寻找它们与抒情句的深层联系。

2.师生互动赏析第二处景物描写之情与景的关系。（说明：本部分由学生寻找语句分析，教师点评）。

“蜂儿如一朵小雾稳稳地停在半空；蚂蚁摇头晃脑捋着触须，猛然间想透了什么，转身疾行而去；瓢虫爬得不耐烦了，累了祈祷一回便支开翅膀，忽悠一下升空了；树干上留着一只蝉蜕，寂寞如一间空屋；露水在草叶上滚动，聚集，压弯了草叶轰然坠地摔开万道金光。”“满园子都是草木竞相生长弄出的响动，悉悉碎碎片刻不息。”这都是真实的记录，园子荒芜但并不衰败。

（1）学生自由朗读、静读，并结合老师提供的方法思考、讨论。

（2）学生自由发言，教师引导、点拨。

讨论语言预设：①如一朵小雾稳稳地停在半空；②摇头晃脑捋着触须，猛然间想透了什么，转身疾行而去；③爬得不耐烦了，累了祈祷一回便支开翅膀，忽悠一下升空了；④寂寞如一间空屋；⑤压弯了草叶轰然坠地摔开万道金光。

景与情关系明确：这些生命或事物卑微渺小，和我一样不明白为什么要来到这世界上，但它们仍循着自己的生命轨迹，按自己的方式生活着，于是，作者从中明白：“一个人出生了就不再是一个可以辩论的问题，而只是上帝交给他的一个事实；上帝在交给我们这件事实的时候，已经顺便保证了它的结果，所以死是一件不必急于求成的事，死是一个必然降临的节日。”也从中获得了生命的释然。

3.学生自主赏析第二处景物描写之情与景的关系。（说明：本部分由学生寻找语句分析，学生自主点评。）

十五年中，这古园的形体被不能理解它的人肆意雕琢，幸好有些东西是任谁也不能改变它的。譬如祭坛石门中的落日，寂静的光辉平铺的一刻，地上的每一个坎坷都被映照得灿烂；譬如在园中最为落寞的时间，一群雨燕便出来高歌，把天地都叫喊得苍凉；譬如冬天雪地上孩子的脚印，总让人猜想他们是谁，曾在哪儿做过些什么、然后又都到哪儿去了；譬如那些苍黑的古柏，你忧郁的时候它们镇静地站在那儿，你欣喜的时候它们依然镇静地站在那儿，它们没日没夜地站在那儿从你没有出生一直站到这个世界上又没了你的时候；譬如暴雨骤临园中，激起一阵阵灼烈而清纯的草木和泥土的气味，让人想起无数个夏天的事件；譬如秋风忽至，再有一场早霜，落叶或飘摇歌舞或坦然安卧，满园中播散着熨帖而微苦的味道。味道是最说不清楚的。味道不能写只能闻，要你身临其境去闻才能明了。味道甚至是难于记忆的，只有你又闻到它你才能记起它的全部情感和意蕴。所以我常常要到那园子里去。

（1）学生自由朗读、静读，并结合老师提供的方法思考、讨论。

（2）学生自由发言，由学生自行点评。

①讨论语言预设：六句“譬如”的句子。

②景与情关系明确：尽管古园的形体被不能理解它的人肆意雕琢，但园中的这些事物面对生活的态度是任谁也不能改变的，比如改变不了这些落日播撒光辉的本色，比如改变不了落叶飘零的优雅；地坛虽苍凉，却不能改变万物尽显本色的愿望。史铁生正是从地坛中的这些景物中感悟到，尽管形体被命运雕琢，但他可以决定自己面对苦难的姿态，那就是选择坚毅。

五、总结

史铁生这十五年来，通过与地坛的深入相处，与大自然无声的交流，他从地坛中的景物身上获得了许多支撑他走下去的正能量，由最初的失魂落魄，到渐渐安静，再到选择乐观与坚毅面对人生苦难，我们不难发现，史铁生这些关于生命的感悟是来自大自然的力量，比如咱们本单元学过的荷塘月色，朱自清从恬静幽美的荷塘之景获得淡淡的喜悦，拣麦穗“小火柿子”这样美好的自然之景寄予着作者对人家朴素真挚的情感的向往。正如哲学家叔本华说的：“人只有按照自然所启示的经验来生活。”这与咱中国“道法自然”的哲学思想在本质上是相通的。

六、课外作业

1.画出文中打动你或让你困惑的句子，下节课进行探讨。

2.阅读史铁生的《我与地坛》。

附板书：

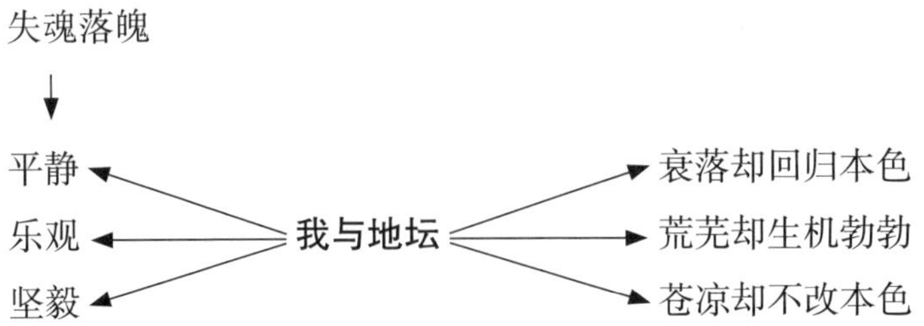

《己所不欲，勿施于人》教学设计

林诗铨

一、教学重点、难点

1.让学生体悟“仁”的深刻内涵；

2.联系现实生活，探讨“仁”的现实意义。

二、教学时数

1课时

三、教学过程

（一）导入

教师展示“仁”的古字，让学生从会意字的造字方式出发谈谈自己的理解，各抒己见。教师明确：仁，就是两个人在一起，两个人愿意走在一起，表明相互之间都有亲近的要求，否则就不会走在一起。

（二）过渡

作为儒家学生的一个核心概念，“仁”是什么？为什么要“仁”？怎么做到“仁”？

（三）什么是“仁”？

1.学生齐读语录三则，找出阐释“仁”内涵的句子。

明确：

①克己复礼为仁，一日克己复礼，天下归仁焉。

②其“恕”乎！己所不欲，勿施于人。

③夫仁者，己欲立而立人，己欲达而达人。能近取譬，可为人之方也已。

2.学生翻译句子，教师点拨。

3.联系现实，深层探讨如下问题：

①为什么克己复礼是仁？（这是最难的一个问题，宜存疑后解。）

明确：克制自己的一己私欲回复到“礼”上，这是一种“己所不欲，勿施于人”的行为。

联系：闯红灯，排队。

②为什么“己所不欲，勿施于人”是仁？

明确：“恕”就是“如心”，即“将心比心”，自己不想承受的就不让别人承受这就是一种将心比心的行为。

联系：严文井据写回忆录，被杀者的母亲反对判杀人者死刑。

③为什么“己欲立而立人，己欲达而达人”是仁？

明确：这是一种“能近取譬”（推己及人）的行为，是对他人的善意。

联系：老吾老以及人之老，幼吾幼以及人之幼；出门如见大宾，使民如承大祭。

④联合国将耶稣的“你们要别人怎么待你们，你们也要怎么待他们”定为联合国国际关系的金律，把孔子的“己所不欲，勿施于人”定为银律，为什么不选择“己欲立而立人，己欲达而达人”？

明确：“己欲立而立人，己欲达而达人”与耶稣的话近似，都是伦理的积极原则（即肯定性原则），而“己所不欲，勿施于人”是伦理的消极性原则（即否定性原则）。

⑤你认为金律真的比银律好吗？

明确：金律带有较强的强迫性，银律是一种做人的基本要求，它没有太强的强迫性。

联系：美国对不发达国家的文明植入。

（四）为什么要仁？

1.学生齐读语录。

2.学生翻译语录，教师点拨。

3.联系现实，探讨如下问题：

①为什么“不仁者不可以久处约”？

明确：关键在于“久”，“约”（贫困）久了，没有仁心的人会为了改变自己的物质条件铤而走险。

联系：盗窃者，贩毒者，贪污者。

②为什么“不仁者不可以久处乐”？

明确：关键仍在“久”字，“乐”（安乐）久乐，富饱思淫欲，没有仁心的人就会为所欲为。

联系：酒池肉林。

③“智者利仁”有三种解释，你比较认同哪一种？为什么？

（三种解释：其一，算计精明的人利用仁；其二，如果仁给他带来好处，他就实行；其三，有智慧的人懂得运用仁。）

明确：本题见仁见智。

（五）怎么做到“仁”？

1.学生齐读三则语录，找出实施“仁”的关键句。

明确：①我欲仁，斯仁至矣！

②士不可以不弘毅。

③无求生以害仁，有杀身以成仁。

2.学生翻译语录，教师点拨。

3.探讨问题：这三句如何排序？为什么？

明确：①②③，先有求仁的心态“欲”，心态是一个不高的起点，然后有守仁的抱负和意志，即“弘毅”，之后才是一种志士仁人的舍生为仁的慷慨。

（六）小结

1.请几名学生小结本课，谈谈启示。

2.教师小结：“仁”是儒家最核心的思想概念，它旨在探讨人与人、国与国之间的关系，《论语》不仅为我们阐释乐它的涵义，还为我们申明了它的意义和实践方法。希望大家今生能做一个求仁者，仁者无敌。

（七）布置作业

以“我心中的仁”为题写一篇800字的文章，要求联系当下热点来写。

《这思考的窑洞》教学设计

林诗铨

一、教学目标

1. 引领学生走近毛泽东，走入深邃的毛泽东思想，领略梁衡散文的“大美”；
2. 培养学生快速阅读散文的能力；
3. 引导学生学会欣赏人物散文的方法；
4. 激发学生深层探究文本的兴趣，培养学生探究能力。

二、教学重点

1. 快速阅读散文的方法；
2. 欣赏人物散文的方法。

三、教学难点

1. 深层探究文本能力的培养；
2. 领略梁衡散文的“大美”。

四、教学方法

多媒体辅助法、问题讨论法、问题探究法。

五、教学课时

1课时

六、教学过程

（一）导入（略）

（二）整体把握文章的内容、思路结构和写作主旨，培养学生快速阅读散文的能力。

1.结合标题，把握文章的主要内容。(师生互动讨论)

提问设计：

(1)文章的标题是解读文本的钥匙，那么从这个标题中我可以了解到本文的主要写作对象是什么?“这”指哪里?为什么叫“思考的窑洞”?

(2)结合“思考”和“窑洞”两个词，对文章进行快速的浏览，把跟这两个词有关的文字信息勾画出来，并完成下面的填空题。(方法提醒：较长的写人写事散文我们第一遍阅读可以跳过一些事件，重在读作者议论和抒情的句子，而这些句子往往在文章的开头、结尾，段落的开头结尾和文章的过渡之处。)

窑洞是毛泽东____________________________;

窑洞是毛泽东____________________________;

窑洞是毛泽东____________________________;

窑洞是毛泽东____________________________。

明确：思考的机器，运筹帷幄的指挥部(书房)，思想胜利的力量源泉，思想的生产车间。

(3)我们把文章分成四个部分来看，第一部分和最后一段首尾呼应，中间两部分是对中心的展开，那么作者这样展开有何好处?

明确：这样有利于从不同侧面表现毛泽东及其思想，开头结尾是总说和总结，中间分别写出了毛泽东作为一个军事家对战略思想的重视和作为一个政治家对民主思想的珍视。

2.感读结尾一段，品味意蕴深刻的句子，把握文章的大体主旨。(师生互动探究)

提问设计：请谈谈你如何理解文章的结尾段中“他再没有回延安，只是在宝塔山下留下了这一排永远思考的窑洞。思想这面铜镜是靠岁月的擦磨来现其光亮，半个世纪过去了，作为政治家、军事家的毛泽东离我们渐走渐远，而作为思想家的毛泽东却离我们越来越近”两句的含义和作用。

明确：这句话的意思是毛泽东的思想经久不衰，历久弥新。从全文来看，这句话总结了全文，揭示了文章的主旨，表达了作者对毛泽东及其思想的由衷赞美。同时又回扣了题目“这思考的窑洞”，永远思考的窑洞象征着毛泽东思想的历久弥新。

3.明确散文特征，小结快速把握散文内容、思路、主旨的方法。(教师小结)

明确：这是一篇较长的散文，我们可以从题目入手，把握关键语句，比如与题目密切相关的语句，或文章的开头和结尾段落，或段与段之间过渡句，或每一段的开头结尾。

（三）局部赏析，品味写人散文中的细节描写，分析人物精神。

1.找出细节并作点评。（学生自主发言，老师点拨）

精彩细节举隅：

（1）“他只能将自己分身为二，用右手批文件……他是领袖，他更是思想家。”（第5自然段）

明确：展露了毛泽东作为一个战略军事家的沉稳、大气、处事不惊的大家风范。

（2）“对艾思奇这个比他小16岁的一介书生，毛泽东写信说……字样。”（第5自然段）

明确：表现了毛泽东虚怀若谷、实事求是的性格。

（3）“一次，在延安雷电击死一头驴……又听从李鼎铭的建议精兵简政。”（第6自然段）

明确：表现了毛泽东从谏如流、以民为本的思想。

（4）“古今中外有哪一孔窑洞配得上这份殊荣……只要吃一碗红烧肉。”

明确：表现了毛泽东敢于拼命、勤于思考、殚精竭虑的精神。

2.教师小结：

（1）内容：毛泽东思想之所以能历久弥新，正因为伟人的种种优秀的精神品质。

（2）方法：阅读写人为主的作品应仔细分析人物细节描写，并从中归纳出人物的精神品质。

（四）深层探究

1.探究作者写人的视角。（师生互动探究）

问题设计：写伟人的文章，有的作家会采用仰视的视角来写，有的则用平视的视角来写，本文是怎样处理这个问题的？你觉得作者处理得怎样？为什么？

明确：作者使用了双重视角，既仰视又平视，既把政治家当伟人，又把政治家当普通人，他拿佛祖、孔子、老子、释迦牟尼、马克思、达摩和希腊神话中的神来比毛泽东，又把毛泽东说成是民族英雄、武林高手，将之民俗化，还把毛泽东抽烟、吃茶叶、吃红烧肉等这些生活细节写进了文章，将之人性化。这样写就不会把毛泽东神化，而让我们读到一个真实的毛泽东，从而消除了读者与伟人之间的距离；另外，这样写更能彰显出伟人的伟大，伟人也和普通人一样，具有基本的需求，而伟人与凡人之所以不同，是因为他们能够在追求的过程中超越个人的需要及痛苦，能够为了更多人的幸福牺牲自己的个人利益。如果他本来是神，法力高强，做事就没什么难度了，能让人惊叹，却无法让人感动。

2.探究梁衡政治散文的特征。（师生互动探究）

问题设计：散文是一种融叙事、说理、抒情为一体的文体，那么你认为这篇文章在这三个方面与眼下十分流行的小资散文、闲适散文比有何不同？

明确：这篇文章写的是翻天覆地的大事件和大人物，抒发的是人物的救世、治世的“大我”情怀，阐明的是经过时间的淘洗真理更加光亮的深刻道理，与眼下的小资散文和闲适散文的平常小事、闲情逸致比起来，显得更加大气，就如一杯烈酒和一杯清茶的不同。

（五）教师总结

这种“大事、大情、大理”正是梁衡散文的追求，梁衡是我国著名记者、散文家，在散文创作方面，梁衡以写政治散文为主，每年写一篇，但每一篇都用很长的时间去积累和调查，比如用二十年的时间去搜集关于周恩来的事迹，写成《大无大有周恩来》，用六年的时间去搜集瞿秋白的事迹，写成《觅渡，觅渡，渡何处》。他认为散文以大为美，提倡“大事、大情、大理”。这节课我们通过他的文章，一起走进了那风云翻涌的窑洞，走近了伟人毛泽东，也走入了深邃的毛泽东思想。从中我们合作探讨了散文的快读方式，人物散文的欣赏方法，还探究了写人的视角和梁衡的散文特征。

（六）布置作业

1.再细读一次课文，把老师没讲到的细节挑出来，仔细分析品味。

2.阅读梁衡政治散文的代表作《大无大有周恩来》和《觅渡，觅渡，渡何处》。

附板书：

指挥部、书房
（重视战略思想的军事家）
沉稳大气、谦虚求是

窑洞　　思想的机器　　　　思想生产车间　　思想
（永远思考）　　　　　　　　　　　　　　（历久弥新）

思想力量的源泉
（珍视民本思想的政治家）
善纳人言、殚精竭虑

《月夜》教学设计

林诗铨

一、教学目标

1.朗读并背诵诗歌，感受诗歌的外在美；

2.分析诗歌中的人物形象，体会诗人思念亲人，渴望与亲人团聚的感情；

3.鉴赏该诗想象（从对面写）的写法，体味该诗练字的精准。

二、教学重点、难点

分析该诗的写法，体味该诗用字的妙处。

三、课时设计

1课时

四、教学过程

（一）引入

望月怀远是古代诗歌常见的题材，李白“举头望明月，低头思故乡”，“我寄愁心与明月，伴君直到夜郎西”；苏轼“但愿人长久，千里共婵娟”。月的阴晴圆缺和人的悲欢离合极其相似，在中国，人们观月就不免思人怀远。面对着一轮明月，诗人杜甫又在思念谁呢？

（二）鉴赏全诗

1. 齐读本诗，初步把握诗歌的形象。

学生朗读，教师指导，注意节奏听教师范读，明确从“闺中”“香雾”“云鬟”“玉臂”等词可知作者思念的人即是妻子。

过渡：在秋天的清朗的夜晚，杜甫为何一人独自在外，不与妻子儿女共赏一轮明月呢？

2. 背景介绍：

天宝十五年（756年）六月，安史叛军攻进潼关，杜甫带着妻小逃到鄜州（今陕西富县），寄居羌村。七月，肃宗即位于灵武（今属宁夏）。杜甫便于八月间离家北上延州（今延安），企图赶到灵武，为平叛效力。但当时叛军势力已膨胀到鄜州以北，他启程不久，就被叛军捉住，送到沦陷后的长安；望月思家，写下了千古传诵的名作《月夜》。

3. 作者所思念的闺中人是一个怎样的形象呢？（朗读一遍后自读并思考）

（1）先由学生找出相关的描写

（2）通过鉴赏精妙的语言来分析人物形象时（组织学生讨论）：

“独看”“忆”“香”“湿”“寒”

【体会字词的精妙】讨论：

①“独看”：妻子身边有儿女，为什么还是独看呢？

因为儿女还小，他们不懂得思念远在长安的父亲，也不理解母亲对父亲的思念，所以，妻子只能独看。这里用小儿女的不解忆衬托妻子的独。

②“香（浓云）雾”：雾本无香，香从何来？香从鬟中膏沐生出，暗含站立良久之意。

③“湿”（换为“润”）“寒”（换为“冷”“凉”）：写出妻子对丈夫处境的忧心忡忡，夜深不寐、久久站立月下的光景。

④小结：今夜的鄜州月光清冷，妻子正独自倚窗，对着月亮思念远在长安的我。孩子们虽然跟在她身边，但他们太小，不能理解母亲对月怀人的心事。在月下伫望时间长了，露水沾湿了妻子的头发，月的清辉使得妻子玉臂生寒。妻子泪流满面地在想：何时才能团聚呢？前三联写出了作者什么样的思想情感？（对家人的深深思念）

⑤过渡：明明是自己对妻子的思念，却说成了妻子在想念着自己，这种写法叫做什么？这样写有什么作用？

4. 分析本诗的主要写作技巧及其作用。

先对比杜甫的原诗和教师自己修改后的诗，之后讨论这两者的不同效果。

今夜长安月，乱中只独看。
遥怜小儿女，独忆泪潸潸。
寒雾冠簪湿，清辉斑鬓寒。

今夜鄜州月，闺中只独看。

遥怜小儿女，未解忆长安。

香雾云鬟湿，清辉玉臂寒。

让学生自由讨论后，教师明确：老师修改后的诗主要从自身写起，写自己在战乱中思念家人，在夜空下久久站立；杜甫原诗通过想象，从妻子儿女写起，写到妻子如何思念自己，明明诗人的怀妇情，倒反而说成是妻子的忆夫意，“心已驰骋到彼，诗从对面飞来”，这样的表达既显示出他们夫妇间平日相处的深厚的爱（心意相通），又显示出诗人对妻的独居孤村的怜惜和焦虑，感情曲折而深刻，含蓄而有味。

（清人施补华在他的《岘佣说诗》中评说：“诗犹文也，忌直贵曲。”本诗一开头就以曲笔引人入胜，以下便由此引发开去，笔笔曲折，笔笔婉转。）

5. 诗的末二句作者自己的形象才进入画面，表达了作者怎样的期盼？

由于诗人怀妇情殷，更想到妻对他的关注之切，于是他自然而然地在尾联中表达了他个人的愿望：将来在什么时候，战乱平息以后，夫妇二人能共倚薄幔，同庆团圆，共诉离情，让月光照干他们脸上的泪痕，那该是何等的欢乐啊！

“双（独）照（看）”：是作者及妻子的希望，同时曲折的照应出此时的“独看”。

“泪痕干（各自看明月时流泪不止）”：双照泪痕始干，则“独看”而泪痕不干，也就意在言外了。

6. 感情常常显示出作家的思想深度，即便是这么一首抒写一己之情的诗，也饱和着那个战乱时代的气息，由个人的遭遇和不幸透露了那个战乱的现实，因而，《月夜》不失为杜集中独具特色的佳作。

7. 指导朗诵（诗前半部分的感情是深沉的，在朗读的时候语调要低缓；后半部分的带着团聚的期盼，在朗读时语调应适当高扬起来）。当堂背诵。

（三）小结：本诗的鉴赏角度（形象、语言、技巧、思想感情）

（四）延伸：在古代诗歌中，还有不少像杜甫诗歌的写作技巧一样，换位思考的写法，比如：

1.王维的“遥知兄弟登高处，遍插茱萸少一人”也是这种写法。（略）

这两句诗的意思是说远在故乡的兄弟们今天登高时身上都佩上了茱萸，却发现少了一位兄弟——自己不在内。好像遗憾的不是自己未能和故乡的兄弟共度佳节，反倒是兄弟们佳节未能完全团聚；似乎自己独在异乡为异客的处境并不值得诉说，反倒是兄弟们的缺憾更须体贴。

2．阅读下面一首唐诗，然后回答问题。

邯郸冬至夜思家

白居易

邯郸驿里逢冬至，抱膝灯前影伴身。

想得家中夜深坐，还应说着远行人。

［注］冬至：二十四节气之一，唐朝时是一个重要节日。

（1）简析“抱膝灯前影伴身”一句，并说出作者当时怀有一种什么样的心情。

（2）作者是怎样写“思家”的？写得怎样？

【答案】（1）“抱膝”二字生动地勾画出作者默默呆坐的神态，用“灯前”自然引出“影”，而“伴”又将“影”和“身”联系起来，抱膝枯坐的“影”陪伴着抱膝枯坐的“身”，显得形影相吊。这充分反映出作者思家的一种孤寂心情。

（2）作者主要通过一幅想象的画面，即冬至夜深时分，家人还围坐在灯前，谈论着自己这个远行之人，来表现“思家”的。诗人从家人思己落笔，让对方思念自己的形象呼之欲出，仿佛他们就在自己眼前，由此可见自己对故乡亲人的思念之深。

【资料】冬至，在唐代是个重要的节日。据记载，那一天朝廷官员放假，民间百姓也纷纷穿新衣、互相赠礼，一切和过“元旦”（即现在的春节）一样隆重。在这样一个重要的节日，理应和家人团聚，一起欢度，但现在诗人却离家一个人在邯郸；虽然当时邯郸也是个繁华之地，但诗人却没去城里热闹场所，而是一个人留在客店之中。诗的第一句叙事，就点出了这样的情况。那诗人是怎样度过这一节日的呢？诗的第二句就将诗人度假的情形栩栩如生地为我们勾勒了出来：在热闹的都市，诗人无心外出，只身在客店里，对着孤灯，抱膝而坐。灯影照着他，只有墙上的影子陪伴他！“抱膝”二字，将诗人默默呆坐的神态勾画得如在眼前，“灯前”二字既是写出了“夜”，更是渲染了一种环境气氛，还托出了墙上现出的“影”；一个“伴”字又将“身”与“影”联系了起来。抱膝枯坐的“影”陪伴着抱膝枯坐的“身”，诗人思家的孤寂之情，跃然纸上。诗的三、四两句，着重写了“思家”，但诗人不直接正面描写自己如何想家，而是描写了一幅想象的画面，即家里人在冬至夜围坐于灯前桌旁，思念着、谈论着自己这个不在家的“远行人”！这样写确有其独到之处，给人以无穷的想象空间。这首诗的语言质朴无华，十分接近口语。这首诗的题目一作《邯郸至除夜思家》。

五、作业

请用从对面写的手法写一段300字的文章来表达你对一个人的思念。

附板书：

形象：
- 独看
- 忆
- 去鬟湿
- 玉臂寒

情感：
- 怜：思念亲人
- 双照：渴望团聚

《荷蓧丈人》教学设计

林诗铨

一、教学重点、难点

引导学生体会原文的主旨，让学生进入情境体察荷蓧丈人、子路等人言行情态，产生探微索隐的愉悦情绪，自觉参与争论，含英咀华，一步步深入理解孔子和隐士不同的思想个性和政治主张。

二、教学课时

1课时

三、课前导学案

1.请为在括号里为加点字注音，并在横线上解释含义。

止子路宿__________　　　　杀鸡为黍而食（　　）之__________

见（　　）其二子焉__________

欲洁其身，而乱大伦__________　__________

2.请结合注释，熟悉课文，并试着准确、清楚、完整地复述这个故事。

3.通读下面文段，翻译画线句子，为讨论做好准备。

士穷不失义，达不离道。穷不失义，故士得己焉；达不离道，故民不失望焉。古之人，得志，泽加于民；不得志，修身见于世。穷则独善其身，达则兼善天下。

4.读完《论语》的这个故事，你有什么样的感悟？或者联想到什么相似、相关名言或事实？

四、教学过程

1.导入

（1）推一本豆瓣网高分评价的书《丧家狗》，引发学生对孔子的兴趣；

（2）让学生看纪念孔子邮票，一为“杏坛讲学”图，一为“周游列国”图，唤起学生已有想象，让学生自主介绍孔子；

（3）从《微子篇》的“微子”入手介绍本文写作的主要对象“隐士”，为讨论做准备。

2.复述故事

请学生结合注释，熟悉课文，并试着准确、清楚、完整地复述这个故事，教师抓住学生复述不尽如人意的地方进行点拨。

3.质疑探微

（1）引用“不愤不启，不悱不发”引导学生认识“愤悱”的重要性，教师示范发现“愤悱”的方法并作出解答。

示例：“子路从而后”，为什么子路年轻反而落到孔子后面？为什么老师被嘲讽，子路还“拱而立”？

（2）学生自行发问，其他同学或教师解答。努力完成四种对话：学生与文本，学生与学生，学生与老师，老师与文本。

学生提出问题预设如下：

①为什么丈人要批评孔子“四体不勤，五谷不分”？孔子看不起劳动吗？

②为什么丈人不理睬子路，还要“杀鸡为黍，见其儿子”？

③为什么孔子要让子路“反见之”？

④“至则行矣”，谁至谁行？为什么丈人要“行”？

⑤为什么说不仕无义？难道不做官就是不负责任的表现吗？

⑥为什么说“已知之矣”？既然已经知道为什么还要做呢？

⑦丈人走了，子路为什么还要说这些话？

4.拓展延伸

（1）翻译下面画线句子，说说孟子和孔子的主张有何区别？你更喜欢谁的主张？

士穷不失义，达不离道。穷不失义，故士得己焉；达不离道，故民不失望焉。古之人，得志，泽加于民；不得志，修身见于世。穷则独善其身，达则兼善天下。

——《孟子》

（2）读完《论语》的这个故事，你有什么样的感悟？或者联想到什么相似、相关名言或事实？

教师预设：

①索尔仁尼琴曾将这样一句话作为他身为作家的责任：“我们谁能够大言不惭地宣布，现在这个世界的弊病与我们无关？”

②罗素说：“真正的英雄主义，是认清生活真相，依然热爱生活。”

5. 小结升华

（1）感读《孔子世家》片段：

孔子适郑，与弟子相失，孔子独立郭东门。郑人或谓子贡曰：“东门有人，其颡(sǎng)似尧，其项类皋陶(gāo yáo)，其肩类子产，然自要以下不及禹三寸。累累若丧家之狗。”子贡以实告孔子。孔子欣然笑曰：“形状，末也。而谓似丧家之狗，然哉！然哉！”

（2）介绍李零《丧家狗》

“任何怀抱理想，在现实世界找不到精神家园的人，都是丧家狗。”

6.布置作业

（1）整本阅读《丧家狗》。

（2）以“责任与理想”为题写一篇800字的文章。

附板书：

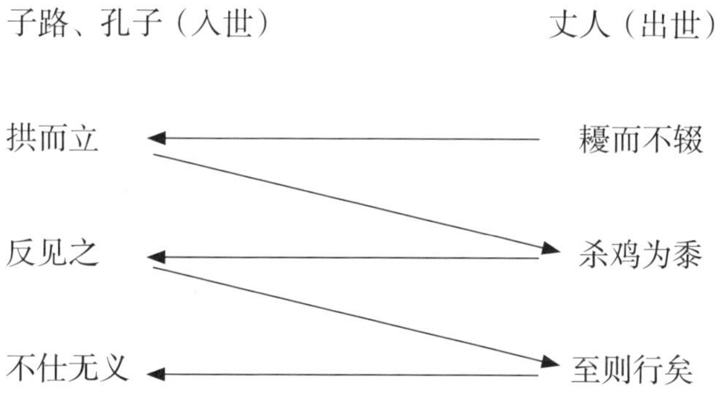

儿童诗歌《苹果里的诗意》教案

庄丽如

<table>
<tr><td colspan="2">课题</td><td>《苹果里的诗意》</td><td>1课时</td><td>课型</td><td>新授课</td><td>修改意见</td></tr>
<tr><td colspan="2">教学目标</td><td colspan="4">1.学会观察苹果的主要特点，并根据特点展开想象；
2.感受生活中无处不在的诗意。培养孩子对童诗的喜爱，拓展孩子的思维能力，打开孩子的想象力；
3.掌握一些童诗创作技巧，学会创意表达。</td><td></td></tr>
<tr><td rowspan="3">教材分析</td><td>重点</td><td colspan="4">1.学会观察苹果的主要特点，并根据特点展开想象；
2.感受生活中无处不在的诗意。培养孩子对童诗的喜爱，拓展孩子的思维能力，打开孩子的想象力。</td><td></td></tr>
<tr><td>难点</td><td colspan="4">掌握一些童诗创作技巧，学会创意表达。</td><td></td></tr>
<tr><td>教具课件</td><td colspan="4">课件</td><td></td></tr>
<tr><td>教学过程</td><td colspan="5">一、实物导入，激发兴趣
1.同学们，看老师手里拿的是什么？——苹果。谁来说说你们所了解的“苹果故事”？
预设：乔布斯的苹果、亚当的苹果、筷子兄弟的小苹果等。
2.原来苹果不止用来吃，还有这么多有趣的故事。不过今天，老师手中的这个苹果，不仅能吃，它还能写诗，你们信不信？
二、观察苹果，初步说“果”
1.看颜色、找原因。
（预设：红苹果。引导：想想平时你什么时候也会脸红红的？启发学生大胆想象。）
2.说一说，议一议。
（引导学生将苹果红的原因和自己脸红的原因展开联想，发现其中的妙处。）</td><td></td></tr>
</table>

续上表

教学过程	**三、初读诗歌，感受诗意** 1.读诗，感受诗意。 **淘气的树叶** 树叶 一屁股 坐在苹果上 苹果气得 脸都红了 **苹　果** 秋天 一个个大苹果 坐在树枝上 晒着太阳 听风儿给它唱歌 听鸟儿叽叽喳喳 讲着故事 可是还是每天 一动不动 那模样 真是个可爱的大懒虫 **苹果杂技团** 秋天到啦 快到果园里来吧 苹果杂技团 又要开演了 你看 那一个个小苹果 在细细的枝上 表演走钢丝 有几个苹果 胆子特别大 竟然站到了树梢上	

续上表

教学过程	我真想对它说 千万要小心 **喝醉的苹果** 滴答滴答 秋雨下起来了 苹果们昂着头 喝了个够 看它们一个个 红红的脸 显得醉醺醺 同学们读了这首诗后有什么感受? (引导学生体会:联想和拟人的妙处。) 2.请同学谈谈诗的妙处。 3.引导学生想象:苹果可以因为生气脸红,还可以因为什么? 预设:害羞、着急、喝酒、运动、玩耍、紧张…… **四、以物换人,精选动词** 1.学生尝试将自己脸红的原因换成苹果脸红的原因,并学习这几首童诗,写成一首简单的诗。 2.引导学生观察诗歌之所以写得妙趣横生,关键在于什么词语的使用。 (预设:动词。引导:使用恰当的动词可以使诗歌变得灵动,趣味十足,尤其是写物的童诗,选用恰当的动词会使诗歌增色不少。引导学生选用恰当的动词修改自己的诗歌。) **五、拓宽思路,发挥想象** 1.读李德民老师的这首童诗。 **苹果里的星星** 如果你横着把苹果切开 就会发现,在苹果里面 藏着一颗 小小的星星 它可能是夜晚捉迷藏时 躲到这儿来的	

续上表

<table>
<tr><td>教学
过程</td><td>风找遍了整个果园
也没发现它
也许这儿太隐秘、安全
这颗小星星竟放心大胆地
睡着了，还做了一个
又香又甜的梦
谈谈你的感受。
（启发学生发现：不同的角度不同的想象；还可以有大小的不同、颜色的不同、生产地的不同……拓宽学生的思路，让学生打开思维，发散思维，继续想象。）
2.学习了本节课，你有什么启发？
（看到苹果，不要只想到吃；多发现身边事物的诗意；让自己的生活变得更加有诗意有趣味。）
3.小结：一个小小的苹果，竟然能有如此诗意，生活中一花一草一木，又何尝不是？下次看到苹果的时候，别忘了，苹果可以写诗，那么香蕉、梨子、樱桃等，也是一样。希望同学们用一双会发现的眼睛，用一颗诗意的心，书写自己最诗意的生活。
六、布置作业
搜集水果儿童诗，尝试写诗。</td><td></td></tr>
<tr><td>板书
设计</td><td>**板书：**
苹果里的诗意
看颜色、找原因
抓动词、用修辞</td><td></td></tr>
</table>

儿童诗歌《花的故事》教案

庄丽如

<table>
<tr><td colspan="2">课题</td><td>《花的故事》</td><td>1课时</td><td>课型</td><td>新授课</td><td>修改意见</td></tr>
<tr><td colspan="2">教学目标</td><td colspan="4">1.学会花的主要特点，并联系生活实际展开想象；
2.感受生活中无处不在的诗意。培养孩子对童诗的喜爱，拓展孩子的思维能力，打开孩子的想象力；
3.掌握一些童诗创作技巧，学会创意表达。</td><td></td></tr>
<tr><td rowspan="3">教材分析</td><td>重点</td><td colspan="4">1.学会花的主要特点，并联系生活实际展开想象；
2.感受生活中无处不在的诗意。培养孩子对童诗的喜爱，拓展孩子的思维能力，打开孩子的想象力。</td><td></td></tr>
<tr><td>难点</td><td colspan="4">掌握一些童诗创作技巧，学会创意表达。</td><td></td></tr>
<tr><td>教具课件</td><td colspan="4">课件</td><td></td></tr>
<tr><td>教学过程</td><td colspan="5">一、实物导入，激发兴趣
1. 同学们之前学过现代诗吗？学过的请举手。写过的请举手。看来写过诗歌的同学不是很多，那你们想不想现场来写一首好玩的诗歌？
预设：同学们只能讲到花的颜色、形状等基本特点。
引导孩子们先把花的特点用简单的语言记录下来。
2.同学们越说越好，而且我发现你们懂得抓住花朵的形状、颜色，尤其是懂得运用修辞手法来说特点。表扬你们。不过，如果按照我们这样的思路来写花，这朵花还不够吸引人。那怎么办呢？不急。我们先把花放一边。一起来聊聊天。</td><td></td></tr>
</table>

续上表

教学过程	**二、联系生活，一起变“魔术”** 1.同学们说说你们每天最喜欢做的事或者最想做的事。 （预设：看书、打球、睡觉。 引导：把你想做事的用两三句话说一说。） 2.写一写，变一变。 （引导学生将“我”喜欢做的事，主语换成自己喜欢的那朵花。看看发生了什么变化？） 预设： 每天，我最喜欢到操场踢球 踢球，能让我感受到快乐 可惜，我常常因为罚抄作业 不能下去踢球 初变魔术：把“我“变成花 每天，白掌最喜欢到操场踢球 踢球，能让她感受到快乐 可惜，她常常因为罚抄作业 不能下去踢球 当我们把主语换成“花”的时候，突然诗歌变得完全不一样。不过，我们应该如何将花和生活结合得更有趣好玩呢？还需要一些想象。我们先来读一读好玩的诗歌。 **三、初读诗歌，感受诗意** 1.读诗，感受诗意。 **春天的信**（任小霞） 春把秘密 写进种子 藏到 大地怀里 大地 把信翻译成花 蝴蝶来 读一个个 美丽的故事	

续上表

教学过程	**跳水**（谭诗琪） 白兰宝宝 一不小心， 跳进了泳池， 虽然很轻，很轻 但还有一圈圈波纹， “咻”鸟教练吹响了口哨， 原来这个泳池， 禁止跳水。 **花朵图书馆**（王宇轩） 大地开了一间花朵图书馆 里面摆放着一本本花朵书 有郁金香书、玫瑰花书、向日葵书、莲花书…… 引来了许多顾客 蜜蜂、蝴蝶、毛毛虫 都喜欢来读花朵书 **吵架**（蔡云凯） 呀！你瞧 地上，一朵大喇叭 正在和天上的星星吵架 原来，星星一闪一闪的 影响喇叭花学习 星星不承认 他俩就吵了起来 但是，星星不知道 喇叭花，天生 就是吵架高手 **郁金香和星星**（史京） 地上 一朵朵郁金香 高高地举着望远镜想看看 想看看	

续上表

教学过程	天上 星星 在干什么 天上 一颗颗星星 忽闪着好奇的眼睛 想知道 地上 郁金香 举起酒杯在庆祝什么 同学们读了这些诗后有什么感受? (引导学生体会：打通自然和生活之路，我们可以发现期间的妙处。) 2.当物与我能够自然切换的时候，我们发现：花，可以生气、吵架、失眠，可以开饭馆，可以跳水，可以翻译…… **四、以物换人，精选动词** 1.学生尝试将自己喜欢做的事和喜欢的花进行联想，尝试在期间找到契合点，选择自己喜欢的方式，写成一首简单的诗。 2.引导学生观察诗歌之所以写得妙趣横生，关键在于什么词语的使用。 (预设：动词。引导：使用恰当的动词可以使诗歌变得灵动，趣味十足，尤其是写物的童诗，选用恰当的动词会使诗歌增色不少。引导学生选用恰当的动词修改自己的诗歌。) **五、拓宽思路，发挥想象** 1.读薛卫民老师的这首童诗。 **花儿也有失眠的时候** 花儿都很乖地睡觉 她们晓得 夜里要有甜蜜的睡 白天才有美丽的醒 她们让睡眠 帮自己美容 可花儿也有失眠的时候 ……	

续上表

教学过程	（启发学生发现：不同的生活经历，会有不同的想象方向，拓宽学生的思路，让学生打开思维，发散思维，继续想象。） 2.学习了本节课，你有什么启发？ （多发现身边事物的诗意；让自己的生活变得更加有诗意有趣味。） 3.小结：一朵小小的花，竟然能有如此诗意，生活中一花一草一木，又何尝不是？下次看到花的时候，别忘了，花可以写诗，那么香蕉、梨子、樱桃等，也是一样。希望同学们用一双会发现的眼睛，用一颗诗意的心，书写自己最诗意的生活。 **六、布置作业** 搜集更多有趣的儿童诗，尝试写诗。	
板书设计	**板书：** **花的故事** 踢球、跳水、看书、喝酒、睡觉、失眠…… 抓动词 用修辞 善想象	